중국의 문화와
중국인의 기질

삼강포럼 총서 Ⅱ

중국의 문화와
중국인의 기질

정인갑 저

축 사 1

　다른 사람을 이해한다는 것은 단지 상대가 왜 특정의 생각을 하고 특유의 행동을 하는지 그 배경과 이유와 논리를 이해한다는 것만이 아니다. 자신들의 입장과 이익만을 고수하면서 결코 상대의 어려움과 불편함을 배려하지 않는 관계에 선 사람들을 서로가 이해하고 있다고 말할 수 있을까? 한국과 중국은 이처럼 서로를 너무나 잘 알고 있는 사이이면서도 상대를 배려하지 못하는 몰이해의 관계에 선 두 국가가 아닌가 생각한다. 오늘날 양국의 국민 사이에서 종종 불거져 나오는 상대를 향한 혐오와 멸시, 불신과 냉대의 행동은 서로가 너무나 잘 알면서도 인정하지 않으려는 배척과 차별의 국가적 이기주의에 우리가 함몰되어 있기 때문이다. 국가와 시장의 이익을 넘어 인간과 인간으로 서로를 바라보고 주고받으며, 나누고 나눠주며, 함께하며 즐길 삶의 즐거움과 꿈이 너무나도 많은 두 국가의 국민들이기에 오늘날의 상호 반목이 매우 안타까울 따름이다.

　정인갑 교수는 본인이 밝힌 바와 같이 중국 조선족 3세대이다. 한반도가 제국주의의 총칼 앞에 맥없이 무너질 때 눈물을 머금고 이 땅을 떠날 수밖에 없었던 우리 민족의 후예이다. 중국 이주 100여 년의 세월이 흘렀음에도 그의 문장에는 민족의 정서와 기예가 생생하게 살아있다. 어느 민족이 이주 한 세기가 훌쩍 지났음에도 아직도 민족의 글로 민족의 정기를 이렇게 내뿜을 수 있을까? 빼앗기고 내쫓긴 그 먼 이국땅의 삶 속에서도 치마저고리와 김치와 된장을 지켜내며, 민족의 한과 얼을 잊지 않고, 기어코 우리글을 지키고 닦으며 긴 세월을 견뎌 온 조선족 그들만이 그러할 것이다. 그리고 정인갑 교수는 그러한 조선족이 길러 낸 귀재 중의 한 사람이다. 그는 중국 이주 100년 조선족의 혼이 서린 글들을 정치, 경제, 사회, 문화, 철학, 문예의 다방면에 걸쳐 꼼꼼하게 기록하고 철저하게 고증하고, 깊이 사고하면서 너무나 재미있고 흥미롭게 풀어내고 있다. 가히 조선족이 품어 만들어 낸 민족보배라고 칭송할 만하다.

한편, 정인갑 교수는 단순하게 민족의 틀 속에서 갇힌 사고와 삶을 살지 않고 중국인으로서도 대단한 성공을 거둔 사람이다. 북경대학 중문학과에서 고전문헌을 전공하고 한국의 국사편찬위원회에 해당하는 중국 중화서국에서 편집부장으로 27여 년간 공직자로 근무하며 중국어와 중국문화 관련 수많은 논문과 저술을 엮어내었고, 중국 청화대학 중문학과 교수로 15년 동안 학생들을 가르치고 연구함으로써 중국 언어 및 문화 방면의 대석학으로서 우뚝 서있다 해도 과언이 아니다. 또한 그는 중국 공산당원으로서 중국 근대 역사 발전의 대격변기를 몸소 겪고 익히며 살아오면서 중국 정부와 관료 세계의 내부자로서 중국 국가 운용의 가장 중심 중의 중심에서 중국인들과 함께 동고동락하며 중국이라는 국가를 만들어 낸 주역의 한 사람이다. 따라서 그가 살펴보는 중국과 중국인의 문화와 기질은 제 3자적 관찰자의 입장에서 이해하고 꾸며 낸 이야기가 아니다. 그의 중국인에 대한 이야기는 바로 본인의 삶을 스스로 그대로 꾸밈없이 기술한 자서전적인 진술이라고 해도 과언이 아니다. 그만큼 그의 글은 중국인의 문화와 기질에 대한 사실 그 자체의 기록이다. 따라서 그의 글은 우리 한국인들이 중국과 중국인을 사실 그대로 이해하고 그들의 입장을 받아들이고 그들과 우리가 서로 배려하고 존중하는 관계를 만들어 가기 위해서 반드시 필요한 매우 귀중한 책이라고 생각한다. 반드시 일독을 권하고 싶을 정도로 매우 흥미롭고 재미있는 책이다. 읽다가 혼자 웃고, 고개를 끄덕이기도 하고, 아하! 그런 것이기도 하구나 하는 깨달음도 준 이야기를 묶어 한국인들 앞에 내놓은 조선족 제3세대 정인갑 교수에게 큰 감사와 칭송의 큰 박수를 보내고 싶다.

2022년 7월 말복을 넘기며
곽재석(한국이주동포정책연구원, 원장)

축 사 2

정인갑 교수님이 또 새로운 저서를 펴내었다. 책 이름은 <중국의 문화와 중국인의 기질>이다. 2022년 올해 3월 임인년의 첫 역작 <한국 고서정리 오류 해제>에 이어 두 번째이다. 정인갑 교수님에게 열렬한 축하를 드린다.

정인갑 교수님의 명성을 처음 들은 것은 1978년 초였다. 1977년 말, 중국이 문혁이후 처음으로 입시시험의 성적에 의해 대학생을 모집하는 대입시험에 정인갑 교수는 1억 인구의 동북삼성에서 가장 우수한 수준으로 북경대학에 입학하고 그의 사적이 북경대학 신문에 소개되기까지 하였다.

필자는 그때부터 정인갑 교수에 대한 얘기들을 심상찮게 들을 수 있었다. 중국에서 1948년 4월 1일 창간된 우리 민족의 가장 큰 일간지로서 호칭되는 <연변일보>에서 언론인으로 장장 30여 년간 근무하면서는 정인갑의 사적에 대해 더 많이 들을 수 있었다. 하지만 근근이 풍문에 듣거나 신문이나 잡지 혹은 기타 경로로 접하는 정도였다.

정인갑 교수님을 진짜 잘 알게 된 것은 곧바로 10년 전, 필자가 2012년 정년퇴직하고 한국나들이를 하면서부터였다. 특히 정인갑 교수와 한국의 지명인사 및 본인이 함께 중한삼강포럼을 창립하고 정인갑 교수를 상임 고문으로 추대되면서부터였다. 정인갑 교수는 진정 정치를 관심하고 우리 민족을 사랑하며 남북통일을 위해 힘쓰는 사명감이 높은 학자이시다.

"중국을 바로 알자." 정인갑 교수가 한국의 광범한 독자들과 중국조선족 독자들에게 항상 권장하는 말씀이다. 그는 실사구시적으로 중국을 바로 아는 것이 가장 중요하다고 설파한다. 정인갑 교수 본 저서의 "제1~5장은 집중적으로 중국의 문화와 중국인의 기질을 운운하였고 나머지 장절은 범문화적으로 중국을 서술하였다”고 피로하였다. 중한 두 나라와 두 나라의 인간은 이토록 서로 닮았지만 기질상 많이 다른 인간임을 본 저서로부터 알 수 있다.

정인갑 교수는 본 저서에서도 자기의 독특한 주장, 관점, 견해를 스스럼없이 자기 나름대로 피력하고 있다. 이로써 자기 특징이 뚜렷한 박식자이자 문호로 불리기에 손색이 없다. 그는 자기주장과 관점을 내세울 때 따분하게 이론쟁론만 하는 그런 풍격이 아니다. 그의 저서들을 읽노라면 동서고금을 섭렵하면서 증명하기에 설득력이 강하고 심도가 깊다. 더욱이 자기가 친히 체험한 사실로서 심각한 사상을 생동하게 표현하여 독자들의 흥취를 자아내게 한다.

정인갑 교수가 이 저서에서 많은 편폭으로 중국공산당에 대하여 서술하고 있는 것이 특히 인상적이다. 그는 제5장을 전문 할애하여 ‘중국공산당의 정당통치’를 담론하였다. 그중 ‘중국공산당원의 도덕성’이란 문장에는 어떤 간행물에서도 찾아보기 어려운 내용들이 포함돼 있다. 사실 그는 중국의 정치에 깊이 참여한 분이다. 중국공청단원, 단지부서기로부터 시작하여 중국공산당원, 당지부위원, 당지부서기직을 역임하며 장장 53년의 경력을 총결하여 서술한 내용이므로 아주 귀하다.

한 마디로 정인갑 교수님이 이번에 새로 펴낸 저서 <중국의 문화와 중국인의 기질>은 독자들을 자석처럼 끌고도 남음이 있다. 그래서 한국의 독자와 중국의 조선족은 물론이고 기타 민족들이 대중화大中华를 연구하고 공부하는 데 아주 절실한 교재로 기꺼이 추천하는 바이다.

2022년 8월
전 <연변일보> 정치부주임 장경률

서 문

　세계는 지역별로 문화와 기질이 서로 다르다는 것은 이미 모두가 아는 사실이다. 그러나 같은 지역 안의 서로 접근하는 나라별, 민족별 문화와 기질은 비슷하므로 그들의 구별을 파악하기 그리 쉽지 않다. 특히 중국과 한국의 문화와 기질이 어떻게 다른가를 파악하기는 매우 어렵다.

　중국과 한국은 서로 인접해 있고 역사도 비슷하며 같은 유교 문화권에 있으므로 그들의 문화와 기질을 구별하기는 매우 어렵다. 일반적으로 많은 중국인과 한국인들은 이 두 나라의 문화와 기질은 서로 같다고 생각한다. 그러나 필자는 중국과 한국의 문화와 기질을 구미인 등과 비교했을 때는 비슷하거나 같을지 몰라도 중국인 대 한국인을 비교하면 엄청나게 다르다고 생각한다.

　본 책은 중국과 한국을 비교했을 때 문화가 어떻게 다르고 중국인과 한국인을 비교했을 때 기질이 어떻게 다른가를 말해보고자 한다. 한국인이 중국과 중국인을 좀 더 잘 이해함으로써, 중국과 중국인에 더욱 잘 접근하고 중국을 진출하는데 도움을 주자는 데 있다.

　그러면 중국과 한국은 문화가 어떻게 서로 다르고 중국인과 한국인은 기질이 어떻게 서로 다른가? 중국을 좀 아는 한국인 열 사람에게 문의하면 열 가지 같지 않은 답안이 나올 수도 있다. 중국은 국토가 넓고 인구도 많다. 지역마다 습성이 다르다. 남방 사람과 북방 사람, 동쪽 사람과 서쪽 사람의 기호가 다르다. 그런데 어떻게 중국인의 기질을 통틀어 이야기할 수 있으랴!

　마르크스주의의 가장 근본적인 철학적 기초는 물질이 정신을 결정하며 따라서 사회실천이 사회의식을 결정한다는 것이다. 모택동은 '마르크스주의는 이렇게 인정한다. : 인간의 사회실천만이 인간이 사회를 인식하는 진리의 표준이다.'라고 말하였다.[1] 그러면 중국인과 한국인의 사회실천이 어떻게 다른가?

첫째, 중국은 영토가 넓고 한국은 영토가 좁다. 중국의 영토는 한국의 100배이며 남북한을 합친 면적의 46배나 된다. 둘째, 중국은 인구가 많고 한국은 인구가 적다. 중국의 인구는 한국의 28배, 남북한을 합친 인구의 거의 20배나 된다. 셋째, 중국은 사유제의 역사가 길고 한국은 사유제의 역사가 짧다. 넷째, 중국은 인간 간의 생존투쟁이 심했고 한국은 인간 간의 생존투쟁이 덜 심했다. 다섯째, 중국은 유교 문화가 많이 퇴색되었고 한국은 유교 문화가 비교적 완벽하게 보유되어 있다.

필자는 이러한 다섯 가지에 입각하여 중국인과 한국인의 기질상의 구별을 통틀어 이야기할 수 있다고 생각한다. 만약 이 다섯 가지를 벗어나서 지엽적인 문제에 입각하여 중국의 문화와 중국인의 기질을 운운하면 서로 다를 것이며 소경이 코끼리를 만지는 우스갯소리밖에 되지 않는다.

중국은 국토가 넓기 때문에 중국인은 여유로운 인간이고, 사유제의 역사가 길고 인구가 많기 때문에 재산관념이 강한 인간이며, 생존투쟁이 심했기 때문에 권모술수에 능한 인간이고, 유교 문화가 많이 퇴색되었으므로 혈연관념이 많이 퇴색된 인간이다. 본 책은 이런 견해 하에 중국의 문화와 중국인의 기질을 조금 더 깊이 살펴보고자 한다. 본문에서 이야기하는 '중국인'은 중국의 주체 민족인 '한족'을 중심으로 일컫는다. 한족의 기질이 중국인의 기질을 가장 전형적으로 대표할 수 있기 때문이다.

본 책의 제1~5장은 집중적으로 중국의 문화와 중국인의 기질을 살펴보았고 나머지 장·절은 범문화적으로 중국의 문화를 서술하였다. 이 역시 간접적으로 중국의 문화와 중국인의 기질을 반영한다고 볼 수 있다.

---

1) 모택동 <실천론> 참조. <모택동 선집> 제261페이지, 인민출판사, 1968년.

또한 일부 편폭으로 한국인의 기질도 운운하였는데 이는 본 책의 독자가 주요하게 한국인인 데다가 '한국인은 이러이러한데 중국인은 저러저러하다'라고 서술해야 중국인의 기질을 한국인의 기질과 비교하는 차원에서 더 잘 이해할 수 있기 때문이다.

필자는 중국 이주 104년이나 되는 조선족 3세이다. 평생 조선족 문화권 안에서 생활하였기 때문에 완벽한 조선족 기질 즉 한국인의 기질을 갖고 있다. 중국 이민 1, 2, 3세의 조선족 기질은 거의 100% 한국인의 기질이다. 그러나 중국에서 출생하였고 평생 중국에서 생활하였기 때문에 중국인의 문화와 기질도 잘 안다. 또한 필자의 몸에 중국인의 기질도 깊게 배어 있다.

필자는 중국 내 같지 않은 지역의 사람들과 밀접한 접촉이 많았으므로 횡적으로 중국 각 지역인의 기질도 잘 알고 있다. 또한 배운 전공이 고전문헌 전공이고 평생 근무한 직장이 한국의 역사편찬위원회와 같은 중화서국中華書局이므로 종적으로 중국의 역사문화도 잘 알고 있다. 중국의 문화와 중국인의 기질을 역사 좌표에서 찾을 수 있어야 확정적으로 이야기할 수 있게 된다.

이렇듯 중국의 문화와 중국인의 기질에 관하여 비교적 전면적이고도 깊은 조예가 있으므로 한국인에게 '중국의 전통문화와 중국인의 기질'이란 주제의 특강도 많이 하였다. 그러므로 감히 '중국의 문화와 중국인의 기질'이라는 명제의 책을 펴내는 바이다.

부언할 것은 무릇 본 책에 언급된 스토리가 있는 부분은 모두 본인이 직접 체험한 일들이다. 심지어 본인이 직접 참여한 일들도 많다. 특히 의무병 복역 5년 반 동안은 매년마다 11개월씩 중국농민과 같은 방에서 생활하였다. 본 책에 기록된 이런 내용은 모두 진실한 사실들이다.

필자는 1962년에 중국공산당의 외위外圍조직 중국공산주의청년단靑年團에 가입하여 단지부서기團支部書記 직을 담임하였었다. 1971년에 중국공산당에 가입하여 당지부위원, 당지부서기 직을 담임하였었다. 1998년에는 정처장급正處長級 국가간부직에 발탁되었었다. 중국의 정치에 참여한 사람이고 중국의 정치체제를 잘 안다. 그러므로 감히 본 책의 제5장 '중국공산당의 정당통치'를 쓸 수 있다.

본 책에 아직 많은 부족한 점이 있으리라 생각되며 독자들의 후한 양해를 바란다.

서울 자택에서

목 차

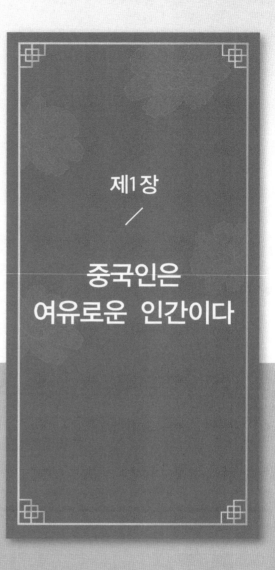

제1장

/

중국인은
여유로운 인간이다

①

중국인이 여유로울 수 있는 원인

중국진출 한국인의 말을 빌리면 중국인은 굼뜬 인간, 만만디(慢慢地: 천천히)이다. 중국의 국토가 넓기 때문에 중국인은 상당히 여유로운 인간들이다.

고구려의 연개소문이 죽은 후 맏아들 남생은 막리지—삼군의 통수가 되었다. 고구려 보장왕 25년(666년)에 남생이 지방에 시찰하러 나간 틈을 타서 그의 두 아우 남건과 남산이 쿠데타를 일으키고 남생을 궁궐에 들여놓지 않았다. 남생은 할 수 없이 국내성에 가서 웅거하고 있다가 당나라에 투항하였고 당나라군의 앞잡이가 되어 고구려를 공격하였다. 2년 후 보장왕 27년(668년)에 고구려는 멸망하였다.[2]

중국 역사상의 중이重耳는 진헌공晉憲公의 아들이었다. 진헌공 21년에 애첩 여희驪姬의 꾀임에 넘어가 태자 신생申生을 죽이고 여희가 낳은 아들 해제奚齊를 태자로 올려놓으려 하였다. 곧 살해될 위험에 봉착한 중이는 탈출하였다. 그는 각지로 떠돌며 방황하다가 19년 만에 다시 진나라의 수도에 반입하여 임금 진문공晉文公이 되었다.[3] 중이와 남생이 부딪친 봉변이 비슷한데 왜 진문공은 성공하였고 남생은 적국에 투항하여 자기 조국을 배반하여야 했는가? 원인 중의 하나는 중국은 땅이 넓고 한반도는 땅이 좁기 때문이다.

축구팀의 훈련을 예로 들어보자. 중국 흑룡강성黑龍江省 축구팀은 10월이면 추워서 축구훈련을 하기 불편해진다. 남쪽으로 몇백 킬로 옮겨 대련大連에 가서 훈련하면 된다. 대련이 추워지면 또 남쪽으로 몇백 킬로 옮겨 개봉開封쯤에 가서 훈련하면 된다. 개봉도 추워지면 또 몇백 킬로를 남쪽으로

---

2) <삼국사기·고구려 본기·보장왕> 참조.
3) <사기史記·진세가晉世家> 참조.

옮겨 장사長沙로, 광주廣州로, 해남도海南島로 옮기면 된다. 이듬해 4월 다시 하얼빈(哈爾濱)으로 돌아오면 그뿐이다. 일기 변화 때문에 그리 설칠 필요 없이 느긋하게 대응할 수 있다.

장사도 마찬가지이다. 어느 해인가 중국에서 그토록 많은 나무가 훼손되어 친환경에 엄중한 손해를 끼치므로 일회용 나무젓가락을 쓰지 말아야 한다는 여론이 북경으로부터 점점 전국으로 확산하기 시작하였다. 북경에서 일회용 나무젓가락을 쓰는 식당이 거의 없어졌다. 일회용 나무젓가락을 북경에서 팔지 못하게 되자 북경에서 반경 약 100킬로 떨어진 A 곳에 가서 팔고 1개월 후 여론에 밀려 A 곳에서 팔지 못하게 되자 또 반경 약 100킬로 멀어진 B 곳에 가서 팔고 1개월 후 또 여론에 밀려 B 곳에서도 팔지 못하게 되자 또 약 100킬로 멀어진 C 곳에 가서 팔고 그다음은 D, E, F….이렇게 이동하기를 약 10개월 하니 일회용 나무젓가락은 큰 재목을 가공할 때 떨어져 나간 자투리로 만들므로 친환경에 손해가 없을 뿐만 아니라 일자리를 창출하는, 국민경제에 막대한 공헌을 하는 제품이라는 여론이 확산하여 다시 아무 데서나 팔 수 있게 되었다. 한국 같으면 나라가 작기 때문에 일회용 나무젓가락을 서울에서 팔지 못하면 며칠이 멀다 하여 곧 전국 어디서나 팔지 못하며 반년도 못 가 일회용 나무젓가락 공장은 부도나고 문을 닫아야 할 것이 아닌가.

이 몇 가지 예만으로도 국토가 광활한 국민의 기질은 국토가 협소한 국민의 기질보다 여유로울 수 있다는 점을 말해준다. 본 장에서 이모저모로 중국인이 여유로운 인간임을 말해보고자 한다.

용건이 없을 때 밥 먹고 용건이 생기면 볼일 본다
─ 중국인의 청탁문화

어느 한국인으로부터 이런 말을 들은 적이 있다. 중국인 친구의 부탁을 받고 자주 도와주는데 도와달라는 부탁을 할 때는 밥도 술도 먹은 적이 별로 없었는데 그렇지 않은 평상시에는 오히려 실없이 밥과 술을 자주 얻어 먹었다는 것이다. 그 중국인 친구의 말대로 표현하면 '용건이 없을 때는 밥 먹고 용건이 생기면 볼일 본다.'라는 것이다.

아주 의미심장한 말이다. '용건이 없을 때 밥 먹는다'는 평범한 말 같지만 그 속에는 중국 전통문화 철학의 저의底意가 깔려있다. 이것이 바로 중국인 청탁문화請託文化의 축영縮影(축소판)이며 한국인들은 그의 정수를 알아둘 필요가 있다. 인간은 다른 사람에게 무슨 부탁을 해야 할 일이 자주 생긴다. 이런 일을 어떻게 행하는가? 필자는 이런 문제를 일괄하여 '청탁문화'라고 일컬으며 중한 두 민족의 청탁문화가 구별됨을 지적하고자 한다.

첫째, 한국인은 너무나 즉흥적인 데 반해 중국인은 여유롭다. 최근 몇 년간 청화대학 본과는 해마다 외국 유학생에 한해 5월 15일경에 입시 시험을 치르고 6월 15일 오후 3시경에 시험 결과 즉 당락을 발표한다. 그날 오후 3시가 조금 지나면 적지 않은 한국인으로부터 '오늘 저녁 식사나 같이 하자'라는 내용의 전화가 청화대학 교수인 필자에게 걸려온다.

식사 때 당연 입시에 미끄러진 자식을 도와달라는 부탁을 한다: '저의 자식이 단 10점이 모자라 미끄러졌는데 붙게끔 좀 도와 달라. 돈은 얼마든지 댈 터이니까.' 물론 도와주기도 쉽지 않지만 방법이 있어도 도와줄 기분이 안 난다. 마지못해 도와준다 하더라도 속은 꺼림칙하며 건성으로 도와주기 마련이다.

중국인은 면밀히 검토한 결과 언젠가는 아무 아무에게 신세를 져야 할 것이라는 판단이 내려지면 느긋하게 그에게 접근한다. 북경에서 담배장사를 하는 섬서성陝西省 보계시寶鷄市에서 온 중국인 한 분이 필자와 친하게 지냈다. 그는 평시에 느긋하게 필자와 친분을 쌓아나간다. 한 달에 한 번 정도로 '오늘 저녁 같이 식사나 할까?'라는 초청을 받는다. 식사한 후 '무슨 부탁할 일이 있나?'라고 물으면 대수롭지 않게 '아니, 바쁜 우리 둘 다 여가가 있기 쉽지 않은데 오늘 저녁 다행히 둘 다 여가가 있으니 술 한 잔 마신 거다'라며 갈라진다. 한 번은 또 이탈리아제 고급 구두 한 켤레를 필자 보고 신어보라는 것이었다. 신어 보니 필자의 발에 딱 맞자 '그러면 정 교수가 이 신을 신어'라고 하지 않겠는가. 비싼 외제 구두를 받기 송구스러워 거절하니 '나도 누구에게서 선물 받은 것이지 돈 주고 산 것이 아니다. 내 발에 맞지 않으니 거저 두면 낭비가 아닌가?'라며 기어코 주기에 나는 할 수 없이 받았다. 필자는 지금도 그 신을 신고 있다. 사실 그는 언젠가 필자에게 몇 호짜리 신을 신나 물어보았을 텐데 무심코 생긴 일이므로 필자가 잊어버렸을 수도 있다.

이런 만남이 3년간 지속되다가 하루는 '우리 자식이 명년에 서안西安경공업대학을 졸업하며 정 교수의 청화대학에 대학원시험을 치르려 하는데 좀 도와줄 수 없나? 도울 여건이 안 되면 도와주지 않아도 괜찮다.'라는 것이었다. 이런 말을 한 후 그는 '오늘 다른 약속이 있어 같이 식사하지 못해 죄송하다'라는 말을 남기고 이내 사라져 버린다. 나는 기꺼이 그를 도와주었다. 그의 아들이 치르고자 하는 전공도 물색해 주고 해당 전공의 교수도 찾아주었으며 그의 아들과 해당 교수가 같이 식사하는 자리도 마련하여 주는 등.

둘째, 한국인은 노골露骨적인데 반해 중국인은 은폐隱蔽적이다. 신세 질 사람이 부탁할 사람과 마작을 놀자 하여 놀면 당연 초청을 받은 자가 큰돈을 딴다. 그는 뒤통수를 긁으며 '오늘은 운수가 나빠(手氣不好) 내가 빨렸지만 기회를 달라, 다음은 내가 이길 테다'라고 한다. 그러나 다음번에도 초청을 받은 자가 큰돈을 따기가 일쑤다. 이러다가 언젠가는 무슨 큰 부탁을 한다.

한국의 상황은 이렇지 않다. 어느 사업가가 골프장 건설권을 땄다고 하자. 그와 절친한 어느 정치인(이를테면 모 국회의원)이나 관할 관료의 은행 계좌를 들춰보면 비슷한 기간에 거금을 입금한 기록이 나타나기가 일쑤다.

중국인 간도 노골적인 금품 거래가 없는 것은 아니지만 그 비밀이 잘 지켜진다. 금품을 들여가며 부탁하였지만 도움을 받지 못했거나, 심지어 도와주겠다는 사람이 법적 제재를 받았어도 웬만하면 그 비밀을 지켜주지 적발하지 않는다. '적발해 봤댔자 누워서 침 뱉기, 먼저 내 얼굴이 더러워지고, 또 그 사람이 지금은 자빠졌지만 앞으로 어떻게 변할지 누가 알랴.'라는 생각 때문이다. 한국 같으면 십중팔구 그와 서로 원수지며 '내 입이 터지면 그 놈 끝장이야'라고 떠벌리는가 하면, 양심선언이다 뭐다 하며 이내 공개해 버리는 경우가 많다. 사실 중국에서 행해지는 부정부패가 한국보다 많겠지만 한국은 날마다 이런 일로 떠들썩하고 중국은 조용한 원인은 두 민족의 청탁문화의 이런 차이점 때문이기도 하다.

셋째, 한국인은 결과 절대주의結果絶對主義이지만 중국인은 결과 상대주의結果相對主義이다. 필자의 어린 시절, 부친이 생산대의 회계(장부 관할 담당자)를 할 때의 일이다. 회계는 생산대의 버금가는 권력자이다. 부친 생산대의 한족 채소재배 기술자 양楊 씨가 명절이나 부친의 생일, 또는 우리 집에서 무슨 군일을 치르는 일이 생기면 꼭꼭 찾아오곤 하였다. 부엌 구석 물독 뒤에 꾸러미 하나 쑤셔 넣거나 방안 삿자리 밑에 봉투 하나 밀어 넣고 어머니에게 눈꺼풀을 껌벅거리고 가버린다. 헤쳐 보면 꾸러미에 돼지고기 두어 킬로, 봉투 안에 현금 10위안(元) 정도 들어있다. 한 달에 1인당 돼지고기 석 냥(150그램) 배급 주고, 대사 때 2위안 정도 부조하던 그 시절 여간 반가운 일이 아니었다.

그러기를 3년가량 지속하던 어느 날 중학교를 졸업한 자기 자식을 생산대의 차부로 써 달라는 부탁을 하지 않겠는가! 부탁한 그날만은 꾸러미도, 봉투도 없이 빈손으로 왔다가 다른 급한 일이 있다며 이내 가버린다. 생산대의 차부는 누구나 하고 싶어 하는 좋은 일자리다. 여타 사원社員들은 삼복에 두어 달, 동삼에 두어 달 정도 할 일이 없어 쉬지만 차부는 1년 365일 내내 일거리가 있으므로 수입이 다른 사원보다 퍽 높다.

부친은 물론 그의 부탁을 쾌히 들어주었다. "데머사니, 듕국사람들 속이 하여튼 우리보다 깊어. 이 사람 안 도와주면 내가 죄 돌 것이 아니냐. 그래서라머니, 부탁을 들어 줘야 한단 말이야."라며 부친은 감탄해 마지않았으며 그의 아들에게 차부를 시켜주었다.

사실 청탁을 위한 느긋한 접촉에는 모험이 따르기 마련이다. 상기의 예로, 3년 후 자식에게 의외의 출로가 생길지, 그때에도 필자의 부친이 회계를 할지, 차부가 남아돌아 도와주고 싶어도 도와주지 못할지…미지수가 적지 않다. 이는 어떤 프로젝트에 투자를 할 것인가 말 것인가, 어느 보험에 가입할 것인가 말 것인가를 가늠하는 것과 비슷하다. 이런 모험에서 중국인은 결과 상대주의이므로 결과 절대주의인 한국인보다 행하는 확률이 퍽 높다.

③

청탁문화에 서투른 우리 민족

청탁문화 면에서 우리 민족과 중국인은 엄청나게 구별된다.

우리 민족은 청탁할 상대에게 식사 대접도 신세 질 날의 사나흘 전, 혹은 하루 전에 하거나 당일에 한다. 식사를 하자고 제의한 후 갑자기 신세 질 필요가 없게 사태가 변하면 핑계 대고 식사를 그만두는 수도 있다. 심지어 식사 대접을 할 것처럼 하다가 대접하지 않고 먼저 신세를 진 후 '한번 잘 모시겠다.'라고 하고는 그런 일이 없었던 것처럼 외면하는 자도 있다.

중한 두 민족의 청탁문화의 차이는 결국 속이 깊어 여유로운가, 속이 얕아 즉흥적인가의 차이다. 속이 깊거나 얕은 것, 여유롭거나 즉흥적인 것은 중국은 국토가 광활하고 한국은 국토가 좁은 것과 간접적인 관계가 있겠다.

흑룡강성 하얼빈시 모 조선족 중고등학교 교장은 국가의 예산을 잘 끌어다 쓴다. 얼마 전 그는 국가의 거금을 끌어다가 학교 체육관을 짓고 낙성식을 거행하였다. 중국의 중고등학교에 체육관이 있는 학교는 아주 드물다. '귀교는 어떻게 성省, 시市 재정의 돈을 잘 낚아다 쓰느냐'라는 질문에 대한 해당 교장의 답변은 그 교장이 중국인의 청탁문화에 대한 조예가 깊기 때문이었다. 학교에 큰 행사가 있을 때마다 시 교육국장과 성 교육청장을 반드시 모셔오고, 우수 학생에게 수여하는 상장도 꼭 국장과 청장을 무대에 등장시켜 발급하게 하며, 그러면 신문과 TV에 해당 기사가 나고(중국의 법에 이런 사람이 참가한 행사는 성급 신문·TV 또는 시급 신문·TV에 기사가 나기로 돼 있다), 행사가 끝나면 선물도 넉넉히 드리고 식사 대접도 푸짐히 한다. 그러나 여타 조선족은 상기 교장처럼 청탁문화에 능한 사람은 아주 적다.

북경 맑은산악회에서 같이 등산하며 한국인 주공옥(가명)이라는 여인을 알게 되었다. 그의 남편은 한국 모 굴지 재벌그룹의 임원인데 최근에는 그 재벌그룹에서 나와 개인 사업을 한다고 한다. 한국 모 대학 금융 전공 3학년생인 그의 아들 K군(가명)을 북경의 모 은행에서 1개월간 실습을 하게끔 도와달라는 부탁을 필자에게 한다. 언어소통에 문제가 되는데 어떻게 실습을 할 수 있는가 하니, 중국어를 대충 알며 영어에 능숙하므로 언어소통은 문제없을 것이라고 한다. 만약 자식이 이런 실습을 하면 졸업 후 취업에 큰 도움이 된다는 것이다.

필자 아내의 재정대학 동창 W선생은 중국공상은행中國工商銀行 총본부의 국제부 부장을 하고 있으므로 아내에게 '도와주면 어떨까'라고 문의하니 아내는 펄쩍 뛰며 단호히 반대한다. 동창 W는 아주 정직하고 자기의 직무를 사적인 관계로 활용한 적이 없으며 일을 착실히 잘 하므로 국제부 부장의 높은 지위까지 오를 수 있었으므로 절대 그에게 이런 부탁을 하면 안 된다는 것이다. 주공옥은 손이야 발이야 빌며 '제발 도와 달라, 도와주면 그 은혜를 절대 잊지 않겠다.'라며 날마다 조른다. 필자가 하도 잔소리를 하니 아내는 겨우 동의하고 W선생에게 부탁하였다.

주공옥의 아들 K군은 드디어 중국공상은행 총본부에 실습생으로 들어갔다. 외국인으로서 중국공상은행 총본부의 실습생으로 들어간 것은 K군이 처음이다. 그런데 웬일이냐. K군은 머리에 물감을 들여 오렌지색으로 하고 귀걸이를 달고 나타난 것이다. 중국은행 영업 대청에는 그의 나타남이 일대 뉴스거리가 되었다. 그때 북경의 초중고교생 및 대학생은 머리에 물감을 들인 자가 거의 없었으며 방학 때 물감을 들인 개별 학생은 개학 날 학교캠퍼스에 발을 들여놓지도 못했다. 다시 검은색으로 복원한 후 등교하여야 한다. 귀걸이를 찬 남학생은 더더욱 없다. 게다가 K군은 중국어는 거의 모르고 영어 수준도 형편없이 낮았다. 압력에 못 이겨 W선생은 부득불 K군을 며칠 후 퇴출시켰다.

주공옥은 또 필자를 찾아와 삭삭 비는 것이었다. 자식의 머리를 검은색으로 물감 들였고 귀걸이도 떼어버렸으니 제발 계속 실습하게 도와달라고 한다. 그러면 그 은혜를 평생 잊지 않겠다는 것이다. 필자 아내의 간곡한 부탁에 못 이겨 K군은 다시 실습을 시작하게 되었다. 1개월이 차자 실습이 만료되는데 감정서를 어떻게 쓰는가가 또 문제 되었다. 그는 언어가 통하지 않아 영업 대청의 청소나 하고, 다른 종업원에게 커피나 타주는 일, 서류를 이리저리 전달하는 심부름의 일밖에 하지 못하였다. 주공옥은 또 감정서를 잘 써달라는 부탁을 하며 손이야 발이야 빈다. W선생은 할 수 없이 감정서를 웬만하게 써주었다.

그런데 또 웬일이냐! 감정서를 써 받은 날부터 주공옥은 등산하러 나오지 않고 필자의 전화도 받지 않는다. W선생이나 필자에게 고맙다는 전화 한 통도 없다. 식사 대접은 더구나 하지 않았고. W선생이나 필자는 이 일로 무슨 대접을 받을 생각은 꿈에도 한 적이 없다. 그러나 그렇게 손이야 발이야 싹싹 빌던 사람이 어쩌면 고맙다는 전화 한 통도 없을 수 있는가. 간단한 선물을 드리며 식사 대접을 하는데 한국화폐로 5만 원이면 끝나는 데 말이다. 문제는 이 일로 한국인의 이미지가 여지없이 깎인 것이 안쓰럽다. 물론 한국인 중에서도 극히 개별적인 현상이겠지만 개별에 일반이 있다고, '한국인에는 이런 사람도 더러 있구나.'라고 중국인들은 인식하지 않겠는가.

　청탁문화에서 조선족 집거 지역의 조선족은 한국인을 닮은 데가 좀 많고 기타 지역의 조선족은 중국인을 닮은 데가 좀 많다. 아래에 한국인을 많이 닮은 집거 지역 조선족의 예를 한 가지 더 들고자 한다.

　Y지역의 A군(가명)은 모 대학 석사학위를 취득한 자이며 필자에게 북경에 취직하게끔 도와달라는 부탁을 하였다. 그때 지방 사람이 북경에 취직하거나 전근하기는 하늘의 별 따기로 매우 어려웠다. 필자도 대학 졸업 후 국가의 발령을 받아 북경에서 근무하게 되었지만 연길 호적인 아내를 북경 호적으로 옮기는 데 장장 10년이 걸렸다. 한화 1천만 원 정도를 쓰며 전근되는 사람도 있다. 나는 그를 국가기관인 중국국제문화교류협회에 소개하여 받기로 약속을 받았다. 내가 중국국제문화교류협회를 도와 연변 6·1소년궁의 미국연출을 성사시켰으며 그로 인하여 그들과 친분이 깊었다. 이 일로 우리 집에서 10여 킬로나 되는 교류협회에 자전거를 타고 여러 번 왕래했으며 교류협회의 사람들을 식사 대접도 한 적이 있다. 일이 마무리될 무렵 A군이 이력서도 바치고 면접도 받는 등 여러 번 직접 왕래하였다. 그는 필자의 자전거를 빌려 타고 다니다가 교통규칙 위반으로 물어야 할 20위안의 벌금을 물지 않아 교통경찰이 필자를 찾아와 받아간 적이 있다. 그

때 20위안이면 필자 1주의 봉급에 해당한다. A군은 나에게 종래 사례한 적이 없다. 물론 나는 사례를 받을 생각을 전혀 한 적도 없고.

그러다가 특수사정으로 다 되어가던 일이 무산되어 A군은 교류협회에 전근하지 못하였다. 그는 다른 경로를 거쳐 북경에 전근되었다. 북경에서 조선족의 행사 때면 나와 A군은 드문드문 만나곤 한다. 만날 때마다 그는 "아이고, 정 교수님, 그때 너무 수고시켰다. 한 번 잘 모시고 식사 대접을 하겠다."라는 말을 하곤 한다. 35년이 지나며 이렇게 만나기를 여러 번 하였으며 번마다 이런 말을 하곤 하였지만 지금까지 식사 대접을 한 적은 한 번도 없다.

보통 중국 조선족 중 조선족 집거 지역에 사는 사람 중에 이런 사람이 좀 많다. Y지역의 조선족이 조선족 사회에서나 한국사회에서 위신이 낮은 원인이 바로 이런 데서 기인된다.

$\boxed{4}$

보복은 여유롭고 우회적으로 한다
― 중국인의 보복 문화

보복은 인류사회에 보편적으로 존재하는 현상이다. 보복은 개인과 개인 사이뿐만 아니라 민족과 민족, 나라와 나라 사이에도 일어난다. 지금 지구촌의 적지 않은 불안 요소가 보복과 관계되는 바, 아랍권 대 이스라엘, 9·11 테러 사건의 보복을 위한 미국의 아프가니스탄 침공 등이 그것이다.

전통문화가 상이한 민족 간의 보복 문화는 서로 다르다. 필자는 광범위한 보복 문화를 운운할 수준은 못 되고, 단지 한국인의 보복 문화와 비교할 때 중국인의 보복 문화는 좀 다르다는 점을 지적하고 싶을 뿐이다.

첫째, 중국인은 원수는 반드시 보복하고야 만다. 춘추 시기 초나라 오자서伍子胥(?-BC 484년)의 부친이 초평왕楚平王에게 처형당했다. 그는 오나라에 망명하여 합려闔閭를 도와 정권을 탈취한 후 초나라를 진공하였다. 초나라 수도를 함락한 후 초평왕의 시체를 파내어 300번 때리는 것으로 3년 만에 아버지의 원수를 철저히 갚았다. 중국인의 3년 보복설이 이 고사에서 기인한다. 1619년 명나라와 후금의 살이호薩爾滸 전쟁에 조선은 강홍립姜弘立과 김경서金景瑞 장군의 통솔 하에 13,000명의 군사를 파견하여 명을 지원하였다.4) 그의 보복으로 후금군은 정묘호란과 병자호란을 일으켜 조선을 침략하는 것으로 보복하였다. 가까운 예로 사드 설치로 인하여 중국은 한국에 경제보복을 가하였다.

둘째, 중국인은 보복을 하다가 웬만한 정도에 이르면 중도에서 그만두기 일쑤이다. 보복을 너무 심하게 하여 막다른 골목에 이르면 어떤 최악의 후과가 생길지 모른다. 약 1995년경 미국에서 이런 일이 발생했다. 중국 유학생인데 졸업논문의 관점이 지도교수의 관점과 달랐다. 지도교수는 그의 논문을 캔슬 시켰고 당연 학위도 무산되었다. 그로 인하여 이 유학생과 그의 지도교수의 관계는 매우 악화되었다. 그 학생은 학위취득을 포기하고 취직하려고 하였는데 지도교수가 두 번이나 취직하려는 업소와 연락하여 그를 취직하지 못하게끔 방해하였다. 그 학생은 총을 휴대하고 지도교수를 찾아가 지도교수 등 몇 사람을 사살하고 자살하였다.

인류사회는 나선형으로 발전하므로 지금의 원수가 언젠가는 나의 동맹으로 될 수 있기 때문이기도 하다. 2차 대전 후 장개석蔣介石이 원수 일본을 덕으로 보답한 것(以德報怨)이나, 중국이 1962년 인도와의 전쟁에서 자비

---

4) 필자의 족보 <하동 정씨 한림공파 세보>에는 부차령富車嶺 전쟁이라 하였으며 필자의 조상 정기남鄭奇男과 그의 아우 정순남鄭順男이 이번 전쟁에 참가하였다가 후금군에게 포로가 되어 처형당했다. 공교롭게도 322년 후인 1941년 필자의 아버지는 조상이 처형당한 곳에서 서쪽으로 10여 킬로 떨어진 무순시 동쪽 장당촌에 정착하였다.

를 베풀었고 2021년의 충돌에서도 소극적으로 대한 것, 또는 1979년 중국이 베트남을 공격하다 1개월 만에 철수한 것 등이 그 전형적인 예다. 후에 장개석은 일본을 반공에 써먹었고, 지금 중국과 인도, 중국과 베트남은 찌글찌글한 관계이면서도 완전한 원수가 되지 않고 있다.

한국인이 전두환 전 대통령을 죽을 때까지 비판하며 못살게 군 것과 판이하다. 전두환 전 대통령의 밑에는 수백 명의 근친이 있기 마련이고 수백 명의 근친 밑에는 수천 명, 또 그 밑에는 수만 명이 있기 마련이다. 고급관료의 인간관계는 이렇게 금자탑 식으로 되어 있다. 전두환 전 대통령을 비판하였으므로 이 수만 명의 원수를 자아낼 수 있으며 적어도 그들의 외면을 당하기 쉽다. 오히려 자기의 손해가 크며 고작 해도 이득과 손해가 반반이다. 중국은 일단 권좌에서 물러난 사람은 비교적 큰 문제가 있어도 웬만하면 건드리지 않는다.

셋째, 보복할 힘이 없을 때는 무모한 희생을 치르지 않고 시간을 끌며 역량의 역전逆轉을 기다리며 기회를 노린다. 춘추시대 오吳에 망한 월越의 임금 구천句踐은 오왕의 말을 끌어준다, 오왕에게 미녀를 상납한다, 와신상담臥薪嘗膽한다 하며 힘을 키워 뒷날 보복에 성공했다.[5] '사내대장부의 보복은 10년 후에 해도 늦지 않다(好漢報讎十年不晚)' '30년 하동三十年河東, 30년 하서三十年河西' 하는 중국 속담이 이런 문화를 대변한다. 중국은 개혁개방의 초창기에 일본의 자본이 필요하므로 일본에 하여야 할 보복을 60년간 참고 있다가 자기의 힘이 세진 2005년부터 본격적으로 반일을 하기 시작하였다.

한국은 경제상 일본에 의뢰하여야 하고 또한 일본을 외면할 힘이 없음에도 불구하고 강제징용 재판이다, 위안부소녀상이다 하며 일본을 너무 괴롭히다가 경제상 손해를 보았다.

넷째, 원수를 많은 사람이 공인하는 더 큰 적진으로 몰아넣는다. 이를테

---

5) <사기・월왕구천세가越王句踐世家> 참조.

면 1989년 천안문사태의 '영웅'들을 의도적으로 제 발로 미국대사관으로, 서방국가로 피신하게 해서 그들을 정치적으로 매몰시켰다. 많은 중국인들은 천안문사태의 참가자들을 중공의 관료주의를 타도하고 선 정치개혁, 후 경제개혁을 주도한 '영웅'으로 보므로 그들을 잘못 건드렸다가는 민심을 잃을 위험이 따른다. 중국공산당은 일단 그들을 13억이 모두 미워하는 서방국가로 망명시키고 어느새 서방국가의 사주를 받아 중국을 식민지로 만들려 한 매국노로 변하게 만들었다.

유교 문화에서 외국과 내통한 자는 가장 가증스러운 저주의 대상이기 때문이다. 14억 중국 인민은 서방국가로 망명한 천안문사태의 영웅들을 처음은 우러러보다가, 약 5년이 지나니 혐오하다가, 또 약 5년이 지나니 아예 인간쓰레기로 취급한다. 중공 정부 설립 후 외국으로 망명한 반체제 인사는 달라이라마 한 사람을 제외하고는 다 정치상 매몰되었다.

만약 한국 국군이 북·서·남 삼면을 포위하고 동쪽만 비워두어 광주사태의 영웅들이 동쪽으로 탈출하다가 나중에는 더 갈 데가 없어 일본으로 건너갔다면 그들은 이내 일본 쪽발이 앞잡이 신세가 되어, 결국 5천만 한국국민의 미움을 받게 되었을 수도 있다. 그러면 한국 대통령이 해마다 5월 18일에 광주시에 가서 고개 숙여 사과하는 일도 없을 것이 아닌가. 그러나 한국은 대선에서 박정희에게 '패배'한 김대중이 일본에 건너가 활동하는 것을 붙잡아 와 결국에는 대통령으로 되게 하였다. 중국 같으면 갖은 유언비어를 살포하여 중국에 돌아오지 못하게 만들어 일본에서 정치생명이 끝나게 만들 것인데 말이다. 물론 이 말은 그렇게 하였어야 한다는 것이 아니고 그랬을 수도 있었다는 역사적 가정의 이야기이니 절대 독자들의 오해가 없기를 바란다. 어쨌거나 중국 위정자는 보복 문화의 9단이고 한국 위정자는 보복 문화의 6단도 안 된다.

다섯째, 원수를 도와주는 척하며 더 큰 보복을 하는 것이다. 대학원생의 논문을 심사한다 치자. 중국의 경우 그 대학원생 지도교수의 라이벌 학자는 그 논문이 아무리 저질이어도 비하하지 않고 무조건 '참 잘 썼다'라며 통과시키고 이내 학위까지 수여하게 한다. 그렇기 때문에 중국에서 학위논문이 첫 번째 심사에서 통과되지 않는 일은 거의 없다. 그러나 이것으로 끝나는 것은 아니다. 그 저질 논문이 출판까지 되고 그 대학원생이 교수로 임명된 후 두고두고 망신시킬 기회를 노린다. 만약 그들이 겸손한 자세로 숨을 죽이고 살면 내버려 두고, 만약 그들이 잘난 체하며 까불면 그의 논문은 '이렇게 저렇게 저질이요', '제2장은 미국의 어느 논문을 표절 했소', '제5장은 중국의 어느 논문을 표절 했소'라는 문장을 모 대학의 학보에 등재하여 단번에 교수직에서 쫓겨나게 하고 지도교수도 얼굴을 못 들게 만든다.

전체적으로 한국인의 보복은 즉흥적이고 직접적인데 반해 중국인의 보복은 여유롭고 우회적이라고 할 수 있다. 역시 국토의 넓고 좁은 것과 간접적인 관계가 있다.

[5]

진 신세는 꼭 보답한다
— 중국인의 보답문화

필자는 대졸 후 중화서국에 발령받아 북경의 5층 아파트에서 거주하였다. 북경 시민은 아파트에서 살면 보통 이웃과 서로 왕래하지 않는데 아들의 친구 때문에 같은 동에 사는 서너 집과 거래하며 살게 되었다. 필자가 동북東北에 출장 갈 때마다 콩과 해바라기(중국에서 가장 질 좋은 콩과 해바라기는 동북 산)를 넉넉히 사다가 그 서너 집에 나누어주곤 하였다. 그러면 보름이 멀다 하여 그 서너 집은 꼭 선물 받은 콩과 해바라기의 가격에 상응한 물건을 들고 찾아와 나에게 준다. 공짜로 받아먹을 수 없다고 생각하기 때문이다. 장사의 등가교환처럼 돼 버리니 재미가 없어 후에는 점점 그런 선물 주기를 포기하고 말았다.

웬만한 중국인의 집에는 다른 사람의 신세를 진 비망록이 여러 장 있다. 5년, 10년, 심지어 20년 전까지 거슬러 올라갈 수 있는 비망록이며 어떤 비망록은 건드리면 파손될 정도로 누렇게 바래진 상태이다. 어느 집에서 생일·결혼잔치를 하거나 새 집들이를 할 때면 비망록을 꺼내어 자세히 훑어본다. '10년 전 나의 부친이 장례 때 그 집에서 돈 10원을 부조하였구나'라며 10년간의 인플레이션을 고려하여 돈 얼마를 들고 그 집에 찾아간다. 이것이 중국인의 보답문화이다. 다른 사람에게서 진 신세는 꼭 갚는다. 시간이 아무리 오래 지나도 갚는다.

문혁 때인 1968년에 중·고등학교 학생 1960학번부터 1965학번까지 6개 학년의 거의 100%가 농촌에 하향하여 농민이 되었다. 2~3년이 지난 1970년부터 해마다 도시공장의 근로자를 모집한다, 대학생을 뽑는다 하며 그들을 데려간다. 신세를 고치는 절호의 찬스라 하향 학생들은 비비고 들며 혼연渾然의 힘을 다 쓴다. 그런데 어떤 사람은 뽑혀도 가지 않는다. '나는 모 주석의 호소를 받들고 농촌에 평생 뿌리박고 살 테다', '중국의 사회주의 새 농촌의 건설에 평생을 바치고자 한다.'라고 말하며. 다른 사람이 많이 뽑혀간 후 그들은 현·시 혁명위원회에 뽑혀 일거에 국가 중층간부가 되든가, 아니면 다른 면으로 빠져 출세한다. 이전에 대학으로, 공장으로 뽑혀간 사람보다 더 출세한다. 그가 농촌에 뿌리박는다고 하며 중국당국의 하향지식청년 사업에 공헌하였으면 당국은 그들에게 그만큼의 이익이 꼭 차려지게 한다.

문혁 때 필자의 생산대에 한족 공작원 한 분이 파견돼 온 적이 있다. 조선족들은 비 오는 날, 또는 다른 여가가 있을 때마다 걸핏하면 몇몇 사람이 모여 술을 마시기 일쑤이다. 그 공작원은 술 마신 사람들을 하나하나 추적하여 '왜 술을 마셨나'를 따진다. '술 생각이 나서 마셨다'라고 하면 곧이 들지 않는다. 자기네 한족 같으면 무슨 부탁을 하거나 신세 진 사람이 보답을 할 때, 또는 무슨 꿍꿍이를 꾸밀 때라야 같이 술을 마시며 사유 없이 술을 마신다는 것은 일반적으로 불가능하기 때문이다.

한족은 웬만해서는 한데 모여 술을 마시지 않는다. 다른 사람이 식사 대접을 한다면 우선 '그 사람이 왜 나에게 식사 대접을 할까? 앞으로 나에게 무슨 신세를 지려는 걸까?'라고 생각하며 망설이게 된다. '오 그 사람이 여차여차한 일로 나에게 식사 대접을 하누나.'라는 결론을 내리고 가불가를 결정한다. 실없이 식사 대접을 받는 경우도 가끔 있는데 그러면 꼭 불원간에 그 사람에게 대접받은 만큼 갚고야 만다.

중국인의 이런 보답문화는 먼 옛날까지 거슬러 올라갈 수 있다.

<춘추좌전春秋左傳>에 이런 기록이 있다. 위무자魏武子에게 아이를 낳지 않은 젊은 첩이 하나 있다. 위무자는 병이 들자 아들 위과魏顆에게 내가 죽거든 저 첩을 시집보내라고 하였다. 병이 위독하게 되자 내가 죽거든 저 첩을 나와 같이 순장殉葬하라고 하였다. 위무자가 죽자 아들 위과는 그 첩을 아버지와 같이 순장하지 않고 시집보냈다. 부친의 병이 경하여 정신이 똑똑할 때 한 말을 따르지 병이 위독하여 정신이 흐려졌을 때 한 말을 따르지 않는다며. 몇 년 후 위과가 진秦나라 장령 두회杜回와 싸울 때 어떤 노인이 풀로 엮은 줄로 두회를 걸어 넘어뜨려 위과는 두회를 포로로 잡고 그 번 전쟁에서 승리하였다. 알고 보니 그 노인은 시집보낸 첩의 아버지였다. 먼 옛날에 진 신세를 갚은 것이다.[6]

한무제漢武帝 때 복식卜式이라 부르는 목축업을 하는 사람이 있었다. 그가 기르는 양이 1천 마리나 되는데 한무제가 흉노와 전쟁할 때 절반을 나라에 바쳤다. 한무제는 사절을 보내 왈: '벼슬할 생각인가?' 복식 답: '양을 기를 줄만 안다. 벼슬을 원하지 않는다.' 사절 왈: '원수진 사람이 있으면 말하라.'

---

6) <춘추좌전春秋左傳·선공宣公> 15년 7월 참조.

답: '다른 사람과 다툰 적이 없다. 가난한 자는 도와주고 착하지 못한 자는 가르쳐주므로 읍인들은 다 나를 따르는데 무슨 원수가 있겠는가?' 사절 왈: '그러면 무슨 요구가 없는가?' 답: '천자가 흉노를 멸하는데 현명한 자는 절개를 지켜 목숨도 바치고 재산가는 재물을 바쳐야 흉노를 멸할 수 있지 않는가? 다른 요구는 없다.' 이 일을 황제에게 알리니 재상 상홍양桑弘陽 왈: '이는 인지상정에 어긋나므로 헌금을 받지 말아야 한다.' 복식은 계속 양을 키웠다. 그 후 계속 헌금한다, 양식糧食을 바친다, 황제의 양을 길러준다 하며 끊임없이 공헌하였다. 그는 나중에 중랑中郎의 벼슬, 좌서장左庶長의 작위를 거쳐 최종 어사대부(재상급)까지 하였다.[7] 복식이 양과 금품을 바칠 때 인지상정에 어긋난다며 받아주지 않기까지 하던 한무제가 결국은 어사대부의 벼슬을 하사하였다. 받아먹었으면 꼭 그만큼 보답하여야 하는 것이 중국인의 철칙이기 때문이다.

진령공晉靈公은 극히 잔인무도하며 사람을 걸핏하면 죽인다. 대신大臣 조순趙循이 진령공의 수하 사람에게 죽임을 당하려 할 때 조순의 갑사甲士 영첩靈輒이 막아주어 목숨을 건질 수 있었다. 왜 막아주나 물으니 자기는 예상翳桑에서 굶주렸던 사람이라고 말한다. 이전에 조순이 예상에 묵을 때 영첩이란 사람이 사흘간 굶주려 밥을 주니 절반만 먹는 것이었다. '집을 떠난 지 3년이나 되는데 어머니가 살아 있는지 궁금하며 집이 근처에 있으므로 찾아뵈려고 절반 남긴다'라고 말한다. 조순은 다 먹게 하고 별도로 광주리에 밥과 고기를 채워주었다. 드디어 그는 조순의 갑사가 되었다. 어머니의 밥 한 광주리의 은혜를 세월이 꽤 지났지만 목숨을 걸고 보답한 것이다.[8]

중이重耳가 19년간 방랑할 때 수하의 개자추介子推는 중이를 힘껏 도와주었으며 자기 허벅지의 고기를 중이에게 대접하기까지 하였다. 중이가 임금

---

7) <사기・공손홍복식예관열전公孫弘卜式倪寬列傳> 참조.

8) <좌전・선공> 2년 참조.

진문공이 되자 개자추는 급류용퇴急流勇退하여 면산綿山에 자취를 감추었다. 진문공이 그를 찾아 보답하려고 하여도 면산에서 나오지 않자 산불을 놓았지만 그는 그래도 나오지 않고 나무를 안고 불에 타 죽었다. 진문공은 그를 기념하기 위해 그날을 한식절寒食節로 정하고 천하 국민이 그날에는 불을 지피지 못하도록 규정하였다.[9]

본 장의 4개 절을 종합하면 중국인은 여유로운 인간임을 확연히 알 수 있다. 한국인과 대비할 때 중국인은 약略의 인간이고 한국인은 술術의 인간이라고 총결하고 싶다. 중국어에서 먼 앞날에 착안하는 계책을 전략戰略이라 일컫고 눈앞에 착안하는 계책을 전술戰術이라고 한다. 즉 약은 멀리 내다보는 계책, 술은 가까이 눈앞만 보는 계책이다. 중한 두 민족의 특징을 각각 약과 술의 두 글자로 요약하고 싶다.

9) <사기·진세가> 참조.

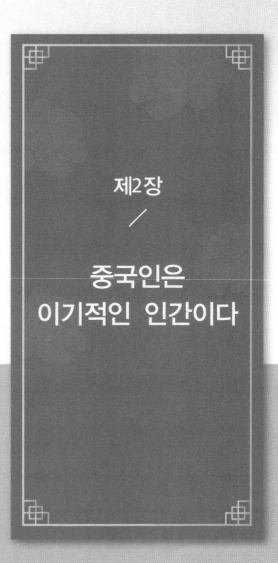

제2장

/

중국인은
이기적인 인간이다

중국인은 재산관념이 매우 강하다. 한국인보다 몇 배 강하다고 해도 과언이 아니다. 그러므로 중국인은 매우 개인주의, 이기주의적이며 개인 이익을 위해서는 혈안이 되어 싸운다. 이는 중국의 사유제 역사가 길며 인구가 많은 데 기인한다. 사유제의 역사가 길면 재산관념이 강해지는 것은 이해되지만 왜 인구가 많으면 재산관념이 강한가? 인구수와 이기주의는 정비례하며 간접적으로 관계된다.

인구수와 이기주의는 정비례의 관계이다

인구수와 이기주의가 정비례 관계라는 도리를 먼저 설명하고자 한다.

인구수와 이기주의가 정비례함은 세계 200개 나라는 큰 나라일수록 자국의 이익을 추구하고 작은 나라일수록 자국의 이익보다 정의, 진리 및 의리를 추구한다. 중국뿐만 아니라 세계 모든 대국, 이를테면 인도, 미국, 구소련도 다 자국의 이익을 첫째로 놓으며 정의요, 진리요, 의리요 하는 것을 차석의 위치에 놓는다. 역시 인구가 많을수록 이기주의적이라는 명제에 부합된다.

먼저 미국을 보자. 1949년 초 중공군이 북경을 평화적으로 해방하고 4월 23일 중화민국의 수도 남경을 점령하였다. 중국주재 미국 대사 스트레이든(司徒雷登)은 남경을 떠나지 않고 모택동을 만나 중공 중앙과 교섭하려 시도하다가 8월 2일에야 남경을 떠나 미국으로 귀국하였다. 어제까지만 하여도 국민당에 총, 대포, 전투기를 공급하며 내전에 부채질하다가 중공이 이기게 되니까 바로 방침을 바꾸어 중국공산당과의 협력을 시도하였다. 자국의 이익을 위해서였다.

그러나 역사상의 한국은 어떠하였는가? 1644년 청나라가 북경을 점령하고 대청제국을 세웠지만 조선은 '오랑캐'인 청나라를 인정하지 않고 136년 간 줄곧 명나라 마지막 황제 숭정崇禎 황제의 연호를 썼다. <열하일기>에 건륭황제의 70세 생일을 축하하는 조선 사절단이 1780년 압록강을 건넌 해를 후3경자년이라 했다. 숭정황제가 1644년에 죽고 136년이 지났으므로 60년이면 한 회갑이며 2 회갑을 지나고 세 번째 회갑의 경자년이므로 그렇게 부른 것이다. 1592년 임진왜란 때 군사를 보내 도와준 명나라의 은혜에 의리를 지킨 것이겠다. 300여 만의 소국이기 때문에 의리를 지킨 셈이겠다.

1960년 헝가리의 부다페스트에서 열린 국제공산주의 운동의 회의에서 소련공산당이 중국공산당에 돌연적인 공격을 가하여 중소모순이 공개화 되고 사회주의 진영은 두 개 파벌로 갈라졌다. 그때 집권 여당으로서는 유독 알바니아가 공개적으로 중공 편에 섰다. 역시 인구 100만밖에 안 되는 소국이기 때문에 가능했다.

상기 조선이 대청제국을 인정하지 않은 예나 알바니아가 공개적으로 소련의 대립 면에 서서 중공을 지지한 예는 국제관계에서 소국이야말로 진리, 정의, 의리를 지킬 수 있음을 말한다. 즉 대국일수록 자국의 이익만 염두에 두고 소국일수록 의리를 지킨다.

1980년대 후반, 모든 사회주의 국가들이 앞다투어 한국과 수교할 때 중국은 굼떴다. 북한과의 혈맹관계 때문에 의리를 지키기 위해서가 아니다. 한국과 수교를 하면서도 북한과 등지지 않는, 이로써 남한, 북한과 다 우호관계를 유지하려는 외교상 특유의 우세를 따내기 위한 전략이다. 말하자면 더 큰 이익을 챙기기 위한 전략이다. 현재 세계 대국 중 남한, 북한과 다 우호적인 나라가 중국 외에 또 있는가?

약 10년 전 한국 안보연구원의 두 분이 필자를 찾아 북경에 와서 이런 의논을 한 적이 있다: '역사 교과서를 왜곡하는 일본에 대하여 한국의 전 국민은 하늘에 사무치는 분노로 들끓는데 왜 중국은 건성으로 자그마한 성명을 발표하는 데 그치고 마는가?' 필자는 대답했다: '실리를 챙기기 위해서이다. 지금 중국이 근대화를 하는 데 이용되는 외국 자본의 대부분이 일본 자본이다. 그 자본이 필요치 않은 언젠가는 중국도 일본에 하늘에 사무치는 분노를 할 것이다. 한국도 마찬가지이다. 지금 6 · 25를 북침이라고 하는 중국은 일본 못지않게 역사 교과서를 왜곡하고 있다. 그런데 왜 한국인이 천안문 광장에 와서 손가락을 자르며 농성을 하지 않는가? 그때 한 한국인은 일본 도쿄의 거리 복판에서 손가락을 자르는 1인 시위를 한 적이 있다. 한국이 중국에서 실리를 챙겨야 하기 때문이다.' 둘은 이내 입을 다물고 말았다. 현실은 필자의 말이 맞음을 증명하였다.

1969년 중국은 자기의 이익을 위해 진보도珍寶島에서 사회주의 큰 형님 소련과 전쟁을 감행하기까지 했다….

[2]

중국 이기주의의 형성

원래 유교 문화는 공리주의이지 이기주의가 아니다. <논어>를 핵심으로 하는 유교 경전에 공리주의에 관한 명언이 너무나 많다. <논어>에는 '군자는 의리를 알고 소인은 이익을 안다(君子喩於義, 小人喩於利)'10)라는 말이 있다. <예기礼记·예운礼运>에 : "대도의 실행에는 천하가 공리를 위함이다(大道之行也, 天下为公。)"11)라는 말이 있다.

노예제 사회의 말기에 산생된 유교 문하에서 이런 것들은 매우 자연스러운 명제들이다. 노예제는 다른 사회형태에 비해 형식으로나마 공적인 것이 많다. 수십, 수백, 심지어 천 명이 넘는 노예들이 노예주의 땅에서 공동으로 일하고 공동으로 생활하며 네 것 내 것이 없으니 말이다. 그러나 노예제도보다 더 확고한 개인주의 사회인 봉건제도 하에서 이런 명제들은 사회발전의 걸림돌이 될 수 있다. 노예제 사회의 제도에서 농노들은 일만 하고 일한 대가를 받지 못하므로 노동 적극성이 낮다. 전국시대에 와서는 토지를 소작농들에게 나누어주고 소작농들은 자기 노동의 성과를 취득할 수 있으므로 노동 적극성이 제고되고 사회의 생산력은 일대 비약의 발전을 가져왔다. 사회 경제도 폭발적으로 발전하여 엄청 많은 재부를 축적하였다. 이

---

10) <논어·이인里仁> 16 참조.

11) <예기禮記·예운禮運> 참조.

에 따라 개인주의도 많이 팽창되었다.

또한 인구의 증가도 개인주의를 조장助長하였을 것이다. 춘추 시기 중국 인구는 2천만에 불과하였고 유교의 발원지 노나라의 인구는 수십만에 불과하였다. 이런 적은 인구는 사유관념을 무시하는 유교 문화에 어느 정도 적응된다고 볼 수 있다. 그러나 한漢나라에 와서 중국 인구는 급속도로 팽창하여 5천만을 훌쩍 넘어섰다.

한나라에 와서 재부의 누적과 함께 상업도 발전하였다. <사기>에 '천하가 북적북적하지만 모두 이익을 추구하려 모여든다(天下熙熙, 皆爲利來; 天下攘攘, 皆爲利往。)'[12]라는 기록이 있다. 또 '빈자가 부자로 되는 데는 농업이 수공업만 못하고 수공업이 상업만 못하며 수놓이를 하는 것은 가게 문에 기대는 것만 못하다(用貧求富, 農不如工, 工不如商, 刺繡文不如倚市門。')[13]라고 하였다.

한나라 때는 유교 문화의 황금기라고 하지만 유교 문화의 삼강오상三綱五常이 모두 황금기를 맞은 것이 아니라 군위신강君爲臣綱만 황금기를 맞았고 나머지 이강오상二綱五常은 내리막길을 걷기 시작하였을 것이다. 한나라 통치자는 유교의 등급문화 중 군위신강만을 중앙집권적 봉건제도의 공고와 발전에 활용하였을 것이다.

3

중국식당에는 밑반찬이 없다

중국인은 네 것 내 것을 혼동하는 것을 절대 용납하지 못한다. 1998년

---

12) <사기 · 화식열전貨殖列傳> 참조.

13) <사기 · 화식열전> 참조.

5월 필자는 홍콩 기자 6명을 인솔하여 한국 IMF를 취재한 적이 있다. 한국에 도착한 당일 저녁 식사 때 밑반찬이 여덟 가지나 나오니 '주문하지 않았는데 왜 주나?' 하여, '공짜로 주는 밑반찬이며 이는 한국의 풍습이다'라고 하니 '이런 밑반찬 우린 먹을 마음이 없으니 물리고 밥값을 할인받아 달라'라고 하는 것이었다. '원래 밥값이 1만 원인 것을 1.1만 원 받고 밑반찬을 공짜로 주는 것이 뻔하지 않나'라고 말한다. 나는 그렇게 할 수 없다고 하였다. 마침 그때 밑반찬 김치가 푸짐히 나왔다. 그들은 눈알을 데굴데굴 굴리며 '이 김치도 공짜로 주는 밑반찬인가? 다 먹으면 또 주나?'라고 물어 그렇다고 하니 손뼉을 치며 좋아한다. 홍콩 한국식당에서 이만한 양의 김치를 매우 비싼 값에 판다며 세 접시나 받아먹었다. 그리고 '우리 오늘 저녁 대단히 이익을 보았다'라는 것이다.

중국식당에는 밑반찬이 없다. 고작해야 초와 간장만 '공짜'로 준다. 하남성河南省 남양시南陽市의 식당에서는 간장도 공짜로 주지 않는다. 간장을 달라고 하면 돈을 받는다. 밑반찬은 하늘에서 떨어진 것도, 땅속에서 솟아난 것도 아니고 손님의 돈을 식비에서 변태적으로 받는 것이며 많이 또는 적게 먹는 자 간에 공평하지 않으므로, 말하자면 네 것 내 것을 세밀히 분간하지 않으므로 중국인들은 이를 수긍하기 어렵다.

한국의 중화요리 식당에 가면 꼭 밑반찬 양파와 춘장이 나온다. 한국인들은 중국식당에서는 '이 두 가지 밑반찬을 주는가 보다', '중국인은 양파와 된장을 좋아하는구나'라고 생각할 수 있는데 이는 착각이다. 첫째, 중국식당에서 양파와 된장을 밑반찬으로 주는 습관이 없고, 둘째, 춘장은 동북 사람이 많이 먹지 중국의 많은 지역 사람들은, 이를테면 하남성 남양시 사람은 춘장이 뭔지도 잘 모른다.

중국인은 저울로 달아 판다

중국인은 등가교환의 법칙을 철두철미하게 준수하는 민족이다. 이 역시 개인 이익을 극도로 추구하기 때문에 생기는 필연 현상이다. 중국 시장에서는 물품을 꼭 저울로 달아서 판매한다. 수박 한 개에 1만 원, 쌀 한 되에 1만 원 식으로 팔면 사기를 꺼린다. 같은 1만 원에 샀지만 저 사람이 산 수박이나 쌀이 내가 산 것보다 클지 많을지 모른다는 생각이 앞서므로 속이 꺼림칙하다.

쌀을 되로 판다고 가정하자. 되 A는 변의 길이가 20cm이고 다른 되 B는 변의 길이가 22cm이며 모두 정 입방체이다. 눈에 B가 A보다 약간 커 보이며 A는 1만 원, B는 1.1만 원에 판다고 하자. 값이 합리적인가? 어느 것을 사야 이익인가? A는 체적이 8000세제곱센티미터이고 B는 체적이 10,648세제곱센티미터이다. B의 체적은 A보다 2648세제곱센티미터가 더 크다. A를 1만 원에 팔면 B를 12,648원에 팔아야 두 되의 쌀값이 똑같다. 눈으로 길이 파악은 잘 되지만 제곱 파악은 좀 잘 안 되며 세제곱 파악은 더욱 어렵다.

중국 사람은 상식적으로 이런 경우 돈을 좀 더 주더라도 큰 되의 쌀, 큰 수박을 사는 것이 이익임을 잘 안다. 그러나 이런 습관에 견주어 큰 것에 정도 이상의 돈을 붙여 받는 현상도 있으므로 무작정 큰 것을 살 수도 없다. 결국 저울로 달아서 팔아야 가장 합리적이라는 결론에 떨어진다. 중국인은 이런 정도로 세심히 다지며 등가교환에 철두철미하므로 웬만한 물건은 저울로 달아서 팔아야 한다.

정약용의 <목민심서>에 이런 기록이 있다. '무릇 채소는 엄격히 법식을 정하여 매일 몇 근씩 바치고 초과하지 못하도록 한다. 한 줌 두 줌 하는 식이나 한 단 두 단 하는 식은 본래 우리나라의 거친 셈법이다. 주먹은 대소가 있고 단은 경중이 있어서 균일할 수 없다. 응당 저울을 사용하되 매일 무슨 채소 1근, 무슨 채소 1근 하는 식으로 항식을 정한다. (凡菜蔬宜嚴定 厥式, 日供幾斤,不可踰也. 一握二握, 一束二束, 本是吾東之粗法. 握有大小, 束有輕重, 不可劑也. 宜用衡秤, 某菜一斤, 某蔬一斤, 以爲恒式.)[14] <목민심 서>에 시장의 판매에 저울을 써야 한다는 기록이 모두 9번 등장한다. 정약 용이 170여 년 전에 간곡히 주장한 것이 지금도 한국에서 실천하지 못하고 있으니 유감이 아닐 수 없다.

필자는 한국 시장에서 저울질할 수 있는 물건을 저울로 달아 팔지 않으 면 거의 사지 않는다. 중국인이 많이 살며 중국 가게도 많은 서울 영등포구 대림2동 시장에서 10여 년 전까지만 하여도 중국인 가게는 저울로 달아서 팔고 한국인 가게는 저울로 달아 팔지 않던 것이 최근에는 한국인 가게도 저울로 달아 파는 현상이 늘고 있다. 중국인에게도 팔아서 돈을 벌어야 하 니까 별수 없는 모양이다.

⑤

일을 적게 하려고 경쟁하다니?

중국은 1954년부터 농촌에서 사회주의 집단화를 실현하였다. 1954년에 는 초급사, 1956년에는 고급사, 1958년에는 인민공사로 되었다. 초급사, 고 급사 때는 약 30~40세대 80명의 인력이 한 개 핵산 단위로 함께 일하고 연말에 노동성과를 배분한다. 80명의 인력을 대충 이렇게 가른다. 연령·성별로 16~18세가 한 개 팀(A), 여성 인력이 한 개 팀(B), 36~60대 남자 가 한 개 팀(C), 19~35세의 남자가 한 개 팀(D)으로 나뉜다. D팀의 공수

---

14) <목민심서·율기·절용> 참조.

工數는 10분, B팀의 공수는 9분, A팀의 공수는 8분, C팀의 공수는 12분이다. 성별과 연령에 따라 공수를 주는 외에 개인의 노동능력과 노동 적극성에 따라 약간 조절할 수도 있다. 이를테면 D팀이지만 C팀에 편입될 수 있다.

조선족들은 진통제를 먹어가며 힘껏 일한다. 이를테면 D팀으로부터 C팀으로 올라가기 위해서이다. 한족들은 생각을 달리 하며 갖은 수단과 방법을 생각해 일을 적게 하려고 힘쓴다. 같은 C팀이고 공수 12분을 받으면서 꾀를 부려 다른 사람보다 일을 적게 하는 것이 이익을 챙기는 것으로 생각하기 때문이다. 인민공사 때는 약 150세대의 400명 정도 인력의 한 개 대대大隊가 한 개 핵산 단위로 되었다. 이전에 생산대별 1개 공수에 0.10위안, 0.12위안, 0.15위안, 0.20위안…등으로 다르며 조선족 생산대는 벼농사를 하므로 0.20위안 정도이다. 벼농사는 소출이 높으며 벼의 값도 한전 곡물보다 비싸기 때문이다. 대대를 단위로 핵산 하니 통틀어 1개 공수에 0.11원이 되었다. 이전에 1개 공수 당 수입이 많던 생산대는 당연 불만이 많다. 가장 불만이 많은 자는 조선족 생산대이다. 조선족들은 여전히 일을 열심히 하며 이 법을 고쳐야 한다고 아옹다옹 한다. 그러나 한족들은 일을 적게 하는 것으로 반항한다. 여름철에 이쪽 생산대가 오후 2시에 일하기 시작하면 저쪽 생산대는 2시 반에 시작한다. 그러자 이쪽 생산대는 오히려 3시에 시작하니 저쪽 생산대는 3시 반에 시작하고…. 이렇게 서로 일을 적게 하는 경쟁을 한다. 결국 한족 생산대의 밭에는 곡식 절반, 풀 절반이다. 게다가 무상급식까지 하여 1961년 말에는 전 중국의 농촌이 파산의 지경에 이르렀으며 그 해 아사자가 1천만 명이나 된다는 설이 있다.

할 수 없이 다시 국가주석 유소기劉少奇의 노력으로 30~40세대 별로 경제 핵산을 하는 법으로 바뀌었지만 근본적인 해결책은 아니었다. 1979년 개혁개방을 실행하여 경작지를 개인에게 나누어주어 개인 영농을 하고서야 문제가 근본적으로 해결되었다.

경작지를 개인에게 나누어주라는 지시가 떨어지자마자 필자 마을의 한족들은 며칠 안에 나누어버렸다. '잇새마다 신물이 나는 집단화 영농을 때려치우니 속이 시원하다'라며. 그러나 조선족 생산대는 '왜 옛날의 자본주의로 되돌아가느냐?' '우리는 사회주의가 더 좋다', '땅을 절대 개인에게 나누어줄 수 없다'라고 고집하며 1~2개월간 나누지 않고 버티었다. 이런 사실이 중앙에 반영되자 공산당 총서기 조자양趙紫陽이 '잔소리 말고 땅을 나누어! 3년간 개인 영농을 해보고 확실히 나쁘면 그때 가서 다시 합치더라도.'라는 지시를 내려 조선족 생산대는 거의 반 강제로 나누었다. 이 사실은 우리 민족은 사회주의를 선호하는 민족이고 한족은 사회주의를 할 수 없는 민족임을 알 수 있다. 오늘날 전 세계에서 사회주의 집단화 영농을 하는 나라는 북한 하나밖에 없는 것은 우연이 아니다.

6

중국에는 무상급식이 없다

한국에는 초중고교에서 무상급식을 실행하고 있다. 그 외 웬만한 공장의 구내식당도 점심을 무상급식으로 하는 데가 많다. 여남은 명의 회사에서도 점심밥을 회삿돈으로 무료로 식사하는 경우가 많다. 그러나 중국은 무상급식을 하지 않는다.

중국은 재정이 탄탄하지만 초중고교 치고 무상급식 하는 학교는 없다. 기관과 회사도 무상급식을 하지 않는다. 그것은 중국인의 재산관념이 강한 것과 관계된다. 중국인은 등가교환에 철저한 인간인데 무상급식을 하면 이러저러한 원인으로 불공평이 생긴다. 이를테면 병으로 출근을 안 한 자, 뱃집이 작아 밥을 적게 먹는 자는 손해를 본다. 그러면 등가교환의 원칙에 어긋나지 않는가? 필자가 평생 근무한 중화서국(한국의 국사편찬위원회에 해당함)도 점심 식사비에 해당하는 돈을 월당 200위안 발급하고 밥을 그 돈으로 사 먹게 한다. 많이 먹거나 비싼 음식을 먹은 자는 200원에 더 얹어서 먹을 것이고 적게 먹거나 싼 음식을 먹은 자는 200원이 남는다. 이렇게 하여야 속이 편안하다.

중국진출 한국기업의 공장에서 점심을 무상급식으로 하지만 근로자들의 의견이 많다. 점심밥에 해당하는 돈을 각자에게 발급하고 밥은 각자가 돈을 주고 사 먹기를 바란다.

초중고교의 경우 점심 도시락을 싸갈 경제력이 없는 학생은 어떻게 하는가? 이는 각급 정부의 민정국民政局이 할 일이다. 중국의 성, 시, 현정부에는 민정국이라는 부서가 있고, 향 정부에도 민정간사라는 간부가 있다. 민정국은 해당 지역민의 가정형편을 손바닥 보듯이 꿰뚫고 있다. 그 지역에서 가장 가난한 1%는 어느 어느 가구이고 2%는 어느 어느 가구인가 낱낱이 알며 그 명단이 있다. 1%의 가구에는 매월 얼마의 보조금을 주고 2%의 가구에는 매월 얼마의 보조금을 준다는 규정이 있다. 그 가구의 학생은 국가에서 준 보조금으로 점심밥을 사 먹으라는 뜻이다.

$$\boxed{7}$$

형제가 여럿이면 장가가기도 어려워

중국은 1960년대에 전쟁대비를 한다며 도심의 공장을 원교遠郊 벽지로 전이시키는 바람이 분 적이 있다. 한 번은 필자의 둘째 형님이 이런 건설현장의 책임자로 있었다. 일꾼은 모두 무순시撫順市 외곽 각지의 농민들이었다. 스물 서넛이면 장가가던 그때 한 28세 나는 아직 장가를 가지 못한 노총각 Z군이 건설장에 있었다. 형님이 '왜 아직 장가를 가지 못하고 있는가?'

물으니 가정형편이 가난하여 장가가지 못한다는 것이었다.

체격도 건강하고 인물도 허물할 데 없는 총각이 장가를 못 가다니? 형님은 이 노총각에게 건설현장 마을의 처녀를 하나 얻어주어야겠다는 생각을 하였다. '찌들게 못 사는 이 마을 처녀를 도시 변두리에 사는 Z군에게 시집 보내는 일은 식은 죽 먹기 아닌가?'라고 생각했다. 어느 일요일 쉬는 날 형님은 그를 데리고 마을의 복판에 앉아서 지나다니는 사람 중 마음에 드는 처녀가 있으면 점찍으라고 하였다. 마침 그는 한 괜찮아 보이는 처녀를 점찍었다. 형님은 그 처녀와 그의 집안 사정을 대충 알아보고 중매 설 총각을 일단 소개하여 두었다.

어느 날 저녁 형님은 Z군을 데리고 술과 안주를 푸짐히 사 들고 처녀의 집을 찾아갔다. 술을 몇 순배 마시며 Z군이 어떻게 좋은 총각이라는 말을 장황하게 늘어놓았으며 혼사의 일이 거의 무르익었다. 그런데 뒤에서 누가 형님의 엉덩이를 자꾸 툭툭 치지 않겠는가? 돌아보니 그 집의 일여덟 살 나는 여자애가 있기에 개의치 않고 계속 지절거렸다. Z군이 다시 돌아보라고 눈짓하므로 엉덩이 뒤를 찬찬히 보니 똘똘 만 종이 한 장이 있었다. 펼쳐보니 반 절짜리 종이에 붓으로 아래와 같은 글이 적혀 있었다.

연로한 부모의 치료비 2,000원	양말 12켤레
재봉틀 한 대	구두 12켤레
라디오 한 대	장갑 12켤레
자전거 한 대	내복 12벌
옥 팔찌 한 쌍	적삼 12건
옥 귀걸이 한 쌍	비단 스카프 12개
옥 목걸이 2개	면우面友 크림 12병

형님은 깜짝 놀랐다. 한족을 철두철미하게 잘 안다고 자부하는 형님도 이런 일은 처음 목격한 것이다. 종이를 펼쳐보는 순간 온 집 식구는 이내 다른 방으로 가버렸다. Z군은 그들의 요구를 만족시키려면 적어도 1만 위안의 돈이 들고 자기 집에 지금 1천 위안밖에 없으므로 이 혼사는 포기하는 수밖에 없다고 하였다. 그 당시 Z군 마을 농민 일꾼 1인당의 1년 수입은 2천 위안 정도밖에 안 되었다. 형님은 '다 절반씩 깎고 재봉틀, 라디오, 자전거는 우리 집의 것을 한동안 빌려다 놓으면 된다. 5천 위안 중 모자라는 4천 위안은 내가 꿔줄 터이니 앞으로 달마다 봉급(Z군의 월봉은 200위안)에서 떼기로 하자. 오늘 저녁 너는 내 눈치만 보며 무조건 동의만 표시하라.'라고 말하고 그 집 사람들을 다시 불러들였다.

원래 이런 일에 일단 많이 부르는 습관이 있으므로 형님이 절반씩 깎았으며 부모는 못 이기는 척하며 겨우 동의하였다. 이렇게 약혼은 성사되었으며 일사불란하게 움직여 결혼식까지 올렸다. 결혼 후 한 달이 지나자 빌려왔던 재봉틀, 라디오, 자전거를 가져갔고 달마다 빚을 무느라 집에 들여놓는 봉급이 별로 없었다. 처녀는 엎지른 물, 벙어리 냉가슴 앓기 하는 수밖에 없었다. 형님의 꿔준 돈 1,000위안가량도 나중에 물거품이 되었다.

중국은 괜찮은 총각도 집안이 가난하면 장가가기 어렵다. 처녀 측에서 결혼 때 평생 살아갈 밑천을 마련하고자 하기 때문에 가난한 지역일수록 처녀 집에서 받는 돈이 더 많으므로 장가가지 못하는 노총각이 많다. 30대, 40대 노총각, 심지어 평생 장가가지 못하는 남자도 있다. 독자가 장가가기 가장 쉽고, 형제가 여럿이면, 이를테면 넷이면 막내아들이 가장 쉽고 맏아들이 그다음으로 쉬우며 2~3번째가 장가가기 힘들다. 독자는 그 집의 재산이 분할되지 않기 때문에 쉽고 막내아들은 부모가 막내아들과 같이 살다가(한족 부모들은 늘그막에 막내아들과 같이 살다가 세상을 뜬다) 재산을 다 물려주기 때문이다. 적어도 살던 집은 막내아들의 몫이다. 맏이는 부모가 아직 젊었으므로 꽤나 보살펴주기 때문이다. 이것만 보아도 재산관념이 강한 한족들이 딸을 시집보낼 때 이해타산을 얼마나 세밀히 따지는가를 알수 있다.

등산할 때 보통 산불 조심의 차원에서 등산코스 시작의 마을에서 50대 노인 한 분이 붉은 완장을 두르고 감시하러 따라나선다. 보통 노총각들인데 알고 보면 여러 형제의 집안 중 2~3번째 아들들이다.

우리 민족 같으면 형제가 여럿이면 서로 의지할 사람이 많다며 오히려 장가가기 쉽고 외아들이면 시집가서 외롭겠다며 딸 주기를 좀 꺼린다. 우리 민족은 시집보낼 때 재산의 이해득실을 덜 따진다는 말이 된다.

8

중국인은 충재의 능수이다

세상에서 중국인만큼 축재를 잘 하는 민족이 또 있을까?

조선족은 1860년대부터 중국으로 이주하였다. 1980년대까지, 그러니까 이주 120년간 중국 동북 3성 농촌의 조선족은 한족의 2배를 벌었다. 조선족은 거의 다 수전 농사를 하였고 수전은 한전보다 소출이 많이 나며 또한 벼는 수수, 옥수수, 조 등보다 값이 비싸기 때문이었다. 그러나 한족 농민들은 거의 다 고래 등 같은 벽돌 기와집에서 살고 조선족은 거의 다 오막살이 초가집에서 살아야 했다.

무엇 때문인가? 한족은 축재를 잘 하고 조선족은 축재를 잘못하기 때문이었다. 한족은 축재를 어느 정도로 잘 하는가? 먼저 필자 고향 양楊 과부의 예를 들어본다.

1960년대의 일이다. 양 과부는 시집가서 몇 해 안 돼 슬하에 서너 살 나는 아들 하나 남기고 남편이 죽은 청상과부가 됐다. 그는 혼자서 아들을 키우며 고생스럽게 생활하였다. 그때 농촌의 한족 남자들은 겨울철에 '울라신(烏拉鞋)'이라 부르는 신을 신는 습관이 있었다. 큰 쟁반만 한 소가죽의 변두리에 구멍을 뚫고 가죽 끈을 끼어 졸이면 바리—신처럼 된다. 늦가을에 산에 가서 울라초(烏拉草: 잎이 푸초처럼 생겼으며 길다)를 베다가 몽둥이로 한참 두드려 나른하게 만든 후 가죽신에 넣고 신는다. 신은 후 가죽 끈으로 조여 매고 잘 때도 벗지 않으며 한 달에 한 번 정도 신을 벗고 발을 씻고 바람도 쏘이며 신 안에 생긴 이도 잡는다.

울라신은 일률 소가죽으로 만들거나 사서 신는데 양 과부는 돈을 아끼느라 돼지가죽을 쓴다. 돼지가죽은 소가죽에 비해 질기지 않으므로 자주 헤진다. 그러면 양 과부는 해진 부위를 실로 기워 신긴다. 울라신을 기워 신는 사람은 보고 죽으려도 없는데 양 과부의 아들만 기워 신었으니 야유를 당해야 했으며 멸시의 대상이 되었다. '오죽 가난하면 돼지가죽으로 울라신을 만들어 신겼겠나'라고 혀를 휘두르며 동정의 말을 하는 마을 어르신들도 많았다.

그런데 이게 웬일이냐. 아들이 장가가기 직전 양 과부는 고래 등 같은 3간 벽돌 기와집을 짓지 않겠는가! 마을 사람들은 너무나 놀라 저마다 양 과부의 새집을 방문하였다. 방문객들이 양 과부에게 묻는 말은 다 같았다: '당신 어디서 돈이 생겨 3간 벽돌 기와집을 지었나?' 양 과부 답 왈: '평시에 돈을 무척 아껴 썼다. 손에 8전이 생기면 2전을 보태 1각을 만들어 바깥 지갑에서 안 지갑으로 옮겨 넣고, 80전이 되면 20전을 벌어 1위안을 만들어 지갑에서 농 안으로 옮겨 넣고…이렇게 20여 년을 견지하니 3간 벽돌 기와집을 지을 돈이 되더라.' 양 과부와 같은 가난한 사람도 이 정도이니 다른 사람은 더 말할 것도 없다.

빈털터리 중국인들은 보따리를 걸머지고 외국에 나갔지만 10여 년이면 일방의 부자가 된 사람이 많으며 2세에 가서는 나라에서 이름 있는 부자가 속출한다. 인도네시아, 베트남, 태국의 경제 명맥을 많은 화교들이 쥐고 있다. 그러므로 1966년 인도네시아의 수하르토가 정변을 일으킬 때 많은 화교의 재산을 털었고 베트남도 남과 북이 통일될 때 많은 화교의 재산을 털고 쫓아내었다. 조선족은 이주 5세, 6세가 되어서도 아직 재산이 많은 사람이 거의 나타나지 못했다.

9

중국이 사회주의를 하기 어려운 이유

박희래博熙來는 2007년 중경시重慶市 당서기가 된 후 주먹 사회(많이는 공산당 간부와 결탁한 자) 2,400여 명에게 실형을 내려 영창에 넣었고 28명을 처형하였다. 또한 중경시의 전반 분위기를 모택동 시대의 것처럼 만들었다. 모택동 시대의 혁명가곡만을 부르는 등 일부 개혁개방에 소외된 간부와 적지 않은 국민들은 잘한다고 환호하였다.

당시 박희래는 중공중앙정치국 위원이었으며 차기 일인자로 지목된 습근평習近平의 라이벌이었다. 사람들은 만약 박희래가 중국의 일인자로 되면 중국은 30여 년간의 개혁개방을 부정하고 모택동 시대로 돌아갈 것이라고 추측하였다. 세계 많은 나라들도 만약 박희래가 중국의 일인자로 되어 모택동 시대로 돌아가면 어쩌지 하며 걱정하였다. 이런 관건적 시각에 박부인의 살인 사건, 왕력군王力軍의 성도 주재 미국영사관으로의 망명 사건이 터져 박희래는 완전히 패배하였다. 많은 사람들은 중국이 이 두 사건 때문에 하늘의 도움을 받아 요행 아찔한 고비를 넘겼지만 그러나 '앞으로 제2, 제3의 박희래가 생길지 누가 아는가, 중국체제의 전도는 여전히 미지수'라고 생각한다.

이는 절대 기우杞憂이다. 중국이 모택동 시대로 돌아갈 가능성은 거의 없다. 중국인은 기질상 사회주의를 하기 어려운 민족이다. 인구가 많고 사유제의 역사가 긴 민족일수록 사유제에 집착한다. 중국은 세계에서 인구가 가장 많고 사유제의 역사도 가장 긴 나라 중의 하나이다. 이런 민족이 개인 이익을 무시하는 사회주의 체제를 받아들이기 어렵다. 박희래가 한 짓거리, 온가보溫家寶 총리가 박희래를 견주어 '중국이 문혁 시대로 돌아갈 위험이 있다'라고 한 말은 권력 다툼의 꼼수에 불과하다. 박희래도 권력을 쥐면 절대 모택동체제로 돌아가지 못할 것이다.

중국은 1954~58년에 사회주의 개조를 기본적으로 완수하였다. 농촌에서는 집단농장, 도시에서는 국유화를 실현하였다. 위 제5절에서 집단화 농촌의 예를 들었는데 본 절에서는 도시공장의 예를 들어보자.

장춘제1자동차공장長春第一汽車廠은 1956년에 건립된 중국에서 가장 큰 자동차공장이었다. 근로자가 5만 명이나 되며 공장 설비는 100% 구소련의 수입품이다. 모든 국유기업과 마찬가지로 제1자동차공장도 생산성이 전혀 없어 마비 상태에 처하였다. 공장의 근로자들이 너무나 일을 하지 않아 연 생산량이 5만 대밖에 안되었다. 5만 대도 12월 한 달 죽도록 일하여 12월 31일 밤 12시에야 겨우 완성하였다. 근로자들의 노동 적극성을 올리고 생산량을 높이기 위하여 군부대 1개 대대를 투입하여 '계급투쟁'을 진행했다. 이 때 투입된 군부대가 바로 필자가 의무병으로 있는 군부대이므로 필자도 공장의 계급투쟁에 투입되었다.

공장에 투입된 후 조사를 해보니 문제가 많았다. 5만 명 중 약 5%는 월봉이 50~60위안 정도이고 약 5%의 학도공이나 학도공에서 금방 벗어난 자들의 월봉은 18~30위안 정도이며 나머지 90%는 월봉이 일률 2급공 39위안(약 미화 6달러)이었다. 필자에게 차려진 발동기공장 기어(gear)직장에 20여 명의 근로자가 있었는데 2명의 학도 여공의 월급이 18위안이었다. 그 외는 모두 39위안이다. 그중 마금생馬金生이란 사람은 40대 후반인데 가정 식구가 8명이다. 39위안으로는 도저히 생계를 유지할 수 없어 배급제로 달마다 차려진 육표肉票를 몽땅 남에게 양도하는 수밖에 없었다. 1년 내내 고기 맛을 거의 보지 못하는 상황이어서 그는 만날 투덜거리며 일했다.

근로자 전체는 힘내어 일하지 않는다. 20여 명이 번갈아 갱의실更衣室에 가서 한 시간씩 낮잠을 잔다. 일을 대충하여 대량의 폐품이 생기는 수도 있다. 폐품이 생긴 날 생산의 양은 제로일 수밖에 없다. 봉급을 좀 더 받는 유일한 방법은 일이 밀리어 매달 22일경부터 일요일도 출근하고 8시간 근무시간을 늘이는 등의 보충작업을 하여 보충작업에 해당하는 돈을 받는 것이다. 우리가 하는 계급투쟁은 이런 자들을 비판, 투쟁하는 것이다. 이렇게 1년간 계급투쟁을 하여 1970년의 생산량을 그해 12월 25일, 말하자면 6일 앞당겨 완수하였다. 그러나 군부대를 철수한 후에는 또 예전과 같아졌다.

사회주의 개조를 실행한 지 8년 지난 1962년, 국가주석 유소기劉少奇가 우선 농촌에서 기존 정책을 많이 부정하는 삼자일포三自一包, 사대자유四大自由를 실행하고 도시에서 도급제(일한 건수에 따라 봉급을 주는 정책)를 하다가 모택동의 사청四淸 및 문혁에 의해 타도되었다. 또 8년 지난 1971년, 모택동의 계승자로 지목된 임표林彪가 쿠데타를 일으켜 새 체제를 실현하려다가 발각되어 제트기를 타고 소련으로 도망가다가 몽골 사막에서 추락하여 죽었다. 또 8년이 지난 1978년에 등소평이 다시 원래의 체제에 도전하여 중국은 끝내 개혁개방을 실행할 수 있었다.

중국의 사회주의 체제는 그 수명이 사실 8년밖에 안 된다. 소련은 70년(1917~1986)이다. 이에 반해 북한은 소련을 초과하여(1945~2022) 77년, 새 기록을 쇄신한 셈이다. 뿐만 아니라 한국에 북한체제를 동경하는 국민이 20%라는 설이 있다(황장엽의 견해). 세계에서 기질상 사회주의를 가장 거부하는 민족이 아마 중국인이고 가장 선호하는 민족은 아마 한민족이 아닌가 생각된다.

중국은 실용주의 체제

현재 중국의 사회제도는 무슨 체제인가? 사회주의 체제인가, 자본주의 체제인가? 아니면 다른 무슨 체제인가? 중국 자체로는 '중국식 사회주의'라고 일컫는다. 이 말을 다른 말로 표현하면 '중국식 자본주의'라고도 할 수 있다.

중국을 사회주의 체제라고 함은 중국에 아직 토지가 국가 소유이고 대형 사업체, 이를테면 방송국, 우체국, 철도, 대형광산, 대형공장, 은행 등이 국가 소유이기 때문이다. 아마 이러한 국가 소유의 경제가 중국 경제의 30% 정도 점한다. 그러나 허다한 자본주의 국가도 이런 행업의 대부분 또는 일부분이 국가 소유이다. 필자가 <한국경제핸드북>을 쓴 1988년경에 한국도 국유기업이 290여 가지나 있었다. 지금 한국에서 '공사公社'라 이름 하는 기업은 거의 다 국유기업이다. 국가의 일부 업체가 국유기업이라고 하여 그 나라를 반드시 사회주의 체제라고 할 수는 없다.

중국을 자본주의 체제라 할 수도 있음은 중국에 개인소유의 기업이 너무나 많기 때문이다. 서비스업은 대부분 개인소유이다. 근로자 500명 이하의 공장은 개인 기업 또는 변태적인 개인 기업이 많다. 토지는 국가 소유이지만 일단 영업에 이용된 토지는 엄청난 세금을 받는다. 즉 돈벌이에 활용된 토지는 개인소유와 다를 바 없다.

정치상에서는 어떠한가? 공산당원 신분의 자본가가 중국에 수만 명 정도는 될 것이다. 공산당원이며 국가 간부, 공무원이던 사람이 개인 사업을 하여 공장을 꾸려 수십 명 또는 수백 명 정도의 근로자를 고용하고 있으면 자본가와 무엇이 다른가? 많은 공산당원 자본가가 중국식 사회주의 국가권력층에 진출하고 있다. 중국의 통치 집단은 당연 공산당이 주축이다. 그러나 그것이 유일한 국가 권력자가 아니다. 국가급, 지방급 인민대표와 정협위원(한국의 국회의원, 지방의회의원에 해당함)들도 국가의 정치에 어느 정도 참여를 하고 있다. 뿐만 아니라 그들이 돈이 많아 이곳저곳 및 국가 복지 기관에 거금의 찬조금을 내기 때문에 그들은 일반 공산당원이나 서민보다 엄청 높은 비례로 인민대표, 정협위원에 진출하며 글발도 세다.

'국가란 경제상 통치 지위에 있는 계급의 통치 도구이다.'[15] 즉 국가의 상층건축은 경제기초의 산생물이다. 중국이 제도상 개인 기업을 허용하며 중국식 자본가 대량 용솟음쳐 나오는 이상 중국공산당의 일당독재가 이 계층의 이익을 포함하지 않을 수 없다.

필자가 중국 주재 삼성그룹과 LG그룹의 공장에 가서 특강을 할 때 '귀 공장의 근로자 중에 공산당원이 있는가?' 문의하니 '공산당원이 있을 뿐만 아니라 아주 많다'라고 한다. '그러면 공장 안에 공산당조직의 활동이 있는 가? 그들의 사무실이 있는가?' 문의하니 '공산당조직이 있을 뿐만 아니라 공장 안에서 아주 좋은 사무실을 공산당사무실로 쓰게끔 한다.'라고 한다. 그러면서 만약 근로자들이 일을 잘 안 하고 심지어 무단 파업을 하려는 기미가 보이면 공산당조직에서 그들을 교육하고 설득시킨다는 것이다: '당 중앙에서 외국 자본을 잘 유치하여 근대화를 실현하라고 하는데 당신들 당 중앙의 말을 안 들을 거냐.'라며 그들을 교육한다고 한다.

원래 공산당의 종지宗旨는 근로자계급을 단결하여 자본가와 싸우며 종국적으로 자본가를 타도해버리는 것인데 외국 자본가를 도와 근로자계급을 교육하고 설득시켜 일을 잘 하게끔 한다. 이것은 얼마나 아이러니한 일인 가! 물론 외국 자본가가 국가의 정책을 위반하는 황당한 짓을 하면 몰라도 (이런 일을 저지르는 외국 기업은 아주 드물다) 그들이 하는 일은 근로자를 교육하는 일이 더 많다.

---

15) 레닌의 <국가와 혁명> 제1장 <계급사회와 국가>의 제3절 <국가는 피압박계급을 착취하는 도구이다> 참조.

그래서 필자는 중국공산당은 경전적인 마르크스주의 정당이 아니고 실용주의적인 정당이며 중국은 실용주의 체제라고 말하고 싶다. 사회주의와 자본주의를 모두 포용한, 물론 사회주의 내용이 좀 더 강한 실용주의 체제이다. 그러나 생산력의 향상을 위하여, 경제발전을 위하여 수시로 개변할 수 있는 영원히 미완성형-현재진행형 체제이므로 실용주의 체제라고 부르는 것이 가장 합당할 것이다.

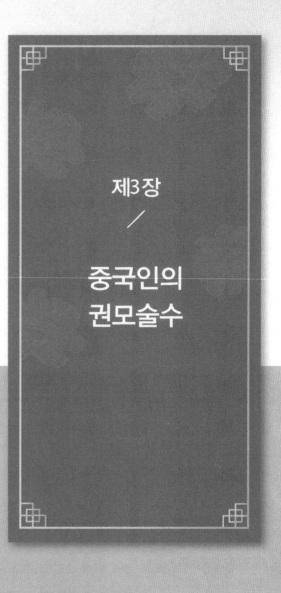

제3장

/

중국인의
권모술수

본 책의 서문에서 중국은 인간 간의 생존투쟁이 심하여 중국인의 권모술수가 뛰어나다고 하였다. 이에 관하여 한국인들은 소설 〈삼국지〉를 통하여 풍부한 인식을 가지고 있으리라 믿는다. 인류의 역사는 나선형으로 발전하므로 옛날의 사건이 끊임없이 반복되는 역사이다. 물론 반복되며 조금씩 달라지기는 하지만. 현재 무슨 사건이 생기면 자연히 먼저 '옛날 우리의 총명한 선배들은 이런 일을 어떻게 다루었지?'라는 생각을 하게 된다. 그러므로 인간은 역사를 알아야 생존투쟁에서 총명해질 수 있다.

중국은 인도와 달리 먼 옛날 3,500년 전의 갑골문으로부터 춘추전국시대를 거쳐 후세에 이르기까지 나라 안에 발생한 일을 서면으로 기록하여 놓는 전통이 있다. 이른바 좌사左史는 언론을 기록하고 우사右史는 사건을 기록한다(左史记言, 右史记事). 〈갑골문甲骨文〉 〈춘추春秋〉 〈춘추좌전春秋左傳〉 〈전국책戰國策〉 〈국어國語〉 〈이십사사二十四史〉 〈청사고淸史稿〉 〈자치통감資治通鑑〉 등이 그것들이다. 이런 문헌들은 마치 컴퓨터에 저장된 파일처럼 수시로 꺼내어 현 정치에 활용된다.

현무문지변

당고조唐高祖 무덕武德 9년 6월 4일(626년 7월 2일) 당고조의 둘째 아들 이세민李世民이 당나라의 수도 장안성長安城 태극궁太极宫 북문—현무문玄武门 부근에서 쿠데타를 일으켜 태자 이건성李建成을 죽이고 스스로 태자로 되었다. 후에 부친 당고조 이연李淵을 압박하여 대권을 이어받아 당태종唐太宗이 되었다.16)

이 사건을 중국 역사상 유명한 '현무문지변玄武門之變'이라 한다. 중국 역사상 황제나 임금이 생전에 태자나 기타 아들에게 권력을 부여하면(혹은 스스로 권력이 커지면) 모두 그 결과가 나빴다. 이세민은 당나라가 건립되기 전부터 전공이 혁혁했으며 그가 장악하고 있는 권력도 만만치 않았다. 현무문지변을 일으켜 대권을 쥔 역사는 황제나 임금의 아들이 황제나 임금이 살아 있을 때 권력이 있어 생긴 비극의 전형적인 예이다.

모택동은 평생 고서를 손에 쥐고 살았으며 끊임없이 옛 경험을 현 정치에 활용하였다. 그가 현무문지변의 역사 경험을 섭취하여서인지는 모르겠으나 모택동은 1959년부터 임표林彪를 배양하고 그에게 국방부장의 직위를 주었으며 1969년에는 임표를 자기의 후임자로 선정하고 <중국공산당 장정>과 <중화인민공화국 헌법>에 기입까지 하였다. 그러나 1971년까지 12년이나 되지만 임표에게 추호의 권력도 주지 않았다. 임표는 참다못해 쿠데타를 발동하여 모택동을 모해하고 대권을 쥐려다가 힘이 부족하여 실패

---

16) <구당서舊唐書> 무덕 9년 '6월 경신날 진왕 이세민은 황태자 건성이 제왕 왕원길과 공모하여 자기를 죽이려 한다며 군사를 거느려 황태자 건성과 왕원길을 죽였다. 진왕이 태자라는 조서를 내려 계승하여 나라를 통솔하며 천하에 사면령을 내렸다. 8월 계해날 황태자에게 대권을 물려주었다. (六月庚申, 秦王以皇太子建成與齊王元吉同謀害己, 率兵誅之. 立秦王爲皇太子, 繼統萬機, 大赦天下. 八月癸亥, 詔傳位于皇太子.)'

하고 1971년 9월 13일 구소련으로 도망치다가 항공기 추락사고로 몽골 사막에서 죽고 말았다. 만약 그사이 모택동이 임표에게 어느 정도의 권력을 주었더라면 임표에게 모해되었을지도 모른다.

북한의 김일성은 1972년 환갑을 치른 후부터 권력을 점점 아들 김정일에게 이양하였으며 1982년 70세를 넘어서며 권력을 거의 다 김정일에게 물려주었다. 그러므로 1972년 후부터, 특히 1982년 사망하기 전의 12~13년간 북한 최고위층에서 김일성이 왕따 당하는 결과를 초래했다. 정치국 회의를 할 때 김일성을 참여시키지 않는 적도 있으며 김일성이 억지로 참여하여 말을 하면 '또 노망한다'라며 배격해 버리는 일도 비일비재하였다고 한다.

역대 중국의 정치인들, 심지어 현재 중국공산당의 최고 관료들은 모두 중국의 문헌, 특히 <자치통감>을 부지런히 열독하고 권모술수를 배우며 자기의 정치 지혜를 높인다. 그러므로 역대 중국공산당 고위층 관료는 권모술수에 대단히 능하다. 심지어 일반 중국인들도 어느 정도의 권모술수를 안다.

2

진보도 전쟁으로 지구를 '흔들다'

중국의 문혁은 1966년 6월부터 모택동이 사망한 1976년 9월까지라고 하지만 이른바 대명大鳴·대방大放·대자보大字報·대변론大辯論 4대 자유의 폭풍우가 몰아치듯 한 문혁은 1966년 6월부터 중공 제9차 당대표대회를 개최한 1969년 4월까지의 3년이다. 3년이 끝난 후에도 13억 중국 인민은 각종 파벌로 사분오열되었다. 심지어 한 집안의 4식구도 4가지 다른 파벌에 속하므로 밥을 먹다가 변론이 붙어 밥상을 뒤집는 일도 자주 일어날 정도였다.

소련 사회제국주의는 중소변경에 100만 대군을 집결하여 중국을 압박하고 있다. 중국과 미국은 여러 가지 현안의 해결을 위해 폴란드 수도 바르샤바에서 500여 차례의 외교담판을 하였지만 아무런 성과도 없이 무산되곤 하였다. 나라의 질서는 엉망이고 생산은 파산되었다. 이런 내우외환內憂外患의 난국은 10년이 걸려도 치유하기 어려울 것 같았다.

이런 난국을 해결하기 위하여 모택동 주석이 고안해낸 것이 바로 소련과 한 차례의 소규모 전쟁을 치르는 방안이었다. 중국 동북과 소련 극동의 국경 분계선은 흑룡강이다. 엄격히 말하면 흑룡강의 주항도主航道(강물의 가장 깊은 곳)이다. 중소 두 나라의 변방군이 흑룡강의 남측과 북측에서 각각 순찰을 하는데 중국군은 보병이 걸음걸이로 순찰하고 소련군은 탱크로 순찰한다. 동삼에 강에 얼음이 얼고 또한 얼음 위에 눈이 두터이 쌓이면 주항도가 어딘지 식별하기 어렵다. 걸음걸이로 순찰하는 중국군은 쉽게 주항도 남측에서 순찰하지만 소련군의 탱크는 자주 주항도의 중국 측, 즉 중국영토 위를 스쳐 지나가는 수가 많다.

중국은 이를 노리고 중앙으로부터 심양 군부 및 변방부대까지 1년간 면밀히 검토하고 준비한 후 1969년 3월 2일 진보도珍寶島의 주항도 중국 측으로 건너온 소련군에 맹공격을 가하다가 중국군 6명이 목숨을 잃었고 소련군도 죽은 자가 있었다. 3월 15일부터 소련군은 중국 변방부대에 사흘간 공격했고 변방부대는 이에 반격하였으며 소련군 탱크 한 대를 강물에 격침시켰다. 이 전쟁은 3월 2일 하루, 3월 15~17일 사흘, 모두 나흘 동안 한 전쟁이다. 사실은 보잘것없는 소규모의 전쟁에 불과하지만 군사전쟁이 아니라 정치 전쟁이었기 때문에 그 영향은 엄청 컸다.

물리학자 아르키메데스는 '나에게 지렛목만 차려지면 지구도 들 수 있다.'라는 말을 한 적이 있다. 진보도에서 중소 간에 전쟁을 치른 '지렛목'이 전 지구를 뒤흔든 결과를 초래했다. 중국 국내정치와 국제 정치는 발칵 뒤

집혔다. 그렇게 사분오열되었던 13억 중국 인민은 한 달 사이에 한 주먹으로 똘똘 뭉쳐졌다. 바르샤바 회의 필요 없이 미국 국무장관 키신저가 중국을 방문하였다. 이윽고 미국 대통령 닉슨이 중국을 방문하였다. 중일·중미 및 허다한 서방 선진국이 중국과 수교하였다. 서방 선진국이 중국에 대한 봉쇄를 해제하였다…. 전 세계가 모택동의 권모술수에 의해 소용돌이쳤다.

3

반정부 '범인'을 일부러 망명시키다니?

천안문 광장에서 대학생들이 단식투쟁을 할 때 1989년 5월 20일 중국 정부는 계엄령을 내리고 대학생을 진압하려고 해방군이 북경시 외곽으로부터 천안문 광장으로 진입하기 시작하였다. 그때 북경시 60대, 70대 노인 및 부녀자들 수십만 명이 서쪽 교구에 가서 해방군을 몸으로 막으며 들어오지 못하게 하였다: '대학생들은 민주화를 위해 단식하는 것이다. 그들은 잘하고 있다. 그런데 대학생의 민주운동을 진압한다고? 우리를 죽이고 들어가 봐!' 북경시 항간에서는 만약 해방군이 총탄으로 대학생을 진압하면 중국공산당은 끝장날 것이라는 여론이 돌았다. 빠르면 2, 3년 안에, 늦어도 5, 6년 안에 중국공산당은 망당亡黨하고 중국은 망국할 것이라는 말까지 나왔다.

중공 중앙은 고민에 빠졌다. 어떻게 이 일을 수습할 것인가? 5월 20일 계엄령을 내린 후 해방군이 도심으로 들어오지 못하게 하고 중공 중앙은 장장 보름간 회의를 하며 어떻게 천안문사태를 수습할 것인가를 연구하였다. 결과 천안문 광장에서 단식하는 대학생을 되도록 적게 죽이고, 단식 '영웅'들을 체포하지도 말고, 그들을 외국으로 망명하게 만들자는 방법을 고안해냈다. 6월 4일 새벽 쏜살같이 천안문 광장까지 쳐들어가 천안문 광장을 포위하였다. 탱크와 장갑차가 너무 빠른 속도로 진격하였고 또한 진로에 나타나는 사람을 에누리 없이 사살하며 진군하였으므로 불과 200~500명만 죽이고[17] 천안문 광장까지 진격할 수 있었다.

그리고 학생들 머리 위로 기관총을 한바탕 갈겼다. 만약 총 구멍을 조금만 낮추면 얼마나 많은 대학생이 죽을지 모른다. 대학생들은 질겁하지 않을 수 없었으며 대학생대표 4명을 파견해 계엄군과 타협한 끝에 단식투쟁하는 학생들이 광장 남쪽으로 퇴각하면 추후 그들의 '죄행'을 묻지 않기로 합의하였다. 대학생들이 빠져나간 후 그 자리에 해방군이 들어가 앉았다. 도심으로 진군하던 해방군은 약 10명 정도가 북경 시민에 의해 피살되었다. 해방군은 북경 시민에게 피살될까 봐 천안문 광장에서 감히 나오지 못하는 척하는 쇼를 하였다. 단식투쟁의 내부비밀을 알기 위해 단식 대학생의 골수분자 왕단王丹 등 4명만 체포하였다. 북경공항의 경비를 철수시킴으로써 외국 대절 비행기가 그 나라 교민들을 철수시킬 때 망명하고자 공항에 모인 대학생들도 함께 외국으로 가도록 했다. 대학생들은 모두 무사히 서방 선진국가로의 망명이 이루어졌다.

그리고는 방송, 신문, 잡지 등 모든 언론을 총동원하여 '민주화를 위해 투쟁한 대학생들은 잘못이 없다. 중국을 서방국가의 식민지로 만들려고 대학생을 뒤에서 사주한 서방국가의 놈들이 나쁘다', '사주하다가 안 되니 대학생들을 자기네 나라로 데려갔다'라는 여론을 퍼뜨려 한 달 사이에 13억 중국 인민의 인식을 돌려세웠다. 유교 문화에서 외국과 결탁하는 자보다 더 나쁜 놈은 없기 때문이다. 중국공산당은 망하지도, 큰 손해를 보지도 않았고 천안문사태의 고비를 무사히 넘겼다. 만약 천안문의 영웅들을 무자비하게 학살했거나 수천 명을 감옥에 쳐 넣었으면 중국공산당은 진짜 위태로웠을지 모른다.

---

17) 얼마 죽였는가는 정부가 공개하지 않았으므로 알 바 없지만 전문가들은 200~500명으로 추측하고 있다.

그때 대학생들의 민주화 우상인 천체물리학자, 중국과학원학부위원 방려지方勵之(1936년생)는 서방국가로 망명한 것이 아니라 북경주재 미국대사관에 뛰어들었다. 중공의 권모술수대로 서방국가에 망명하였어야 하는데 아직 중국 내에 머물고 있으니 어쩐담? 여간한 걱정거리가 아니었다. 그런데 몇 달 후 미국이 방려지를 미국에 데려가겠다는 요구를 제출하였다. 그러나 중국공산당은 '그는 반체제분자이고 반체제 대학생의 우상이므로 줄 수 없다'라며 주기 싫은 척의 쇼를 하였다. 미국이 그러면 횡령한 돈을 스위스 은행에 비치한 중공 간부들의 명단을 전 세계에 공개하겠다며 압박을 가했다. 중공은 주기 싫은 자를 마지못해 주는 척하며 방려지를 미국으로 데려가게끔 하였다. 미국에 간 방려지는 시간이 길어짐에 따라 중국 인민의 버림을 받고 미국 앞잡이의 신분이 되어 2012년 쓸쓸히 미국에서 생명을 마감하였다. 권모술수에서 중국은 9단이고 미국은 6단도 되나마나 하다.

[4]

나토의 유고 폭격을 국내정치에 이용하다

법륜공法輪功은 원래 불교의 허울을 쓴 수련修練의 조직이었다. 장춘長春의 이홍지李洪志라는 사람이 태국에 시집간 누이의 집에 놀러 가서 몇 달 묵는 사이 얼렁뚱땅 만든 종교인지, 수련방법인지 하는 물건이다. 두 손의 엄지와 식지로 동그라미를 만들어 가슴에 대고 명상하는 것이 주요 방법인데 이런 방법으로 묵념하며 수련하면 만병통치한다는 것이다.

1980년대 후반부터 중국의 공비의료제도가 깨지기 시작하였다. 국유기업의 종업원은 공금으로 병을 치료하던 것이 재정난으로 많은 국유기업이 의료비를 대지 못하여 병을 자비로 보아야 하는 데 이르렀다. 이때 약을 복용하지 않는 만병통치의 수련방법이 생겼다니 많은 사람들이 솔깃하여 접어들었다. 법륜공 수련을 거쳐 병이 나은 사람도 있다. 사실은 병이라는 것은 꼭 낫는다는 신념이 굳으면 정신적 작용으로도 나을 수도 있기 때문에 나은 것이지 수련에 의해 나은 것이 아니다. 반면 약 먹기를 거부하고 수련하다가 병이 엄중해졌거나 사망하였거나 정신이상에 걸린 자도 적지 않게 발생하였다. 하여 두 개 대학의 학보에 법륜공의 수련을 미신하지 말자는 문장이 발표되었다.

1999년 4월 25일 법륜공 수련자 수만 명이 중남해(한국의 청와대에 해당함) 앞에서 농성하였다. 그들은 중공 중앙이 법륜공에 대한 모독을 숙청하고 법륜공에 명예회복을 해달라는 요구를 강력히 제출하며 심지어 중남해 안으로 진격하려고 시도하였다. 북경시 공안국은 엉겁결에 농성자 약 700명을 감금하였다. 감금하고 보니 법륜공 신자가 어림잡아 1천만 명이나 되며 곧 전국적인 폭란이 일어날 조짐이라는 정보를 입수했다. 그들이 인터넷으로 통지하여 수만 명이 중남해에 모일 때까지 북경시 공안당국은 전혀 몰랐으니 공안공작에 여간한 허점이 생긴 것이 아니었다.

이런 난제에 부딪쳤으니 어떻게 해결해야 하는가? 마침 그때 나토가 유고연맹을 폭격하며 4월 13일부터 폭격을 더 맹렬한 3단계로 승급시켰다. 중공은 이 절호의 기회를 틀어쥐고 국내의 모순을 국외모순으로 돌렸다. 나토가 유고를 폭격한 이유는 코소보에 거주하는 알바니아민족의 인권이 유고의 주권보다 더 중요하다는 것이다. 중공은 나토의 인권론을 맹비난하였다. 유고가 할 수 없는 일을 중국이 모두 해준 셈이다. 뿐만 아니라 유고 주재 중국대사관 옥상에 위성 안테나를 많이 설치하여 나토의 군사력, 병기 기능을 테스트하였으며 대사관 지하실을 유고군 장령들의 은신처로 사용하게 했다는 설도 있다.

나토는 중국대사관 지하실에 미사일 5발을 쏘았고 그중 한 발이 약간 빗나가 대사관 벽을 스쳐 대사관에 투숙 중인 중국기자 3명이 피살당하였다.

일부 화교들이 중국대사관에 찾아가 폭격 받을 위험이 있으므로 주의하라는 권고를 하였지만 대사관은 '민주주의 국가인 미국이 어찌 한 개 주권국가의 해외공관을 폭격할 수 있단 말인가'라는 말로 권고자를 돌려보내곤하였다. 사실 중국이 포격 당할 가능성을 알면서도 쇼를 한 것이다. 중국과서방국가 간의 모순을 많이 격화시켜야 국내 법륜공과의 모순을 해외로 돌릴 수 있기 때문이었다.

폭격을 당하고 기자 3명이 희생된 소식이 알려지자 13억 중국인은 분노하였다. 북경 시민과 성도 시민이 가장 격렬하였는 바 북경 시민 수만 명이북경주재 미국대사관을 포위하고 안으로 돌멩이, 벽돌, 몽둥이를 수없이 던졌으며 나중에 13트럭이나 실어 나갔다. 성도 시민도 성도 주재 미국영사관을 포위하고 안으로 잡히는 대로 던졌다. 13억 인구가 나토와 미국을 성토하는 데 격양되어 폭란을 일으키려던 법륜공 신자들은 끝내 폭란을 일으키지 못하였으며 중국은 이 재난을 모면할 수 있었다.[18]

⑤

중국인의 대립통일 술수

모택동은 '모순은 일체 사물의 발전과정 중에 있다'라고 말하였다.[19] 그리고 '일체 사물 중 포함된 모순의 상호의존, 상호투쟁이야말로 일체 사물의 생명이며 일체 사물의 발전을 추진시킨다.'[20]라고 말하였다. 아래에 모

---

18) '법륜공 신자들이 동란을 일으키려고 했다'는 확실한 근거는 없다. 2001년 1월 23일 법륜공 신자 5명이 천안문 광장에서 분신자살을 시도하였다. 2명은 목숨을 잃었고 3명은 엄중한 화상을 입었다. 법륜공 신자의 농성을 진압한 지 1년 9개월이 지났는데, 즉 분이 풀린 지 1년 9개월이나 되는데 분신자살하였다는 것은 당시 동란을 일으킬 가능성이 충분했음을 말해준다.

19) <모순론·모순의 보편성>, <모택동 선집> 280페이지. 인민출판사 1968년.

20) 동상서, 같은 페이지.

택동과 중공 고위층 관료들이 어떻게 이 이론 즉 모순의 대립통일 원리를 자기의 통치술수로 활용하였나를 보자.

간단히 말하면 자기 수하의 관료를 두 개 서로 대립하는 관계로 됨(보통 이렇게 되기 마련이다)을 방치하며 대립통일의 술수로 자기의 통치 지위를 공고히 하는 것이다. 모택동 정부는 유소기와 주은래로 이분하고 중국군을 임표와 기타 원수로 이분하였다. 등소평은 조자양趙紫陽과 이붕李鵬으로 이분하였다. 강택민은 증경홍曾慶紅과 호금도胡錦濤로 이분하였다. 호금도는 박희래博熙來・주영강周永康과 온가보溫家寶・왕양王洋으로 이분하였다. 최고 지도자의 바로 밑의 관료들이 이렇게 이분되면 상대방을 이기기 위하여 일인자를 반대하지 않는다. 아니, 반대할 여유와 힘이 없다. 일인자를 반대하지 않아도 상대를 이길지 말지 한데 일인자까지 반대하다가는 자멸하는 결과를 초래할 위험이 따르기 때문이다. 그러므로 정권이 변할 때 중국의 인수위는 정치고수 200여 명이 1년 동안 분석, 대비를 거쳐 형평을 잡고 인수를 완성한다. 한국처럼 정치고수도 아닌 사람들이 3주가량 얼렁뚱땅 인수 작업을 끝내는 것이 아니다.

필자는 한국의 어느 특강에서 이 대립통일의 술수를 이야기하며 박근혜 정부를 예로 든 적이 있다. 친박연대와 반박연대로 갈라졌는데 만약 친박연대의 힘이 60이고 반박연대의 힘이 40이면 박근혜 대통령에게 차려지는 힘은 60-40=20에 불과하며 앞으로 엄중한 불이익이 초래될지도 모른다고 하였다. 그러나 만약 박근혜 대통령이 친박연대에서 탈피하여 그들 내부가 서로 싸우면 박근혜 대통령에게 주어지는 힘은 60+40=100이다. 필자가 강연한 후 불과 1년이 멀다 하여 박근혜 대통령은 필자의 예언대로 당하고 말았다.

통치 예술 또는 통치술수는 최고 통치자뿐만 아니라 그 밑 층층의 관료도 이용한다. 즉 중국의 웬만한 중상층 간부들은 대부분 이런 술수를 이용할 줄 안다. 이를테면 필자는 중공의 기층간부와 처장급 행정 간부를 36년간(1971~2007) 하였지만 대립통일의 술수를 잘 활용하였으므로 필자를 반대하는 세력의 도전을 받아본 적이 없다. 심지어 필자에게 의견을 제출하는 자도 없었다.

5천만 명을 거느리는 대통령, 500만 명을 거느리는 도지사, 50만 명을 거느리는 군수, 5만 명을 거느리는 읍장, 5천 명을 거느리는 면장, 500명을 거느리는 이장里長, 50명을 거느리는 동장洞長이 권모술수를 이용하는 원리는 다 같다.

6

안중근 기념관을 왜 이제야 만들었나?

2014년 1월 19일 항일의사 안중근 기념관이 중국 흑룡강성 하얼빈역에서 낙성되었다. 기념관의 개관에 즈음하여 우리는 이 기념관의 설립 과정 중 지난 30여 년간 중국 정부의 태도 변화를 살펴볼 필요가 있다.

안중근 의사가 이토히로부미를 저격한 이 쾌거의 기념물을 만들려고 많은 사람이 꿈을 꾸었을 것이다. 아마 사건이 발생한 1909년부터 한 세기간 이런 꿈은 끊이지 않았을 것이다.

필자가 이 일을 알기 시작한 것은 1982년부터이다. 이 목적으로 필자를 찾은 한국인이 세 차례나 되니 말이다. 그때부터 30여 년간 많은 재외동포, 한국인이 안중근 의사 거사擧事의 문물文物을 만들려고 끊임없이 하얼빈을 다녀갔다. 당연 모두 흑룡강성 정부의 거절을 당하였다. 하다못해 저격한 자리에 표지물, 이를테면 말뚝이라도 세우고 글 몇 자 쓰자고 해도 안 된다고 하였다. 한국에 대한 성견 때문일까? 북한을 의식해서일까? 라는 생각이 들어 북한과 같이 하겠다고 해도 허가를 해주지 않았다. 중국 정부의 속셈은 도대체 무엇인가? 알 바가 없었다.

그러다가 1992년 10월 필자는 끝내 그 원인을 알 수가 있었다. 1991∼95년 필자는 북경에서 해마다 조선족 대학생 운동회를 조직하였었다. 남학생 축구와 여학생 배구 경기인데, 약 2개월간의 예선전을 거치고 마지막 결승전을 한 날 저녁 대 잔치를 치르는 것으로 끝낸다.

1992년의 결승전은 10월 25일(일요일) 중국인민대학 운동장에서 치르고 그 학교의 한 식당에서 잔치를 치르기로 돼 있었다. 그런데 결승전이 끝나기 바쁘게 대학 측에서 빌려주기로 약속한 식당을 빌려주지 못하겠다는 긴급 통지가 왔다. 뿐만 아니라 다른 자리를 바꾸어 하는 것도 당국의 제재를 받을 것이므로 아예 그런 생각을 하지도 말라 하지 않겠는가. 그 원인은 일본 천황이 중국을 방문하는 특수기간이기 때문이란다. 10월 23∼28일 일본 천황이 중국을 방문했다.

경기도 경기이지만 더 중요한 것은 결승전 후의 잔치이다. 600여 명의 조선족 대학생이 모여 술을 거나하게 마시고 노래 부르며 춤추는 오락은 정말 장관이다. 그 열광적인 장면에서 민족 자부심이 최고로 북받치고 민족의 얼이 재삼 확인될 수 있으니 말이다. 이렇듯 중요한 잔치를 치르지 못한 필자의 유감과 원통은 말이 아니었다. 하여 고위층에 있는 필자의 친구를 통하여 사적으로 그 내막을 알아보았다. 필자 왈: '일본 천황이 무언데, 실권도 없으며 중국의 한 개 성장만도 못한데 우리의 활동까지 속박하느냐?' '만족스러운 해답을 받지 못하면 가만있지 않겠다.'

공안국 왈: '중국 개혁개방의 주요 자본금은 홍콩, 대만과 해외 화교 및 일본의 투자와 융자이다. 일본의 투자와 융자가 외국 자본의 80% 정도 차지한다. 만약 일본 자본이 끊어지면 중국의 근대화는 막대한 곤란에 부딪치게 된다. 그러므로 절대 일본을 자극하지 말고 그들의 투자와 융자를 많이 받아들여야 하며 이를 중요한 시책으로 실행해야 한다.' 아하! 이것이 바로 안중근 기념문물 설립을 반대하는 원인이었구나!

그때 남경南京 민간에서 2차 대전의 전승국 중국이 패전국 일본으로부터 전쟁배상금을 받아내자는 운동을 일으키려는 움직임이 있었다. 그런 배경이므로 일본 천황의 방중 기간에 반일 데모가 일어날까 봐 중국 정부는 각별히 신경을 썼던 것이다. 내부적으로 5명 이상 대학생의 활동을 엄금하라는 지시까지 내린 상황이다.

'만약 당신의 이번 모임에서 누군가가 불쑥 뛰쳐나와 "일본의 전쟁배상금을 청구하자"라는 구호를 외치고, 수백 명이 이에 호응함과 더불어 그 기세가 가두로 확산하여 전 북경시가 말려들면 어쩔 판인가? 그로 인한 죄명으로 당신이 투옥되어도 좋은가? 공안국에 감사드려라.' 그들의 말에 필자는 등골이 오싹하였다.

2005년, 세계 반파쇼전쟁 승리 60주년 때 중국에 반일 역사 제재의 드라마가 무더기로 쏟아져 나왔다. 중국의 느린 효율성에 대형드라마는 10년 걸려야 완성된다. 그사이 중국은 참고만 있는 것이 아니라 암암리에 칼을 갈고 있었던 것이다.

지금 중국은 G2로 부상하였으며 세계 최다 외환보유국이다. 세계의 많은 선진국이 중국에 투자하려 경쟁하고 있다. 그까짓 일본의 투자와 융자 유야무야되어도 괜찮다. 그 동안은 문화 반일이었지만 이제부터는 더 본격적인 반격─정치 반일, 군사 반일일 것이다. 이 일을 통하여 중국의 권모술수를 한 번 더 실감할 수 있었다.

$$\boxed{7}$$

김정일의 수양아들을 감옥에 넣다니?

2002년 9월 북한은 신의주에 경제특구를 세우고 중국인 양빈楊斌을 행정

장관에 임명하려 하였다. 10월 4일 오전 10시경에 특구설립대회를 거행하며 양빈에게 장관 임명장을 수여하기로 돼 있었다. 10월 4일 새벽 심양에 있던 양빈이 평양행 항공기를 타러 공항으로 나가기 직전 심양시 공안국은 양빈을 체포했으며 2003년 7월 14일 양빈에게 18년의 실형을 내렸다.

이 사건은 베일에 싸여 있으며 10년이 지난 지금도 많은 의문점이 풀리지 않고 있다. 필자는 관산關山이 쓴 양빈 사건을 다룬 책을 번역하여 <김정일과 양빈>이란 책명으로 한국에서 출판한 적이 있으므로 그 사건의 내막을 비교적 잘 알고 있다.

양빈은 남경南京 출생이며 어릴 때 부모를 잃고 고생스럽게 자랐다. 성인이 되어 해군항공공정학원海軍航空工程學院에 입학하였으며 1987년에 네덜란드에 유학 갔다. 후에 무역업에 종사하여 수많은 돈을 벌었으며 네덜란드 국적도 취득하였고 유라시아 그룹을 설립했다. 그때 양빈은 네덜란드의 선진적인 농업을 중국에 유치시킬 이상을 세웠다.

당시 현대화 농업은 미국의 기계화 농업, 이스라엘의 관개灌漑화 농업, 네덜란드의 과학화 농업 세 가지가 대표적이었다. 양빈은 네덜란드의 과학화농업이야말로 중국에 가장 적합하다고 판단하였다. 하여 그는 그사이 번 돈 수억 달러를 가지고 중국으로 와 북경에 네덜란드식 화훼농장을 꾸렸다. 그는 이내 기후상 북경보다 심양이 적지임을 간파했다. 온실 안의 온도를 북경은 여름이 너무 더워 내려야 하고 심양은 겨울이 너무 추워 올려야 한다. 온도 1도를 내리는 데 소비되는 에너지는 1도를 올리는 데 소비되는 에너지의 6배나 든다. 바로 그때 요령성과 심양시의 책임자가 양빈을 심양으로 모셔갔다.

양빈은 심양에 화란촌荷蘭村(네덜란드촌)이라는 농장을 차렸다. 화훼, 토마토 등을 재배하는 온실을 수십 동 짓고, 아파트, 호텔도 지었으며, 홍콩에 상장까지 하였다. 북한과 합자회사도 꾸리고 평양에 온실도 지어주었다. 김정일의 신임을 얻어 신의주 특구 행정장관까지 되려다가 하루아침에 계하수階下囚 죄수가 되었다.

그의 죄목은 3가지인데 법정에서 변호사에 의해 모두 부정되었다.

죄명 1: 가짜 장부를 만들어 홍콩에 상장하였다. 반박: 당시 중국 기업이 홍콩에 상장할 때 가짜 장부를 만들지 않은 회사가 거의 없다. 요령성, 심양시 정부에서도 가짜 장부의 작성을 묵인해줬다.

죄명 2: 세금을 체납하였다. 반박: 당시 심양시가 양빈의 많은 돈을 꾸고 오래도록 갚지 않았으며 양빈이 내야 할 세금이 그 돈과 대등하였다. 그러므로 심양시에서도 갚으라는 독촉을 하지 않았으며 양빈도 서로 상쇄하는 것으로 알고 있었다.

죄명 3: 농경지를 비농업에 썼다. 반박: 아파트와 호텔을 좀 과분하게 건설한 것은 확실히 문제가 되지만 심양시 원교遠郊에 새로 개간한, 국가경작 면적에 등록되지 않는 상당 면적의 경지를 사서 국가에 바쳤다. 이렇게 하면 문제가 해결된다며 심양시 정부가 시켜서 한 것이다.

결국은 양빈의 죄명이 다 성립되지 않는다. 문제가 좀 되기는 하지만 한 기업가를 이런 사소한 문제로 투옥시키며 18년이나 실형을 내리는 것은 너무나 무리이다. 당시 주위의 사람들과 전문가들은 이 일을 어떻게 보았는가?

a. 사업가는 정치판에 뛰어들지 말아야 한다. 신의주 특구는 홍콩보다 더 특권이 강한 거의 '독립왕국'이었다. 2001~02년, 양빈은 김정일에게 잘 보이려고 무진 애를 썼다. 김정일 생일 등에 북한에 바친 선물이 중국화 2억 위안(한화 360억 원)에 달한다고 한다. 또한 김정일을 자기의 수양 부친으로 모셨다. 이렇게 하여 '신의주 왕국'의 '국왕'이 된 셈이다. 중국 최고층 관리들의 속이 편안할 리가 없다.

b. 중국인은 제아무리 날뛰어도 여래불如來佛의 손바닥(중국공산당)을 벗어날 수 없다. 중국의 개혁개방 이래 북한은 중국에 '공산주의의 반역자', '의리를 지키지 않는 철면피한 자' 등으로 수없이 욕을 퍼부었다. '신의주 왕국'과 같은 중대한 사건에 대해 중국에 일언반구도 없는 것은 중국에 정

면 도전한 대항이었다. 물론 양빈도 북한을 그렇게 드나들며 신의주 왕국에 대하여 대사관에 일언반구도 말한 적이 없다. 중국은 하루아침에 그 일을 작살 내 버렸다.

c. 양빈은 네덜란드 시민인데 중국주재 네덜란드 대사관의 법관이 양빈을 판결하는 법정에서 방귀 한 방도 뀌지 못하였다고 한다. 풍문에 이번 사건 처리에 중국과 미국이 상호 결탁하였다는 설이 있다. 중국은 자기의 턱 밑에 서방세계가 운집하는 '왕국'이 생기는 것이 시원치 않았고 미국을 배격한 이런 '왕국'의 형성을 미국도 원치 않았던 것이다.

d. 중국 정부의 처사를 욕하는 중국인도 많다. 개혁개방 이래, 특히 중한 수교 이래 중국과 북한의 관계가 미묘하게 깨져가고 있는데 중국은 이를 방임할 것이 아니라 적극적으로 북한을 끌어당겨야 한다는 것이다. 중국과 사이가 벌어지면 다른 나라, 이를테면 러시아나 미국에 찾아가기 마련인데 이는 중국의 손해다라며.

필자의 견해는 이 역시 중국인 권모술수의 전형적인 표현이다. 1992년 중국이 한국과 수교한 후 중국은 북한의 행위를 눈여겨보고 있었으며 이에 보복의 기회를 노리고 있었을 것이다. 어느 시각에 어떤 술법으로 작살내어야 최상의 효과를 거두겠는가를 계산하고 있었을 것이다. 만약 양빈이 김정일에게 선물을 준다, 김정일의 수양아들이 된다 하며 날뛸 때 권고하거나 제지하면 좋은 효력을 보지 못했을 것이다. 양빈 사건을 손바닥 보듯 빤하게 들여다보며 진행 과정에 추호도 다치지 않고 내버려 두다가 마지막 찬스—양빈이 신의주로 떠나기 직전에 잡아 가두고 18년의 실형을 내린 것이다.

이 일을 통해 북한과 김정일에게 여지없는 치욕을 주었다. 이 일로 북한에 경고 아닌 경고를 한 셈이다: '중국의 손바닥 안에서 놀아야 할 너희들이 까불다니! 까불면 바로 이런 후과밖에 생길 것 없다!'

중국에는 동창문화가 없다

한국인에게는 다른 나라에서는 보기 드문 동창문화가 있다. 듣는 말에 의하면 일본에도 한국과 비슷한 동창문화가 있다고 한다. 동문이면 학번 순위에 따라 '형님', '아우' 하며 상호 연대감을 가지고 산다. 후배인 아우 는 선배인 형을 부모 모시듯 하고, 형은 또한 그만큼 아우를 돌보아주고…. 만약 누군가가 이런 동창문화의 예의를 지키지 않으면 용서받지 못한다. 심하면 얻어맞을 수도 있고, 동문 사회로부터 고립되어 외톨이 '기러기' 되 기가 일쑤다.

가령 어느 대학 출신의 한국인이 북경에 발령돼 왔다고 치자. 그는 먼저 자기의 동문들이 어디에 있는가를 알아보고 한동안은 동문들을 찾아다니며 '형님', '아우' 하며 술을 마시기에 여념이 없다. 그러나 동창문화가 없는 중국인들은 한국인들의 이런 관습에 대해 이해가 가지 않는다. 중국인은 동문이라 하더라도 남보다 각별한 친근감을 느끼지 않는다. 같은 직장이나 서로 연관되는 부서에 있을수록 그들의 관계는 더욱 냉랭하다.

이것은 아마 서로 라이벌이라는 관념이 앞서기 때문일 것이다. 인간은 서로 닮을수록 이해 충돌이 생기기 쉽다. 중국에는 예로부터 '먼 자는 사귀 고 가까운 자는 경계하라(遠交近攻)', '문인은 서로 라이벌이다(文人相輕)' 라는 격언과 원칙이 있다.

필자의 대학 같은 반의 동창 12명이 중화서국으로 발령받아왔다. 1982 년 2월에 와서 2008년 은퇴할 때까지 26년간 동창 12명이 한데 모여서 밥 도 먹고 술도 마신 적은 한 번도 없다. 약 20년이 지나 대학 때 담임선생 동董 교수가 원고의 일로 중화서국에 찾아왔을 때 12명 중의 대여섯 명이 모여서 같이 식사한 적이 한 번 있고, 또 몇 년 후에 전공의 다른 한 엄嚴

교수가 역시 원고의 일로 찾아왔을 때 네댓이 모여 식사한 적이 한 번, 내가 참가한 대학 동창의 모임은 26년에 이렇게 두 번뿐이다. 그사이 각 급의 직칭職稱평선21)이 여러 번 있었고, 간부 승급이 여러 번 있었는데 그때마다 우리 12명은 서로 되려고 치열한 경쟁을 벌였다.

중국인에게는 '내가 앞으로 승진하는데 저놈이 걸림돌이 될 것이다', '내가 자기의 실력을 인정받는데 저놈이 나를 훼방할지 모른다.'라는 생각이 앞서리라. 중국인에게는 학연보다 지연地緣이 더 크게 작용하는데, 이는 지연이 학연보다 생존투쟁의 적수로 될 가능성이 적기 때문이다.

필자는 이런 도리를 한국인들에게 얘기해본 적이 있다. 그럴 때마다 '나중에는 서로 원수가 될지라도 우선 친하게 지내고 볼 판이다'라는 말이 그들의 태도이다. 한국인의 정이 너무 두터워서인지, 아니면 생존투쟁에서 너무 무디어서인지 도저히 모르겠다.

⑨

중국인과 한국인의 겉과 속

필자는 한국 유명 정치인 박세일 교수가 2015년 2월 10일에 설립하여 이사장직을 맡은 사단법인 통일건국연합의 고문직을 하였었다. 2016년 가을에 해당 연합이 조직한 한 차례의 등산 활동에 참가하여 박세일 교수와 두어 시간 같이 등산하며 많은 이야기를 나눈 적이 있다.

"정 교수 중국인이지요?" 박 교수의 친근한 물음이다. "네, 맞습니다." "저에게 중국 이야기 좀 들려줄 수 없을까요?" "중국의 어떤 이야기를 듣고

---

21) 직칭 평선: 중국의 출판사는 대학의 강사, 부교수, 교수에 해당하는 편집, 부편심, 편심 등 직칭이 있다. 이런 직칭은 투표권이 있는 평심위원회의 투표로 평선 된다.

싶은지 알려줄 수 없을까요?" 그는 좀 머뭇거리더니 "중국인과 한국인을 비교하는 말씀이 어떨까요?"라고 말한다. 나는 한국의 유명 재벌그룹 등에게 '중국의 문화와 중국인의 기질'이라는 특강을 많이 하였으므로 이 내용의 말은 잘 할 자신감이 있다. 그러나 적어도 두어 시간 할 말을 짧은 시간 내에 하자니 좀 망설일 수밖에 없었다. 그러나 이내 답을 이었다.

"중국인과 한국인을 비교한다는 내용도 너무 아름찬데 오늘 간단히 말해 보겠습니다. 한국과 한국인은 겉으로 나타난 것에는 우점優點이 많고 속을 들여다보면 결점이 많은 데 반해, 중국과 중국인은 겉으로 나타난 것에는 결점이 많고 속을 들여다보면 장점이 많습니다." "속과 겉? 그거 괜찮아 보이네요. 그럼 말씀해 보세요." 하여 나는 아래와 같은 말을 들려주었다.

겉으로 보기에 중국과 중국인은 결점뿐이고 한국과 한국인은 장점이 많다. 중국은 너무 어지럽다. 화장실은 악취가 너무 나 들어가기 거북할 정도이다. 한국의 화장실은 깨끗하며 냄새가 거의 없을 정도이다. 중국 경찰은 좀 과장해 말하면 깡패 기질이 강하다. 백성들에게 눈알을 부라리며 접어들고 걸핏하면 욕지거리이다. 그러나 한국의 경찰은 좀 과장해 표현하면 선비 기질이다. 말씨도 상냥하고 군중의 일을 차근차근 잘 도와준다.

북경의 지하철 안에서 종종 이런 현장을 목격하게 된다. "당신 내 발을 밟았지 않아? 제기랄 것." 밟은 사람도 맞받아 욕한다. "쯧-쯧! 당신 뭘 잘났다고 하는가? 잘났으면 자가용을 끌고 다닐 거지 지하철은 왜 타?" 둘은 자칫하면 싸움이 붙는다. 필자는 한국에서 지하철을 30여 년 타도 이렇게 서로 욕지거리하는 거 한 번도 목격하지 못했다. 북경 아파트 단지에서 살며 이런 일에도 자주 부딪친다. 1층 엘리베이터 문 어귀에서 기다리다가 문이 열리자 애완용 개가 훌쩍 뛰어나오는데 기다리던 사람은 흠칫 놀란다. 그러면 투덜거리거나 욕지거리를 퍼붓는다.

"젠장, 누가 저 개들에게 독약을 먹여 다 죽여 버리면 시원하겠다." "독약에 먼저 네가 죽을걸!" 개 주인이 맞받아 하는 욕이다. 자칫하면 주먹질이다. 필자는 한국에서 이런 광경을 본 적이 전혀 없다. 나의 말을 들은 박세일 교수는 말한다. "나도 중국에 여러 번 가보았지만 정 교수의 말에 실감이 갑니다."

 "그러나 중국인에게는 눈에 보이지 않는 장점도 많습니다. 들어보세요." 나는 지금 한국의 단독주택 3층에서 사는데 월세가 50만 원이다. 그런데 보증금이 2천만 원이다. 보증금 2천만 원은 왜 받는가 물으니 집주인과 부동산 소개 업소는 아무 대꾸도 하지 않으며 한국의 법이 원래 이러하니 묻지 말라 하지 않겠는가. 후에 차차 알아본 데 따르면 입주자가 처음 한동안은 월세를 꼬박꼬박 잘 내다가 그 다음에는 안 내는 수가 많다. 그러면 보증금으로 월세를 내리깐다. 그 사람을 당장 내쫓으면 한국의 법에 걸리고 법적 해결을 보는 데 보통 1~2년이 걸린다. 1년이면 집세가 600만 원, 2년이면 1,200만 원이다. 그러므로 보증금 2000만 원을 받아두면 월세를 안 내도 근심할 것 없다고 한다.

 중국의 상황은 이와 완전히 다르다. 북경의 경우 월세가 5,000위안이면 보증금도 5,000위안이다. 입주하기 전 먼저 보증금 5,000위안을 물고 입주한 후에 달마다 5,000위안씩 문다. 사정이 나빠져 3월 31일인데 4월의 월세를 물 돈이 없다. 그러면 집주인과 사정한다. '여차여차하여 4월의 월세를 물지 못하니 한 달만 참아 달라.' 그러면 집주인은 한 달간 참아준다. 당연 보증금 5,000위안을 4월의 월세로 충당시킨다. 4월 30일이 되었는데도 상황 개선이 되지 않아 월세 낼 돈이 없다. 그러면 이부자리를 싸 짊어지고 마누라와 자식을 데리고 일단 그 집을 내놓는다. 집 주인이 내쫓지 않아도 자발적으로 나온다. 어디로 갈 것인가? 친구 집에, 목욕탕에…, 여름철이면 심지어 로터리 밑에 가서 자는 수도 있다.

 "저가 보기에 중국인의 이런 성미는 보이지 않는 장점이라고 생각되는데…." "한국인에 비기면 장점이라고 말할 수 있네요." 박 교수는 머리를 끄덕인다. "공짜로 셋집에서 산다는 것은 인간의 도리에 맞지 않는다고 생각해서이지요. 심지어 그러면 하늘이 용서하지 않을 것이고 무슨 벌을 받을지 모른다고 생각하는 사람도 있고요."

필자는 또 한 가지 말을 들려드렸다. 세계 어느 나라 사람이나, 어느 민족이나 등 뒤에서 다른 사람의 흉을 보기 마련이다. 중국인이나 한국인이나 다 마찬가지이다. 그러나 한국인은 중국인보다 등 뒤에서 다른 사람의 흉을 보는 현상이 10배 이상 많다. 흉을 보면 시간문제이지 언젠가는 흉을 당한 사람의 귀에 전달된다. 그 사람의 귀에 가서 나와 싸우자고 달려들 때 내가 그 사람을 충분히 설득시킬 자신이 있어도 흉을 볼지 말지 한데 그렇지 않으면 웬만하면 흉을 보지 않는다. 한국 사람은 그렇지가 않다. 오늘 본 흉이 이튿날 들통 나서 심지어 얻어맞을 위험이 있어도 일단 흉을 보고야 만다.

"역시 중국인의 보이지 않는 장점이네요." 박 교수는 고개를 끄덕였다. 위의 예를 심층 분석하면 이러하다. 중국인을 '이기주의다', '재산관념이 강하다', '인색하다', '등가교환에 철두철미하다', '돈밖에 모른다.'라는 말로 표현하면 중국인을 비하하는 말로 된다. 그러나 위의 집세 문제를 보면 이 또한 중국인의 장점이라고 할 수 있다. 모든 문제는 손바닥과 손등과 같이 대립통일의 문제이다. 위에서 내리 보면 손등, 결점이고 밑에서 올려 보면 손바닥, 장점일 수 있다. 배후 난설亂說의 문제도 심층 원인은 중국인의 권모술수에서 비롯된다. 위에서 보면 권모술수, 결점이지만 아래서 보면 '성부城府가 깊다', 장점이다.

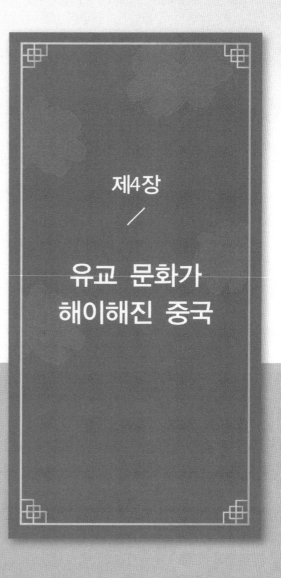

제4장

/

유교 문화가
해이해진 중국

사실 유교는 종교가 아니다. 기독교 문화는 천연天緣문화이고 유교 문화는 혈연血緣문화이다. 기독교 문화의 개개인은 하느님 밑의 나이고 유교 문화의 개개인은 조상 밑의 나이다. 중국은 동한 말년~삼국 시기부터 유교 문화가 쇠퇴하기 시작하여 지금은 얼마 남지 않았다. 중국인의 혈연관념은 아주 희박한 상태이다. 그러나 한국은 유교 문화가 아직 완벽하게 살아 있다.

며느리가 시부모를 이렇게 대하다니

필자가 대졸 후 북경 중화서국에 발령받아 처음 거처한 곳은 5층 집 아파트였다. 한 층에 세 집이 사니까 한 개 입구에 15집이 산다. 이 15집 사람이 한 달에 한 번씩 전기세를 번갈아 가며 받는다. 서로 전혀 거래하지 않고 살지만 전기세를 받는 일로 하여 다른 집 안에 들어갈 기회가 생긴다. 나는 그 와중에 충격적인 일을 자주 목격하게 된다.

아들, 며느리가 시부모와 같이 사는 집은 식사 때 아들, 며느리 및 그들의 꼬마 자식이 한 상, 시부모 늙은 양주兩主[22])가 한 상, 이렇게 서로 다른 방에서 따로 밥을 먹는 집이 많다. 물론 밥도 각각 따로 짓고. 아들, 며느리 및 그들의 꼬마 자식이 먹는 밥은 질이 좋고 늙은 양주가 먹는 밥은 좀 저질이다. 하루는 이런 장면을 목격하였다. 아들, 며느리 및 그들의 꼬마 자식은 바깥방에서 만두를 먹고 늙은 양주는 안방에서 옥수수떡을 먹지 않겠는가? 만두는 당연 색다른 고급 음식에 속하고 옥수수떡은 저질음식에 속한다.

그 집 며느리와 나와 허물없이 이야기할 수 있는, 어떤 때는 서로 농담도 할 수 있는 사이이므로 이튿날 만나서 말을 걸었다. "엊저녁 당신네 집에 전기세 받으러 가서 봤는데 당신네 내외와 자식은 바깥방에서 만두를 먹고 시부모 늙은 양주는 안방에서 옥수수떡을 먹던데요?" 그녀는 나의 말에 맞받는다. "그 말은 왜 하오? 우리 내외가 무슨 잘못이라도 했단 말이오?" "잘못도 여간한 잘못이 아니지요! 어떻게 늙은 부모를 그렇게 대접할 수 있소! 내가 보건대 만약 만두가 모자라면 늙은 양주와 꼬맹이가 만두를 먹고 당신네 내외가 옥수수떡을 먹어야 될 것 같은데요."

---

22) 바깥주인과 안주인이라는 뜻으로, '부부'를 이르는 말.

"허허!" 그는 너털웃음을 하며 말을 잇는다. "내가 이 왕王가네 집에 시집와서 그들의 새끼를 낳아주었지 않았소. 이 집의 대를 잇게 했단 말이요. 그러니 내가 이 집의 1등 공신이란 말이요. 우선 나와 꼬마가 좋은 것을 먹는 것이 당연하지 않소?" 나는 혀를 털며 말한다. "쯧, 쯧, 내가 보건대 당신은 효가 뭔지 모르누만." 그는 한 층 더 접어든다. "뭘 말라죽은 것이 효요? 그들을 우리와 한집에서 살게 하는 것만도 대단한 줄 아오. 다른 집 같으면 벌써 시부모를 내쫓았단 말이요. 그래도 우리는 내쫓지 않고 한집에서 살고 있지 않소."

나는 할 말이 없어 입을 다물고 말았다. 이런 현상은 중국에서 개별적 현상이 아니다. 중국의 많은 가문에서 효는 없어진 지 오래 되었다. 물론 부모를 깍듯이 공대하는 가정도 있지만 그리 많지 않다.

2

장가가서 자식이 생기면 친형제도 남남

나는 5년 반이나 의무병으로 있었다. 우리 부대는 야전군이므로 1년에 11개월은 야외훈련을 하고 1개월 남짓한 기간만 병영兵營에 돌아와 구정을 쇠고 신입 군인을 받아들이며 제대군인을 돌려보낸다. 야외훈련은 농촌 농민 집에서 거처하며 훈련한다. 5년 반 동안 장춘시에서 100~300킬로 떨어진 농촌 농민 집에서 지냈으므로 그들의 내막을 너무 잘 안다.

길림성 농촌의 집, 아니, 전 중국 농촌집의 구조는 거의 다 이러하다. 3칸 집이며 중간의 한 칸은 부엌으로 공용이고 양쪽은 방을 꾸리고 두 형제가 각각 산다. 사람이 사는 방은 남쪽과 북쪽에 각각 온돌이 있고 그 사이는 약 1.2미터 너비의 바닥이다. 내가 들어 자는 집은 동쪽에 형이 살고 서쪽에 동생이 산다. 형은 자식이 넷이고 동생은 열두어 살 되는 딸 하나밖에 없다. 형네 내외는 남쪽 온돌에서 자고 북쪽 온돌에서 자식 넷이 잔다. 동생네 집에는 내외와 딸이 모두 남쪽 온돌에서 자고 북쪽 온돌이 비어 있다. 나를 포함한 병사 다섯이 동생네 집의 북쪽 온돌에서 기숙한다. 남쪽 온돌방과 북쪽 온돌방 사이는 휘장도 없는 같은 방이나 다름없다. 1.2미터 정도의 바닥이 있을 따름이다.

그때—1970년대에 길림성의 농촌은 효冬에 돼지를 잡는다. 식구가 적은 집은 돼지 한 마리를 잡고 식구가 좀 많은 집은 두 마리를 잡는다. 돼지의 곱은 기름을 지워 큰 단지에 넣어두고 1년 내내 채소를 볶을 때 넣는다. 고기는 얼구어 두고 겨우 내내 먹는다. 돼지 내장, 발쪽 및 대가리는 잡은 날 삶는다. 삶은 날은 보통 동네 친구 여남은 사람이 모여들어 밤늦도록 술자리를 한다.

하루는 형네 집에서 돼지 두 마리를 잡았다. 그날 저녁 동네 사람 여남은 명이 모여 술 마시며 떠들썩하다. 그런데 동생네 집사람은 제집에서 떵떵한 옥수수떡을 먹지 않겠는가. '형네 집에서 돼지를 잡고 동네 많은 사람이 모여 먹고 마시며 떠들썩한데 당신은 왜 형네 집에 건너가지 않는가?'라고 물으니, '나는 이 옥수수떡이 더 좋아, 돼지고기 안 먹을 거야.'라고 하는 것이었다.

이튿날 마을 사람에게 문의하니 '형네 집에서 동생을 부르지 않았을 것이다'라는 것이었다. '부르지 않으면 못 가는가?'라고 물으니 '당연, 부르지 않았는데 어떻게 가서 공짜로 먹을 수 있는가'라는 것이다. 떨어져 살면 몰라도 친형제가 한집에서 같은 부엌을 쓰며 어떻게 그럴 수 있는가? 우리 민족으로서는 도저히 이해되지 않는다. 조선족은 보통 친형제 간이 한 부엌에서 살지 못한다. 정이 너무 두터워 조금만 색다른 음식이 생겨도 '형님, 건너와 두부 잡수세요.' '아우 건너와 냉면 먹자'라며 자주 왔다 갔다 하므로 오히려 피곤하다. 그러므로 그 중 한 집이 따로 세간을 나와 좀 떨어진 데로 이사가 살기 마련이다.

중국인들은 친형제가 한 부엌에 살아도 남남처럼 살 수 있다. 전혀 남과 남처럼 살며 심지어 원수지고 사는 수도 많다. 중국인은 친형제가 장가가서 자식이 생기면 완전히 남과 남의 관계로 된다.

③

친형제 간 마당 가르기

한 번은 내가 기숙하는 집에서 이런 일이 생겼다. 친형제가 부엌을 공용하며 동서에 방 하나씩 차지하고 살다가 작은 아들과 같이 살던 부모가 다 사망하였다. 원래 친형제 간 남남처럼 살았으며 서로 사이도 안 좋던 것이 부모가 사망하자 완전히 남남이 되었으며 심지어 원수 못지않았다. 형제 간 관계가 나빠지면 보통 남과 남의 관계보다 더 나쁘다.

드디어 두 형제는 마당을 가르는 데 이르렀다. 중국 농촌에서 형제 간 마당 가르는 일은 자주 생기는 현상이지만 정확한 기하 도형이 아닌 이상 마당을 확실하게 절반 가르기는 쉬운 일이 아니다. 집 앞 벽에서 벽과 90도의 선을 정확히 긋기도 쉽지 않거니와 마당이 한쪽으로 치우쳐 있으면 90도의 선으로 해결될 문제가 아니다. 보통 마을의 위망位望이 있고 정직한 어르신 서넛을 불러 그들의 중재 하에 마당을 가른다.

마당을 가른 후 두 형제 간 한 사람은 곧 불평을 부린다. 자기에게 정확하게 2분의 1이 차려지지 못했다는 것이다. 그의 부인은 옆에서 손해 보고 가만있으면 안 된다며 남편에게 부채질을 한다. 중재자 서넛 중 누구누구가 형(동생)과 친한 사이이므로 그를 편향하였다는 것이다. 이내 싸움이 붙으며 심지어 식칼이나 도끼를 들고 달려들기도 한다. 중국어 사자성어 '촌

토필쟁寸土必爭’이 빈 말이 아님을 실감할 수 있다.

마당을 가른 후에는 분계선에 따라 바자를 세우고 대문을 각각 따로 낸다. 친형제가 한 집에서 사는 경우 마당을 절반 가른 바자를 무난히 볼 수 있으며 대부분 마당을 가를 때 위와 같은 과정을 거친다.

④

친정집으로 돈 빼돌리기

한족들은 거의 다 마누라가 돈을 쥐고 살며 남편은 손에 돈이 없다. 북경에서 버스를 타고 가노라면 종종 이런 장면을 목격하게 된다. 부부 동반으로 가다가 어느 정류장을 지날 때 남편 왈: ‘우리 내려서 이곳 식당에 들어가 오리구이 먹고 집에 갈까?’ 마누라가 훈계하며 답 왈: ‘만날 먹을 생각만 하나? 허튼 생각 마라! 빨리 집에 가야 해.’ 남편은 찍 소리 못하고 가만있어야 한다.

남편이 어쩌다 오랜 친구를 만나 술추렴하고 밤늦게 집에 돌아오면 부인이 문을 열어주지 않는다. 아무리 문을 두드려도 안 열어준다. ‘친구가 더 중요하지 않아! 집엔 왜 와? 아예 친구하고 살 거지!’ 남편이 문 밖에서 손이야 발이야 삭삭 빌어도 약 1시간을 끌다가 겨우 열어준다. 타지방의 친구가 왔으므로 밥 한 끼 대접해야 한다며 돈을 좀 달라고 하면 부인이 웬만해서는 돈을 안 준다. 그러므로 남편 된 사람은 평시에 봉급 외의 돈이 어쩌다 생기면 감추어두었다가 이런 때에 써야 한다.

더 큰 문제는 부인이 돈을 친정집으로 빼돌리는 것이다. 웬만해서는 돈을 시집에 주면 안 된다. 시집에 돈을 주었다가는 부부 간 이내 큰 싸움으로 이어진다. 그러나 며느리는 돈을 자기 친정집으로 마음대로 빼돌린다.

필자의 한족 친구 요령발전소에서 근무하는 한족 친구 광춘류匡春柳(가명)란 사람은 하남성 극빈 지역의 사람인데 고향에 부모형제가 있으며 무척 가난하게 산다. 그러나 고향 집에 돈 한 푼 못 보낸다. 그러나 부인은 부근에 사는 친정집에 돈을 자주 준다. 광춘류가 이 일로 벙어리 냉가슴을 앓는다.

하루는 내가 광춘류에게 이런 말을 했다: '우리 조선족은 친척 간의 거리를 촌수로 따진다. 부부 간은 거리가 가장 가까워 거리가 0촌이고 친자 간은 1촌이며 친형제 간은 2촌이고 당신과 당신 친형제의 자식 간은 3촌이고 친형제의 자식 간은 4촌이며…. 당신 부인과 당신 사이는 가장 가까운 0촌이고 당신 부인과 친정어머니의 관계는 1촌이다. 그런데 어떻게 당신 부인이 친정어머니와 더욱 가깝게 지낼 수 있는가?' 그가 집에 가서 내가 한 말로 부인을 반복 교육했더니 부인의 인식이 좀 돌아서서 친정집으로 점점 돈을 적게 보낸다고 한다.

한국수입협회가 중국 천진시와 같이 세미나를 진행할 때 필자의 강연 내용에 '며느리가 친정집으로 돈 빼돌리기'라는 내용이 있었다. 강연이 끝나자 한 한국인이 필자를 찾아와 이런 이야기를 하였다: '자기의 아들이 중국 한족 마누라를 얻어 곧 결혼을 하게 된다. 며느리의 친정집이 부자이므로 우리 며느리는 돈을 친정집으로 빼돌리지 않을 것이 아니냐?' 나는 그에게 이렇게 대답하였다: '빼돌리고 안 빼돌리고는 며느리 친정집이 잘 살고 못 살고와 상관이 없다. 잘 살기 때문에 더 빼돌릴 가능성도 배제할 수 없다.'

5

한족 며느리를 얻었다가 '오랑캐' 신세가 되다

필자가 어릴 때 인근 마을의 조선족 주朱 씨(가명)네 가정에서 한족 며느리를 얻게 되었다. 아들이 한족 처녀와 연애하는 것을 암만 말려도 떨어지지 않자 결국은 결혼시키고 말았다. '젠장, 한족 여자도 사람이겠지. 제가 같이 살겠다는 데 별 수 있나.' 그런데 결혼 시키고 나서 상상하지 못했던 일들이 터진다.

지금으로부터 약 60여 년 전의 일이다. TV가 아직 생기기 전이라 마을 사람들은 저녁 식사 후 심심하여 이 집, 저 집 마을 다니기를 좋아할 때이다. 그 집에 마을 갔던 사람이 이런 광경에 부딪쳤다: 며느리가 다리를 쭉 앞으로 펴고 앉는다. 한족 집은 우리와 같은 방이 없어 걸상에 앉기 일쑤이며 남자건 여자건 방에서 다리를 구부리고 앉을 줄 모른다. 그런데 며느리의 발가락이 시어머니의 턱밑까지 닿는다. 며느리는 담배를 피우며 시아버지와 맞담배를 한다(동북 농촌의 한족 여자는 담배를 피우는 사람이 많다). 한족 사회에서 이것이 흠할 일이 아니지만 마을 갔던 사람은 이내 동네에 소문을 퍼뜨렸다: '그 집은 한족 며느리를 얻었는데 알고 보니 온 집안이 오랑캐로 변했더라.' 마을 여론의 압력에 못 이겨 그 집은 부득불 그 마을을 떠나 먼 한족 마을로 이사 가고 말았다.

1990년대에 중국에 처음으로 들어온 한국 드라마가 <사랑이 뭐길래>이다. 당시 이 드라마는 중국인에게 최고의 인기였다. 그 드라마를 상영하는 밤 길거리에 사람이 없을 정도였다. 그 드라마에 아버지가 시집간 딸이 보고 싶어 안절부절못하는 장면이 있다. 이튿날 필자가 출근하니 직장 동료들이 필자를 에워싸고 문의한다. '시집간 딸이 보고 싶으면 찾아가 보면 그뿐인데 왜 찾아가 보지 않고 안절부절못하는가?' 나는 대답했다: '우리 민족 습관에 사돈 간은 서로 어려운 관계이다. 사돈집에 무슨 대사(결혼·생일 잔치, 장례 등)가 없는 한 마음대로 들락날락 하면 실례다. 그래서 "변소와 사돈집은 멀리 두어야 한다."라는 속담까지 있을 정도다'라고 해석하여 주었다. 동료 중 나이가 가장 많은 사람이 말한다. : '우리 한족도 옛날에는 사돈 간은 어려운 관계였는데 최근 몇십 년간 망가졌다.'

한족은 시도 때도 없이 사돈집을 맘대로 들락날락한다. 심지어 심양 사람이 북경에 출장 가 여관에 들지 않고 사돈집에서 며칠 묵고 여관비를 공짜로 챙기는 현상도 있다. 중국의 법은 출장비는 출장 후 영수증에 따라 직장에서 보상받는다. 역전에서 기차표를 살 때 담배장사가 찾아와 고급 담배를 팔며 요구하는 영수증을 떼 준다. 직장에 돌아와 그 영수증으로 보상받을 수 있다. 사돈집에서 잤으니 담배를 공짜로 챙긴 셈이다.

중국 조선족은 이민 150년이 되지만 1980년대까지 한족과 혼인하는 사례가 극히 적었다. 그러나 한국인은 중국진출 10년 정도밖에 안 되는데 중국 한족과 혼인한 자가 조선족을 훨씬 초월한다. 그것은 한국인이 중국 한족에 대하여 너무나 무지하며 부모가 자식과 같이 중국에 와서 살지 않기 때문이다.

⌈6⌋

조선족 4~5세대부터 한국에 적응하지 못하는 이유

조선족의 이주 3세대까지는 한국사회에 잘 적응할 수 있지만 4세대부터는 잘 적응하지 못하며 5세대부터는 거의 적응할 수 없다. 필자는 이주 3세대이다. 지역별 약간의 차이가 있긴 하다. 연변 등 조선족 밀집 지역은 5세대부터 적응하지 못하고 심양 등 조선족의 밀집 지역이 아닌 곳은 4세대부터 적응하지 못한다. 주요 원인은 한국의 유교문화 때문이다.

W군은 연변 사람이며 7살 되는 해에 북경에 들어가 초중고교 및 대학을 다녔다. 대학 2학년을 마친 후 휴학시키고 한국에 1년간 한국어 연수를 보냈다. 그의 부친은 민족의식이 강하여 자식이 크게 출세를 하지는 못할 지언정 조선어를 잘하는 확실한 우리 민족의 후손이 되는 것이 더 중요하다

고 생각하였기 때문에 W군을 한국에 어학연수 보낸 것이다. 그때 W군의 조선어 수준은 30% 정도 알아듣고 10% 정도 말할 수 있었다.

말이 1년이지 실제는 9개월의 연수였다. 연수를 마칠 무렵 아버지는 한국에 출장 갔으며 친구와 이야기를 나누고 W군은 옆에서 듣고 있었다. 나누는 이야기에 한국의 정치를 운운하다가 '물밑작업'이란 말이 튕겨 나왔다. 친구는 또 자기 자식이 대학을 졸업하면 북경에 보내려는데 W군에게 '잘 키워줘'라는 말을 하였다. 친구가 떠나간 후 W군은 아버지에게 물었다: '대화 중 "물밑작업"이란 말을 하였는데 물 안에 들어가 무슨 일을 하였다는 건가?' '내가 왜 아버지 친구의 자식을 먹여 살려야 하는가?'

이런 말을 들은 아버지는 실망할 수밖에 없었다. 좀 화를 내며 말한다.: '너의 조선어 수준은 확실한 우리 민족이 되기에는 아직 멀었다. 한국에서 1년간 더 배워야겠다.' W군은 고려대학에 시험 쳐 학과생에 붙었다.

고려대학을 졸업한 후 먼저 현대자동차 회사에 취직하였다. 출근 첫날 이런 장면을 목격하였다. 신입사원이 금방 회사 사무실에 들어오자 원로사원이 담배 한 갑을 사다 달라는 부탁을 한다. 신입사원은 쏜살같이 달려 나가 담배를 사다 주었다. 선배가 담뱃값을 주니 후배는 받아서 지갑에 넣었다. 그 후배가 나가자 선배는 '젠장, 돈에는 이골이네.'라며 툴툴거렸다.

그 후부터 그 선배는 그 후배를 못살게 군다. W군이 차차 알아본 데 의하면 후배면 마땅히 주동적으로 이따금 담배를 선배에게 상납하여야 정상이다. 선배가 담배를 사다 달라고 하면 사다 주고 담뱃값을 받지 말아야 한다. W군은 도무지 이해가 가지 않았다. 중국에서는 상상도 할 수 없는 현상이다. 그 후 W군도 점점 선배로부터 오는 압력을 느끼기 시작하였다. 다른 원인도 좀 있고 하여 W군은 그 회사에 사표를 냈다. 그리고 시험을 치러 쌍용정보통신에 취직했다. 부친의 한국 친구가 안산의 집을 공짜로 빌려주어 거주하며 을지로에 있는 쌍용정보통신 사무실로 출근하였다.

쌍용정보통신 직장의 직원이 모두 열 명 정도이다. 매일 저녁 6시 정도

퇴근할 시간인데 팀장이 퇴근하지 않으면 열 명 누구나 감히 자리를 뜨지 못하고 컴퓨터를 켜놓고 허우적거리며 팀장이 퇴근하기를 기다린다. 밤 열 시가 넘어야 팀장이 가방을 겨드랑이에 끼고 나간다. '오! 팀장이 집에 간다!'라고 외치며 그제야 직원 열이 와르르 나와 집으로 간다. W군이 을지로에서 지하철을 두어 번 갈아타고 안산에 가노라면 마지막에는 막차가 없어 택시를 타야 한다. 한동안 억지로 이렇게 출퇴근하다가 유학 비자를 취업비자로 고치려고 북경에 돌아왔다.

W군은 취업비자를 받기는커녕 아예 사표를 내고 돌아온 것이다. 아버지가 그 원인을 물으니 앞의 담배 이야기, 팀장 이야기를 하며 한국에서 도저히 일할 마음이 없다고 하지 않겠는가? '1, 2년만 참으면 너도 선배 노릇을 할 수 있지 않느냐?'라고 하니 '앞으로 내가 선배 노릇을 하며 후배를 못살게 굴라는 건가? 나는 도저히 그렇게 할 수 없다.'라고 말한다. '한 5년 민며느리 노릇을 한다 치고 꾹 참으면서 일해 유학 때 쓴 돈을 벌고 돌아오면 안 되겠나?'라고 하니 '내 인생이 몇 년인데 5년을 허비한단 말인가?'라는 것이었다. 그의 아버지는 W군의 유학을 위해 아파트 한 채를 판 상황이다.

북경에 돌아온 후 W군은 S그룹 북경지사의 면접을 받았다. 인사담당자가 거만한 자세로 배를 쭉 내밀고 앉아 말을 건다. 아래는 그들 간의 대화이다: 인사담당자 문: '고려대학 경영학과를 졸업했다며?' 답: '네.' 문: '회계학은 어느 교수에게서 배웠지?' 답: '***교수에게서 배웠다.' 문: '그 교수 집이 어딘지 알아?' 답: '모른다.' 문: '어허! 교수의 집도 모르면 되나?' 반문: '학생이 교수의 집을 꼭 알아야 하는가?' 답: '당연 알아야 하고말고. 왜 알아야 하는가는 네가 스스로 생각해봐!' 그리고는 'SARS 후 중국 경제가 어떻게 변할 것인가에 대해 A4 원고지로 4장 정도의 글을 한 편 써와라.'라고 하여 써 바쳤다. 한국어로 문장을 쓰는 수준이 약하여 중국어로 쓴 것을 아버지가 번역하여 주었다. 그는 문장을 받고 '채용 여부는 전화로 알릴게 집에 가서 며칠만 기다려'라고 하여 집에 돌아왔다. 지금까지 20년이 지났지만 아직 전화가 없다.

W군은 후에 북경에 있는 미국 굴지의 광고회사 오미奧美(Ogilvy)에 취직하였다. 그가 조선족이고 한국 고려대학 졸업생임을 알자 이내 당 회사의 한국부 책임자로 발탁했다. 그런데 오미 회사에서 약 반년 근무하더니 또 사표를 내고 그만두지 않겠는가? 그의 아버지가 어이없어 왜 그만두었나 따지니 W군은 아버지에게 아래와 같은 말을 하였다.

오미 회사는 미국부, 영국부, 프랑스부, 일본부⋯한국부 등 여러 개의 부로 나뉜다. 한국부는 L그룹 하나만 오미회사와 거래한다. 각 회사의 광고를 제작한 후 CD에 담아 광고주에게 보이고 동의가 되면 CCTV 방송국으로 보내지고 동의 되지 않으면 다시 수정하여야 한다. 다른 나라는 동의 되지 않으면 천천히 수정하여도 되는데 한국 L그룹만은 꼭 '수정하여 내일 아침 9시에 가져오라'라고 한다. W군의 팀은 당일에 수정하고 밤참 먹고 집에 돌아오면 새벽 2시경이 된다. 거의 매일 이렇게 해야 한다.

한번은 L그룹 냉장고 광고를 제작한 CD를 가지고 냉장고 공장소재지 산동성 태안泰安시에 찾아갔다. 광고 담당자 역시 S그룹의 인사담당자 못지않게 건방지다. CD를 보고 나서 '맘에 안 들어. 다시 만들어'라고 하여 '어떻게 맘에 안 드는지 좀 말씀해줄 수 없는가? 수정할 때 참고하고자 한다.'라고 하니 '내가 광고 제작하는 사람인 줄 알아? 너 스스로 알아서 수정할 일이다.'라고 한다. W군이 뒤통수를 긁으며 난감해 하자, '당신 철학 알아, 철학?'이라고 하여 '모른다. 배운 전공이 아니니까.'라고 하니 '광고는 뭔지 알아? 철학이야, 철학! 당신 먼저 철학을 몇 년 배우고 다시 광고제작 기술 몇 년 배우고 이런 거 제작해!'라고 하며 W군을 밖으로 내쫓았다. W군은 큰 치욕감을 느끼고 당장 그놈을 내리 패려고 주먹을 불끈 쥐었다가 가까스로 참았다. 만약 때리면 법적 문제가 생길 것이고 그러면 '북경 **교수의 아들 W군이 한국재벌그룹의 업무원을 때렸다.'라는 소문이 날 것이므로 아버지를 고려해 억지로 참았다. 그의 아버지는 북경에서 이름 있는 학자이며 그가 W군의 아버지란 것을 L그룹은 모른다.

또 하루는 새벽 두 시에 집에 돌아가 얼마 자지 못한 채 8시에 출근하였는데 회의 중이었다. 너무 졸려 약간 졸다가 눈을 뜨니 L그룹의 광고 담당자가 앞에 앉아있어서 살짝 일어나 아는 체를 하였다. 그 담당자는 '씨팔, 이제야 인사해!'라며 투덜거린다. W군은 또 한바탕 때리고 싶어 주먹을 불끈 쥐었다가 아버지를 고려하여 참았다.

W군의 말을 듣고 난 아버지는 할 말이 없었다. '한심하지만 나도 할 말이 없구나. 앞으로 네 일은 네가 알아서 해라. 나는 간섭 안 하겠다.' W군은 중국 국유기업에 들어가 월봉 3천 위안을 받는 봉급쟁이가 되었다. 오미회사에서 근무할 때는 월봉이 1만 원이고. '3천 위안을 받지만 1만 위안을 받을 때보다 속이 편안하다'라는 말을 한다.

나는 북경대학 조선족 동문회의 모임에 여러 번 참가한 적이 있다. 동문들 중 한국기업에서 일하는 자는 거의 없다. 왜 한국기업에 취직하지 않나 물으니 일제히 이렇게 답한다. '원래 한국기업에서 근무한 경력이 있으며 지금은 한국기업에서 나왔다고 한다. 두 가지 원인 때문이다. 첫째는 사업상 전도가 보이지 않는다. 다른 나라 기업은 중국 종업원을 간부로 발탁해 쓰는데 한국기업은 꼭 한국인만 간부로 쓴다. 둘째는 한국기업의 사장이나 선배들이 주는 인신 모욕을 자존심이 꺾이어 도저히 참을 수 없다.'이다.

나는 조선족 3세대이다. 어릴 때 부모의 무리한 훈계, 선배의 모욕적인 말 등을 참으며 살았다. 또한 참는 것을 당연한 일로 생각했었다. 내 몸에 유교문화가 깊이 배어 있기 때문이다. 그러나 W군—4세대부터는 부모가 아들을 무리하게 훈계할 수도 없고 선배가 후배에게 모욕적인 말을 할 수도 없다. 만약 무리하게 훈계하거나 모욕적인 말을 하면 그들은 발끈 성내며 대항하기 일쑤다. 심지어 선배를 때리는 것도 마다하지 않는다.

제5장
/
중국공산당의
정당통치

중국은 중국공산당 일당 독재의 체제이다. 일당독재의 체제를 원만히 유지할 수 있는 데는 여러 가지 원인이 있겠지만 유교의 대일동大一同사상, 2,000여 년간의 중앙집권적 체제의 역사전통과 무관하지 않을 것이다. 또한 중국 공산당원은 도덕적으로 우수하여야 하는데 역시 유교 문화의 인의이자신仁義理智信 전통과 무관하지 않다. 중국공산당의 이런 특수성을 아는 것은 십분 중요하다.

중국공산당원의 도덕성

필자는 1961년부터 중국공산당의 하층조직 중국공산주의청년단에 접근하였고 1962년에 청년단에 가입하여 1963년부터 단지부서기 직을 몇 년 하였다. 1971년에 중국공산당에 가입하여 공산당 지부위원직을 12년 하였고 공산당지부서기직을 4년 하였으며 처장급處長級 국가 행정 간부를 10년 하였었다. 처장은 인구 평균 80만 인인 현의 현장, 군의 여단장과 동급이다. 이미 51년이 지났다. 필자는 중국공산당에 대하여 평가할 자격이 충분하다.

1946년 국민당과 공산당 간 내전이 폭발할 때 국민당 국군의 병력은 400만이고 공산당 중국인민해방군의 병력은 92만이었다. 국군은 미국 최신식 무기와 장비로 무장하였고 해방군은 일본군에서 노획한 구식무기와 장비밖에 없었으며 그중 약 10%는 창칼과 몽둥이로 무장했었다. 국군은 황포군관학교, 일본·미국 등 군사학교에서 배양된 장교가 수천 명이고 해방군은 군관학교 출신의 장교가 수십 명밖에 안 된다. 국군이 이길 확률이 99%, 해방군이 이길 확률은 1%다. 그런데 3년 내전 끝에 해방군이 국군을 이겼다.

왜 이렇게 상리에 어긋나는, 수학적 계산에 도저히 맞지 않는, 정치, 경제 및 군사의 이론으로 풀이될 수 없는 결과가 빚어졌는가? 중국공산당 당원의 도덕성이 중요한 원인이다. 세계 어느 나라나 정치표준에 의하여 당원이 되지만 중국공산당 당원만은 정치표준보다 도덕표준을 더 중요시한다. 지금 중국과 미국 서방국가 간의 역량대비를 운운할 때 무역, 금융, 과학, 기술, 군사력 등을 운운하지만 중국공산당 당원의 도덕성을 운운하는 사람은 없다. 1%를 100%로 되게 하는 이 표준을 무시하는 대비는 큰 실수와 착오이다. 별 의미가 없는 대비에 불과하다.

중국 공산당원은 어떤 사람인가? 어떠한 사람이어야 하는가?

'중국공산당 당원은 중국 무산계급 중 공산주의 각오가 있는 선진 전사이다. 중국 공산당원은 반드시 전심 전의로 인민을 위하여 복무하여야 하고 개인의 일체 이익을 희생하며…'.[23] 여기에 '공산주의 각오'라는 이념 표준과 '인민을 위하여 복무'라는 도덕표준 두 가지 표준을 서술하였지만 중국공산당은 실천과정에서는 이념보다 도덕성에 많이 치우친다.

중국공산당은 당연 이념, 이데올로기의 정당이다. 1949년 이전은 이념, 이데올로기가 중요했겠지만 1950년 집권 여당이 된 후부터는 공산당 당원에 대한 요구는 이념보다 도덕성에 더욱 치우쳤다. 아니, 100% 도덕성에 치우쳤다고 말해도 과언이 아니다. 공산주의를 반대하는 사람이 입당신청서를 제출할 리 만무하니까 당연 이럴 수밖에 없다. 공산당원을 발전시킬 때 그 사람의 도덕성을 엄격히 따진다. 인민을 위해 봉사를 잘 하나 잘못 하나를 본다. 한 사람을 공산당원에 가입시키기 전 반드시 해당 직장 군중의 좌담회를 여러 번 거쳐 그 사람에 대한 평가를 듣는다. 평가 회의에서 나오는 발언들은 대개 이런 내용이다:

'그 사람, 힘든 일거리가 생길 때면 감기에 걸렸느니, 자녀의 학부모 회의에 참석 하였느니 하며 요리조리 빠지는데 고된 일을 회피하기 위한 꾀병이거나 구실이다. 이런 사람은 공산당원이 될 수 없다.' '그 사람 너무 인색하다. 인색한 자가 어떻게 자기를 희생하고 인민을 위하여 복무하고 국가를 위하는 공산당원이 될 수 있는가?' '그 사람 이 여자와 집적, 저 여자와 집적거리는데 어떻게 공산당원이 되어 군중을 잘 단결시키고 인솔할 수 있겠는가? 공산당에 가입하면 안 된다.' '그 사람 말만 앞서고 행동이 따라가지 못한다. 이런 표리부동한 자를 공산당에 가입시키는 것, 우리는 절대

---

23) 제19차 전국대표대회의 수정을 거친 <중국공산당 장정> 제11페이지 제1장 '당원' 참조. 인민출판사, 2017년 10월.

동의할 수 없다.' … 군중들로부터 이런 반영이 나오면 그 사람의 입당은 당연 무산된다.

'그 사람 공산주의에 대한 신앙이 약하다. 입당할 수 없다.' '그 사람 일엔 좀 게으르지만 공산주의를 신앙하는 이념만은 아주 강하다. 공산당원의 자격이 있다.' 군중으로부터 이런 발언은 절대 나타날 수 없다. 당원의 자격에 도덕 품행이 우선임을 말한다. 중국공산당 당원은 착하고 정직한 자, 남을 위해 자기를 희생하는 자, 힘든 일·궂은일에 앞장서는 자, 인격적으로 훌륭한 자, 즉 도덕적으로 훌륭한 자만이 가입할 수 있다. 입당신청서를 쓴 후 평균 10년 정도의 검증을 거쳐야 입당할 수 있다.[24] 해방군 군인이 가장 빠르고 국가기관 간부가 그 다음이며 가장 오래 걸리는 자는 농민이다. 필자는 12년의 검증을 거쳐서야 입당하였다.

지금 중국공산당 당원은 9,600만이며 중국 인구의 6.8%를 차지한다. 공산당원이 군부대와 국가 권력기관(성·시·현·향 정부) 및 고급 연구기관에 많이 집중돼 있으므로 일반 대중 속에는 공산당원이 5% 정도밖에 안 된다. 100명 중에 5명 정도밖에 없는 공산당원이므로 하자가 있는 사람은 절대 공산당원이 될 수 없다. 지금 공산당의 고위층 간부에서 일부 범법자를 붙잡아내는데 그들이 공산당에 가입할 때는 모두 우수한 인간이었다. 50대 후반 권력자의 일부에서 이런 퇴화 변질분자가 나타나는데 이는 공산당원의 1천분의 1도 안 된다.

1980년대 후반 사회주의 진영이 무너지고부터 국제공산주의 운동 이념에 큰 파동이 생겼다. 그와 더불어 세계 많은 나라의 공산당조직이 위축되거나 유야무야되었지만 중국공산당만은 8천만이던 것이 현재 9,600만 명으로 발전하였다. 이 현상만도 중국공산당이 도덕적 정당의 특징이 강함을 말한다. 도덕적으로 고상한 인간의 집합체이므로 이 조직의 성원이 되기를

---

24) 한국 모 대학 정치학 교수가 유튜브에서 입당신청서를 바친 후 2~3년의 검증을 거쳐야 입당할 수 있다고 하였는데 이는 오해이다.

갈망하는 사람이 많다. 그러므로 이데올로기의 거센 풍파와 공산당조직의 이미지가 대거 추락함에도 불구하고 견딜 수 있었다.

가장 가까운 예로 중국이 코로나19 역병을 이긴 데는 공산당원의 도덕성이 중요한 작용을 하였다. 전국의 당 조직은 무한시武漢市를 지원했다. 10일 만에 1,000개 이상의 병상을 갖춘 병원을 2곳이나 지었다. 2003년에도 북경에서 SARS를 치료하는 병상 1,000개짜리 소탕산小湯山 병원도 7일 내에 지었다. 이 병원들을 짓는 데 동원된 인력 99%는 공산당원들이며 그들은 하루에 16시간씩 일하였다. 일하다가 코피 터지고 까무러치고 쓰러지는 자가 비일비재하였지만 그들은 물러서지 않았다.

무한시를 지원하기 위해 10일 미만에 4만 6천여 명의 전국 의료진을 무한에 집결시켰다. 그 무시무시하고 소름이 끼치는, 목숨이 왔다 갔다 하는 험한 곳에 누가 가려 하겠는가? 수많은 자가 신청하여 갔으며 공산당원이 99%이다. 9,600만 명의 공산당원 중 8,971.6만 명의 공산당원이 4일 안에 116.3억 위안(한화 2조 300억 원)을 모금하여 무한시를 지원하였다.

만약 희생정신이 강하며 일심으로 나라와 인민을 위하는 9,600만 명의 공산당원이 없었으면 중국이 코로나19를 이기기 어렵다. 세계 다른 나라는 이런 훌륭한 인간이 존재할 수는 있지만 중국처럼 9,600만이 조직화된 나라는 없다. 중국의 방법을 다른 나라가 배울 수 없거나 배우기 어려운 원인은 바로 도덕적으로 철두철미한 중국공산당과 같은 인간 단체의 조직이 없기 때문이다. 이들의 역할은 아무리 높이 평가하여도 과분하지 않다. 중국은 독재만으로 코로나19를 이긴 것이 아니다.

6·25전쟁의 장진호 전투 때 미군의 퇴로를 막으려고 며칠간 잠복했던 지원군 수십 명이 얼어 죽었다. 이 장면을 보고 미군은 '우리 같으면 다 살려고 도망쳤을 것이다'라고 하며 지원군 시체를 향해 군례로 경의를 표시하였다.

6·25전쟁의 막판에 이런 전투가 있었다. 중국은 '상감령上甘嶺 전투'라

부른다. 이 전투는 철원 오성산에서 1952년 10월 4일부터 43일간 벌어진 전투이다. 오성산 575.9고지와 597.7고지 3.7제곱킬로미터의 두 산봉우리를 중국 지원군 2개 중대가 지켰다. 지원군 2개 중대는 용감하게 싸웠으며 거의 몰살하였다. 폭약을 안고 적진에 뛰어든 양근사楊根思, 적진 앞에 잠복해 있다가 적이 쏜 포탄의 불에 타 죽으면서도 소리치지 않고 움직이지 않은 구소운邱少云, 적군 토치카의 기관총을 가슴으로 막은 황계광黃繼光 등이 모두 이번 전투에서 산생된 열사이다. 미군 6개 중대가 끝내 지원군 2개 중대를 이기지 못했다. 후에 양측이 모두 증원하여 미군 7사단과 국군 20사단 총 6만 병력이 진공하였고 지원군은 총 4만 병력을 투입했다. 미군 측은 고지를 향해 190만 발의 포탄을 쏘았고 전투기로 5천 발의 작탄을 투하하였다. 미군 측은 2만 5천 명의 살상자를 내었음에도 불구하고 끝내 점령하지 못했고 43일을 거친 이 전쟁은 중국지원군의 승리로 막을 내렸다.

이 전투는 휴전 담판을 1년간 진행하던 중에 일어난 전투이다. 미군은 몇 차례의 승전으로 중국과 북한 측을 압박하여 담판의 주도권을 취득하려 일으킨 전투이었으나 첫판 전투에서 패전하여 면목이 없어졌다. 미국 측은 중공군과 같은 괴물과 다시는 전쟁을 하지 않을 것이라 선언하고 담판에 순순히 임한 것이다.

6·25전쟁에서 중공의 병력은 미군을 수반으로 하는 UN군에 비해 말할 나위 없는 열세였다. UN군의 승산은 99%, 중공군의 승산은 1%였다. 그런데 어떻게 중공군이 이길 수 있었는가? 중공군 내의 공산당원의 용감성과 희생정신 외에는 다른 근거를 찾을 수 없다. 이 점에 대해서는 미군도 인정한다. 중공군의 용감성과 희생정신은 어디에서 오는가? 중국공산당 당원의 도덕성으로밖에 해석할 수 없다.

중공의 고급관료는 모두 프로급 수준이다

중국의 최고 통치자는 25명의 중공중앙정치국 위원이다. 공산당 및 정부의 간부가 되어 30~35년의 시련을 거쳐야 정치국 위원이 될 수 있고 35~40년을 거쳐야 중공중앙 총서기 및 국가주석이 될 수 있다. 중공중앙 조직부, 성·시·현의 조직부에서 이런 간부들을 엄밀히 검증, 선발한다. 아래에 제18계 정치국 위원의 기본 경력을 열거한다.

성 명	학위	입당	정 치 국 위 원 을 담 임 하 기 전 임 직 경 력	성급 연한
丁薛祥	碩士	84	12-13年 上海市委常委, 政法委書記。	
習近平	博士	74	00-02 福建省委副書記, 省長。03-07年浙江省委書記, 省人大常委會主任。07-07年上海市委書記	8
王 晨	碩士	69	95-00 光明日報社總編輯。06-08年人民日報社社長。08-13年中宣部副部長。13-17年十二屆人大常委會副委員長兼秘書長。	
王滬寧	碩士	84	02-17 中央政策研究室主任。	
劉 鶴	碩士	76	13-14 中央財經領導小組辦公室主任。14-17年國家發改委員會副主任, 黨組副書記。	
許其亮	大專	67	07-12 空軍司令員。	
孫春蘭	研究	73	09-12 福建省委書記。12-14年天津市委書記。	5
李 希	碩士	82	15-17 遼寧省委書記, 省人大常委會主任。	3
李 強	碩士	83	13-16 浙江省省長。16-17年江蘇省委書記。	4
李克強	博士	76	99-02 河南省省長。02-03年河南省委書記, 省長。04-05年遼寧省委書記。05-07年遼寧省委書記, 省人大常委會主任。	9
李鴻忠	學士	76	08-10 湖北省省長。10-16湖北省委書記。16-17年天津市委書記。	10
楊潔篪	博士	71	93-95 駐美使館公使。00-04年駐美大使。07-13年外交部部長。	
楊曉渡		73	14-16 中央紀律檢查委員會副書記。16-17年中央紀律檢查委員會副書記, 監察部部長。	
汪 洋	碩士	75	07-07 重慶市委書記, 2007-2012年廣東省委書記	6

성 명	학위	입당	정치국위원을담임하기전임직경력	성급 연한
張又俠	大專	69	07-12 瀋陽軍區司令員。12-13年中共中央軍事委員會委員。 17年中共中央軍事委員會副主席。	
陳 希	碩士	78	10-11 遼寧省委副書記。11-13年中國科學技術協會黨組書記, 副主席,書記處第一書記。13-17年中央組織部副部長。	
陳全國	博士	76	10-11 河北省委副書記,省長。11-16年西藏自治區黨委書記。 16-17新疆自治區黨委書記,建設兵團第一政委。	8
陳敏爾		82	15-17 貴州省委書記。17-17年重慶市委書記	3
趙樂際		75	00-07 青海省省長,省委書記。08-12年陝西省委書記。	13
胡春華	學士	83	09-12 內蒙古自治區黨委書記,區人大常委會主任。	4
栗戰書	碩士	75	08-10 黑龍江省委副書記,省長。10-12年貴州省委書記,省人 大常委會主任。	5
郭聲琨		74	07-12 廣西壯族自治區黨委書記,區人大常委會主任。	6
黃坤明	博士	76	10-13 浙江省委常委,杭州市委書記,市人大常委會主任。	
韓 正	碩士	79	07-08 上海市委副書記,市長。2017年上海市委書記	11
蔡 奇	博士	75	16-17 北京市市長。17-17年北京市委書記。	2

　정치국 25명 중 15명이 성장 및 성위 서기직 간부를 하였으며 이는 전 정치국 위원의 60%를 차지한다. 성급 간부를 적어도 2년, 많으면 13년을 한 후에야 정치국 위원으로 선발되었다. 이 외의 9명도 부성급 또는 최고 위층 전문직에서 근무한 경력이다. 인구 6천만 명 이상이면 대국 취급을 받는다. 중국은 인구 6천만 이상의 성이 8개나 된다. 이 8개 성의 경제 규모는 세계 웬만한 국가의 경제 규모와 같거나 초월한다. 광동성은 인구 1.05억이며 국민생산총액이 8,158억 달러, 세계 제15위권이고 화물수출량은 5,319억 달러, 세계 7위권이다. 성급 간부직을 지낸 정치국 위원은 모두 프로급 정치인들이다.

　중국의 한 개 성을 다스렸다 함은 웬만한 나라의 대통령을 한 경력과 비슷하다. 60%나 차지하는 이런 정치인은 모두 프로급 중의 프로급 정치인이다. 변호사나 학자 출신보다 성급 간부를 우선 언급하는 원인은 국민을 먹여 살리는 일, 즉 나라 살림살이를 한 경력이 있는 자를 필자는 중요시한다. 한국은 이승만 대통령으로부터 지금까지 나라 살림살이를 해본 사람이 대통령을 한 자는 이명박 한 사람(서울시장)뿐이다.

중국은 미국의 부시 대통령을 2류 정치인으로 취급한다. 부시 후의 대통령도 내리내리 모두 2류 정치인에 불과하다. 중국의 2200명이나 되는 차관급 이상의 간부는 거의 모두 1류 정치인이다. 한국에서는 웬만한 정치인이 누가 차기 대통령이 될 것인가를 점친 후 그의 대선 출마 캠프에 들어가 적극 협조하면 1~2년 안에 장·차관을 할 가능성이 있다. 필자는 이승만 시대부터 지금까지의 한국의 정치인을 이승만, 박정희, 김종필 세 사람만을 2류 정치인으로 평가하고 나머지는 모두 3~5류 정치인으로 평가한다.

아래에 중국의 프로급 고급관료의 성과 있는 치국의 예를 몇 가지 들어본다.

1978년 개혁개방이 시작되어서부터 2005년까지 27년간 중국은 일본을 정면으로 건드리는 행위를 하지 않았다. 일본 자본을 끌어들여 중국의 근대화를 실현하는 데 활용하려는 목적에서였다. 2005년쯤, 세계 각국이 앞다투어 중국에 투자하는 바람이 불어 이제는 일본의 투자가 유야무야되어도 괜찮아졌고 마침 그해가 반파쇼전쟁 승리 60주년이라, 중국은 반일 드라마, 영화를 수없이 산출하였다. 하얼빈 역에 안중근 기념관도 세웠다. 그러나 한국은 강제징용배상이니, 위안부소녀상이니 하며 일본을 괴롭히다가 경제상 일본으로부터 손해를 보고 있다. 중국은 프로급, 한국은 아마추어급이다.

한국의 세월호 사건 발생 1년 후 중국 장강에서 평안호 여객선이 전복되는 사건이 발생했으며 세월호와 비슷한 희생자가 생겼다. 육지에서 20여 미터의 거리에서 생긴 사건이니 세월호보다 더 황당한 사건이라고 할 수도 있겠다. 국무총리 리극강이 이 사건의 진두지휘를 위해 교통부 부장 등 3인을 불러 함께 비행기로 출장 가며 항공기 안에서 사건처리에 관한 상세한 방안을 짰다.

현장에 도착하자마자 군사를 풀어 사망자 가족을 전복顚覆 현장에서 1km

밖에 격리하고, 사망자 시체를 몽땅 건져냈으며 전복 선박도 인양한 후 추도회를 개최하고 사망자 1인당 얼마의 금액을 배상한다는 결정을 선포하였다. 이로써 평안호 선박 전복사건의 해결은 완전한 마무리를 지었으며 지금까지 잡음이 없다. 전복한 날부터 마무리를 짓는 날까지 총 8일이 걸렸다. 한국은 세월호 사건을 해결하는 데 7년이 걸렸으며 지금도 현재진행형이다. 물론 중국과 한국 두 나라의 체제상의 차이점도 있지만 프로급 관료와 아마추어급 관료의 처리방법상의 차별과도 무관하지 않다.

$$\boxed{3}$$

중국공산당의 조직성과 기율성

중국공산당은 강한 조직성과 엄한 기율성의 조직이다. 우선 당원은 마땅히 당의 기층조직의 일원이 되어 조직의 생활을 하여야 한다. 매달마다 당비를 납부하여야 하며 6개월간 특별한 이유 없이 당비를 납부하지 않으면 당에서 제명된다. 필자는 1962년 공청단에 가입하고 1971년 공산당에 가입하여 지금까지 63년이지만 한 달도 단비, 당비를 납부하지 않은 적이 없다.

당원은 조직의 결정에 복종하여야 하고 하층조직은 상부조직의 결정에 복종하며 전당은 중앙에 복종해야 한다. 당 조직의 결정에 이견이 있으면 조직의 회의에서 자기의 의견을 제출할 권리가 있으며 만약 자기의 의견이 채납되지 않았을 때는 자기의 의견을 보류하고 무조건 조직의 결정을 따라야 한다. 그러므로 9,600만 공산당원은 통일된 보조步調로 움직일 수 있다.

당 조직 내에서는 민주가 잘 보장된다. 당원이 당의 회의에서 무슨 의견을 제출해도, 당 조직의 결정을 반대하는 의견을 제출해도 절대 그를 기시하거나 억압하고 추후에 보복하면 안 된다. 1978년 말 중공중앙으로부터 베트남을 침공할 것이라는 문건이 하달되었다. 당지부서기까지 전달받을 권리가 있는 문건이며 그때 필자는 당지부서기직에 있었으므로 문건을 전달하는 회의에 참석할 수 있었다. 문건에 베트남을 침공하는 이유를 '좀 혼내주기 위하여(敎訓敎訓)'라 하였는데 필자는 반대 입장의 발언을 비교적 격렬히 하였다. 그러나 사후에 필자는 아무런 보복을 당하지 않았다. 당 조직 회의에서 당 조직의 결정에 대한 반대의견을 제출하는 것은 당원의 정당한 권리이기 때문이다.

심지어 중앙정치국 25명의 위원은 정치국회의에서 충분히 자기의 의견을 발표하도록 하며 그런 연후에 거수로 결의를 한다. 예를 들면 호금도·습근평의 라이벌 박희래가 중경에서 모택동 시대의 노선을 걸을 때 당내에 그를 반대하는 견해와 옹호하는 견해 두 가지로 갈라졌다. 정치국 회의에서 거수가결을 하면 박희래를 지지하는 쪽이 우세이므로 총서기 호금도도 어찌할 수 없었다. 중국의 당 총서기는 한국의 대통령보다 권력이 작다.

중국공산당은 최하 기층에 당지부가 있다. 전국에 436만 개의 기층 당지부가 있다. 그 위에 당총지, 당위가 있다. 현, 시, 성에 현당위원회, 시당위, 성당위가 있으며 최상에 당중앙위원회가 있다. 중앙에서 무슨 지시 정신이 내려오면 며칠 안에 성, 시, 현 당위를 거쳐 기층 436만 개의 당지부에 하달되어 9,600만 당원이 일사불란하게 움직인다. 매개 당원마다 2명 정도의 입당하고자 하는 당 외 적극 분자를 거느리고, 당 조직 밑에는 하층 조직 청년단(약 8천만 명)이 있다. 9600+9,600*2+8,000=36,800만. 중국 인구의 26.3%가 며칠 안에 공산당의 지시 정신에 따라 일사불란하게 움직이게 된다. 전 중국이 이 436만 개의 당지부로 네트워크가 형성되어 있는 원인만으로도 중국이 분할될 수 없다. 당지부를 통한 당 조직이 철근콘크리트 안의 철근 작용을 하기 때문이다. 이것이 서방국가들이 1990년대부터 중국이 곧 6개 나라로 분열된다고 떠들었지만 분열되지 않은 원인 중의 하나이다.

1964년 중국이 일본배구 국가 팀 코치의 초청 강연을 조직한 적이 있다. 강연 며칠 전에 통지하였는데 중국 30여 개 성급 배구팀 코치가 100% 북경에 집결하였다. 일본 코치는 너무나 놀라고 감동되었다: '만약 우리 일본이라면 1~2주 전에 통지했어도 절반밖에 못 모인다. 중국은 정말 대단하고 무서운 나라이다.' 중국공산당의 이런 조직시스템이 아니면 '신속', '일사불란'하게 시행할 수 없다.

④

중국은 준 '내각제' 준 '다당제'이다

모택동은 '종래로 당 외에 당이 있고 당내에 파벌이 있다(黨外有黨, 黨內有派, 歷來如此)'라고 말하였다.[25] 만약 정치국 안에 여러 가지 정당이 있다면 그 안의 공산당은 똘똘 뭉쳐 한편이 될 것이다. 그러나 정치국 안에 한 가지 정당—공산당밖에 없으므로 정치국 위원은 여러 가지 파벌로 갈라지기 마련이다. 중국 사회에 여러 가지 정치견해가 있으면 그것이 반드시 중공정치국에 반영되어 25명은 필연코 사회의 여러 가지 정치견해에 따라 여러 가지 파벌로 갈라진다. 이는 필연적 현상이며 사물의 변증법에 부합된다.

1978년 개혁개방이래 중국 사회에는 여러 가지 정치 주장이 난무하였다. a. 개혁개방을 하여야 한다. b. 개혁개방을 하지 말고 모택동 노선을 견지해야 한다. c. 러시아처럼 먼저 정치개혁을 하고 후에 경제개혁을 하여야 한다. d. 아예 자본주의 길로 가야 한다. e. 자본주의 국가처럼 다당제를

---

25) <홍기紅旗> 잡지 평론원 문장 <파벌성에 대해 계급분석을 하여야 한다(對派性要進行階級分析)>에서 발췌, 1968년 4월 27일.

실시해야 한다. f. 구미처럼 대의제를 실행해야 한다. g. 중국공산당의 일
당독재를 없애야 한다.…등등의 견해가 있었다. 정치국 25명의 위원들도
상기 a~f 중 a~c의 견해에 대체적으로 의견이 모아지고 있었다. 1989년
천안문사태 때 천안문 광장에서 데모하는 대학생을 지지하는 파벌(이를테
면 조자양 총서기)은 상기 c에 해당하고 화국봉과 중경시 당서기 박희래
를 지지하는 파벌은 상기 b의 견해에 해당하며 등소평은 당연 a에 해당할
것이다.

정치국은 아주 민주적이며 모든 중대한 사안을 처리할 때 정치국 위원들
의 충분한 토론을 거친 후 거수가결로 소수가 다수에 복종하는 원칙 하에
결정된다. 공산당 총서기도 거수가결의 한 표밖에 행사하지 못한다. 그러므
로 중국은 내각제와 비슷하다. 단 공산당조직 안의 내각제이기 때문에 중
국 사회에 노출되지 않으며 너무 격렬한 충돌이 없을 뿐이다. 중국의 최고
권력기관은 중공중앙정치국이다. 중공중앙정치국 25명의 합의 하에 중국정
치의 모든 것을 결정한다. 정치국 상무위원은 정치국의 결정 사안을 집행
하면 했지 정치국의 결정 사안을 무시하거나 거역할 수 없다. 당의 총서기
(이를테면 지금의 습근평)도 정치국의 결정에 따라야지 거역하면 안 된다.
그러므로 중국은 내각제와 비슷하다. 단지 다당제가 아닌 '내각제'이기 때
문에 준 '내각제'라 일컫는다.

중국은 헌법에 무산계급의 독재를 실행한다고 씌어 있다. 즉 중국은 스
스로 자기를 독재국가라고 표방한 나라이다. 그러나 중국의 독재체제에 대
해 심층 분석하면 준 '내각제'의 독재, 준 '다당제'의 독재이다. 중국공산당
에 이러한 많은 장점이 있으므로 1921년 창당시의 12명으로부터 지금의
9,600만으로 발전할 수 있었다.

⑤ 중국의 인사당안 제도

예전에 새누리당 대표 황우여와 민주당 전 비대위원장 문희상이 아침에 회동하는 장면을 텔레비전 방송으로 시청한 적이 있었다.

"당신네 민주당은 김대중, 노무현 두 대통령이 집권한 10년간 많은 인적 사항 자료를 보유하고 있으나 우리는 그렇지 못하다." 황우여 대표가 한 말이다. 박근혜 대통령이 취임한 후 고위층 관료의 발탁에 실수를 한 원인을 간접적으로 표현한 것이겠다. 이에 문희상 전 비대위원장은 흐뭇한 표정을 지었다.

이 장면을 보는 필자는 중국의 인사당안檔案 제도가 머리에 떠올랐다. 당안은 '분류하여 보관하는 서류'를 말한다. 한국에도 정치, 경제, 문화, 사법, 치안, 국제회의…등 각양각색의 당안이 많다. 지금 화제의 도가니로 되고 있는 2007년 당시 화제의 도가니가 된 적이 있는 북한의 김정일과 노무현 전 대통령의 대화록 역시 당안에 속한다. 그러나 중국에는 한국에 없는 한 가지, 즉 개인의 인적사항에 관한 서류—인사당안人事檔案이 있다.

필자의 인사당안도 필자가 다니는 학교, 필자가 근무하는 직장에 있지만 필자는 볼 권리가 없으므로 본인은 평생 자기의 인사당안이 어떤지 전혀 모른다. 그러나 우연한 기회로 필자의 인사당안을 한 번 본 적이 있으며 필자는 깜짝 놀랐다. 필자는 1969년 12월 요령성 무순시에서 의무병으로 참군하여 5년 반 동안 의무병 복역을 하고 1975년 4월에 제대하게 되었다. 만약 참군지 무순으로 제대하면 무순에서 참군한 수백 명의 인사당안을 전문인원이 가지고 가서 무순시의 관계부문에 넘긴다. 필자는 제대 전에 연길시의 여자와 결혼하였기 때문에 필자의 인사당안을 연길시 관계부문에 가져다주어야 한다. 제도상 역시 전문인원을 파견해야 하는데 한 사람을 위해 전문인원 한 사람을 파견하기도 그렇고, 또한 필자의 여단에 파견할 전문인원을 찾기도 어려웠다.

그리하여 여단 간부과의 담당자가 필자를 불러 '당신의 인사당안을 잘 봉한 후 당신 스스로 가져가는 것이 어떤가?'라고 물으며 막 봉하려 하였다. 그 찰나 필자는 철면피하게 '미안하지만 나의 인사당안을 내가 한 번 보면 어떤가'라는 요구를 제출하였다. 그는 좀 머뭇거리더니 '물론 보고 싶겠지. 보려면 보라. 그러나 꺼내 없애거나 고치면 절대 안 된다.'라고 하며 인사당안을 나에게 주었다. 나는 그의 감독 하에 나의 인사당안을 한 페이지, 한 페이지씩 넘기며 보았고 이내 깜짝 놀랐다. 총 90페이지 정도 되는 당안에는 필자의 초등학교 1학년부터 대학교 졸업 때까지 16년간만 해도 해마다 4페이지의 서류가 담겨 있었다. 학기마다 각 과목의 성적표 한 페이지, 감정서 한 페이지니 1년에 4장이다. 감정서 한 페이지에는 본인이 자필한 감정, 반 학생들이 나를 위해 쓴 감정, 담임선생이 나를 위해 쓴 감정 3가지가 들어있다. 그러니 16년의 학력에 64페이지다. 그 외 문혁 때 표현을 쓴 감정, 의무병 때의 감정, 제대 때의 감정, 직장에서 근무할 때의 감정, 표창 받은 기록, 처벌받은 기록(물론 필자는 처벌받은 적이 없으므로 이 기록은 없다)이 있다. 내가 공청단 조직과 공산당조직에 쓴 가입신청서, 신청서를 쓴 후 매달마다 쓴 생활총결서도 완벽하게 보존돼 있다.

초등학교 이상의 학교를 다니지 않은 자, 평생 농민인 자, 최하층의 개인 영세업자, 무직자는 몰라도 중국의 웬만한 자는 모두 자기의 인사당안이 있다. 그 안에는 그의 가정성분, 부모의 정치 면모, 그에 대한 단계별 감정鑑定, 장려·처분 사항 등 없는 것이 없다. 한 사람의 내막을 알려면 우선 그의 인사당안을 보면 90% 이상 파악이 된다. 한국에서 고위층 관료를 발탁하여 의회 청문회에서 이러저러한 문제들이 튕겨 나와 난감해질 때가 많은데 중국인은 이해가 가지 않는다.

인사당안은 직장, 기관의 인사과에 보관돼 있다. 본인은 자기의 당안을 볼 수도, 고치거나 위조할 수도 없다. 직장, 기관의 권력자의 당안은 상급에 보관돼 있으니 역시 보거나 고치거나 위조할 수 없다. 개혁개방 이후 관영인사과가 없는 외자기업이나 개인 기업에 취직한 자의 인사당안은 각지에 설치돼 있는 인재교류중심에 보관돼 있다.

중국 외의 다른 나라에도 이런 인사당안이 있는지 모르겠다. 중국같이 일당독재가 아니면 같은 정권과 정부가 계속 이어오지 않았으므로 불가능할 것이다. 또한 인권침해에 악용될 소지가 있다며 국민이 인사당안의 작성을 거부할 것이므로 아예 인사당안을 작성하지 못할 수도 있을 것이다. 미국 등의 탐정영화에서 어느 범죄분자의 지문 하나만으로 그의 모든 인적사항을 파악하는 장면이 종종 목격된다. 일당독재가 아닌 국가에도 인사당안이 가능하지만 단 전과자에게만 만들어져 있는 것 같다.

만약 한국에도 이런 인사당안이 있으면 많은 편리를 도모할 수 있다. 간부 발탁도 쉬워지고 인사청문회도 퍽 간단해진다. 문제는 이런 인사당안을 누가 어떻게 만들고, 어디에 보관하며, 어떻게 활용하는가가 문제이다.

6

중국인민해방군

필자는 중국인민해방군에서 5년 반 동안 의무병 병역을 치른 적이 있으므로 중국인민해방군에 대하여 너무나 잘 안다. 전 세계적으로 중국인민해방군만큼 위대한 군대는 없다고 감히 말한다. 해방군의 물질적 요소가 아니라 정신적 요소에 한해서이다. 왜 중국인민해방군을 정신적으로 위대하다고 하는가? 우선 해방군의 철 같은 기율을 알아야 한다.

해방군의 기율은 3대 기율, 8항 주의로 요약된다. 3대 기율: 1. 일체 행동은 지휘에 복종하라. 2. 군중의 바늘 하나 실 한 오리를 가지지 말라. 3. 일체 노획물은 공가에 바쳐라. 8항주의: 1. 말은 상냥하게 하라. 2. 매매는 공평하게 하라. 3. 빌린 물건은 갚아라. 4. 파손시킨 물건은 배상하라. 5. 사람을 때리지도 욕하지도 말라. 6. 농작물을 해치지 말라. 7. 부녀를 희롱하지 말라. 8. 포로를 학대하지 말라. 이상 3대 기율, 8항 주의는 아주 자질구레한 것 같지만 잘 지키기는 쉽지 않다.

아래에 3대 기율·8항주의 외의 몇 가지 구체적인 실행조치를 말해본다.

1. 참군은 자원의 원칙. 중국의 헌법에 '중국 공민은 의무 병역에 응하여 참군하여 조국을 보위할 의무가 있다'로 적혀 있다. 그러나 자원하지 않은 사람을 절대 군으로 데려가면 안 된다. 필자의 마을에서 1965년에 징병할 때 진陳 씨 성을 가진 한족 청년 한 분이 의무병에 뽑혔다. 군복을 입고 떠나기 전날 밤 마지막으로 '당신은 진짜 참군하고 싶어서 참군하는가?(중국의 징병에 반드시 이런 절차를 거쳐야 하는 제도가 있다)'라는 질문에 그는 우물쭈물하며 대답을 하지 않는다. 캐고 물으니 속마음을 털어 말하였다: '나는 본래 참군하기 싫지만 부모가 내 맘에 안 드는 여자와 결혼시키려 하며 만약 내가 이번에 참군하지 않으면 그 여자와 결혼해야 하므로 마지못해 참군한다.' 징병하러 온 군인은 즉각 그의 군복을 벗기고 다른 사람을 보충해 넣었다. 본인이 자원하지 않았는데 군으로 데려가면 징병한 사람이 처벌을 받는다. 한국의 권력을 이용하여 징병을 회피하는 자, 징병을 피하기 위해 자기 몸에 자학하는 자 등은 중국인이 상상하기 어려운 일들이다.

2. 관병일치의 기율. 해방군에는 '관병일치'라는 기율이 있다. 병졸이 장교를 때리면 품행 문제로 취급되고 엄중한 자만 사흘간 벌로 감금하고 반성을 시킨다. 장교가 병졸을 때리면 계급압박 문제로 취급되며 엄격한 처벌을 받아야 한다. 만약 군 지도자가 병졸을 때린 장교를 감싸고 처벌하지 않으면 맞은 자가 상급에, 심지어 중앙군사위원회에 고발편지를 쓰면 때린 자는 반드시 처분을 모면할 수 없게 된다.

3. 군민 일치의 기율. 군인은 백성이 욕해도 맞받아 욕하면 안 되고 백성이 때려도 뒷짐 지고 맞기만 하여야 한다. 만약 백성의 때림에 항거할 필요가 있다고 생각되면 상급에 보고서를 써 바쳐 허가를 받아야 하지만 이는 실행 불가능이다.

4. 군인 혼인의 기율. 해방군 군인은 자기가 복역하는 지방의 여자와 연애도, 결혼도 하면 안 된다. 연애하거나 결혼하면 엄격한 처벌을 받는다. 단 장교는 연애와 결혼이 가능하다. 필자의 이 말을 들은 일부 한국인은 중국군대의 기율이 너무 잔혹하다는 말을 한다. 필자는 잔혹하지 않을 뿐만 아니라 당연하다고 생각한다.

필자의 군부대는 야전군이므로 1년에 11개월은 농촌 농민의 집에서 자며 훈련하고 1개월만 장춘 영방에서 지낸다. 한 개 중대 154명이 한 개 마을에서 자는데 큰 마을이어야 한다. 해당 마을에 시집을 가지 않은 처녀가 60명가량 되는데 그중 상위 20명이 해방군과 연애하려고 수단과 방법을 다하여 접근한다. 만약 그중의 10명이 연애하였다고 가정하자. 그 마을에 이 10명의 처녀를 짝사랑하는 총각이 적어도 30명은 된다. 30명이면 30세대, 식구가 170명 정도이다. 거기에 사촌, 사돈에 팔촌까지 합하면 거의 온 마을의 90%가 될 수도 있다. 즉 그 마을의 90%의 인구가 해방군을 원수처럼 생각한다. 군민 관계는 결국 파산의 경지에 이르게 된다.

'군중의 바늘 하나 실 한 오리를 가지지 말라'라는 조례에 대한 필자의 두 차례의 경험을 말해보고자 한다. 필자가 금방 참군하였을 때 우리 군부대는 농민의 집에서 자며 군사훈련을 하였다. 날씨가 너무 추운 날은 중대 식당에서 밥을 타다가 농민의 집에서 먹는다. 한번은 그 농민의 집에서 처마에 매단 고추 두어 개를 따다 화로에 구워서 필자에게 주며 '당신네 조선 사람 고추를 좋아하지 않나? 이것을 반찬에 섞어 먹어봐'라고 하여 필자는 반찬에 놓아먹었다. 며칠 후 주간 생활 회의 때 생활검토 발언이 끝나자 분대장이 '더 할 말이 없나?'라고 물어 '네, 더 할 말이 없다'라고 하니 '엊그저

께 당신 주인집의 고추를 두 개 먹지 않았나? 3대 기율 8항 주의를 위반하고도 할 말이 없다가 무슨 소리냐?'라고 비평하여 다시 검토하는 발언을 하여야 했으며 주인집에 고추 2개의 값을 치러야 했다.

또 한 번은 동계 행군훈련을 하는데 투숙한 마을을 떠나 약 7킬로 걷고 휴식할 때 가방을 뒤적이며 정돈하다가 젓가락 한 짝이 나왔다. 아침 식사를 할 때 젓가락이 없어 주인집의 것을 빌려 쓴 젓가락이며 대번에 분대 다른 사람의 눈에 띄었다. 필자는 부득불 투숙한 집에 찾아가 젓가락을 돌려주고 돌아와야 했다. 왕복 14킬로나 중대의 행군 대오와 떨어졌는데 저녁 어슬어슬해서야 따라잡았으며 너무 힘겨워 쓰러지고 말았다.

해방군 부대 안에는 약 20%의 공산당원이 있다. 해방군은 철 같은 기율이 있을 뿐만 아니라 나라 안의 가장 위험하고 간고하며 힘든 일을 도맡아 한다. 이를테면 심산 속에 철도를 닦는다든가, 홍수와 싸운다든가, 위험한 역병 속으로 뛰어든다든가 등등. 그러므로 해방군은 중국 인민의 절대적인 옹호와 지지를 받는다. 현재 해방군 현역 군인은 200만 명이고 무장경찰부대는 66만 명이다. 중국은 9,600만 명의 공산당원과 266만 명의 현역 군인이 나라의 기둥 역할을 하고 있다.

인민해방군은 인민을 위해 철두철미하게 봉사하여야 하며 자기를 희생하여야 한다. 최근에 중국 TV에 이런 화제가 회자되고 있다. 1949년 9월 17일 해방군 27명의 소대가 복건성 회안현會安縣의 모 지역을 해방할 때의 일이다. 적의 폭탄이 떨어지는 곳에 한 여자아이가 서 있는 것을 보고 해방군 병사 5명이 동시에 뛰어들어 여자아이의 몸 위를 덮었다. 결과 여자아이만 살고 해방군 다섯 병사는 모두 희생되었다. 70대가 된 그 여자아이는 최근 평생 모은 돈을 털어 넣고, 찬조금도 모아 27명의 해방군을 모시는 절을 만들었다.

서방의 대의민주주의와 중국의 일당독재

중국의 정치문화와 서방의 정치문화를 대비할 때 가장 어려운 문제는 서방의 대의민주주의代議民主主義와 중국의 일당독재 체제의 비교이다. 필자는 젊었을 때 항상 서방의 대의민주주의 체제는 중국의 일당독재의 체제보다 한걸음 앞선 선진적인 체제라고 보았다. 중국은 조만간에 서방의 대의민주주의 체제를 도입하게 될 것으로 생각하여 왔다. 중국이 개혁 개방한 후 필자는 서방국가에 출장도 여러 번 다녀왔고 시야도 점점 넓어졌다.

1978～97년간에는 그래도 서방의 대의민주주의 제도에 호감이었는데, 1998부터는 호감도가 점점 떨어졌으며, 특히 2010년부터 한국에 정착하여 11년간 생활하며 한국의 대의민주주의 체제를 피부로 느껴보고 또한 미국의 대의민주주의 체제를 지켜본 결과 지금은 서방의 대의민주주의 체제와 중국의 일당 독재 체제는 피차일반이라는 결론이다. 대의민주주의 체제에서 당파싸움을 보면 불문곡직하고 무릇 자기 당이 한 노릇은 잘못한 착오도 다 잘한 것이 되고 상대 당이 한 행위는 잘한 것도 다 잘못이라 몰아붙인다. 국민은 두 개 파벌로 쪼개져 싸우며 물과 불처럼 서로 융합될 수 없다. 전대미문의 중국 문혁 동란 때의 파벌싸움과 추호도 다르지 않다. 파벌싸움은 파벌싸움으로 그치지만 당파싸움은 파벌싸움보다 더 치열하고 심각하며 장기간 봉합할 수 없다.

어떤 사람은 '그래도 국민의 선거를 거쳐 다수의 표수로 당선된 사람이 나라를 통치하는 것이 그런 선거도 거치지 않은 자가 나라를 통치하는, 이를테면 중국의 위정자가 나라를 통치하는 것보다 낫지 않겠는가?'라며 필자를 반박할 것이다.

진리는 어떤 때는 소수 사람에게 있다. 심지어 진리는 왕왕 소수 사람에게 있다는 설도 있다. 1966년 모택동이 문혁을 발동할 때 중국 인민은 만장일치로 찬성하며 문혁에 뛰어들었다. 만약 그때 설문조사를 했더라면 중국 인민의 90% 이상이 문혁을 옹호한다는 통계 숫자가 나타났을 것이다. 그러나 문혁은 인류 역사상 전대미문前代未聞, 후대불가後代不可의 대 재난, 대 비극이었다. 대의민주주의 체제에서 국민투표의 다수로 당선된 사람들의 선택이 다 옳을 수 있을까? 현재 한국이나 미국의 상황을 보면 국회에서 황당한 오류의 안건이 통과되는 일이 비일비재하다.

지금 한국이나 전 세계 각 국가들에서 대선, 총선을 거쳐 뽑힌 대통령이나 국회의원이 국민의 다수에게서 뽑힌 것이 절대 아님을 알아야 한다.

한국의 13~20대 대선의 투표율과 득표율은 아래와 같다.

대 수	당선자 성명	투 표 율	득 표 율	전국민의지지율
제 13 대	노 태 우	89.2%	33.64%	30.01%
제 14 대	김 영 삼	81.9%	41.96%	34.37%
제 15 대	김 대 중	80.7%	40.27%	32.50%
제 16 대	노 무 현	70.8%	48.91%	34.63%
제 17 대	이 명 박	63.0%	48.67%	30,66%
제 18 대	박 근 혜	75.8%	51.55%	39.07%
제 19 대	문 재 인	77.2%	41.08%	31.71%
제 20 대	윤 석 열	77.1%	48.56%	37.44%
평 균				33.80%

국민의 지지율이 가장 낮은 노태우 대통령이 30.01%이고 가장 높은 박근혜가 39.07%이다. 평균 33.80%이니 삼분의 일의 지지밖에 받지 못한 것으로 나타난다. 총선 때 당선된 국회의원의 지지율도 대통령의 지지율과 대동소이하다. 다른 선진국들의 상황은 대부분 한국보다 지지율이 더 떨어진다. 보통 20%를 약간 웃도는 수준이다. 미국 뉴욕과 로스안젤레스 지방의회 선거의 투표율은 20%를 약간 웃도는 수준이다. 일언이폐지하면 대의민

주주의 제도 하에 대통령이나 국회의원은 다 소수 국민의 옹호를 받아 선출된 자들이다. 90% 이상 국민의 옹호를 받아 거행한 중국의 문혁도 인류 역사상 전대미문의 비극을 초래했는데 하물며 삼분의 일의 지지, 사분의 일의 지지, 오분의 일의 지지밖에 받지 못한 위정자들이 국가를 잘 다스릴 만한가? 논리적으로 볼 때 잘 다스린다는 보증은 없다. 그러므로 2020년 미국의 대선을 지켜보며 미국국민과 세계의 많은 나라의 지성인들은 대의 민주주의 제도는 한계가 많다, 개혁할 때가 왔다고 개탄하였다.

파벌싸움은 자기 파벌 안의 결점을 보지 못한다. 이런 분위기 하에서 국가 정치지도자의 수준은 점점 떨어진다. 중국의 전문가들은 미국의 부시 대통령을 2류 정치인으로 본다. 부시뿐만 아니라 그 후의 역대 대통령은 모두 2~3류 정치인에 불과하다. 삼성그룹의 이건희 회장은 한국은 2류 경제인, 3류 정치인이라고 말한 적이 있다. 필자의 견해는 한국의 정치인은 이승만, 박정희, 김종필 세 사람이 2류이고 나머지 대통령과 국회의원은 모두 3~5류 정치인이다. 모두 아마추어급 정치인이다. 아마추어급 정치인이 나라를 잘 다스리기는 만무하다.

어떻게 개혁해야 하는가?

실천은 진리를 검증하는 유일한 표준이다. 한 개 국가를 잘 다스리는가, 잘못 다스리는가는 해당 국가 위정자 정치 집단의 실적으로 판단하여야 한다. 중국에는 입법부, 행정부, 사법부가 있지만 그 위에 최고 통솔부統率部인 중국공산당 정치국이 있다. 이 정치국은 정치상의 엘리트집단이며 25명 위원은 모두 국가를 다스리는 데 풍부한 경험이 있는 프로급 선수들이다. 그러므로 중국 인민은 '당중앙이 하자는 대로 하면 틀림없다'라는 신념에 가득 차 있으며 그 주위에 단결하여 열심히 그를 따른다.

중국정치에 4가지 원칙이라는 개념이 있다. '마르크스-레닌주의-모택동 사상', '사회주의', '무산계급독재', '공산당의 영도'이다. 이는 중국 인민이 1840년대부터 나라를 위하여 싸운 100여 년의 경험을 총화한 데서 얻은 결론이다. 만약 이 4가지 원칙이 틀리면, 정치국 25인 집단이 중국을 기로로 이끌면 이는 중국의 비극이 아닌가? 틀린 4가지 원칙, 믿지 못할 25인 집단에 순종하다가 생기는 비극이나 자본의 노예를 하며 국민 삼분의 일이하의 옹호를 받은 아마추어급 위정자를 따르다가 생기는 비극은 피차일반이다. 어느 것이 더 비극이고 어느 것이 더 희극인지는 좀 더 지켜보아야 한다고 본다.

이 4가지 원칙도 시대에 따라 점점 변해가고 있으며 지금은 많이 변하였다. 모택동 시대, 등소평 시대, 강택민 시대, 호금도 시대 및 습근평 시대를 거치면서 4가지 원칙을 견지하는 정도도 많이 달라졌다. 중앙정치국이 시대의 발걸음에 맞추어(與時俱進) 그냥 변화시킨다. 실용주의 원칙에 따라 변화시키고 있다.

현재 중국은 세계적으로 경제발전 속도가 가장 빠르고 인민의 생활 수준 향상이 가장 앞서며 사회도 가장 안정적이다. 이번 코로나19의 대처도 가장 잘 하였다. 아직은 중국의 체제가 좋다고 단언할 수는 없을지도 모른다. 그러나 중국의 체제도 세계 허다한 체제 중 참고로 할 만한, 거울로 삼아볼 만한 한 가지 체제라고 볼 수는 있지 않겠는가? 사회주의이기 때문에 무조건 나쁘다, 혐오한다, 반대한다, 없애버려야 한다 하는 것은 에이프라이오리즘(apriorism)이 아닌가?

중국의 사회주의 체제를 부인하더라도 국가관리주의 체제는 참고할 만한 가치가 있지 않은가? 필자는 미국을 수반으로 하는 구미선진국은 국가관리 대 국민 자유의 비율을 1:9로 본다. 국가관리의 역량은 1이고 국민 자유의 권력이 9이다. 한국은 아마 3:7이라고 볼 수 있는지? 중국은 5:5라고 본다. 국가관리의 역량이 5이고 인민 자유의 권력이 5이다. 그러므로 중국의 모든 사업은 매우 효과적이다. 전인대에서 대표들이 국가에 제출한 의견이 평균 해마다 5,000여 건 정도이다. 회의가 끝난 후 3개월이 지나면 그중 삼분의 일인 1,700건 정도는 해결된다. 6개월이 지나면 또 삼분의 일인

1,700건 정도가 해결된다. 나머지 삼분의 일인 1,700건만이 금년 안에 해결될 수 없으므로 의견 제출자에게 양해를 바란다는 통지가 간다.

2020년 여름 중공중앙정치국에서 인민의 이익에 가장 악영향을 끼치는 플랫폼 기업, 치솟는 부동산 가격, 만연되는 학원교육을 정돈한다는 결정을 내리고 이듬해인 2021년 여름에 이 3가지의 정돈을 끝냈다. 세상에 이렇게 효율적인 나라가 또 있는가? 한국은 한 가지 제안이 국회에서 통과되어 실행에 옮길 때까지 평균 37개월이 걸린다는 설이 있다. 미국의 총기 살인 사건이 국민에게 피해를 주는 엄중한 사회문제라고 인식되면서도 수십 년간 해결하지 못하고 있지 않는가. 한국의 학원교육이 문제라고 인식하지만 수십 년에 걸쳐서도 해결하지 못하고 있지 않는가. 문재인 정부가 부동산 가격 급등의 문제를 해결한다며 갖은 노력을 기하였지만 5년 내내 해결하지 못하지 않았는가.

높은 효율은 중국의 국가관리 대 인민 자유의 비례가 5:5이기 때문이다. 세계 국가들이 참고로 할 제도이다. 5:5를 독재라고 비난하겠지만 중국에는 민주집중제라는 원칙이 있다. 민주를 발양할 때 모 의안에 대해 여러 가지 다른 견해가 있을 수 있지만 다수가 옹호하는 주장에 전문가의 견해를 결합하여 한 가지로 의결한다. 그러면 전국 국민이 일사불란하게 그 결정을 따른다. 이것을 집중이라고 한다. 중국 인민은 민주집중제에 70여 년간 수긍하며 살았으며 이것이 다른 나라에 없는 장점이다.

⑧

<h1 align="center">중국공산당의 치명적 결점</h1>

중국공산당의 치명적인 결점은 공산당 외부로부터의 당 조직에 대한 비

평의 시스템이 없는 것이다. 아래의 몇 가지로 표현된다. 이는 아마 중국이 수천 년간 인정仁政과 예치禮治를 실행한 역사와 밀접히 관계된다.

a. 중국은 무산계급독재의 국가이므로 인민 군중에 대해서는 민주를 실행하고 보호지만, 계급의 적에 대해서는 독재를 실행하고 타격하는 정권이다. 그렇다고 인민군중들은 무엇을 하든 법을 어길 수 없단 말인가? 계급의 적이면 어떤 방법, 어느 정도로 독재를 실행하고 타격해야 하는가? 이 두 가지를 잘못한 위정자에게 어떠한 제재를 가해야 하는가? 이러한 측면의 시스템이 결여돼 있다. 1950년대 토개土改, 진반鎭反, 삼반三反, 오반五反 시기 적지 않은 사람이 애매하게 죽임을 당하였다. 1950년 토지개혁 시기에 지주를 투쟁하는 장소에서 어느 누가 '그놈 가만 놔둘 거냐? 때려죽이자!'라고 외치자 수백 명의 농민들이 몰려들어 너 한 몽둥이, 나 한 몽둥이 식으로 때려 숨지게 만든 예가 많다. 알고 보면 처음 외친 자는 바로 그 지주와 개인적인 악감정이 있는 자였다. 원래 지주이지만 형사범죄를 저지르지 않았으면 신병을 건드리지 못하게 돼 있지만 애매하게 죽임을 당한 것이다. 토개뿐만 아니라 진반, 삼반, 오반 때도 마찬가지다. 1966~76년 문혁 때 아무런 죄도 없이 맞아 죽은 자는 부지기수이다. 1957년 반우反右 때 많은 사람들이 단지 공산당조직이나 모 공산당원에게 의견을 제출하였다 하여 우파분자로 몰리어 광산으로, 농촌으로 쫓겨나 24년이나 고역을 르기도 했다. 우파분자 552,973명의 대부분이 이런 봉변을 당했었다.

b. 지금은 공산당조직과 공산당원, 국가 공무원은 법에 따라 처사하여야 한다며 법치를 강조하고 있다. 그러나 중국은 정政과 법法이 평등하게 이분二分 되지 않았고(말하자면 중국은 삼권분립이 되지 않았고) 법이 정에 예속되어 있다. 성, 시, 현의 부성장, 부시장, 부현장이 정법위 서기를 담당하고 있다. 중국의 법에 모 당조직의 간부를 신문 지상에서 비평하려면 상급 당조직의 허가를 받아야 한다. 그러나 상급 당조직의 허가를 받고 기사화한 당간부의 범법 사례는 지금까지 전국적으로 거의 없는 상황이다.

공산당조직과 당원이 법치의 칼자루를 쥐고 있다. 칼자루를 쥔 자가 그 칼날을 자기 몸에 대기는 어렵다. 주인이 자기를 다스린다는 것은 중이 제 머리를 깎지 못하는 것, 인간이 스스로 자기 몸을 들어 올릴 수 없는 것과 같이 불가능한 일이다. 당조직과 대등하고 독립적인 법치 기관이 생기지 않는 한 중국공산당의 부정부패 척결은 거의 불가능하다. 2012년 12월부터 2022년 5월까지 습근평 당총서기가 부정부패를 척결하며 차관급 이상 간부 392명, 청국급廳局級간부 2.3만 명, 현처급縣處級간부 17.5만 명, 향과급鄕科級 간부 61.6만 명에 대해 검사를 진행해 61.65만 명을 처벌하였다. 그러나 범법분자가 없어지는 것이 아니라 계속 쏟아져 나온다. 그들을 붙잡고 보면 모두 '우수 공산당원', '선진공작자', 모 분야의 '모범'들이다. 인민 군중의 감독체제가 없기 때문에, '야당'의 브레이크가 없기 때문에 이런 현상이 일어난다.

c. 각급 공산당 간부가 인간관계로 얽혀 있으므로 비평을 가하기 어렵다. 중국 중앙텔레비전방송국(CCTV) 종합채널에 교점방담交點訪談(시사초점)이라는 프로그램이 있다. 매일 저녁 7시~7시 30분의 뉴스가 끝난 후인 7시 38분에 방송된다. 이 프로그램에 지방 간부의 부정을 적발하는 내용이 자주 등재되지만 지금까지 향급 이하 간부의 부정만 거론했지 현급 이상 간부의 부정을 거론한 적은 없다. 현급 간부이면 시급, 성급, 심지어 중앙에 그를 뒤에서 밀어주는 뒷심이 있을 가능성이 있으며 그러면 방송했다가는 큰일이 난다.

중국공산당은 이 문제에 많은 고민을 하고 있지만 지금까지 해결책을 찾지 못하고 있다. 일당독재 중국의 방대한 관료집단은 이렇게 인간관계로 서로 얽혀 있으며 상호 보호하기 때문에 그들에게 비판을 가하기란 쉽지 않은 일이다. 공산당 간부는 자기의 최측근을 올려 앉히고 은퇴하므로 그의 권력은 계속 이어지니 그가 물러앉은 후에도 처벌하기 어렵다.

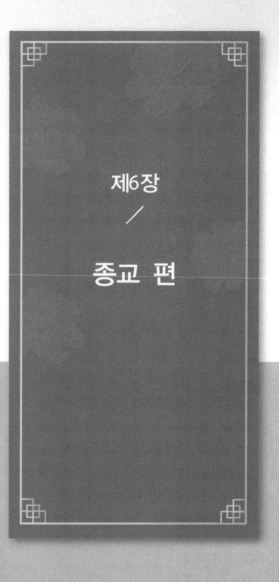

제6장
/
종교 편

중국에는 유교, 기독교, 이슬람교 세계 3대 종교가 병존하고 있다. 그러나 유교는 사실 종교가 아니며 중국국민의 절대다수가 유교를 믿는 것으로 보아야 한다. 기독교 신자와 이슬람교 신자는 숫자가 서로 비슷하며 종래 마찰을 빚은 적이 없다. 이것이 세계 어느 나라에서도 볼 수 없는 중국 종교의 특징이다.

'儒敎'는 종교가 아니다[26]

몇 년 전 한국 서울대학 모 철학 교수의 유교에 관한 논문을 중국의 어느 학술지에 싣기 위해 번역을 맡은 적이 있다. 그런데 학술지 측에서 '유교'란 단어를 모두 '유학儒學'으로 고치는 바람에 말썽이 일어났었다.

'논문의 저자가 한국인이고 그들은 "유교"라고 하는데 굳이 "유학"으로 고쳐야만 하는가?' 하는 필자의 변명에 대해 학술지 측은 '터무니없는 소리 하지 말라. 공자의 학설을 어떻게 종교라고 할 수 있는가?' 하여 막무가내였다. 그 뒤로 필자는 한국어의 '유교'는 모두 중국어의 '유학'으로, 중국어의 '유학'은 한국어의 '유교'로 옮기게 되었다. 하지만 속으로는 무언가 께름칙한 느낌을 금하지 못했다. 만약 '유교=유학'이 성립된다면 '종교=학설' 또한 성립돼야 할 것이 아닌가!

종교란 무엇인가? 세계를 지배하는, 인간과 자연을 초월하는 신(절대자)의 존재를 독실하게 믿으며 그를 경배하는 사회의식을 종교라고 한다. 종교의 중요한 특징은 내세來世를 인정하는 것이다. 그러나 공자의 사상은 예락禮樂과 인의仁義를 숭상하고 충서忠恕와 중용中庸을 제창하며 덕치德治와 인정仁政을 주장하는 등이 그 핵심적 내용이다.

'유儒'는 본래 '무巫(무당)', '사史(사관)', '축祝(제관)', '복卜(점쟁이)' 등과 구분되는 '서생' 또는 '학자'를 일컫는 말이다. 유가의 세계관은 기본적으로 신을 믿지 않으며 따라서 내세를 인정하지 않는다. 중국 상고의 서적들은 거의 유가에 의해 정리됐는데 그들이 신격적인 내용을 삭제해 버렸기 때문에 4대 고대 문명국 중 희랍, 이집트, 인도 문화에는 신화가 발달해 있는데

---

26) 본문에서 '유교는 종교가 아니다'라고 하였지만 서술상의 편리를 위하여 본 책의 여타 곳에서 여전히 '유교'란 명사를 쓴다.

반해 유독 중국만은 신화 전설이 거의 없다. 종교가 중국에서 뿌리를 내리지 못하는 원인도 유학 사상의 통치적인 지위의 작용 때문이다.

이렇게 볼 때 공자의 사상을 종교라고 할 근거는 전혀 없다. 때문에 몇천 연간 공자의 학설을 중국에서는 줄곧 '유가', '유술儒術' '유학' '공맹지도孔孟之道' 등으로 불러왔다. 1898년 강유위康有爲가 무술변법戊戌變法을 할 때 쓴 책 <공교개제고孔敎改制考>에서 '공교'라는 말을 내놨지만 이를 받아들이는 사람이 없어 끝내 전파되지 못했다.

어쨌든 '유교'라고 부르는 것은 마땅치 않다. '유학'이라 고쳐 부르면 좋겠다는 생각이 든다. 사실 한국에서 '유학'이라고 부르지 않았던 것은 아니다. 필자가 본 책만 해도 한국 삼성출판사에서 간행된 퇴계退溪와 율곡栗谷의 저서를 수록한 책 이름이 <한국의 유학 사상>으로 돼 있으니 말이다.

한국에서는 유교라고 부르는 것이 큰 대접일지 몰라도 종교의 지위가 낮은 중국에서는 위대한 사상가, 정치가 겸 교육가를 어떻게 한낱 종교의 교주로 격하시킨단 말인가 하며 반감을 일으킬지도 모른다.

②

한국 '왕따' 문화의 뿌리는 유교 문화에 있다

한국에는 중국에 없는 '왕따' 문화가 있다. 특정인을 고립시키고 업신여기며 구타·박해한다. 이 특정인이 바로 '왕따'이다. 왕따는 박해에 못 이겨 자살하거나 '원수'를 가해하고 자살한다. 이는 한국사회 특유의 문화 현상이며 필자는 이를 '박해문화'라 이름 짓는다. 박해문화의 원인은 여러 가지이며 복잡하겠지만 그 원인 중의 하나가 유교의 등급분화에 있다.

왕따 문화는 유교의 두 가지 핵심, 혈연血緣과 등급等級 중 등급문화에 기인한다. 유교의 등급문화에서는 사람을 신분에 따라 등급으로 나누고 상위가 하위를 훈계, 구타, 박해, 학대할 수 있다. 유교 문화의 '삼강三綱'은 '군위신강君爲臣綱, 부위자강父爲子綱, 부위처강夫爲妻綱이며 임금, 부친, 남편은 신하, 자식, 부인에 대해 절대적 권위가 있고 신하, 자식, 부인은 임금, 부친, 남편에게 무조건 굴종하여야 하며 박해를 달갑게 받아야 한다. 2천여 년간의 중국 문헌에 이런 박해를 받으며 암울한 인생을 살며 심지어 자살한 대신, 자식, 부인이 수없이 많았다.

현재 한국사회에는 등급 차별이 수없이 많다. 아래의 사선 왼쪽은 상위등급, 오른쪽은 하위등급이다: 사장/사원, 원로사원/신입사원, 선배/후배, 상급생/하급생, 교장/교원, 교원/학생, 장교/사병, 시어머니/며느리, 남자/여자, 남편/부인, 부자/빈자, 팔팔한 자/어눌한 자, 유명브랜드 사용자/싸구려 제품 사용자, 학원에 다니는 학생/학원에 다닐 형편이 안 되는 학생, 연장자/연소자…. 다른 나라 및 중국에서는 쌍방의 관계가 일반 차별에 불과하지만 유교 문화가 심각한 한국에서는 등급 차별이 심하다.

한국의 5천만 인구 대부분이 이런 등급 차별 속에서 생활한다. 많은 사람은 등급의 상위이면서도 하위이다. 이를테면 모 여성이 가정에서는 남편의 하위에 있지만 그가 학교 교원이라면 학생의 상위이다. 그는 또 해당 학교 교장의 하위이다. 이런 등급 차별로 한국사회에는 박해와 피해의 가능성과 위기가 무궁무진하게 잠재해 있으며 이 분위기로 형성된 박해가 극치에 달하면 군부대, 학교캠퍼스에 왕따로 몰린 자의 자살과 폭력사건이 생긴다. 한국인들이 상기의 차별을 등급 차별, 유교 문화의 유독流毒으로 보지 않음은 한국에 몸담아 습관 돼 있기 때문이다. 하지만 중국이나 기타 나라 사람의 눈에는 등급 차별 및 박해와 피해로 보인다.

약 1999년경 연변 조선족의 오동敖東 축구팀은 한국 최은택 교수의 감독 하에 갑급 리그 경기의 4등까지 올라간 기적을 창조한 적이 있다. 많은 중국 신문의 체육부장이 오동 팀을 취재하려 연변에 몰려들었다. 오동 팀이

1개월간 한국훈련을 마치고 금방 돌아온 때였다. '한국에서 뭘 배웠나' 하는 질문에 '한국 축구팀은 선수가 감독의 말에 쩔쩔매고 선배가 눈알만 굴리고 턱만 움직여도 후배들이 일사불란하게 따르더라.'가 그들이 배운 첫 번째였다. 등급 차별이 한눈에 다가오는 생생한 예이다. 중국 기자들은 아연실색하였다. '그거 무슨 놈의 호랑이 담배 피울 때 소리야! 우리가 옛날 써먹다가 버린 케케묵은 나쁜 버릇을 배웠다니!' 당연 이 내용을 신문에 기사화 하지는 않았다.

유교의 등급문화는 긍정 반, 부정 반의 양날의 칼이다. 자식이 부모에게 효도하고 후배가 선배를 존중하는 것은 장유유서長幼有序의 미풍양속이다. 등급 차별이 과분하여 부모가 자식의 혼인을 도맡아 독단하고 선배가 후배를 강박하면 박해로 변한다. 옛날에는 박해를 받은 자가 암울하게 살거나 자살하면 그뿐이지만 지금은 민주와 인권의식이 강해져 걸핏하면 '원수'를 죽이고 자살하므로 폭력으로 비화하기 쉽고 아주 심각한 사회문제로 된다. 중국은 등급문화가 너무 없어진 것이 흠이고 한국은 등급문화가 너무 남아 있으며 박해로 번지는 것이 문제이다.

중국에서 자식의 혼인상대자가 부모의 마음에 안 들면 '너의 배우자감을 부모는 동의하지 않는다. 그러나 너와 살 사람이니까, 최종 결정은 네가 하라.'라는 말로 끝낸다. 한국처럼 부모가 자식의 혼인을 반대하여 심지어 자식이 자살하는 현상은 있을 수 없는 일이다. 학교축제 때 선배의 강박 하에 술을 과하게 마시고 죽는 후배와 같은 사건은 중국에서는 상상할 수 없다.

중국군의 어느 중대에나 동작이 둔하거나 어눌하여 잘 휩쓸리지 못하는 병사 한둘은 있다. 악의 아니게 좀 놀려주는 수는 있지만 오히려 불쌍히 여기고 동정하며 각별히 관심해 주지 절대 왕따 시키고 박해하지는 않는다.

한국의 군대에서는 가해, 자해하여 죽는 자가 연 평균 290명이라고 한다. 요즘 왕따로 인해 자해, 가해 사건이 생긴 국군 제22사단에만도 관심병사(정도부동하게 왕따 당했던 자) A·B·C급이 무려 1,800명, 20%이라는 통계도 보도된 적이 있다. 해마다 자살하는 초·중·고교생도 적은 숫자가 아니다. 이렇듯 합리적으로 잘 사는 한국인데도 OECD 국가에서 자살률은 1위이다. 이러한 현상은 자살자 본인의 자질 미흡, 군·학교의 관리 부실만으로는 해석되지 않는다. 더 심각한 요인을 찾아야 하며 필자의 견해로는 대부분 유교 등급문화의 사회 환경과 무관하지 않다.

같은 유교 문화권인데 박해문화가 왜 한국에만 있고 중국에는 없는가? 중국의 유교 문화는 한漢나라 400년만 각광받았고 삼국시대부터 점점 퇴색되었다. 1919년 5·4운동에 된서리를 맞은 데다 공산주의 평등주의, 또한 문혁의 1966년에 된서리를 한 번 더 맞아 이젠 유야무야되었다. 중국의 유교 박해문화가 지금 정도로 퇴색될 때까지 1,800년이 걸렸다. 한국은 조선 500년간 유교를 국교로 추앙하였다. 조선왕조가 끝난 후 박해문화의 퇴색이 시작했다 해도 일한 병탄부터 시작하면 불과 100년밖에 안 된다.

왕따 문화를 1년 내에 없애 버린다는 군, 경찰청, 학교 등 책임자의 호언장담을 자주 듣는다. 그러나 10년, 20년이 지나도 왜 없어지지 않는가? 왕따 문화의 사회적원인 즉 유교의 등급문화가 존재하는 한 왕따 문화는 없어질 리 만무하다. 중국의 십분지 일의 기간으로 단축하여 없앤다 해도 180년은 걸릴 것이니 아직 80년이 남은 셈이다. 이런 현상을 사회문화 현상으로, 유교 등급문화의 유독으로 보고 전 국민적인 교육을 진행하면 조금 더 빨리 해결될 수도 있겠다.

3

중국 유교의 운명

유교의 창시자는 공자이며 공자는 BC 551년~BC 479년, 춘추시대 말년의 사람이다. 공자의 시대는 중국의 노예제 사회가 붕괴하고 봉건제 사회가 곧 도래하려는 시대이다. 공자의 유교 문화는 바야흐로 붕괴되어 가는 노예제 사회를 만회하려는 사상이다. 유교의 사상을 삼강오상三綱五常 등으로 표현하지만 그의 핵심은 혈연제血緣制와 등급제等級制이다. 인간의 관계를 끈끈한 혈연관계로 연결한다. 또한 인간의 관계를 갖지 않은 사람의 신분에 따라 한 층 한 층 고하高下의 등급 차이로 엮는다. 유교가 붕괴해가는 노예제 구질서를 구제하고 바야흐로 새롭게 나타나는 봉건제 새 질서를 반대하므로 공자와 유교 문화는 그 시대에 대접을 받지 못했다.

애초 유교문화의 출현 동기는 노예제를 수호하려는 것이었지만 그 안에 인류의 보편적 가치도 포함되어 있으므로 2천여 년간 이렇게 저렇게 조금씩 변경시키며 활용되어왔다. 유교 문화가 가장 각광을 받은 시대는 서한西漢·동한東漢의 400여 연간이다. 이 400여 연간 통치자는 유교의 등급문화를 활용하여 중앙집권적 봉건제도의 형성, 공고 및 발전에 활용하였다.

유교 문화는 낡은 제도를 수호하고 새로운 제도를 반대하는 문화이므로 지난 2천여 년간 무릇 사회혁신이 주창될 때, 특히 혁명의 시기에는 반대를 받았고 사회 안정을 도모하는 시기에는 각광을 받았다. 유교가 중국에서 가장 반대를 받은 시기는 세 번인데 첫 번째는 3세기 중기 즉 삼국시대였고 두 번째는 1919 전후의 신문화운동 때이며 세 번째는 1966년 문혁이 발발한 해이다.

동한 말년은 호족豪族 지주계급이 살판치고 궁궐 안은 환관의 무소불위無所不爲가 횡행하던 시기였다. 동한 말년 유교 제도는 도전의 대상이었으며 따라서 유교의 등급 사상도 맹렬한 반격을 받았다. 한국인들은 소설 <삼국지>를 중국인보다 더 많이 열독하지만 삼국 역사의 정수를 모른다. 삼국 시기 역사적 무대는 호족豪族 지주계급이 정치무대에서 막을 내리고 서족庶族 지주계급이 정치무대에 오르기 시작하는 시기이다. <삼국지>의 수많은 영웅호걸, 이를테면 원소袁紹·원술袁術·공손찬公孫瓚·손권孫權 등은 호족 지주계급이고 유비劉備는 몰락한 귀족계급이며 조조曹操만이 환관의 양아들이므로 서족 지주계급에 가깝다.

삼국지에서 그 많은 영웅호걸들이 단명短命하여 주마등처럼 사라지고 조조가 마지막까지 남아 승리한 원인은 그가 시대변화 조류의 대표 인물이기 때문이다. 삼국 시기에 유교는 첫서리를 맞았다.

두 번째, 1919년은 중국이 구미 열강의 침략과 과분瓜分을 당해 망국의 위기에 처해 있을 때이다. 또한 소련 10월 혁명의 포 소리와 더불어 마르크스주의가 중국에 전파되던 시기였다. 광범위한 중국 유지인사들은 조국을 망국의 위기에서 구하기 위해 갖은 노력을 기울였다. 이 때 같지 않은 정파이지만 일치하여 유교를 반대했으며 당시 가장 크게 부르짖은 슬로건이 타도공자점打倒孔子店이었다. 유교는 이 시기 두 번째 서리를 맞았다.

세 번째, 1966년 중국의 문혁은 중국 역사상 전례 없던 '혁명'의 시기였다. 문혁 초기의 슬로건은 '사구四舊를 타도하자'는 것이었다. 사구라 함은 구사상旧思想, 구문화旧文化, 구풍속旧风俗, 구습관旧习惯이다. 사구 타도를 거쳐 유교는 세 번째 서리를 맞았다. 모든 낡은 책을 불태우며 유교 경전은 더 말할 나위 없고 유교 혈연문화의 대표인 족보도 이때 다 태워버렸다. 중국의 유교는 1800년의 역사를 경유하며 세 차례의 된서리를 맞아 많이 쇠퇴하였다. 지금은 얼마 남지 않은, 목숨을 겨우 유지하는 지경에 이르렀다.

한국은 조선 500년간 유교를 국교로 삼았다. 유교는 한나라 400여 년간 생기발랄한, 국가 정치에 적극적 공헌을 한 이데올로기였는데 송대宋代부터 주희朱熹, 정이程頤를 대표로 하는 성리학性理學으로 변질되어 보수, 퇴폐, 번쇄 철학으로 되었다. 이렇게 퇴폐한 유교가 조선 500년간 한국의 국교로 되었으니 이는 한국의 불행이 아닐 수 없다.

일한 병탄 후부터 한국의 유교는 큰 충격을 받았으며 쇠퇴의 길로 접어들기 시작하였다. 그러나 지금까지 100년밖에 지나지 않았으므로 유교의 소극적 요소를 극복하고 사회의 변혁을 이룩하려면 아직 갈 길이 멀다.

중국의 기독교

한국의 기독교사를 100년으로 잡으며 서울 연지동蓮池洞에 한국교회100
주년기념관이 있다. 그러나 중국의 기독교사는 1388년이나 된다.

예수교는 서기 635년에 이단異端 네스토리우스파(Nestorians)가 중국
으로 들어왔다. 중국어로 '경교景敎'라 불렸으며 하느님을 '아라하阿羅訶', 예
수를 '세존世尊', 성당을 '사寺', 신도를 '승僧', 교주를 '상덕上德'이라 불렀다.

당唐초 200년간 환대를 받았으나 무종武宗의 조령에 의해 없어지고 말았
다. 11세기경 요遼나라의 허락을 받아 다시 번성하다가 원元대에는 더욱 자
유스러워져 중국 전역에 퍼졌다. 13세기 중엽 네스토리우스 주교 구역이
페르시아만 이동에 25곳이 있었는데 그중 4곳이 중국에 분포돼 있었다.

천주교 프란시스코파(Order of friars Minor)도 서기 1245년부터 중국 진
출을 시도하였다. 1294년 쿠빌라이가 로마교황이 파견한 선교사를 접견하
고 선교를 허용하여 천주교가 중국에 발을 붙이기 시작했다. 대도(현 북경),
천주泉州에 성당을 세웠고 불교, 도교 다음으로 대접받았다.

천주교 주교 멩코비노는 10년간의 노력 끝에 대도에 두 곳의 성당을 세
우고 많은 신도들을 육성했다. 뒤에 로마 교황청으로부터 중국에 성직자 3
명이 더 파견됐는데 그 중에서 안드루는 천주泉州에 성당을 세웠다. 멩코비
노가 1328년 사망하자 교황은 파리대학 신학 교수 니콜라이를 중국으로 파
견했지만 그 일행은 신강에서 행방불명되고 말았다. 1342년 마리노리 등
32명이 북경에 와서 4년간 봉사하고 돌아갔다. 그 후 로마 교황청도 분열
의 악운에 처했고 원나라도 패배하고 북방으로 쫓겨났기 때문에 중국에서
의 천주교 활동도 없어지고 말았다.

몽골어로 이 두 파벌을 통틀어 '야리가온也里可溫'이라 불렀고 '십자교十字

敎'라고도 했으며 그 교당을 '십자사寺'라고도 불렀다. 원나라 조정의 배려로 천주교는 불교, 도교 다음으로 대접을 받았다. 그러나 선교를 주요 목적으로 하는 외래 종교인 데다가 중국의 전통문화와 사회적 수요에 적응되지 못했기 때문에 중국 사회에 뿌리를 내리지 못했으며 대부분 신자가 중국에 거주하는 외국인이었다. 따라서 정치 풍파만 생기면 당장 사라져 버리곤 했던 것이다.

명明나라 때 포르투갈 식민세력을 따라 천주교는 다시 중국선교의 기회를 얻게 됐다. 당시 중국에 들어온 천주교는 예수회의 세력이 가장 컸다. 중국선교에 성공한 최초의 천주교인은 이탈리아인 마테오 리치(Matteo Ricci, 1552-1610), 중국명 '利瑪竇'이다. 그는 삭발에다 가사를 입고 서불西佛이라 하다가 비단옷을 입고 서유西儒라 자처하며 천주교와 중국 유교, 불교를 타협시켰다. 또한 서양문물을 선물하고 자연과학을 전수하며 중국 관료의 인심을 샀다. 명의 허가를 받고 북경에 성당을 짓고 중국 천주교회를 세웠다.

후에 청나라 관청의 허가를 받아 북경에 대성당을 짓고 중국 천주교회를 세웠다. 중국의 저명한 천주교도 서광계徐光啓 등은 모두 마테오 리치에게서 세례를 받았다. 1610년 마테오 리치가 사망하자 조정의 허락으로 북경시 서북 교외(지금의 서원西苑 호텔 부근)에 안장됐다. 그는 서양 문물을 중국에 전파한 공신으로 꼽힌다.

마테오 리치가 사망한 후 중국 천주교의 입지는 미묘해졌다. 로마교황 측에서 천주교와 유교의 타협을 거부하므로 중국 관청과 국민의 반감을 일으켰다. 그러나 선교사들이 서양의 선진문화를 대거 중국에 전파, 즉 서학동점西學東漸을 추진하였으므로 중국 관청의 호감을 자아내기도 했다.

마테오 리치의 후임자는 니코로 롱고바디(Nicolo Longobardi)었다. 니코로 롱고바디는 1597년에 중국에 와서 58년간 선교 활동을 하였다. 그가 회장이 된 후부터 천주교는 일대 변화를 일으켰다. 물론 그는 변화된 로마교황의 대 중국 선교정책을 집행했을 따름이다. 마테오 리치가 대수롭지 않게 생각하던 하늘, 조상 그리고 공자에 제사 지내는 일을 일률 미신으로 몰아붙이고 천주교 신자들이 이런 활동에 참가하는 것을 엄금하였다. 말하자면 천주교와 유교를 절충시키는 마테오 리치의 시대에 종지부를 찍고 양자 대립의 원래 모습으로 돌렸다.

이는 이내 사회적 불만을 만들어냈으며 천주교 배격의 바람을 불러일으켰다. 1616년 12월 28일 명조 황제는 천주교를 금지하는 조령을 반포하였고 많은 외국 선교사들이 체포되어 광주廣州로 쫓겨났고 체포되지 않은 사람은 민간에 잠적해버리지 않을 수 없었다.

그 후 청 관청에서는 외국 선교사들에 한해 과학자, 기술자들은 받아들이고 순수 선교사들은 받아들이지 않거나 광주, 마카오에만 머물게 하였다. 1707년 4월 19일 강희康熙 황제가 소주蘇州에 행차하여 머물 때 외국인 9명으로부터 표票를 청구하는 상주문이 올라왔다. '표'는 지금의 비자나 거주증 비슷한 증명서를 말한다. 이에 강희 황제는 아래와 같이 답하였다.

뭇 서양 사람은 마테오 리치의 규칙을 따르지 않으면 절대 중국에 거주시키지 않고 내쫓겠다. 만약 교황이 중국에서 선교하지 못하게 하면 당신들은 이미 나온 이상 중국에서 도를 닦아라. 만약 마테오 리치의 규칙을 따르고 교황을 따르지 않아 천주에게 죄를 지었다며 돌아오라고 하면 짐은 당신들은 중국에 오래 있으며 중국의 수토에 융합되어 중국인과 다름없으므로 보내지 않겠다고 답할 것이다. 그래도 돌아오라면 짐은 서양인들의 목을 잘라 보내면 보냈지 산채로 보내지 않을 것이다. 표를 받으면 중국인과 같으니 안심하고 있어라. 겁내지 말라.

마테오 리치가 옳은가, 아니면 니코로 롱고바디가 옳은가? 필자는 각자 다 일리가 있다고 본다. 천주교와 유교는 도저히 절충시킬 수 없는 이념이다. 절충을 하고자 하면 천주교의 교리를 어느 정도 이탈하여야 하고 원칙을 지키자면 절충하지 말아야 한다. 마테오 리치는 전자를 취하여 천주교를 중국에 발붙이게 하였고 니코로 롱고바디는 중국에 발을 붙이지 못할지

언정 절충을 하지 않았다.

명나라가 멸망하자 예수회의 선교 활동은 조정의 지지를 잃어 저조기에 들어갔다. 거기다 마테오 리치가 사망한 뒤로 '天主' 대신 '天', '上帝'라 부르고 공자 제사를 주장하는 등 중국 측과의 타협을 거부하는 바람에 천주교는 청 조정과 국민의 강력한 반대를 받았다. 선교사를 감금하거나 사형에 처하고 성당을 허물어 버리는 등 사건이 도처에서 일어났다. 1785년 예수회는 선교 200년 만에 결국 중국에서 물러나지 않으면 안 되었다.

19세기 초 구미 열강의 중국 침략과 더불어 기독교 선교사들이 대거 중국으로 들어왔다. 1807년 온 영국 로버트 모리슨(Robert Morrison) 목사가 첫 기독교 선교사였다. 그러나 중국 정부의 감시와 냉대에 부딪쳐 10년 동안의 선교 끝에 채고蔡高 등 세 명의 신도에게 세례를 주는 데 그쳤다.

결국 기독교 선교사들은 침략자 총칼의 힘에 의지하기를 서슴지 않았다. 선교사들이 침략자들에게 중국의 정치, 경제, 군사 정보를 제공해주고 침략자들은 불평등 조약에 선교사들의 중국 내 특권을 보장해주는 조례 항을 삽입하는 식이었다. 1840년 아편전쟁 후 외국선교사들은 제국주의 열강의 중국 침략에 영합하여 나쁜 짓을 일삼았다. 어린이 유괴, 부동산 강탈, 사법권 침범 등 갖은 횡포도 부렸다. 하여 중국인은 한편으로는 천주교를 배격하고 다른 한편으로는 외국 선교사를 외면한 중국 자체의 신앙을 주장하는 방향으로 흘렀다.

1860년 프랑스가 천진天津의 황궁皇宮 유적지 망해루望海樓를 강점하여 영사관을 만들었다. 프랑스 선교사들은 이 기회에 천진 동쪽과 영사관 부근에 교회를 짓고 중국 관리에게 개업식에 참가할 것을 강요했다. 또 유괴된 어린이가 상기 교회에서 수십 명이나 죽은 사태가 발생했다. 결국은 중국인과 외국 선교사 간의 유혈 충돌을 빚어내 수십 명의 외국 선교사 등이 숨졌다. 중국 정부도 외국인의 압력에 못 이겨 사태 참여자 20명을 처형하고 25명을 유배 보냈으며 50만 냥의 백은을 배상했다. 이것이 바로 중국

기독교 역사상 유명한 천진교안사태다.

　뿐만 아니라 외국인을 배척한 중국인 자체의 기독교 교회들이 생기기 시작했다. 지금 중국 교회의 삼자 원칙—자립自立, 자양自養, 자전自傳은 우연히 생긴 것이 아니다.[27]

5

중국과 이슬람교

　중국에는 무슬림이 적지 않다. 통계에 따르면 지금 중국에 무슬림이 거의 2천만 명이나 되는데 이는 전 세계 무슬림의 2.3%를 차지하며 국가별 무슬림 수 랭킹 10위에 든다.

　다른 종교와 달리 중국의 이슬람교만은 민족성을 띠었는 바 회족回族, 위구르족(維吾爾族), 카자크족(哈薩克族), 커얼즈족(柯爾孜族), 살라족(撒拉族), 타지크족(塔吉克族), 동향족東鄕族, 우즈베크족(烏孜別克族), 보안족保安族, 타타얼족(塔塔爾族) 등 10개 민족이 전 민족적으로 이슬람교를 신앙한다.

　그 원인은 중국 이슬람교의 역사와 관계된다. 이슬람교는 약 AD 651년부터 중국으로 전파되기 시작했다. 대부분 중국과 무역 거래를 하는 서역 상인, 당나라를 도와 안사병란安史兵亂을 진압하러 왔던 서역 군인, 서역 포로병이 최초의 무슬림이었다.

　이들이 중국에 주저앉아 그들의 후예와 더불어 중국의 몇 개 소수민족으로 됐으며 후에 중국 서북지역의 일부 약소민족들(대부분 서역인과 혈연관

---

27) <청조 중기초기 서양 천주교의 재중 활동 자료집(清中前期西洋天主敎在華活動檔案史料)> 참조. 중화서국中華書局, 2003년. 이 책은 미국 마테오 리치 연구소의 요구에 의해 중국국가당안관에서 편집한 것이다. 총 4권에 약 16절지 2,000페이지다. 1644년부터 1850년까지 약 200년간의 중국의 천주교사 자료집이다.

계가 있는 민족들임)이 이슬람교에 가담했다. 중국에 세계 3대 종교의 신자가 다 있지만 이슬람교 신자만 특정 민족에 국한됐으며 거의 외래 민족들이다. 지금 이슬람교의 극단주의자들이 구소련의 5개 이슬람 국가와 아프가니스탄, 신강新疆위구르족자치구 등을 통합하여 동투르키스탄 나라를 세운다며 중국 신강에서 많이 활동하고 있다.

중국의 종교 신앙 및 신자에는 다른 나라에 없는 묘한 특징들이 있다.

첫째, 세계 3대 종교의 신자가 다 있으며 그 숫자가 균등하다는 것이다. 정확한 통계는 없지만 중국에는 불교신자, 기독교신자, 이슬람교신자가 각각 2천만 명 내외가 있다. 이런 나라는 세계 어느 나라에도 없다.

둘째, 필자가 직접 신강에 가서 알아본 사실인데 이슬람교를 믿는 10개 소수민족은 거의 민족 전체가 다 믿는다. 심지어 공산당원들도 예배에 참가한다는 것이다. 공산당원이 될 수 있는 자체가 유물론자여야 하는 것은 물론인데 어떻게 유물론자면서 이슬람교를 믿을 수 있단 말인가! 다른 민족이나 다른 종교에서는 도저히 있을 수 없는 일이다. 조선족의 경우 어느 공산당원이 교회에 다녔을 때 공산당조직에서 이내 찾아가 마르크스와 예수 둘 중 한 사람만을 선택하라고 강요한다.

반세기 간 중동지역은 줄곧 전쟁과 충돌로 일관돼 왔다. 아랍인 대 유대인의 민족성 충돌과 이슬람교 대 유대교의 종교성 충돌인 이중성을 띠고 있다. 충돌이 일어날 때마다 중국은 아주 미묘한 태도를 보이곤 한다. 일관적으로 아랍 국가들을 성원해 왔는데 아마 내정과 외교의 수요가 복합적으로 작용했을 것이다. 그러나 이스라엘과의 관계도 괜찮은 편이다.

더 심각한 원인이 있을 수도 있다. 36년 전 필자는 미국 가다나교회의 김영철 목사에게서 이런 말을 들은 적이 있다. 이스라엘 사람들이 중국에 대단히 우호적이어서 그 원인을 물은즉 이런 말을 들었다고 한다: 말세에 가면 2억 인구를 가진 동방의 어느 나라가 높은 산에 산굴을 뚫고 많은 군사를 파병하여 중동의 분쟁을 해결하게 된다는 내용이 구약 <성경>에 씌어 있다고 한다, 인도는 아닐 것이고 아마 중국을 일컬을 것이라고.

사실 중국이 이스라엘과 우호적인 것이 아니라 이스라엘이 짝사랑할 정도로 중국을 잘 대해주었다. 반미의 목적도 있었겠지만 유대부국주의를 운운하며 중국이 이스라엘을 반세기 동안 그렇게도 비난했는데 이스라엘은 반세기를 하루와 같이 줄곧 중국을 우호적으로 대해주었다. 중동 충돌의 해결을 위해 UN 평화군 파견이 운운되고 있지만 중동 충돌의 양측이 모두 기꺼이 수긍할 만한 대국은 중국 외에 없을 듯하다.

필자는 이 문제를 위하여 구약 <성경>을 통독하여 보았다. 그러나 구약 <성경>에 이런 내용의 기재가 없다. <성경>을 잘 아는 사람에게 문의하니 구약 <성경>에는 없고 아마 구약 <성경>과 관계되는 다른 책에 그런 내용이 있을지도 모른다고 한다. 앞으로 중동 분쟁의 해결에 정말 중국이 작용할 것인지, 이것이 혹시 하느님의 뜻이 아닌지 하는 생각이 든다.

6

중국보존 석가모니의 사리는 진짜일까?

위에 종교를 운운하며 유교, 기독교, 이슬람교만 운운하고 불교를 운운하지 않아 어딘가 부족한 점이 있다는 느낌이다. 그러나 필자가 불교를 전면적으로 소개할 수준은 없으므로 '석가모니의 사리'에 관한 문장으로 대체하고자 한다.

사리舍利의 원 뜻은 사람의 시체인데 후세에는 점점 시체를 화장하고 남은 뼈를 말한다. 불교 문화의 남아시아 아대륙亞大陸에서는 사람이 죽으면 화장하므로 이렇게 시체와 시체를 화장한 뼈를 같이 부른 것 같다. 지금은 보통 원적圓寂한 스님의 뼈를 사리라고 한다. 현재 불교의 교조敎祖 석가모니의 진신眞身 사리가 보존돼 있는가? 만약 보존돼 있다면 몇 개이며 어디에 보존돼 있는가?

이 문제를 해답한다는 것은 그리 쉬운 일이 아니다.

전하는 바에 따르면 석가모니가 원적한 후 그의 진신 사리를 세 몫으로 분할하여 한 몫은 제천諸天에, 다른 한 몫은 용왕龍王에, 또 다른 한 몫은 인간 신사信士에 보존하였다고 한다. 불경 <장아함경長阿含經> 제4권의 기재에 따르면 그 중 인간에 보존된 사리를 8몫으로 분할하여 8개 나라에서 대표를 파견하여 한 몫씩 가져가 8개의 탑에 보존하였다고 한다. 이를 '팔대탑八大塔'이라고 한다.

아육왕阿育王이 남아시아 아대륙의 태반에 군림했을 때 불교를 돈독히 믿기 시작하였다. 8개 탑 안의 사리를 꺼내어 84,000개의 함에 갈라 넣어 84,000개의 소형 사리탑에 보관하여 모셨다. 그를 '금강보협탑金剛寶篋탑'이라고 하였다. 중국도 금강보협탑('금강보좌座탑'이라고도 하였음)을 세워 사리를 보관하였다. 다만 혹은 지궁地宮(탑 밑), 혹은 천궁天宮(탑 꼭대기)에 보관하였다.

고대 중국의 고승들은 육상 또는 해상의 실크로드를 따라 남아 아대륙으로부터 석가모니의 진신 사리를 가져왔다. 이를테면 <대당서역기大唐西域記>의 제12권에 현장법사가 진신 사리 150개를 가져왔다는 기재가 있으며 <송고승전宋高僧傳> 제15권에 의정義淨 법사가 진신 사리 300개를 가져왔다는 기재가 있다. <광홍명집廣弘明集> 제15권에 중국 불교가 사리탑을 17개 세웠다 하였고 <법원주림法苑珠林> 제38권에는 중국 불교가 사리탑 19개를 세웠다 하였다. 가져온 진신 사리를 물론 중국 불교가 세운 상기의 탑들에 보존하였을 것이다.

하지만 상기 석가모니의 진신 사리들은 다 고증해내기는 만무하다. 단 그중 몇 개만 문헌적으로 고증되며 발굴 증거도 명확하다. 확실한 문헌 증거가 있는 석가모니의 진신 사리는 현재 전 세계적으로 모두 4개가 있다.

석가모니의 이빨 사리 하나가 현재 스리랑카 릉카도 중부 산속 칸디(kandy) 시의 마라가와 절 안에 보존돼 있다. 12세기에 쓰인 편년사 <불아사佛牙史> 에 이런 기록이 있다: '이 이빨은 원래 남아시아 한 왕궁 안에 보존되어 있 던 것을 전쟁의 난을 피해 한 공주가 머리카락에 감추어 스리랑카로 가져 갔다. 4세기부터 지금까지 참배해 왔다.'

다른 한 이빨 사리는 중국 북경에 보존돼 있다. <양고승전梁高僧傳>에 따 르면 그 이빨은 원래 현 파키스탄 북부 우댜나국에 보존돼 있었는데 서역으 로 흘러갔던 것을 남조南朝 고승 법헌法獻(424~498)이 가져와 영명永明 7년 에 상림사上林寺(현 남경南京 부근)에 보관하였다. 수隋나라 통일 후 다시 장 안長安에 모셨다가 오대五代의 난에 다시 연경燕京으로 옮겨왔다. <요사遼史・ 도종본기道宗本紀>에 함옹咸雍 7년(1071) 8월에 영광사靈光寺 초선탑招仙塔(현 북경 서산西山)에 불골을 소장하였다는 기록이 있다.[28]

1900년 8국 연합국의 폭격에 이 탑이 무너졌을 때 스님들이 지궁에서 발견한 '석가모니불 영아靈牙사리, 천회天會 7년(963년) 4월 23일, 선혜善慧 기록'이라는 글이 새겨 있는 석함 안의 향나무 함을 줄곧 보관해 왔다. 신 중국 건국 후 주은래의 관심 하에 옛 자리에 다시 탑을 세워 '불아사리탑佛 牙舍利塔'이라 명하고 사리를 그 안에 보존하였다. 높이 51미터, 8각 13층의 탑이다.

세 번째는 현재 북경 방산구房山區 운거사雲居寺 석경산石經山 지하 석굴에 서 발견한 사리이다. 정완靜琬 스님이 수문제隋文帝에게서 받아온 것이다. 원 래 3개였는데 지금 두 개 보존돼 있으며 중국 불교협회에서 모시고 있다.

네 번째는 석가의 손가락 사리 하나가 현 섬서부풍陝西扶風 법문사法門寺 에 보존돼 있다. 당나라 때 걸핏하면 왕궁으로 모셔내 부지기수의 재물을 탕진하는 행사를 거행하여 저명한 문학가 한유韓愈가 이를 반대하다가 유배

---

28) <遼史卷二十二・本紀二十二・道宗二> 咸雍七年: '八月辛巳, 置佛骨于招仙佛圖。(8월에 초선탑 에 불골을 소장하였다.)' 참조.

까지 간 그 사리다.

　석가모니의 진신 사리는 현재 이상 4개뿐이다. 인도를 비롯한 남아 아대 륙 각 나라들에서는 옛날 일어난 역사를 기록해 두는 습관이 없었으므로 그곳에 석가모니의 진신 사리가 많으련만 고증할 방법이 없다. 이에 반해 중국은 기록해 두는 제도가 엄격하였으므로 4개의 진신 사리 중 3개가 중 국에 있는 행운을 가질 수 있다.

　상기 4개 진신 사리 중 네 번째 사리에 대하여 좀 더 말해보고자 한다. 이 사리는 석가모니의 진짜 손가락 한마디인데 당나라 때 법문사의 호국진 신탑護國眞身塔 안에 보관해 놓고 태평과 풍년을 기한다며 30년에 한 번씩 꺼내어 전시하곤 하였다. 전시할 때마다 건성虔誠을 표하느라 폐업하는 자, 머리와 팔다리를 불로 지지는 자, 금품을 시사施舍하여 파산된 자 등이 수 없이 많았다.

　당헌종 원화元和 14년(819년) 다섯 번째로 전시하려 할 때 대문호 한유韓 愈가 반기를 들고 나왔다. 그는 황제에게 올린 글에 '불골은 더러운 물건이 므로…불골을 유사에 주어 물이나 불에 버려 그 근본을 영원히 없애자…'[29] 라는 강경한 주장을 내세웠다. 대노한 황제는 한유를 죽이려 했으나 여러 대 신들이 하도 말려 겨우 목숨은 보전하고 유배 가는 벌을 받았다.

　법문사에서 장안長安까지는 불과 100여 킬로 정도이다. 이번에는 바다를 건너 수천 킬로 밖의 대만까지 갔으며 대북臺北, 대중臺中, 고웅高雄 세 도시 를 전전하며 사원은 말할 것도 없고 기타 공공장소에까지 전시했다. 승려 와 일반 관객 수백만이 참관했고 시사施舍했으니 탕진된 돈이 당나라 때의 수십 배, 수백 배도 넘을 것이다. 구천 하의 한유가 이 일을 알았으면 어떤 심정일까.

　이번에 전시한 사리가 석가모니의 진짜 손가락이라고 한다. 석가모니는

---

29) <舊唐書卷一百六十·列傳卷第一百十六韓愈>: '乞以此骨付之有司, 投諸水火, 永絶根本, 斷天下 之疑, 絶後代之惑.' 참조.

기원전 544년경에 열반했고 불교는 서기 64년경부터 중국으로 전해왔는데 610년 전에 사망한 사람의 뼈가 어떻게 보존되어 중국에까지 올 수 있겠는가? 또 당무종武宗은 불교를 혐오하므로 그때 불교를 없애버리는 바람이 전국을 휩쓸었다. 법문사도 물론 여지없이 파괴당했다. 기록에 따르면 어느 고승이 탑 밑에 제단을 설치하고 아침저녁마다 빌다가 묘도墓道 서북쪽 모서리에서 사리를 찾아냈다고 하는데 의심스럽다.

필자는 이 네 번째 사리를 본 적이 있다. 웬만한 사람 손가락뼈보다 10배 굵으므로 도저히 진짜 사리라 믿기 어렵다는 감이다. 그리하여 상기 4개의 사리를 소개하는 책 <한화불교삼보물漢化佛教三寶物>을 펴낸 필자의 스승 백화문白化文 교수에게 문의한 적이 있다: '법문사의 사리는 아무리 봐도 가짜 같은데 선생님이 진짜라는 근거는 무엇인가?' 백 교수는 '내가 어디 진짜라고 했는가?'라며 자기 저서의 몇 페이지 몇 행부터 몇 행까지를 읽으라고 하여 나는 읽었다. '문헌에서 고증할 수 있는 진짜 사리'라는 구절을 읽자 스톱 시키고 '문헌에서 고증할 수 있는 진짜'이지 사실은 가짜일 가능성이 크다는 것이다. 중국과학원에 가서 과학적 검증을 거치면 대번에 드러나는데 그렇게 하지 않는다는 것이다. 가짜이지만 진짜인 것처럼 여기는 것이 더 낫다는 것이다. 다른 것은 제쳐놓고 대만에 가서 전시하며 '통일전선을 이룩하는데 얼마나 이로운 효과를 얻을 수 있는지 아는가?'라는 것이다.

아하! 마르크스가 '종교는 인간의 정신을 마비시키는 아편이다'라고 말한 적이 있다. 이 명제를 필자는 '인간은 스스로 자기를 속이며 살면 이득을 볼 수도 있다'라고 변경해 표현한 적이 있다. 마르크스의 말이나 필자의 이해나 그 본질은 다 같다. 석가모니의 '진신사리'도 바로 이것이다.

스님도 인간이다

석용신釋用信은 1965년생이다. 유명한 소림사小林寺의 방장, 중국불교협회 부회장 및 9~12대 전인대 대표(4선 국회의원에 상당함)이다. 또한 제10계 전국청년연합회 위원이며 정협 하남성위 상무위원, 중국불교협회 제10계 이사회 부회장이다. 최근 그의 성 추문 때문에 중국 불교계가 발칵 뒤집히고 있다. 그와 성관계를 한 북경대학 예술학과 여학생이 사생아를 낳아 기르고 있다고 독일의 모 방송에 보도되었다.

'스님이 어떻게 그런 짓을?' 하며 중국인들은 경악을 금치 못한다. 그러나 '스님도 보통 인간과 다를 바 없다'라는 인식을 가져야 하며 이 일은 추호도 경악할 것이 없음을 피력하고 싶다. 이전에 서울 룸살롱 부근에서 서성거리는 스님을 가끔 발견하곤 하였다. '스님도 룸살롱에 다니는가?' '다니다 뿐인가! 아가씨를 승용차에 싣고 산속으로 가는 스님도 있다. 이런 중을 "땡초"라고 한다.'라고 답하는 것이었다. 개별적인 변태 스님이겠다고 필자는 생각했다.

조선 시대의 패설 문학에 스님의 정사情事 이야기가 많이 나온다. 그때는 유교를 숭상하였으므로 일부러 불교의 이미지를 더럽히고자 했기 때문이지 사실은 그렇지 않았을 것이라고 필자는 생각했다.

몇 년 전 필자는 중국 산서山西 태원太原 부근의 5천 명의 스님이 있는 오대산五臺山 불교 성지를 관광하며 그곳의 적지 않은 스님이 민가의 여자들과 성관계를 함을 알았다.

스님도 인人이지 신神이 아니다. 인간의 칠정육욕七情六欲이 스님에게도 있기 마련이다. 인간에게는 '본연의 얼굴', '자제된 얼굴', '승화된 얼굴'이 있다. 수요에 따라 때로는 자제된 얼굴, 때로는 승화된 얼굴을 나타내지만 본연의 얼굴은 크게 다를 바 없다. 프로이트의 책 <정신분석학>에 이렇게 씌어 있다. 위의 룸살롱 스님은 개별적 변태자가 절대 아니다.

옛날 중국의 사찰은 남자 스님의 묘廟와 비구니(여자 스님)의 암庵 두 가지로 나뉜다. 보통 암은 묘에서 반경 1킬로 안에 있다. 연애의 편리 때문이라고 한다. 이렇고 보면 스님의 금욕은 체면 위함—자제·승화된 얼굴—에 불과하고 사실은 세속사람과 비슷한 생활을 하는 스님도 적지 않음을 알겠다.

문헌 중 가장 오래된 스님의 정사에 관한 기록은 남조 양원제梁元帝(552~555 재위)의 왕비 서소패徐昭佩가 요광사瑤光寺의 스님 지원도인智遠道人과 사통한 기록이다. 중국 역사상 스님이 궁궐 안 요인과 사통한 예는 너무나 많다. 무칙천武則天 여황제가 대표적 인물이다.

무칙천이 처음 사통한 남자는 스님이었다. 당태종이 사망한 후 비녀 무칙천은 감업사感業寺의 비구니가 되어 지척 백마사白馬寺의 스님 풍소보馮小寶와 사통하였다. 황제가 된 후에 풍소보는 백마사 주지로 됐고 후궁에 마음대로 드나들었다. 설회의薛懷義라는 성명도 하사받았다. 당태종의 고양高陽 공주와 무칙천의 태평太平 공주는 다 스님과 사통하였다.

이욱李煜은 남조 후당後唐 망국의 황제이다. 한번은 그가 변복 차림으로 기생집에 가서 장석張席이란 스님과 부딪쳤다. 장석이 먼저 왔으므로 기덕妓德을 존중하여 자기와 정사를 나누려던 기생을 장석에게 양보하고 살며시 떠나버렸다. 뿐만 아니라 '원양사의 스님은 풍류의 불법을 수련하네.'라는 시를 써놓았다. 스님·황제·기생 간의 로맨틱한 정사의 일화이다.

여인들은 왜 스님과 사통하기를 좋아하는가? <수호전>의 두령 양웅楊雄의 처 반교운潘巧雲은 스님 배여해裵如海와 사통하다가 발각되어 능지처참을 당하였다. 죽기 직전 반교운은 양웅에게 이런 말을 남겼다: "배 스님과의 하룻밤이 당신과 10년 밤보다 더 재미있었다."

스님에게 정말 이렇듯 큰 매력이 있을까? 이는 인자견인仁者見仁, 지자견지知者見智에 불과하며 누구도 정답을 줄 수 없는 화제이겠다.

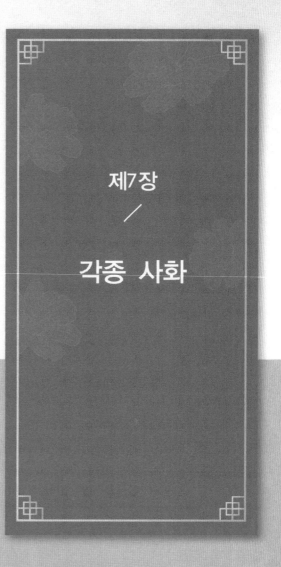

제7장

/

각종 사화

눈썹 그리기 사화

현재 선진국의 청·장년 여성 치고 눈썹을 그리지 않는 사람은 거의 없다. 지금은 노친들도 눈썹을 그린다. 20년 전쯤만 해도 중국에서 눈썹을 그리는 자는 거의 없었고 지금도 농촌 여성까지 포함하면 20%도 되나마나하다. 중국의 눈썹 그리는 유구한 역사와 어울리지 않는다.

<한비자韓非子·현학顯學>: '그러므로 모장·서시의 미를 좋아한들 얼굴에 도움 될 리 없고 연지·기름·분·대로 화장하면 배의 효과를 볼 것이다. (故善毛嫱·西施之美, 無益於面; 用脂澤粉黛, 則倍其初。)' 여기에서 '黛'는 바로 눈썹을 그릴 때 쓰는 진한 검은색의 안료顏料이다.

역사 문헌의 기록에 따르면 중국의 눈썹 그리는 역사는 2천 수백 년 전까지 거슬러 올라갈 수 있다.

<시경詩經·위풍衛風·석인碩人>에 미녀를 '매미의 네모난 얼굴에 누에 나비 눈썹(螓首蛾眉)'이라고 묘사한 것으로 보아 옛날 중국인은 눈썹이 짙고 넓은 것을 예쁜 것으로 간주한 듯하다. 한漢~당唐 때 눈썹을 넓게廣眉 그리는 풍기가 이를 증명해 준다.

'눈썹을 그리다'를 중국어로 보통 '화미畫眉(눈썹을 그리다)'라고 했지만 '소미掃眉(눈썹을 쓸다)'라고도 했다. 또한 '점미點眉'라는 말도 있는데 이는 눈썹에 검은 점을 찍는 기법이겠다.

당나라 초기까지 눈썹을 그리는 모양은 주로 원산미遠山眉와 팔자미八字眉 두 가지였는데 당나라 중기부터는 그 모양이 많아졌다. 당현종唐玄宗 이융기李隆基는 화공더러 십미도十眉圖를 그리게 했다고 한다. 원앙미鴛鴦眉, 소산미小山眉(遠山眉라고도 함), 오악미五嶽眉, 삼봉미三峰眉, 수주미垂珠眉, 월릉미月稜眉, 분초미分梢眉(각월미却月眉라고도 함), 환연미還煙眉(함연미涵煙眉라고도 함), 횡산미橫山眉(횡연미橫煙眉라고도 함), 도훈미倒暈眉가 그것들이다.

청나라 때 눈썹을 그리는 모양은 더욱 다종다양해졌다. <청이록淸異錄·장절粧節>: '영저라는 평강의 기생은 날마다 눈썹 모양을 달리 했다. 당사립은 "서촉에 십미도가 있다는데 너의 눈썹 벽호로 백미도를 만들 수 있겠네"라는 농담을 했다. (瑩姐, 平康妓也. 畫眉日作一樣, 唐斯立戲之曰: "西蜀有十眉圖, 汝眉癖若是, 可作百眉圖。")'

만약 어느 누가 십미도 또는 백미도를 화첩으로 만들어 팔거나 미녀 10명 또는 100명의 눈썹에 십미도 또는 백미도를 그려 넣어 눈썹 쇼를 하면 엄청난 돈을 벌 것이라는 생각이 든다.

옛날 중국에는 남편이 부인의 눈썹을 그려주는, 지금보다 훨씬 더 로맨틱한 풍기도 있었다. 한나라 경조京兆 장창張敞이 부인의 눈썹을 그려준다는 소문이 궁궐에까지 들려와 황제가 이를 문책했다. 지금에 비기면 서울을 포함한 경기도 도지사나 서울 광역시장 격인 대신이 부인의 눈썹을 그려주었으니 대단한 실수를 한 셈이다. 신분에 어긋나는 일을 했으므로 당시에는 죄를 지은 것으로 인정할 수도 있었다고 한다.

이에 장창은 "소신이 알 건데 규방 안 부부 간의 은사隱私에는 눈썹을 그려주는 것보다 더 험한 짓이 있다고 하옵니다."라고 하였다. 물론 황제는 그의 재주가 아까워 처벌하지 않고 용서했다.[30]

이전에는 눈썹을 보통 검은 안료로 그리더니 작금에는 눈꺼풀에 진한 푸른색을 칠하는 현상을 많이 목격할 수 있다. 문헌에는 '진시황의 궁녀들은 모두 홍장취미이다.(秦始皇宮中皆紅粧翠眉。)'라는 기록이 있다. 여기의 '취미翠眉'는 푸른색 눈썹이라는 뜻이다. 말하자면 2천여 년 전에도 눈썹을 푸른색으로 그리는 풍기가 있었다. 역사가 회전한다더니 눈썹 그리는 역사도 회전하는가 보다.

---

30) <漢書卷七十六·張敞傳>: '爲婦畫眉, 長安中傳張京兆眉憮。有司以奏敞。上問之, 對曰: "臣聞閨房之內, 夫婦之私, 有過於畫眉者。" 上愛其能, 弗備責也。' 참조.

아첨 사화

권위주의가 횡행할수록 아첨쟁이도 잘 된다. 얼마 전에 새로 발탁된 한국의 모 장관이 대통령에게 충성의 편지를 썼는데 아첨의 언사가 너무 지나친 나머지 사회적인 물의를 빚은 바 있다. 사실 우리 한민족은 아첨에 그리 능하지 못하다. 이에 비해 중국인이야말로 아첨의 수준이 높으며 그 역사도 유구하다.

<상서尚書>에 이미 아첨에 관한 기록이 나온다: '僕臣諛, 厥後自聖(대신이 아첨한 결과 임금은 성인을 자처한다).'31) <논어>나 <맹자>에 아첨쟁이나 그들의 행위를 보통 '巧言令色'32), '脅肩諂笑', '佞人', '善佞', '媚上' 등으로 표현했다.

<장자莊子·열어구列御寇>에 '진秦나라 임금이 병을 치료할 때 독창을 입으로 빠는 자에게는 차 한 대, 치질을 혀로 핥는 자에게는 차 5대를 준다, 인격이 깎일수록 대우를 잘 해 준다'라고 했다.

사마천의 <사기>에 '농사일에 아무리 힘 들어도 풍년을 만나는 것만 못하고, 관직의 일을 아무리 잘해도 아첨하기만 못하다'라고 했다. 한나라 때 등통鄧通은 원래 임금이나 왕비들이 타고 노는 배의 노를 젓거나 잡일을 하는 사람인데 한무제의 독창을 입으로 빨아냈기 때문에—태자도 빨기 꺼렸는데—촉군蜀郡 엄도嚴道 지역의 구리 광산을 선물 받았으며 동전을 마음대로 주조하는 특혜까지 받았다.

아첨쟁이의 동기는 자기의 부귀영화를 위해서이지 그가 섬기는 주인을 위하는 것이 절대 아니다. 제환공齊桓公이 한번은 '나는 세상에 좋다는 것은 다

---

31) <상서·경명囧命> 참조.
32) <논어論語·학이學而> 3장 참조.

먹어봤는데 아기의 고기를 먹어보지 못한 것이 유감이다'라고 했다. 이에 그의 요리사 이아易牙는 자기의 아기로 요리를 만들어 제환공에게 상납했다. 그러나 제환공이 병으로 앓아 거의 죽어갈 때 이아는 수조竪刁와 결탁하여 정권을 찬탈했으며 제환공은 궁궐 안에 연금된 채 굶어 죽고 말았다.

보통 아첨쟁이가 잘 되기도 하지만 반드시 그런 것도 아니다. 당나라 무칙천 때의 일이다. 어사대부 위원충魏元忠은 아주 정직한 사람이다. 그가 병으로 앓을 때 그의 부하 곽패郭霸가 병문안을 갔다가 환자의 오줌을 보면 병이 어떤지를 파악할 수 있다며 위원충더러 오줌을 싸라고 했다. 위원충은 거절하다가 너무나 졸라 할 수 없이 오줌을 싸 주었다. 곽패는 이내 오줌을 입에 머금고 한참 맛을 보더니 꿀꺽 삼켰다. 그리고는 '맛이 달면 병이 낫기 어려운데 쓰므로 곧 나을 것이다'라고 했다. 너무 역겹게 생각한 위원충은 이 일을 조회 때 폭로하였다. 이에 곽패는 천하의 웃음거리, 하찮은 인간으로 몰락했다.

상기 한국의 장관도 사회 물의에 못 이겨 발탁된 지 며칠 만에 장관 자리에서 떨어졌다. 얼마 전까지만 해도 살벌하던 한국의 권위주의가 지금은 설 자리를 잃었으며 한국의 민주화가 많이 진척되었음을 말해준다.

3

바둑 사화

발굴된 유물에 의하면 중국 바둑의 역사는 4천 년 전까지 거슬러 올라간다. 4천 년 전부터 후세에까지 이르며 바둑판이 가로세로 11줄, 13줄, 15줄, 17줄 및 19줄로 확대 발전하는 과정을 겪었다. 19줄의 바둑판이 동한東漢 때부터 있기는 했지만 당唐나라 이전까지는 17줄과 19줄을 섞어 쓰다가 당나라 때부터 19줄로 정착됐다. 바둑알도 처음에는 나무였다가 한漢나라 때 돌로 바뀌었다. '바둑—기' 자에 '棋와 '碁'가 있는 것이 이를 뒷받침한다. 또 바둑알이 네모꼴이다가 당·송宋에 이르러 원형으로 변했다.

옛 기보棋譜를 보면 흑黑이 먼저인지 아니면 백白이 먼저인지 분명치가 않다. 그러다 명明나라 때부터는 백선白先으로 정해졌다. 그러나 일본의 근대 바둑에서 흑선黑先으로 규정했기 때문에 국제 교류의 편리를 위해 1956년 중국당국은 흑선을 받아들였다.

바둑의 승부를 계산하는 방법도 세 차례의 큰 변혁을 거쳤다. 당·송 때는 잡아먹힌 알로 빈자리를 메우고 나머지 빈자리를 헤아리는 방법, 즉 지금 한국이나 일본에서 쓰는 방법을 썼다. 명明·청淸 때부터는 차지한 자릿수를 센 다음 서로 분리된 바닥의 개수를 더는(減) 방법을 썼다. 지금 중국에서는 실제 차지한 자릿수를 세는 방법을 쓰고 있다. 그러나 국제 경기에서는 아직 한국이나 일본이 쓰는 방법을 쓴다.

중국 역사에 가장 일찍이 등장한 바둑의 명수는 <맹자孟子>에 나오는 혁추弈秋이다. 그 후에는 당의 왕적신王積薪, 송의 유중보劉仲甫, 청의 왕용사黃龍士·범서병范西屏·시양하施襄夏 등이 있다. 이 외에 바둑으로 이름 난 아동이나 부녀자도 많다.

바둑의 등급은 삼국三國 때부터 관등의 명칭을 빌어 9품제九品制—1품이 높고, 9품이 낮음—를 실시했다. 조금 후인 진대晉代에는 바둑의 일인자를 기성棋聖이라 불렀다. 남조南朝 양무제梁武帝 소연蕭衍은 바둑을 몹시 즐겼다. 그는 전국적인 바둑대회를 소집하고 278명에게 등급을 수여했다. 이것이 중국 역사상 최초의 전국바둑대회였다.

9품제를 약 500년간 실시하다가 당대부터는 기대조棋待詔의 관직을 두었다. 궁궐에 들어가 황족이나 궁인들에게 바둑을 가르치는 것이 업이었다. 과거科擧처럼 한림원에서 시험을 치러 합격해야 기대조가 될 수 있었다.

바둑을 좋아하는 황제로는 위의 양무제 외에 한고조漢高祖 유방劉邦, 삼국

위무제魏武帝 조조曹操 및 위문제魏文帝 조비曹조 등이 있다.

바둑이 인도에 전파된 것은 서한西漢 때부터였다. <대반열반경大般涅槃經·현병품제육現病品第六>에 바둑을 포함한 6가지 유희에 도취하지 말라는 권고가 이를 증명한다. 1950년대까지만 해도 부탄·시킴·네팔 등 나라의 바둑판은 15줄 또는 17줄이었고 단수를 친 후 상대방이 다른 곳에 한 수 둔 다음에야 따먹을 수가 있었다. 즉 패를 쓰는 식으로 먹어야 했다. 이는 옛 중국 바둑의 흔적인 듯하다.

바둑이 한국에 전래된 것은 동한東漢 때였다. <북사北史·백제>에 '백제의 풍속은 기마와 활쏘기를 중시하고…더욱이 바둑을 숭상한다(百濟之國俗重騎射…尤尙圍棋)'라는 기록이 있으며 <구당서舊唐書·고려전>에도 '고려인은 바둑 유희를 즐긴다.(高麗好圍棋之戲。)'라고 돼 있다. 고구려 때부터 이미 바둑판이 19줄이었고 바둑을 두는 방법도 당나라와 같았다.

서기 692년 신라왕 홍광이 사망했을 때 신라인이 바둑을 몹시 즐기므로 당나라는 조문 사절단에 기대조 양계응楊季鷹을 부사절로 파견했다. 당시 양계응은 신라의 바둑 명수들을 제패하여 후한 사례를 받았다고 한다. 장교張喬의 시 <기대조 박구를 신라로 돌려보내다(送棋待詔朴球歸新羅)>에 나오는 박구는 당나라에 머물며 기대조 관직에 오래 있었던 신라 사람이다. 한국 역사상 최초의 바둑 명인이 아닌가 싶다. 신라의 박석朴碩이란 사람도 바둑을 잘 두므로 장안에 뽑혀가 棋待詔의 직에 있으며 황제가 바둑을 두고 싶어 하면 궁 안에 들어가 황제와 바둑을 놀아주는 사람이었다.

한국에 '양계응 기원' 또는 '박구 기원', '박석 기원' 식의 기원 이름이 생기거나 '양계응 컵' 또는 '박구 컵', '박석 컵'으로 이름 짓는 한중 간의 바둑 경기를 만들어 한중 문화교류를 상징하고 한중 바둑인들의 우정을 돈독히 했으면 한다.

바둑은 1천5백 년 전 한국을 경유하여 일본으로 전파됐으며 지금은 일본의 국기國技로 일컬어진다. 일본인들은 바둑의 발전과 전파에 큰 기여를 했다. 원래 바둑은 먼저 4집을 놓고 두기 시작하던 것이 일본인에 의해 타파됐다. 16세기 때 일본의 바둑 명수 승僧 중허中虛는 중국의 임응룡林應龍과 함께 <적정록適情錄>이라는 바둑에 관한 책을 공동으로 펴냈다. 중국이 낳은 바둑 명인 오청원吳淸源은 1928년 14살 때 일본으로 건너가 바둑의 포석 기교를 연구, 바둑 놀이를 새로운 수준으로 끌어올렸다.

바둑은 명나라 초기 동남아에 전파됐고 16세기 유럽으로 전해졌다. 영어로 된 <바둑수첩>이 출간된 것은 1911년의 일이었다.

자존심 때문에 흔쾌히 승인하지 않을지 모르지만 지금 한국의 바둑 수준이 중국을 넘어서고 있다. 중국 바둑의 보급 정도가 상상하지 못할 정도로 한국보다 뒤진 것이 주된 원인이다. 필자는 1981년 34살이 돼서야 비로소 바둑 두는 현장을 처음 목격했다. 필자가 나서 자란 곳이 인구 100만이나 되는 중등 도시 무순시撫順市이고 중국에서 다섯 손가락 안에 꼽힐 정도의 문화도시 창춘시長春市에 5년, 북경시에 4년 머무른 경력이 있는데도 말이다. 지금도 TV 프로그램을 제외하면 북경에서 바둑 두는 현장을 5년에 한 번쯤이나 목격할지 말지 하다. 1980년대까지만 해도 북경 시내에서 바둑을 파는 곳은 왕부정王府井의 이생利生 체육용품점 한 곳뿐이었다. 지금도 5곳을 초과하지 못할 정도이다.

4

'高麗棒子' 사화

이번 월드컵 때 한국이 승승장구로 이기자 일부 중국인들이 불만 정서를 토로했으며 극히 개별적이지만, 인터넷에서 한국인을 '가울리빵즈(高麗棒子)'라 욕했다. '高麗棒子'는 도대체 무슨 욕인가?

지금은 많이 줄었지만 필자는 어릴 때 '가울리빵즈'라는 욕을 많이 먹으며 자랐다. 1950~60년대까지만 해도 동북東北 3성의 조선족 자치 마을의 어린이들과 한족 어린이들은 잘 어울리지 못했다. 조선족 어린이는 조선족 어린이대로, 한족 어린이는 한족 어린이끼리 무리를 지어 놀았다. 이 두 무리가 부딪치면 상대방에서 우리를 '가울리빵즈!'라고 욕하기가 일쑤다. 그러면 우리도 '상둥(山東)빵즈' 또는 '칭궈(淸國)빵즈'라고 맞받아 욕을 하곤 했다. 동북 3성 한족의 대부분이 산동 사람이며 또 우리 조상의 나라가 '고려'인데 반해 그들 조상의 나라는 '청국'이기 때문에 이렇게 욕했다. 그러나 '빵즈(棒子)'가 무슨 욕인지 알지는 못했다. 그저 상대방이 이렇게 욕하니 우리도 그 욕을 써먹었을 따름이다.

나이가 점점 들어가며 필자는 '棒子'가 무슨 욕인지 알고 싶어 이리저리 물어본 적이 있다. 옛날 조선이 종주국 중국에 사절단이나 조공朝貢단을 보내면 도중에서 마적들에게 빼앗기는 예가 잦았다는 것, 중국 조정朝廷에서 조선 사절단이나 조공단에 접근하는 중국인을 방망이로 족치는 특권을 주었다는 것, 사절단이나 조공단이 이를 악용하여 중국 양민들까지 족쳤기 때문에 조선인을 '高麗棒子'라고 불렀다는 것, 또 조선인들은 빨래를 방망이로 두드리는데 중국인의 눈에는 매우 희귀하게 보였다는 것, 그래서 조선인을 '高麗棒子'라 불렀다는 것 등이다.

그러나 의문점이 없는 것은 아니다. 사절단이나 금은보화를 많이 휴대하고 가는 조공단을 연도의 마적이나 불순분자들이 약탈하려고 달려들었을 것은 당연하고 고작해야 일이십 명밖에 안 되는 사절단이나 조선 조공단이 몽둥이로 막을 수 있겠는가? 한 개 중대, 한 개 대대가 병기를 휴대하고 중국 땅에 들어와도 막지 못했을 것이다. 또한 이를 중국 정부가 용인하기도 만무할 것이고.

사실 상기의 설법은 천착穿鑿에 불과하다. 북경 방언에 타지방에서 온 사람이나 어떤 일에 종사하는 사람을 얕잡아 '棒子'라 부르는 말이 있다. 필자가 편집하고 중화서국中華書局에서 출판한 <한어방언대사전>의 올림말 '棒子' 조에 이렇게 적혀 있다. 이를테면 동북에서 온 사람을 '관둥(關東)빵즈', 손재간으로 벌어먹는 사람을 '서우이(手藝)빵즈', 체육인을 '티위(體育) 빵즈'라고 한다. '티위빵즈'는 지금도 상용어로 쓰이고 있다. 우리말 중 시골 사람을 '촌뜨기' '시골뜨기'라고 부르는 말의 '뜨기'와 비슷한 비하의 말이다.

필자는 상기와 같은 인식이 있다가 마침 관건적인 포인트가 생겼다. 재작년 TV 드라마 <관동으로 가다(闖關東)>를 보았는데 산동, 하북의 난민이 동북에 모여들었지만 서로 모순이 생겨 자주 싸웠으며 상대방을 '山東棒子' '河北棒子' '淸國棒子'라고 욕하는 것이었다. 100여 년 전의 일이다. 그러면 바로 그때 한반도에서 건너온 우리 겨레를, 그것도 거의 동냥하다시피 온 '거지'를 '高麗棒子'라고 욕했을 것은 당연하다.

최근 필자는 또 한국의 고서에서 몽둥이 휴대설이 사실무근임도 찾아냈다. 조선 성종 11년(1479년) 숙의淑儀 윤 씨를 왕비로 봉하고 인정받는 고명을 받으려 재상 한 씨를 명나라 조정으로 파견한다. 겸하여 조선 사절단의 안전에 관한 상주문을 명나라 황제에게 바치는 일도 한 재상에게 책임지웠다.

'우리나라 사신이 의주에서 압록강을 건너 요양까지 가는 데 400리의 무인지경을 지나야 한다. 그 사이를 산 넘고 물 건너야 하는데 길이 험악하고 좁으므로 앞뒤가 서로 붙어서 줄지어 가야 한다. 그런데 조선에 앙심을 품은 야인들이 원숭이처럼 엿보다가 돼지처럼 달려들어 길을 중도에서 막곤한다. 그러므로 더불어 이 폐단을 진술하여 천자에게 알려야 한다. …여러 번 청구한 적이 있으나 해결을 보지 못하였다. 한 재상의 힘을 빌려 상주문을 바쳐 천자에게 알리기로 하였다.(我國使臣自義州渡鴨綠江, 行無人之地四百餘里而得達於遼陽。期間跋山涉水, 路多險狹, 至或魚貫蛇行而進。野人之構怨於我者, 狙伺豨突,以梗於中途。故並陳其弊, 達於宸聰。…嘗屢請而不

得者也。慾借公力，冀回天聰，故附奏焉。)'

'예부에서 바친 상주문을 황제에게 알렸다. 황제는 도정의 일로 병부에 명령을 내렸다. 병부는 태감 김흥과 정동을 파견하여 도정의 편리 여부를 요동에 분부했다.(禮部以所進奏本聞於帝，帝下…新路事於兵部。…遣太監金興，鄭同，問新路便否於遼東。)'33)

이 문헌에 따르면 조선왕궁에서 노정의 안전과 폐단 때문에 골머리를 앓고 있었으며 한 재상의 인편에 이 일을 해결해달라는 상주문을 명 황제에게 바쳤다. 명황제는 병조에 명령을 내리고 병조는 두 태감의 독촉 하에 요동도독부에 명령을 내려 이 문제를 해결하여주었다. '棒子'의 몽둥이 휴대설은 완전히 부정된 셈이다.

⑤

서예 사화

한국의 서사 예술 서예를 중국은 서법書法이라 한다. 글자는 규범적으로 쓰는 것과 예술적으로 쓰는 두 가지 형식이 있으며 이 두 가지 면은 서로 분할하기 힘들다.

세계 어느 문자나 서사 예술이 있겠지만 그림을 그리는 것과 거의 비슷한 상형문자로부터 발전된 한자의 서사 예술은 더욱 발달하였다. 그 서체書體는 창제 초기에 접근할수록 실존 사물의 원형에 접근하며 후세에 올수록 점점 추상화되었다. 그러므로 한자는 발전과정에 그 서체가 서로 다른 몇 가지 단계를 경유했다.

갑골문甲骨文은 은殷나라 왕궁에서 주요로 점을 친 내용을 거북이나 짐승

---

33) 이승소李承召의 <삼탄집三灘集> 452~453페이지 참조. 한국고전번역원, 2008.12.

의 뼈에 새긴 글이며 지금으로부터 약 3~4천 년 전의 산물이다. 시대별, 조각자별 그 풍격이 많이 다르다. 최근 모 서법학회에서는 갑골문을 그 예술 풍격에 따라 8가지로 분류하고 있다.

대전大篆은 주周나라 때 서체의 총칭이다. 대부분 청동기에 새겨져 있으므로 '금문金文'이라고도 한다. 아직 갑골문체의 흔적이 좀 남아 있지만 구조가 엄밀하고 배합이 적절하며 질박한 맛이 짙다.

소전小篆은 통일 진秦나라 때에 생겼으나 청나라 때까지 줄곧 쓰였다. 대전보다 더 규범화되고 세련되었으며 많이는 돌, 비석 등에 새겨져 있다.

예서隸書는 전국戰國 시대의 죽간이나 비단에 쓰던 체형이 그 시작이다. 대전이나 소전에는 가로 긋기(橫), 세로 긋기(竪), 점찍기(點) 및 꺾기(彎)뿐이었는데 예서에는 그 외에 좌와 우로 삐치기(撇·捺), 꺾은 후 올려 삐치기(方折)가 생겼으며 가로 긋기도 양 끝이 굵어졌다(蠶頭雁尾).

해서楷書는 한나라 말기 및 삼국시대에 발단 되어 남북조를 경유해 수나라 때 전성기에 진입했다. 예서의 '양 끝의 굵어짐(蠶頭雁尾)'이 없어졌다. 지금 송체宋體라고 일컫는 중국 출판물의 서체가 기본적으로 해서에서 발전된 것이다.

초서草書는 우리말로 표현하면 갈겨쓰기다. 쓰는 속도를 빨리하고, 어려운 글자를 쉽게 쓰며 복잡한 획을 간단히 쓰는 데서 초서가 생겼다. 예서를 갈겨쓴 것이 장초章草이고, 해서를 갈겨쓴 것이 금초今草이다. 해서와 초서 중간 위치의 것이 행초行草이다. 지금 중국대륙에서 쓰는 간체자의 대부분이 초서에서 발췌했지만 갈겨쓰지 않은 것이다.

중국 서예는 사용된 '필筆'의 칼, 붓에 따라 그 풍격이 다르며 사용된 '지紙'의 뼈, 청동기, 죽간, 돌, 비단, 종이에 따라 그 풍격도 다르다. 중국의 한대漢代는 상기의 모든 서체가 다 창조되고 병존하던 시기이다.

갑골문을 집대성한 책에는 8절지 11권짜리 <갑골문합집甲骨文合集>과 <갑골문합집속집續集>이 있다. 모두 갑골문 골동품 원본을 사진으로 수록한 것이다. 갑골문 문물은 100만 편 이상이 국내외에 소장돼 있다. 중화서국에서 1980년대에 출판한 것이다. 한국 모 출판사에서 이 책을 해적판으로 인쇄하였다.

대전 작품을 수록한 대표적인 책은 <은주금문집성殷周金文集成>이다. 8절지 350페이지짜리 18권이나 된다. 청동기 탁본 사진 근 12,000점 약 28만 자의 문헌이다. 그중에는 물론 유명한 <대우정명大盂鼎銘> <모공정명毛公鼎銘> <산씨반명散氏盤銘> <사송궤명史頌簋銘> 등이 있다. 역시 중화서국에서 1990년대에 출판한 것이다. 2008년 필자가 중화서국에서 은퇴하기 직전 손수 이 책을 16절지의 5권으로 출판하였다.

소전 문자를 집대성한 책은 <설문해자說文解字>다. 9,353자의 소전 문자가 수록되어 있다. 역시 중화서국에서 출판한 책이다. 중화서국 110년의 역사에서 단행본으로 가장 많이 팔린 책이 이 <설문해자說文解字>다. 소전 문자가 수록된 문물로는 <동가량명銅嘉量銘> <한사도원안비漢司徒袁安碑>(이상 한나라 시대의 문물), <천발신참비天發神讖碑> <선국산비禪國山碑>(이상 삼국 시대의 문물) 등이 있다.

예서를 집대성한 책으로는 예서 자전 <예운隷韻>(3,275자)이 있다. 역시 중화서국이 출판한 책이다. 대표적인 문물은 <봉룡산송封龍山頌> <예기비禮器碑> <선우황비鮮于璜碑> <조전비曹全碑> <장천비張遷碑> 등을 들 수 있다. 그 외에 청조 때의 서법가 주이존朱彛尊, 계복桂馥, 등석여鄧石如 등의 작품이 있다.

해서의 문물로는 왕희지王羲之의 <황정경黃庭經>, 왕헌지王獻之의 <낙신부洛神賦>, 구양순歐陽詢의 <황보탄비皇甫誕碑>, 안진경顔眞卿의 <다보탑비多寶塔碑>·<마고선단기麻姑仙壇記>, 유공권柳公權의 <현비탑비玄秘塔碑> 등이 있다.

초서는 왕희지의 <십칠첩十七帖>, 왕헌지의 <중추첩中秋帖>, 왕순王珣의 <백원첩伯遠帖>, 안진경의 <제질고祭侄稿>, 미불米芾의 <하주첩賀鑄帖>, 조맹부趙孟頫의 <치자경교수척독致子敬教授尺牘> 등이 있다.

중국 역사상 가장 저명한 서법가는 왕희지, 안진경 및 유공권 세 사람이다. 지금도 서법 초학자는 대개 이들의 작품을 모사하는 것으로부터 시작하며 현재 중국 서법가의 서체는 대개 이 세 사람 체 중의 한 가지에 접근한다. 만약 중국 서법에 취미를 가지고 관광을 하려면 섬서陝西 서안西安의 비림碑林 등, 낙양의 용문석굴龍門石窟 등, 산동의 공묘비림孔廟碑林 등이 우선이다.

쉬운 방법은 북경 북해北海 열고루閱古樓에 석각해 놓은 위진魏晉으로부터 명나라까지의 해서, 행서, 초서 작품 340점, 제발題跋 200여 점 및 전각 작품 1600여 점을 보면 된다. 또한 그의 탁본으로 만든 책 <삼희당법첩三希堂法帖>이 자금성의 삼희당에 소장돼 있다.

6

만주 벼농사 사화

인류 벼의 원산지는 인도라고 하던 것이 1980년대에 한인학자 유자명柳子明의 연구에 의해 중국 운남雲南으로 바뀌었으며 세계 학계의 인정을 받았다. 유자명은 김구가 이끄는 대한민국 상해 임시정부의 장관을 한 적이 있다. 그는 신채호와 더불어 무정부주의를 신봉하였다. 광복 후 한국정부가 무정부주의자는 공산주의자의 사촌쯤 된다며 냉대하자 중국 호남대학湖南大學에서 생물학 교수로 여생을 마감했다.

중국 벼농사 역사는 고고학자가 절강성浙江省 여요현余姚縣 하모도河姆渡에서 발견된 벼에 의해 7,000년으로 본다. 한국의 벼농사도 4,000년의 역사가 있다고 하며 <삼국사기>에 벼가 '화禾'라는 이름으로 많이 등장한다. 그러면 중국 동북(만주)의 벼농사는 언제부터 누가 시작했는가? 우리 겨레와 관계되므로 본문을 쓴다.

<신당서新唐書>와 <요서遼書>에 발해국 시기 노주盧州에서는 벼농사가 성행하였다는 기록이 있다. 노주가 지금의 어디인가에 대하여서는 논쟁이 있지만 지금 연변延邊 용정시龍井市의 개산둔開山屯 일대, 안도현安圖縣의 명월진明月鎭 일대 또는 연길시의 흥안興安 일대 중의 하나일 것이라고 한다. 발해의 고구려 유민이 이 일대에서 벼농사를 지었다는 말이겠다. 그러나 926년 발해가 거란契丹에게 멸망된 후 이 일대의 벼농사가 종적을 감추고 말았다.

청나라 순치順治, 강희康熙 연간에 성경盛京에서 벼농사를 많이 지었다는 기록이 있다. 성경 외에 광녕廣寧, 개평蓋平, 개원開原, 요양遼陽 일대에서도 벼농사를 지었다. 성경은 청나라의 발상지인 지금의 요령성 무순시撫順市 신빈현新賓縣이며 개원은 무순과 인접한 동북쪽이고 나머지는 모두 무순과 인접한 남쪽 지역이다.

이 지역의 벼농사를 누가 지었나에 대해서 문헌에 언급하지 않았지만 우리 겨레가 지었을 것이다. 정묘(1627), 병자(1636)호란 때 우리 겨레의 약 60만 명이 청군에게 끌려가 이 지역에서 살았으니 말이다. 이 지역의 벼농사를 우리 겨레가 지었다는 방증이 있다. 1637년 조선 소현昭顯 세자가 인질로 끌려가 심양에 8년간 갇혀 있었다. 앞선 5년간은 청나라 조정에서 양식을 대었는데 후 3년은 스스로 농사지어 먹으라며 경작지를 떼어주었다. 그 경작지가 심양에서 2일 좌우의 노정에 있으며 조선인 인부로 논농사 지어 식량을 해결하였다는 기록이 명백히 있다. 심양에서 2일 좌우의 노정이라면 바로 상기 벼농사를 지은 지역과 맞물린다.

1664년 청나라가 명나라를 멸망시키고 북경에 대청제국을 세운 후 청은 자기의 발상지를 성지로 명명하고 봉금封禁하였다. 따라서 이 지역의 벼농사도 자취를 감추었다. 이 지역에 살던 우리 겨레도 혹은 북경 주변으로 들어갔고 나머지도 동화돼 버렸을 것이다.

지금의 벼농사는 1860년대부터 대량의 우리 겨레가 만주로 이민하여 새로이 시작한 것이다. 1875년 김 씨 성을 가진 조선인이 요령성 환인현桓仁縣

하전자촌下甸子村에서 벼농사에 성공하였다. 약 10년 전 이 마을에 '동북수전 제일촌'이라는 비석을 세웠다. 그러나 맨 먼저 벼농사를 지었다는 마을이 여러 개이니 도대체 어느 마을이 제일촌인가는 좀 더 고증할 일이다.

지금은 북경지역도 벼농사를 지으며 북경에서 가장 알아주는 입쌀은 천진天津 지역의 소참미小站米이다. 이 소참미도 우리 겨레와 관계된다. 일본강점기에 일본인은 천진 동쪽, 당산唐山 서쪽 일대에서 조선인을 고용하여 벼농사를 지었으나 일본이 망하며 없어졌다. 중공 정부가 수립된 이후 바로 조선인이 벼농사를 짓던 이 일대에 해방군 한 개 사단이 농장을 꾸렸다. 광복 후 조선인들이 다 떠나가고 황폐된 곳이다. 벼농사를 지을 줄 모르므로 동북 각 지역으로부터 조선족 약 20세대를 모집해왔다.

그러나 그들은 농촌호적이고 농장원은 도시호적이어야 하였다. 농촌호적을 도시호적으로 바꾸기가 아주 어려운 때라 도저히 해결할 수 없어 그들은 부득불 부근의 농촌에 가서 벼농사를 지었다. 바로 진황도시秦皇島市에서 서쪽으로 약 15킬로 떨어진 지금의 무녕현撫寧縣 유수영진留守營鎮 조선족촌이다.

수전은 한전보다 소출이 배나 높고, 벼는 다른 잡곡보다 가격이 50% 정도 비싸므로 이 마을의 수입이 다른 마을보다 2배나 많았다. 조선족촌의 지도자 김종수金鐘洙의 건의에 따라 하북성河北省 정부에서 이 지역의 한족 농민들에게 명령을 내려 거의 강압적으로 한전을 수전으로 고치게 하였다. 지금 진황도로부터 천진, 나아가서는 북경까지 수전이 많은 유래는 광복 전 이 지역에서 논농사를 한 우리 겨레와 진황도 조선족촌의 공로이다.

북경으로부터 흑룡강성黑龍江省 가목사佳木斯 지역까지 광활한 지역의 벼농사는 실로 우리 겨레가 시작하고 발전시킨 것이다. 10세기 발해 시기가 첫 번째이고, 17세기 중반이 두 번째이며 19세기 말부터 지금까지가 세 번째이다. 그러나 이 세 번의 벼농사가 서로 계승 관계가 없는 것이 특이하다. 계승 관계가 없는 것은 우리 겨레가 이 지역에 있다가 없다가 한 원인이므로 이 역시 이 지역의 벼농사는 우리 겨레와 관계됨을 더욱 유력하게 증명할 따름이다.

7

원세개의 조선인 첩 사화

원세개袁世凱(1859~1916)는 중국 근대사의 중요한 인물이다. 무술변법을 진압했고(1898), 중화민국의 대총통도 지냈으며(1912.2~15.12), 중화제국의 황제도 했고(1915.12~16.3), 중국의 서양식 신군도 창립했다. 그는 23살의 젊은 나이에 조선에 와서 12년간(1882~94) 있으며 출세한 사람이다.

그는 조선에서 임오군란과 갑신정변을 재치 있게 해결하여 성망이 높았다. 중국 영화나 드라마에 나타나는 원세개는 군살이 실룩거리며 험상궂게 못생겼지만 윤덕한의 <이완용 평전>에 따르면 인물이 대단히 잘났다. 그가 조선왕궁에 나타나면 미남자를 한번 보자며 궁녀들이 무리를 지어 몰려들었다고 한다.

그때 그는 귀족 가문 안동 김 씨 김월선金月仙(일명 운계雲溪)과 결혼했다. 김 씨는 자기가 본처인가 했는데 중국에 가보니 이미 우于 씨 부인이 있고 첩 심沈 씨가 있으며 자기도 첩에 불과했다. 뿐만 아니라 김 씨의 두 하녀 오 씨와 민 씨도 같이 첩이 되었으며 나이가 많은 오 씨가 두 번째 첩, 자기는 세 번째 첩, 민 씨는 4번째 첩이어서 보잘것없는 신세로 전락한 셈이다.

원세개는 처 한 사람에 첩은 아홉이나 된다. 아들이 17명, 딸이 15명이며 그 밑의 손자 22명, 손녀 25명 아들·딸과 손자·손녀가 도합 79명이나 된다. 첩 심 씨를 가장 총애하였으나 아이를 못 낳았으므로 김 씨가 낳은 큰아들 극문克文을 심 씨에게 주어야 했다. 극문은 평생 심 씨만 어머니라 불렀고 김 씨는 아들 하나를 잃은 신세가 되었다.

1916년 원세개가 죽자 민 씨는 금덩이를 삼키고 자살하였다. 김 씨도 금덩이를 삼켰지만 죽지 못하고 신체가 나빠졌다. 평생 친정에 와보지 못했고 친정 부모도 중국에 찾아가 김 씨를 만나본 적이 없다. 김 씨의 어머니는 딸이 너무나 그리워 정신없이 헤매다가 하루는 우물 안에 딸의 얼굴이 비치는 것을 '발견'하고 뛰어들었다가 죽었다. 부친도 속이 상해 사흘 후에 피를 토하고 죽었다.

김 씨는 수양이 있고 성부城府가 깊은 사람이었다. 평생 심 씨의 학대를 받으며 우울한 심정으로 살면서도 누구한테나 자기의 가정 사연과 불우한 신세를 말한 적이 없다. 죽기 하루 전 자기가 처음 중국에 왔을 때 심 씨에게 심하게 맞아 다리를 상하여 지금도 아프다는 사연, 그리고 부모가 죽은 사연을 말하고 그 이튿날 목숨을 거두었다.

김 씨는 이국 타향에서 이슬처럼 사라졌지만 그가 낳은 아들과 손자 중에는 아주 대단한 인물이 있다. 맏아들 극문(1889~1931)은 서울에서 태어나 5살 때 중국으로 갔다. 자는 표잠豹岑이고 호는 한운寒雲이다. 그는 대단히 총명하고 재주가 출중하여 민국 사공자四公子 중의 하나라는 아호로 불렸다.

극문은 황태자로 옹립될 뻔하였지만 정치를 외면하였다. 대단히 총명하여 학업에 그리 열중하지도 않았지만 여러 분야의 대가로 되었다. 사서오경에 능하였고 서예와 회화繪畫에 정통하였다. 시가 창작의 수준도 대단했고 고대 서화와 골동품의 수집가, 장기와 마작의 유단자이기도 하다. 중국의 전통 희곡―곤곡昆曲에도 정통하였으며 때때로 친히 연출하기도 하였다.

저서로 <한운수사소장寒雲手寫所藏 송본제요宋本提要 이십구종廿九種>, <고전수필古錢随筆>, <한운사집寒雲詞集>, <한운시집寒雲詩集>, <규당창화시圭塘唱和詩>, <신병비원辛丙秘苑>, <환상사승洹上私乘> 등이 있다.

원세개는 첩 심 씨를 편애하며 심 씨에게는 금전을 아끼지 않았다. 심 씨도 원세개의 총애를 받아 교만하고 방자하기 그지없었으며 또한 극문을 익애하였다. 하여 극문은 돈을 물 쓰듯 하였고 제멋대로 자랐으며 황음하고 방탕하였다. 그는 본처 유매진劉梅真 한 사람에 첩이 다섯이나 되었으며 그 외에 애인이 70~80명이나 되었다.

수십만 냥의 재산을 물려받았지만 생업에 열중하지 않고 부화타락腐化墮落하여 이내 탕진해 없어졌다. 만년에는 서예작품과 골동품을 팔아 연명하다가 천진에서 42세의 나이로 사망하였다. 장례 치를 돈이 없어 친구, 후배들이 돈을 모아 치러주었다. 그러나 인연만은 좋아 수천 명이 장례식에 참가하였다.

슬하에 네 명의 아들과 세 명의 딸을 두었으며 아들 원가고袁家嘏, 가창家彰, 가류家騮, 가기家驥, 딸 가화家華, 가의家宜, 가장家藏이 그들이며 모두 지식인이다. 그중 가장과 가류는 미국유학을 하였으며 가류는 세계적으로 이름난 물리학자이다. 1973년 가류가 부인 오건웅吳健雄과 같이 중국을 방문했을 때 주은래 총리가 회견하며 "원 씨 가문은 밑 세대로 내려갈수록 진보적이다"라는 말을 하였다.

불과 100여 년 전의 일이므로 김월선의 안동 김 씨 가계家系를 무난히 찾을 수 있을 것이다. 그 가문에서 김월선·원극문·원가류의 사적과 작품을 수집하여 기념관 하나 만들면 좋겠다는 생각이 든다.

제8장

/

각종 질의

'다문화' 질의

오늘날 한국에서는 최근 30여 년간 한국에 시집 장가온 외국인을 일컬어 '다문화'라고 하는데 이는 잘못된 호칭이다.

'문화'는 인류사회의 발전과정 중에서 창조한 물질적인 재산과 정신적인 재산의 총화이다. 이 정신적인 재산은 그 개념의 범위가 크건 작건 모두 '문화'라고 말한다: 서양문화, 동방문화, 음식문화, 화장실문화….

천태만상의 '문화' 중 클수록 '문화'라는 단어만으로 표현할 수 있고 작을수록 '문화' 앞에 관형어를 붙여 '**문화'로 표현한다. 이를테면 쪼그리고 대변을 보다가 앉아서 대변을 보는 변기에 부딪쳤을 때 '새 화장실문화에 부딪쳤다'라고 하면 했지 '새 문화에 부딪쳤다'라고 하지 않는다. 어느 만큼 커야 관형어를 붙이지 않고 거저 문화라고 할 수 있는가? '문명'과 '종교' 두 가지만 관형어 없이 '문화'라 일컫는다.

미국의 미래학자 새뮤얼 헌팅턴은 <문명충돌 이론>에서 공산주의와 자본주의 두 이데올로기 대립의 냉전체제가 해체된 후 세계는 문화에 의한 결속과 대립이 두드러질 것이라고 예언하였으며 이 '문화'에 '문명'과 '종교' 두 가지만을 사용하였다. 기독교 문명권, 이슬람교 문명권 및 유교 문명권을 거론하며 '문명'과 '종교' 2자를 대등한 개념으로 사용하였다.

이는 세계적 흐름이다. 재작년에 일어난 몇 가지 사건을 보자. 프랑스에서 이슬람교 여인들이 얼굴을 가리는 현상을 금지한 일, 미국의 모 목사가 9.11에 이슬람 코란경을 불태워버리겠다는 일을 모두 문화 충돌, 타문화에 대한 기시로 표현했다. 그러나 프랑스에서 집시 민족을 내쫓기로 한 일은 민족 기시, 인권침해로 표현하며 '문화'를 운운하지 않았다. 개념의 급수는 '민족' 위에 '이데올로기', 그 위에 '종교', 또 그 위에 '문명'이다. 그중 '종교'와 '문명' 정도라야 관형어 없이 '문화'로 표현한다.

중국에는 현시점에 주요 종교로 불교, 이슬람교, 도교 및 천주교, 기독교 등 5가지가 있다. 이 5가지 종교를 믿는 사람은 중국 인구의 11% 1.6억 명이다.[34] 그중 불교, 도교, 천주교 및 기독교는 각 민족에 골고루 퍼져 있으나 이슬람교만은 10개 민족—회족, 위구르족, 카자크족, 커얼커즈족, 살라족, 타지크족, 동향족, 우즈베크족, 보안족, 타타얼족 등에 국한돼 있다.

이런 상황을 얼핏 보면 중국을 다문화 국가라고 말할 수 있을 것 같다. 그러나 다민족국가라고 한다. 무엇 때문일까? 아마 유학문화가 5가지 종교 신자를 포함한 모든 인간의 심령 심층까지 스며들어 있어 융합작용을 해서인지 5가지 종교 신자 간의 충돌이 거의 없기 때문인 듯하다. 2천 만 인구의 무슬림과 다른 사람들과 약간의 충돌이 있을 따름이다.

이를테면 1950~60년대에 국가에서 무슬림을 위한 회민식당을 세워줄 때 무슬림 극단주의와 다른 사람들 간에 약간의 충돌이 있었던 적은 있다. 이를테면 a. 회민식당에 전용 운반차를 써야 한다는 주장, b. 회민식당에 비무슬림 고객을 들여놓지 말자는 주장, c. 무슬림의 가정에 시집가면 일종 음식을 먹여 며칠간 설사시켜 창자를 씻어내는 조치 등이다. 그러나 당시 운반차가 극히 적어 a를 실행할 가능성이 거의 없었고, b는 그러면 회민식당이 엄중한 적자운영으로 문을 닫아야 하며, c는 신부는 더 말할 것 없고 무슬림 신랑도 원치 않아서 그러다가 이내 없어지고 말았다.

오히려 다민족국가라 일컬으며 소수민족에 관대한 민족정책을 실행하여 사회 안정을 이룩하였다. 중국의 종교정책과 민족정책은 성공한 셈이다.

지금 한국체류 외국인(국적 취득자 포함)이 250만 명을 돌파하고 있으며 한국인과 외국인이 결혼하여 생긴 가정도 무척 많다. 이런 변화를 일컬어 한국정부는 '다문화사회', '다문화가정'이라고 이름 지어 쓰고 있다. 필자는

---

34) 북경대학 2012년 <중국 가정 추적조사> 및 2011년 중국인민대학 <중국 종합 사회조사> 참조.

'다문화'로 이름 짓는 것이 적합하지 않다고 본다.

한국의 다종교는 이루어진 지 오래된다. 몇 천 년 전에 토착 종교 사만교가 있었다. 2천여 년 전에 유교가 들어왔고, 신라 중반에 불교, 고구려 말년에 도교가 들어왔다. 그 후 단군을 모시는 대종교도 생겼다. 약 250여 년 전부터 천주교, 150년 전부터 기독교가 들어왔으며 좀 더 지나 이슬람교도 들어왔다. 즉 지금 한국의 다문화는 몇 천 년 전부터 150년 전에 이미 이루어졌다. 최근 20~30년간에 한국에 시집, 장가온 외국인이 좀 생겼다 하여 이제부터 다문화라고 하면 어불성설이다.

한국에 외국인이 많이 생겼으나 한국사회의 종교나 문명에 별 변화가 일어나지 않았다. 만약 어느 이슬람교를 믿는 며느리가 돼지고기를 안 먹는다며 단식을 하거나, 또는 그 며느리가 돼지고기 음식을 해주지 않아 시집이 곤욕을 치른다거나, 어느 기독교 신자 외국인 며느리가 시집의 제사상을 엎어버렸다거나…이런 현상이 사회의 큰 이슈로 되면 이전에 없던 '다문화' 사회로 변했다고 할 수 있지만 그런 것이 아니다. 오히려 순수 한국인끼리 '기독교 신자 며느리를 얻었다가 내가 죽은 후 제사를 안 지내주면 어쩐담?' 하는 사람은 있다.

한국 가정법률상담소의 통계에 따르면 '다문화'가정에서 발생한 1,467가지 불화 사건은 이러하다. 외국인 아내에 대한 폭력 등 부당한 대우 52%, 경제 갈등 26.1%, 생활양식 및 가치관 차이 20.5%, 배우자의 부정과 악의적 유기 6.8%, 가족 갈등 4.9%, 성격 차이 2.9% 알코올 중독 2.2%, 결혼 조건 속임 1.7%, 도박 1.2%, 성격갈등 0.6%, 의처증 0.5%. 상기 불화 중 '생활양식 및 가치관 차이 20.5%'만 종교나 문명의 차이가 약간 있는 셈이다.

'다문화라고 하든 뭐라 하든 이름을 따질 필요가 있는가?'라며 무관심의 태도를 표시할 수 있는데 그렇지 않다. 신생사물이 생겼으면 그의 본질속성에 맞는 과학적 명칭을 지어주어야 그에 견주어 정확한 대응책을 마련하는데 이롭다. '이름이 바르지 않으면 말이 바르게 서지 않고, 말이 바르게

서지 않으면 일을 성사시킬 수 없다.'[35]

한국체류 외국인 중 아마 중국인(조선족 포함), 베트남인, 몽골인, 일본인이 95% 이상 차지할 것이다. 그들은 다 황하문명권(중화 문명권), 유교문화권, 즉 한국과 같은 문화권에 속한다. 외국인이 가장 많은 서울 영등포구에서 '다문화' 이름으로 대형행사를 할 때 부득불 '다문화 및 중국 동포'라는 타이틀을 쓴다. 그러지 않으면 수천 명을 계획한 집회가 수십 명밖에 안 모여 무산될 우려가 있다. 중국 동포는 자신들을 다문화의 범주에 넣는 것에 대해 대단히 싫어한다.

어떤 이름이 적절한가는 본문의 취지가 아니지만 참고로 '다민족'이라고 할 수도 있겠다. 아주 적절한 이름은 아니지만 '다문화'보다는 좀 낫다. 중국은 민족문제에서 종교적인 성분이 적지 않아 지금의 한국보다 '다문화'라고 부를 근거가 더 충분하다. 그러나 민족차별에 착안하는 것이 더 효과적이라고 생각되어 '다민족', '다민족국가', '다민족의 대가정'이라고 하였으며 그래서인지 중국의 민족문제는 잘 처리되어 가고 있다.

---

② 호적에 의한 한국국적 취득 질의

조선족 중 한국국적 취득자 대부분은 한국에 호적이 있는 자 및 그들의 후손이다. 필자는 '호적에 의한 국적 취득' 정책은 잘못된 것이라 본다.

한국인의 중국 이민은 대체로 5개 단계로 나뉜다.

제1단계, 1860년대~1910년, 이재羅災민의 이민. 제2단계, 1911~1918년, 일한 병탄 후 파산 농민의 이민. 제3단계, 1919~1931년, 독립이민. 제4단

---

35) <論語·子路>3: '名不正, 則言不順; 言不順, 則事不成。' 참조.

계, 1932~1936년, 삶을 개척해 보려는 이민. 제5단계, 1937~1945년, 동북에서의 수전개척을 위한 일본인의 조직 이민.[36]

제1~2단계의 이민은 총칼을 들고 일본인과 싸우며 독립운동을 했거나 독립군에게 공량미 및 경비를 바치며 살았으므로 독립운동에 많은 기여를 하였다. 5단계 이민은 일본인이 조직적으로 관리하고 보호하였으며 독립운동을 별로 하지 않았다. 이때 동북의 반일 독립운동은 저조기低潮期였다.

1922년에 '조선총독부령 64호'의 이름으로 '조선호적령'을 반포하였다. 장기간의 조사와 준비를 거쳐 1929~1931년 조선반도 전역의 100% 거주민에 대한 호적등록을 완성하였다. 상기 제1~3단계의 이민은 대부분 한국에 호적이 없고 제4~5단계의 이민은 거의 다 호적이 있다.

그 때의 호적은 대일본제국 산하(지방정부) 조선총독부의 호적이므로 일본 호적이다. 한국(조선)에 호적이 있다는 말은 일본 신민臣民이 되었던 사람이고 호적이 없는 사람은 일본 신민이 되기 싫거나, 심지어 일본 침략자를 반대하러 중국으로 일찍 떠난 사람이다. 전자는 한국국적을 취득할 수 있고, 후자는 한국국적을 취득할 수 없다. 이것이 올바른 정책인가?

1937년 북경의 노구교사건盧溝橋事件을 계기로 일중 전면전쟁이 발발하였다. 일본은 중국으로 대량 증병하여 100만 관동군이 형성되었다. 또한 동북에 수전을 풀어 관동군의 쌀밥도 해결하고 일본 국내 양식 부족도 해결하는 일석이조의 효과를 보았다. 여기에 '공헌한' 자가 바로 1937~45년의 제5단계 집단이민이다. 일본과 싸운 독립이민은 국적취득자격이 없고 일본인의 보호를 받으며 벼농사를 지어 일본군을 쌀밥으로 먹여 살린 집단, 일본 호적을 취득한 이 부류의 사람만 한국국적 취득자격이 있다. 이 얼마나 황당한 일인가?

제5단계 이민은 만주 동쪽 목단강 지역을 중심으로 많은 수전을 풀어 벼

---

36) 연변대학 민족연구소 손춘일孫春日 저 <중국 조선족 이민사> 참조. 북경 중화서국 출판, 2008년.

농사를 하였다. 신풀이하러 이민 온 조선인에게 일본인은 집도 지어주고 생활 여건도 갖추어주었다. 이런 과정에 그곳에서 농사를 짓던 중국인 원주민을 강제로 내쫓았다. 토지와 보금자리를 빼앗긴 중국인은 때때로 일본인이 만들어준 조선인 새 마을을 습격하였다. 일본군은 조선인 마을을 무장군인으로 보호하여주었다. 이런 원한 때문에 2차 대전이 끝난 후 그곳 중국인은 조선인 마을을 습격하곤 하였다. 조선인은 민병을 조직하여 그들에게 항거하였다. <조남기전>에 1945~46년 조남기 장군이 조선인 민병조직에 가입하여 향토를 보호하였다는 기록이 나타나는데 상기의 역사 사실을 반영한 것으로 생각된다.

중국 동포의 대부분이 북한사람이며 남한에 호적이 있을 리 만무하며 당연 국적취득자격이 없다. '호적에 의한 국적 취득' 정책은 분단을 재외동포까지 확대하였으며 분단의 역사도 1945년부터 1929년까지 끌어올려 놓았다. 이런 정책을 내놓고도 망신스럽지 않은가?

해외로 늦게 이민 간 사람일수록 한국에 가까운 친척이 있을 가능성이 많고 국적을 취득할 자격이 더 있을 수도 있으며 이런 와중에 호적 유무를 참조할 수는 있다. 그러나 호적의 유무를 국적 취득의 조건으로 정책화하면 36년의 식민통지를 합리화하거나 다른 일련의 황당한 결과를 초래하게 된다. 관계 당국에서 재검토하기 바란다.

③

'중국산은 맛이 없다?'

── 신토불이 질의

날마다 중국산 농수산물을 먹는 한국인들로부터 중국산이 한국산보다 맛없다는 소리를 들을 때마다 기분이 상한다. 필자는 한국인들에게 잣과 참기름을 선물로 주곤 했는데 '중국 잣 한국 잣보다 덜 고소해', '중국 참기름 한국 참기름보다 맛이 없어'라는 말을 들을 때마다 좀 꺼림칙하였다.

이 말은 한국인들의 '신토불이身土不二'의 신념에서 나온 애국 정서의 반영에 불과하지 한국인들이 설마 마음속으로도 중국산을 무조건 맛없다고 여기겠는가 하고 필자는 생각해 왔다. 그러나 한 번의 체험을 통해 여기에는 한국인들의 편견이 없지 않음을 발견했다. 얼마 전 필자는 서울 가락농수산물시장을 돌아보았다. 한국에서는 가장 큰 농수산물 시장으로서 없는 것이 없다. 이곳에 중국산도 적지 않은데 모두 한국산보다 퍽 싸며 가게 주인들은 맛이 없다라고 이구동성으로 말한다. 마늘, 생선, 잣, 깨, 참기름… 등 중국산과 한국산을 나란히 놓고 '이것은 한국산 1만 원, 이것은 중국산 8천 원'이라고 하지 않겠는가. 왜 중국산이 한국산보다 모두 싼가 물으니 중국산은 한국산보다 질도 나쁘고 맛도 없다고 한다.

두만강 양쪽에 위치한 같은 백두산에서 자란 잣이며 그 씨앗이 바람에 불려 왔다 갔다 하는데 도랑 하나 때문에 맛이 다를 수 있을까? 너무나 어불성설이다. 한국의 서해와 중국의 발해·황해는 서로 붙었으며 물고기가 이쪽저쪽 왔다 갔다 한다. 중국 어선이 한국 어선과 이웃하며 고기를 잡아 한국 어선에 '밀수'로 넘겨주는 예도 많다는데 배가 다르기 때문에 맛이 틀릴 수 있는가? 터무니없는 소리다.

같은 종의 농산물은 일반적으로 북으로 올라갈수록 맛이 있다. 아마 성숙하는 데 걸린 시간이 길기 때문일 것이다. 중국 내의 예로 쌀, 밀가루, 고사리, 도라지, 깨, 목이버섯, 시금치…등은 모두 북쪽 산물이 남쪽 산물보다 맛있다. 그러니 한국산은 중국 동북 산물보다는 맛없고 남방 산물보다는 맛있음 직하다.

또 건조한 지대의 농산물이 평원지대나 습한 지대의 농산물보다 맛있다. 신강新疆과 같은 사막 지역의 밀가루가 다른 지역의 것보다 더욱 맛있는데 그것은 토질에 알칼리성이 강하며 짠 흙에서 자란 농산물이 더 맛있다는 것이다. 사막 지역의 양고기나 소고기도 타 지역의 것보다 더욱 맛있는데 그 짠 흙에서 자란 풀을 먹었기 때문이라고 한다.

여기에서 계발을 받은 생각이긴 하지만 한국산 가축의 고기는 맛있을 가능성이 있다. 필자는 어릴 때 한족이 3/4, 조선족이 1/4인 마을에서 자랐다. 조선족 집에서 돼지를 잡으면 한족들이 불티나게 사가곤 했다. 조선족이 기른 돼지고기가 더 고소하며 맛있다는 것이다. 그 원인을 물으니 조선족은 먹는 음식이 짜기 때문이란다. 조선족은 김치, 짠지 등 짠 음식을 많이 먹으므로 한족이 먹는 음식보다 확실히 더 짜다. 그러므로 돼지에게 먹이는 뜨물이 짜다. 짠 음식을 받아먹은 고기는 고소하다는 것이 정설이다.

한국인의 풍속에 시골집에서 아기가 똥을 싸면 '워ㅡ리 워ㅡ리' 하며 개를 불러들여 먹이며 심지어 아기의 엉덩이까지 핥아먹게 하는데 조선족이 기른 개고기나 제주도의 똥돼지가 맛있는 원인은 똥에 있는 것이 아니라 짠 간을 먹였기 때문일 것이다. 한우가 미국산 쇠고기보다 더 고소한 원인 역시 먹인 사료의 구별 때문일 것이다.

그러나 산업화·기계화 사육의 현시대에 이런 구별점도 점점 퇴색해 가고 있다. 지금 뜨물을 먹여 키운 돼지, 아기 엉덩이를 핥아먹은 개, 콩깻묵을 먹여 키운 소가 얼마나 되겠는가?

중국산과 한국산을 대조하는 상기의 내용을 종합해 보면 두만강 연안에서 난 잣과 서해 바다의 수산물은 맛이 같을 것이고 농산물은 어느 것이 더 맛있다고 말하기는 어려우며, 축산물은 한국산이 더 맛있을 가능성이 있지만 그 우세가 점점 퇴색해 가고 있다는 점이다. 만약 기어코 맛있다면 한국인의 습관에 따른 주관적인 입맛이지 객관적인 맛이 아니겠다 싶다.

한국산이 중국산보다 확실히 더 맛있다는 근거가 있어도 글로벌 시대, 세계가 하나로 돼가고 있는 시대와 역행하는 이러한 말들은 좀 삼가해야 하겠는데 하물며 그런 근거도 없는 판에 중국인들 앞에서 이런 말을 식은 죽 먹듯이 할 필요가 있겠는가?

4

김치의 중국어명 '辛奇' 질의

근대 중국어에서 기基, 키其, 히希로 발음하는 음이 구개음화 하여 지, 치, 시로 변했고 -ㅁ 받침이 -ㄴ 받침으로(三:삼→산) 변하였다. 중국 표준어에 '김'이나 그와 유사한 음이 없다. 그러므로 김치의 중국 이름을 의역意譯하는 수밖에 없다. 그사이 '泡菜(pàocài)'라 불렀는데 문제점이 있다. '담근 채소'라는 뜻인 '泡菜'가 나타내는 개념의 외연外延이 너무 넓다. '화장실'을 '환경보호 시설'이라 이름 짓는 것처럼 말이다. 그리고 중국에도 '泡菜'라 부르는 음식이 따로 있다. 이를테면 사천四川 음식에 '泡菜'가 있으며 무를 절여 발효한 것이다. 한국의 깍두기 비슷하면서도 많이 다르다.

최근 한국 농림수산부가 김치를 중국어 '신기辛奇(xīnqí신치)'로 이름 지었지만 역시 잘 지은 이름이 아니다. 한국 농수산부가 돈을 들여 중국의 이름 짓는 C회사에 의뢰하여 지은 이름이다. C회사의 설명에 따르면 컴퓨터에서 '맵다'라는 뜻의 글자와 '치'로 발음하는 글자를 합쳐 500여 개의 단어를 추출한 후 거르고 걸러 '辛奇'로 이름 지었다고 한다. 한국의 문화자산인 '김치'의 이름을 짓는 것은 자기 자식의 이름을 짓는 것보다 더 중요한 일인데 컴퓨터로 뚝딱뚝딱 쳐서 이름을 지었다니 한심하기 그지없다.

아마 '맵고도 신기한' 음식이라는 취지겠지만 '辛'은 고대 중국어에서는 '맵다'라는 뜻이지만 현대중국어에서 '맵다'라는 뜻이 아니다. '신고辛苦·신로辛勞·신근辛勤·신산辛酸' 등 복합어 단어에만 쓰이며 '고생하다, 수고하다'의 뜻이다. '맵다'를 '랄辣(làà)'이라고 하며 중국인은 김치를 '라바이차이

(辣白菜)'라고도 한다. 그러나 '신바이차이(辛白菜)'라고 하지는 않는다.

설사 '辛'의 '맵다'라는 뜻이 잘 전달된다고 해도 김치의 이름으로 썩 좋은 편은 아니다. 매운 음식을 좋아하는 지역은 서남쪽의 사천, 운남, 귀주, 호남 등의 사람들뿐인데 그곳에는 극빈 지역이 많다. 비싼 한국 김치를 많이 사 먹을 수준이 못 된다. 돈 많은 동남 연해 지역의 사람은 매운 음식을 싫어하고 기타 지역도 먹을 수는 있지만 그리 좋아하는 편은 아니다. 사실 김치는 매운 음식과 맵지 않은 음식 중간에 있다. 김치의 이름 자체에 '맵다'라는 뜻을 구태여 강조할 필요는 없다.

중국의 방언도 염두에 두어야 한다. '치(奇)' 한 글자만은 김치의 '치'와 음이 같지 않느냐 하겠지만 그렇지 않다. '奇(치)'는 북경, 동북 등 지역의 발음이고 '奇'를 중국의 많은 지역에서 '기·키'로 발음한다. 아마 '기·키'로 발음하는 인구가 '치'로 발음하는 인구의 몇 배는 될 것이다. 더욱이 김치를 사 먹을 만한 동남지역에서는 대부분 '奇'를 '기·키'로 발음한다. 결국 '辛奇'와 '김치'는 의미나 발음상 아무런 관계가 없다는 말이 된다.

필자는 '沉菜침채(천차이 chéncài)'라는 이름도 된다고 본다. 한국 고서에 많이 등장하는 '沉菜'가 김치의 어원이고 조선 시대 문헌에서 김치를 '沉菜'라고 하였다. 沉菜의 고대발음 딤채가 구개음화 하여 짐채로 됐다가 또 같은 치음의 이화異化 현상이 일어나 '김채→김치'로 변하였다.

'김채金菜(jīncài 진차이)'도 될 듯하다. '뭐 대단해서 金자까지 붙이나' 하면 '김치의 한국 음을 그대로 옮겼다'라고 해석하면 된다. 또 중국에는 음식 이름을 과장 표현하는 문화가 있다. 이를테면 식당 메뉴에 닭의 발을 '봉조鳳爪(봉황의 발)'라 하듯이 말이다. 과장은 거짓말이 아니다. '沉菜'건 '金菜'건 다 썩 잘 지은 이름은 아니나 '辛奇'보다는 낫다.

제9장

/

언어문자 편

① ‘한자어=중국어’는 오해다

한국어에는 한자어가 매우 많다. 문체에 따라 다르기는 하지만 그 비율은 평균 58% 정도 될 것이다. 이는 물론 한국인이 중국어를 배우는 데 유리한 조건이 될 수는 있지만 반드시 유리하다고만 볼 수도 없다.

우리가 사용하는 한자어가 곧 ‘중국어’라고 생각하면 큰 오해다. 비록 같은 한자로 표기된 단어일지라도 실제 사용되는 현대중국어와 뜻이 다를 수도 있고, 심지어 중국어에는 그런 어휘가 없는 경우도 많다.

다음에 몇 가지 한자어를 예로 들어보자.

a. 우선 형태는 같아도 그 뜻이 다르다. 한자어의 ‘도구道具’는 일할 때 쓰는 연장, 이를테면 김을 매는 호미, 땅을 파는 삽 등을 가리킨다. 그러나 중국어에서 ‘따우쮀(道具)’는 무대 장치나 연출에 쓰이는 크고 작은 물품, 이를테면 가짜 산, 가짜 나무, 가짜 집 등만을 일컫는다. 중국어에서 한국어의 ‘도구’와 대응되는 말은 궁쮀(工具)다.

‘애인愛人’은 한자어에서 아직 결혼하기 전의 사랑하는 사람이나 혼외의 사랑하는 사람이라는 뜻이지만 중국어로는 법적인 배우자, 즉 처나 남편을 가리키는 말이다. 중국어에서는 애인을 칭런 ‘(情人: 사랑하는 사람)’ ‘칭푸(情夫: 사랑하는 남자)’ ‘칭푸(情婦: 사랑하는 여자)’라고 말한다. 같은 한자어인 애인과 말을 남용하면 망신당한다.

b. 긍정, 부정 혹은 중성 등 성격상의 차이가 있다. 한자어에서 ‘경기景氣’는 중성, 즉 경제 상태 그 자체를 말한다. 상태가 좋으면 ‘호경기’ 혹은 ‘경기가 좋다’라고 하고, 상태가 좋지 않으면 ‘불경기’ 혹은 ‘경기가 나쁘다’라고 한다. 그러나 중국어의 ‘징치(景氣)’는 경제 상태가 좋다는 뜻이다. 좋지 않을 대는 ‘뿌징치(不景氣)’라 하지만 좋을 때는 그저 ‘징치’라고 하면 되지

'징치하우(景氣好)'라 할 수 없다. 물론 두 어휘의 품사도 다르다. 한자어에서는 명사이고 중국어에서는 형용사이다.

c. 포폄褒貶상의 차이가 있다. '유세遊說'라는 말은 한자어에서는 좋은 뜻으로 쓰인다. 그러나 중국어에서 '여우쑤이(遊說)'는 나쁜 의미로 도처에 돌아다니며 그럴듯한 말로 다른 사람을 꼬인다는 의미를 내포하고 있다. 유명 정치인이 선거에서 유세를 한다고 말하면 한국에서는 뜻이 통한다. 그렇지만 중국에서 그렇게 말하면 유세하는 사람을 모욕하는 오해를 빚어내게 된다. 중국어로는 유세를 '옌장(演講)' 또는 '쟝옌(講演)'이라고 해야 옳다.

d. 문법적 기능이 다르다. 한국어에서 '영원永遠'은 다양한 문법으로 쓸 수 있다. '영원토록 사랑하다' '영원한 사랑' '사랑은 영원하다' 등 부사어, 관형어, 술어로 다 쓰일 수 있다. 그러나 중국어에서는 '융웬(永遠)'이 부사어로밖에 쓰이지 않는다. '他永遠在我心中(그는 영원토록 나의 마음속에 있다)' 식이다. 영원이란 뜻을 관형어로 쓰려면 '융헝(永恒)'으로 바꾸어 '永恒的愛情(영원한 사랑)'으로 해야 하고, 술어로 쓰려면 '愛情永久(애정은 영원하다)'로 해야 한다. 중국어에 '永遠的愛情'이나 '愛情永遠'이란 말은 없다. 위에 든 예 '景氣(명사/형용사)'도 이에 속한다.

e. 시대적 분기分期가 다르다. 다른 언어도 마찬가지겠지만 중국어의 어음, 어휘도 시대에 따라 끊임없이 변한다. 같은 글로 된 한자어의 발음과 중국어 발음이 다른 것도 이에 속하지만 특히 어휘의 의미도 한자어는 약 11세기 후에 변했거나 첨가된 중국어의 뜻을 받아들이지 않았다. 우선 중국어 '저(着)' '러(了)' '더(得)' '더(地)' '더(的)' 등 단어의 조사 용법이 한자어에는 전혀 없다. 중국어 '저우(走)' 자에 '뛰다(고대 의미)' '걷다(현대의미)' 등 뜻이 있지만 한자어에는 '뛰다'의 의미밖에 없다.

f. 어떤 한자어는 한국이 스스로 창조한 단어이므로 중국어에는 당연 그런 단어가 없다: 간과看過(대충 보아 넘기다가 빠뜨림, 보고도 못 본체함), 진지進支(밥의 높임말), 두둔←돈斗頓(편 들어 뒤덮어 줌), 책방冊房(서점), 망

신亡身(자기의 지위나 명예를 망침), 난리亂離(세상이 소란하고 질서가 어지러워 백성들이 뿔뿔이 흩어지는 사태), 단속團束(잡도리를 단단히 함, 신칙申飭하여 단단히 다잡음), 마련磨鍊(일이나 물건을 이리저리 마름질하여 계획을 세움, 준비), 장본인張本人(나쁜 일을 일으킨 주동자, 일의 근본이 되는 자), 동생同生(아우나 손아래 누이)[37] 등. 이런 단어는 중국어에 없다.

이상에서 보다시피 한자어=중국어라는 식의 인식은 큰 오해다. 필자의 통계에 따르면 고유명사를 제외하고 한자어와 같은 한자로 표기된 중국어가 완전히 일치한 예는 50%를 웃도는 정도밖에 안 된다. 한자어는 한국어이지 중국어가 아니라는 인식을 확고히 할 필요가 있다.

② '사주'냐 '사촉'이냐?

'그렇지만 모택동은 미국에서 일본군대를 사촉하거나 직접 간섭할 가능성에 대해 우려를 가시지 못하였다.'

위의 글은 <연변일보>에서 발행하는 <종합신문> 1997년 6월 11일 자 11쪽에 실린 '대만 진공 계획을 왜 포기했는가?'라는 제목의 기사 중 한 구절이다. 모택동이 한국전쟁을 지원하기 위해 원래 계획했던 대만 진공을 포기하면서 이런 우려를 했다는 내용이다. 이 글에 나오는 '사촉'이라는 단어에 대해 짚고 넘어가야 할 필요가 있다.

필자는 한국에서 '사촉'이란 말을 썼다가 창피를 당한 적이 있다. '사주'라고 해야 한다는 것이다. 한국에서 신입사원의 입시 시험을 치를 때 '아래의 틀린 단어 표기를 바로 잡아라'라는 시험에 '사촉'이란 단어가 자주 등장

---

37) 이상은 <목민심서>에서 발췌한 단어들이며 이희승 편저 <국어대사전>의 해석문임.

하며 그것을 '사주'라 고쳐야 점수를 딸 수 있다고 한다. 30년 전의 일이지만 그 후 내내 '사촉'이란 말도 틀리지 않는다는 생각을 버리지 못했지만 이를 구명해 볼 여가가 없었다.

한국 이희승 편 <국어대사전>에는 '사주使嗾'와 '사촉嗾囑'을 다 올림말로 올리고 '사주'에는 뜻풀이를 달고 '사촉'에는 단지 '사주'라고 했다. 북한의 조선과학원언어연구소가 펴낸 6권본 <조선어사전>에는 '사촉使嗾'과 '사주使嗾'를 다 올리고 '사촉'에만 해석을 달고 '사주'에는 단지 '사촉'이라고 했다.

그러면 '사주'와 '사촉' 중 어느 것이 맞는가. 이 말의 어원은 중국어 '嗾使'다. 그 뜻은 '소리를 내어 개를 부르다'와 '다른 사람에게 …을 시키다'이며 송宋나라 때부터 현대중국어의 문체에 줄곧 써 왔다. 이 단어를 한자어화 할 때 순서를 뒤집어 '使嗾'라 함은 자연스러운 일이다.

문제는 '嗾' 자를 어떻게 읽느냐이다. 중국어 발음에 '嗾' 자는 '수'(蘇后切, 蘇奏切—주요 음)와 '족'(作木切—차요 음) 두 가지가 있다.[38] 전자 '수' 음을 딴 남한에서는 '주'로 와전됐고 후자 '족'을 딴 북한에서는 '촉'으로 와전됐을 것이다. 결국 '사주'와 '사촉'은 둘 다 맞다 볼 수 있다. 이희승 <국어대사전>에서 '嗾囑'을 '使嗾'와 관계가 있는 것처럼 쓴 것은 천착穿鑿이다.

언어는 습관화돼 서로 인정하면 그만이다. 한국에서 '사주'라 해서 불편할 것이 없고 북한에서 '사촉'이라 쓴다고 해서 어색할 것도 없다. 오늘은 한국 사람을 만나고 내일은 북한사람을 만나야 하는 중국거주 조선족들이나 난감할 따름이다.

---

38) 蘇后切, 蘇奏切, 作木切는 고대 중국어의 일종 표음방식이다. '절切'은 '붙이다'라는 뜻인데 앞 글자의 초성과 뒤 글자의 중성・종성 및 성조를 한데 붙여 새로운 음을 조성한다는 뜻이다. 蘇后切, sūhǒu절, s+ǒu=sǒu. 蘇奏切, sūzòu절, su+òu=sòu. 作木切, zuo+mok절=zok.

‘鐘路’인가, 아니면 ‘鍾路’인가?

몇 년 전 한국 <조선일보 · 이규태 코너>에 이런 문장이 실린 적이 있다. 서울 시청의 모 간부가 모 서예가에게 ‘鍾路’라는 두 글자를 써 달라고 부탁했다. 그러자 그 서예가는 ‘鐘路’라야 써주지 틀린 표기 ‘鍾路’라고는 써주지 않겠다고 고집했다고 한다.

그러면 ‘鍾路’인가, 아니면 ‘鐘路’인가? 지금 중국어의 간체자는 ‘鐘’과 ‘鍾’을 모두 ‘钟’으로 통일시켰다. 그렇지만 옛날 문헌을 들춰보면 ‘鐘’은 두드리면 소리 나는 일종의 금속 악기다. <설문해자說文解字>에 ‘鐘, 樂鐘也。’라고 돼 있다. 그러나 ‘鍾’은 술을 담는 금속항아리다. <설문해자>에 ‘鍾, 酒器也。’라고 적혀 있다.

종각鐘閣에 큰 종이 번연히 매달려 있고 그 종각에 붙은 길이므로 ‘종로’라고 이름 지었으니까 물론 ‘鐘路’가 맞을 터이다. 이러고 보면 그 고명한 서예가에게 시청 간부가 실수한 것이 당연하겠다.

그러나 이 시비는 몇 마디 말로 간단히 해명될 일이 아니다. 중국 문헌에는 또한 ‘鐘’과 ‘鍾’을 서로 엇갈려 썼으며 심지어 이 두 글자는 ‘서로 통용할 수 있다’라고까지 했다. 한국인들이 ‘鐘’ 자를 써야 할 곳에 ‘鍾’ 자를 쓰고 오히려 '鍾' 자를 더 많이 쓴 것을 무조건 '무리'로 밀어붙일 수는 없다.

하지만 짚고 넘어가야 할 것은 이들 두 글자의 음이 완전히 같기 때문에 임시로 서로 빌려 쓴 것이지 이 두 자의 뜻이 완전히 같은 것은 아니다. <설문해자>의 해석에 이 점이 명확히 밝혀져 있다: '경전에 "鐘"을 많이는 "鍾"으로 쓰지만 "주기"라는 뜻의 글을 빌려 쓴 것이다.(經傳多作鍾, 假借酒器字。)'

다시 말해 '鐘'으로 쓰면 '쇠북'이라는 개념이 명확하지만 '鍾'으로 쓰면 '쇠북'인지, 아니면 '술 항아리'인지 아리송하다. 결국은 서예가의 견해가 맞는 것으로 된다.

손성우孫成祐 편저 <한국지명사전>(경인문화사, 1974년)에 '鍾路'로 돼 있으며 기타 책에도 거의 다 '鍾路'로 돼 있다. 사전에만은 '鐘路'라 표기하고 '鍾路라고도 씀'이라고 하든가, 아니면 아예 '鐘路'로 표기하는 것이 지당하다고 보인다.

'종' 자는 한국인의 이름 자에도 많이 쓰이는데 명함에 대부분 '鍾' 자로 쓰고 있다. 자식이 술꾼으로 되기를 바라는 부모는 없을 터이고, 말하자면 '술 항아리' 자로 이름을 짓지 않았으리라 보이므로 역시 '鐘' 자로 바꾸어 쓰는 것이 더 낫다는 생각이 든다.

4

북경 방언은 중국어에 동화된 만족의 언어다

중국어 방언은 관화官話, 진어晉語, 월어粵語, 민어閩語, 오어吳語, 상어湘語, 휘어徽語, 감어贛語 등 8가지로 대별된다. 각 방언은 그 차이점이 엄청나므로 서로 알아듣지 못할 정도이다. 그 중 관화는 사용하는 지역과 인구가 한어漢語를 사용하는 지역과 인구의 75%와 67.75%를 각각 차지한다.

지금 중국의 표준어―보통화普通話는 관화를 기초방언으로 하고 북경 음을 표준음으로 해서 제정한 것이다. 관화는 다시 동북東北, 북경北京, 제로齊魯, 교료膠遼, 중원中原, 서남西南, 강회江淮, 난은蘭銀 등 8가지의 차방언次方言으로 나뉜다.

이들 8가지 차방언 중 가장 비슷한 두 가지가 바로 북경 방언과 동북 방언이다. 동북 사람이 북경을 제외한 다른 지역에 가서 북경 사람으로 가장해도 완전히 믿을 정도로 동북 방언은 북경 방언과 흡사하다. 표준어에 가장 큰 영향을 끼친 것도 북경 방언과 동북 방언이다. 다시 말해, 북경 방언이나 동북 방언을 터득하면 표준어를 터득하는 것과 큰 차별이 없을 정도다.

그렇기 때문에 금세기 초부터 중국 방언을 분류할 때 관화 중 북경 방언과 동북 방언을 항상 같은 차방언으로 취급해 왔다. 그런데 1989년 홍콩에서 출간된 <중국언어지도中國語言地圖>에서 처음으로 관화 내부에서 북경과 동북을 다른 차방언으로 갈라놓았다.

필자는 이와 같은 분류에 회의를 품고 북경 방언과 동북 방언의 관계를 약 10년간 비교 연구한 끝에 양자는 같은 차방언이며 '경만관화京滿官話'라는 이름으로 부르자는 주장을 내놓았다.[39] 1998년 8월 장춘長春에서 열리는 국제 세미나에서 이 논문을 발표하여 언어학계 학자들의 주목을 받았다.

광역 북경시에 속하는 평곡현平谷縣은 북경 도심으로부터 78km 떨어져 있으나 이 고장의 방언은 북경 방언과 이질적이다. 반면 북경에서 130km 이상 떨어진 하북성河北省 승덕承德(열하熱河) 지역의 방언과 300~2000km 떨어진 동북 방언은 북경 방언과 아주 비슷하다. 같은 동북 방언도 북경에서 멀리 떨어질수록 북경 방언과 흡사하다. 2000km 정도 떨어진 만주리滿洲里의 치치하얼(齊齊哈爾) 방언이 675km밖에 안 떨어진 심양沈陽 방언보다

---

39) <음운학연구> 제3책 정인갑 <경만관화> 참조. 중화서국, 2000년.

북경 방언에 더 가깝다. 장춘 방언이 심양 방언보다, 하얼빈(哈爾濱) 방언이 장춘 방언보다 북경 방언에 가깝다. 북경에서 아주 가까운 요동遼東 반도의 방언은 북경 방언과 완전히 다르다.

이처럼 통념에 맞지 않는 현상이 생기는 원인은 최근 300~400년간 중국의 통치 민족인 만족이 가장 밀집해 산 곳이 바로 북경 도심, 승덕 지역(지금도 열하 지역에 만족 자치현이 여러 개 있음) 및 동북 북부 변두리이기 때문이다. 요동 반도는 역사적으로 만족이 거의 살지 않은 지역이다.

북경 방언과 동북 방언이 같을 수 있는 원인은 바로 이 두 지역 방언의 형성과정이 모두 만족과 관계된다는 데 있다. 즉 이 두 지역의 방언은 모두 한어에 동화된 만족어이다. 그러므로 '경만관화'라고 이름 짓자 주장한다.

이상은 이민사적으로 본 것이고, 어학적으로 볼 때 북경 방언에 만족어의 특징이 많이 잠재해 있다. 우선 북경 방언 어휘에서 만족어의 차용 어휘를 대량으로 발견할 수 있다. 다음은 한어에 원래 없던 권설음卷舌音이 현대 북경 방언에 대량으로 나타났는데 세계 어느 민족의 언어에도 없다시피 하는 권설음이 만족어에 대량으로 있다는 사실이다. 만족어의 치음齒音은 모두 권설음이다.

필자가 중국어학계에서 최초로 이상의 견해를 내놓을 수 있는 연유는, 필자는 먼저 반평생을 동북에서, 나머지 반평생을 북경에서 살았으며 또한 만족어를 1년간 배웠고 중국 역사상 가장 큰 방언사전—<한어방언대사전漢語方言大詞典>의 편집에 10년간 심혈을 기울인 경력이 있기 때문이다.

한국 유학생들에게 중국어를 배우는데 북경과 큰 차별은 없지만 등록금, 생활비가 많이 싸고 대접도 더 좋은 동북(대련大連 지역 제외)으로 옮겨가 유학하는 것도 바람직하다는 충고를 하기 위해 이 글을 쓴다.

5

'河錫舟'

중국인들은 한국사람 못지않게 이번 프랑스 월드컵에 참가한 한국 축구 팀의 운명에 대해 커다란 관심과 함께 한국 팀이 이겼으면 하는 바람을 가지고 있었다. 같은 아시아의 나라, 우방이라는 친근감 때문이었을 것이다. 그러다 지난번 멕시코와의 경기에서 한국이 1:3으로 패하자 아쉬운 심정이 이만저만하지 않았다. 그들은 하석주 선수가 퇴장당한 데서 결정적인 패인을 찾기도 했다.

그러면서 그 선수의 이름 때문에 한국팀의 운세가 나빴을지도 모른다고 한탄하는 사람까지 있었다. '하필이면 멀건 죽을 마시고 소고기, 양고기에 빵을 많이 먹는 양놈들을 이길 수 없을 수밖에'라며 피식 웃으며 말을 맺는다. '하석주河錫舟'를 중국어로 읽으면 '허시저우'이며 그 발음이 '멀건 죽을 마시다'라는 뜻의 '喝稀粥'와 거의 같다.

음은 같으나 뜻이 다른 글자가 너무 많아 오해나 말장난의 소지가 있기 때문에 중국인들은 이름을 지을 때 각별히 신경을 쓰게 마련이다. 그런데 자기 이름 한자의 한국어 발음에 오해의 소지가 있나 없나에 신경을 쓰고 중국어 음이 무엇인지에 대해 신경을 쓸 리 없는 한국인 이름의 한자를 중국어로 발음하면 웃음거리가 될 수 있는 것이 많다.

필자가 북경대학에 다닐 때는 학생 식당에서는 밥그릇을 장만해 놓지 않았으므로 자기의 밥그릇을 주머니에 넣어 가지고 다니며 밥을 먹어야 했다. 수업이 끝난 후 기숙사에 돌아와 밥그릇을 챙겨가기 싫어서, 또 수업이 끝나자마자 빨리 가서 밥을 먹기 위해서였다.

그런데 필자가 막 입학했을 때 상급생 하나가 밥그릇 주머니를 가리키면서 어느 정치인의 이름과 연결해 보라는 것이었다. 필자가 알아 맞출 수 없다고 말하자 그는 '당신과 같은 민족인데도 몰라?'라며 '이승만'이라고 알려주는 것이었다. 이승만李承晚 전 대통령의 이름을 중국어로 발음하면 '리청완'이 되는데 이는 '속에 밥그릇을 담았다'라는 '裏盛碗' 세 글자와 음이 완전히 같다. 전두환全斗煥 전 대통령 이름 全斗煥의 중국어 음 '쵄더우환'은 '모두 바꾸어 버렸다'라는 뜻의 '全都換'과 음이 비슷하다.

중국인들이 자신의 이름과 음이 같거나 비슷한 것에 신경을 쓰는 것은 상당히 오래 전부터의 관습이다. 이름을 지을 때, 황제나 유명인, 또는 부모의 이름에 쓰이는 글자와 같거나 음이 비슷한 글자를 피해야 했다. 이를 '피휘避諱하다'라고 한다. 가장 전형적인 예로 불사약을 훔쳐 먹고 달나라로 도망가 산다는 '상아嫦娥'를 들 수 있다. 그의 원래 이름은 '항아姮娥'였는데 한효문황제漢孝文皇帝 유항劉恒의 이름을 피휘避諱하기 위해 '상아嫦娥'라고 고쳐 부르게 됐다. 효문황제가 죽으면 다시 '항아'로 바꿀 수 있었는데 아마도 효문황제가 너무 오래 집권했기 때문인지(기원전 179년~기원전 157년), 아니면 그 후세의 황제 이름에 또 '항' 자나 '항' 자와 같은 음이 나타나서인지 그냥 '상아'로 고착돼 전해 내려오고 있다.

한국 옥편玉篇에는 '嫦'의 음을 '항'이라고만 해놓았고 한글 HWP 소프트웨어에도 '항'을 찾아야 '嫦'이 나온다. 그러나 국어사전에는 '항아'와 '상아' 둘 다 수록돼 있다. 뭔가 좀 잘못된 데가 있는 듯하다. 효문황제는 고조선이 멸망되기 전의 인물이므로 고조선에서 '상아'라 썼을 리 만무하다. 그러면 옥편의 처리방법이 맞다. 그러나 후세 중국어의 영향을 받아 '상아'라고도 했을 수도 있다. 그러면 국어사전의 처리가 맞다. 어찌 되었든 옥편과 국어사전의 표기를 통일시켜야 한다고 본다.

'網 民'

현재 인터넷에 가입한 중국 네티즌이 10.32억 명으로 집계 된다. 약 20 여 년 전 열린 중국 국가과학기술위원회의 한 회의는 '인터넷'을 중국어로 '因特網', '네티즌'을 '網民', '커서'를 '鼠標', '인터넷에 들어가다'를 '上網', '인터넷의 파일을 다운하다'를 '下載…로 부르자는 결정을 하였다. 중국어 에 인터넷으로 인한 새 단어가 무더기로 생겼으며 인터넷 용어를 제멋대로 쓰던 전국이 일사불란하게 이 결정에 따라 통일되었다.

중국어의 생성生成 능력에 대해 언급한 적이 있지만 '망민網民'이란 새 단어의 탄생을 보고 이 글을 써야겠다는 충동을 느끼게 됐다. 중국어의 생성은 외래어의 도입보다는 자아 생성이 위주다. 그 방법은 a. 이미 죽은 말을 되살려 쓰는 것, b. 써오던 말에 새로운 뜻을 부여하는 것, c. 서양 문물을 흡수할 때 한자의 음과 뜻을 교묘하게 섞어 넣는 것 등이다.

a의 예로는 '혁명革命'이 있고 b의 예로 '동도東道·동東'이 있으며 c의 예로 '커커우커러(可口可樂: 코카콜라)'가 있다. '망민'은 b의 부류에 속한다.

<시경詩經·신대新臺>에 나오는 '魚網之設, 鴻則離之。(물고기 그물에 기러기가 걸렸구나)'라는 시구가 증명하듯이 '網' 자의 원 뜻은 ①명사, '그물'이다. 이 뜻에서 파생돼 ②명사, '그물처럼 생긴 것', ③동사, '그물로 물고기나 새를 잡다', ④동사, '그물처럼 덮다', ⑤명사, '법률의 비유어', ⑥명사, '빈틈없는 조직이나 계통' 등의 뜻으로도 쓰인다. '因特網'이나 '網民' 중의 형태소 '網'의 뜻은 파생유형 ⑥에 속한다.

갑골문甲骨文에는 '網' 자가 사다리 모양으로 그려져 있는데 그것이 발전해 '网'으로 됐다. 이 글자를 기본으로 해서 '그물'이란 뜻과 다소 관계되는 한자가 많이 파생했다. '网, 罒, 罓, 四' 등을 변으로 하는 글자들이 그것이다.

이렇게 생각해 보면 최초로 '网' 자를 만들어낸 사람의 공로를 아무리 높이 평가해도 지나치지 않을 것이다. 뿐만 아니라 이 글자를 거듭 보완, 수천 년 동안 거기에 새로운 뜻을 부가하다가 마침내 인터넷에까지 연결한 중국인들도 대단하다고 하지 않을 수 없다.

필자가 언젠가 한국에서 "그녀는 도대체 처녀요, 색시요?" 하고 물었다가 "이승만 시절 감옥에 갔다가 근래 나온 사람 아니오?"라는 비웃음을 산 적이 있다. "미스요, 미세스요?"라고 해야 필자의 신분이나 연령과 어울릴 터인데 '자유당 시절'의 말을 한다는 것이다. 필자의 '무식'을 야유하기 위해 좀 과장한 면도 있다는 것을 후에 알았지만 이 해프닝은 필자로 하여금 한국어에 문제가 있다는 점도 생각하게 했다.

몇 천 년 동안 한국어는 끊임없이 한자어로 고유어를 교체해 오다가 또 지난 세기의 전반은 일본어, 후반은 영어를 들여오는 바람에 고유어가 많이 손상되고 고갈된 상태라고 할 수 있다. 제 민족의 언어를 고양, 발전시키는, 심지어 옛날에 쓰던 어휘도 발굴해 쓰는 중국인들을 따라 배웠으면 한다.

⑦

술 관련 한자어들

한국인은 중국에서는 이미 골동품이 된 술 관련 한자어들을 많이 쓴다.
공복에 술을 먹다니, 먼저 요기 좀 하고… 요기는 한자 '療飢'에서 온 말이며 그 출처는 3천 년 전까지 거슬러 올라간다. 3천 년 전의 <시경> '泌之洋洋, 可以療飢(철철 넘치는 샘물은 굶음을 멈출 수 있네)'[40]라는 구절에서 나온 말이다.

---

40) <시경詩經·진풍陳風·형문衡門> 참조.

술만 먹지 말고 <u>안주</u>도 먹어… 안주는 한자 '按酒(혹은 案酒)'에서 유래됐으며 1,800여 년 전인 삼국 시기의 문헌에 나온다. 원래의 뜻은 '술을 마시다' 즉 동사인데 후에 술 마실 때 더불어 먹는 음식, 즉 명사로 바뀌었다.

<u>자작</u>을 하는구려, 제가 부어 드리지요… 자작自酌 중의 '작酌'은 '술을 따르다'라는 뜻이다. 역시 3천 년 전까지 거슬러 올라갈 수 있다. <시경>에 '我姑酌彼金罍, 維以不永懷。(나는 그 잔에 술을 따라 그리움을 잠시 멈추네.)'[41)라는 구절이 있고 <맹자孟子>에도 나온다. '酌則誰先? 先酌鄉人。(누구에게 먼저 따를까? 촌노村老에게 먼저 따른다.)'[42]

밤새 술을 먹었더니 속이 안 좋아, <u>해장</u>국 없나… '해장'은 본래 '해정解酲'이 와전된 것이다. <시경>에 '憂心如酲, 誰秉國成。(근심은 술 취한 몸살 같다, 누가 나라를 다스릴 수 있나?)'[43]가 출처이다. 역시 3천 년 전에 나온 말이다. '酲' 자의 뜻은 '病酒', 즉 '술로 인해 생긴 탈'이다.

상기의 단어들은 중국어에서 모두 2천 년 전, 혹은 1천 년 전에 죽어버린 말이다. '酌'은 지금도 쓰지만 원 뜻은 사라졌고 '짐작斟酌', '작정酌情' 등 단어에서 '짐작하다', '상의하다'라는 뜻으로 쓰인다. 골동품으로 쳐도 여간한 골동품이 아니다. 그런데 한국 사람들은 날마다 그 진귀한 골동품에 밥을 담아 먹는 격이니 여간 멋쟁이가 아닌가 싶다. 이러한 말들은 중국인 학자들만 안다. 그런데 한국 사람들은 식은 죽 먹듯이 날마다 쓰고 있으니 모두 학자 수준인가 보다! 한국인이 중국인들과 술을 마실 때 위와 같은 한자어들을 쓰면 '저 사람들 청동기시대 사람인가 아니면 조조, 유비의 친구들인가' 하고 의아해할지도 모른다.

그러나 사실은 꼭 그렇지도 않다. 문화의 발달사를 보면 문화의 중심지일수록 변화와 발전이 빠르고 그 중심지에서 멀리 떨어질수록 보수성이 강

---

41) <시경詩經·주남周南·권이卷耳> 참조.

42) <맹자·고자告子상> 5절 참조.

43) <시경詩經·소아小雅·절남산節南山> 참조.

하다. 특히 타민족에 차용된 언어나 전파된 문화 현상은 더욱 보수적이어서 오래도록 변하지 않는다.

8

'朝鮮'의 독음과 그 뜻

필자는 한국인들에게서 이런 말을 종종 듣곤 한다: 한자 '朝鮮'을 뜻풀이 하면 '朝'는 아침이라는 뜻이고 '鮮'은 선명하다는 뜻이다. 그러므로 '朝鮮'은 아침 해가 돋는 나라, 햇빛이 찬란한 나라라는 것이다. 심지어 이런 내용의 글도 많이 보았다. 북한 <애국가>의 첫 구절은 '아침은 빛나라 이 강산'이다. '朝鮮' 두 자를 아침과 빛나다로 이해하고 쓴 가사임이 틀림없다.

중국인들도 이 견해를 인정하며 지금 사람들은 '朝鮮cháoxiǎn' 두 자를 틀리게 음독音讀한다고 주장한다. '朝' 자가 아침의 뜻이면 '조정朝廷'을 뜻하는 2성 'cháo'로 읽을 것이 아니라 아침을 뜻하는 1성 'zhāo'로 읽어야 하며 '鮮'도 적다는 의미의 3성 'xiǎn'으로 읽을 것이 아니라 선명하다는 뜻의 1성 'xiān'으로 읽어야 하므로 '朝鮮'을 'zhāoxiān'으로 읽어야 맞는다는 것이다. 이런 견해는 얼핏 보기에는 그럴듯하지만 사실은 믿을 수 없다.

우선 '朝鮮'의 이런 해석법은 이성계李成桂가 세운 조선왕조 이후부터 나온 말이다. 사실 '조선朝鮮'이라는 고유명사는 기자箕子조선설까지 거슬러 올라가면 중국의 상나라, 주나라 때에 이미 있었다. 그런데 2,000여 년 전에 쓰여진 사마천司馬遷의 <사기史記 · 조선열전朝鮮列傳>에도 '아침 해가 찬란한 나라'를 운운한 적이 없다. 한국의 역사 문헌 <삼국사기三國史記>나 <삼국유사三國類事>에도 조선을 '아침 해가 찬란한 나라' 식으로 언급한 적이 전혀 없다.

중국 문헌 이십사사二十四史에는 나타나는 고유명사(인명, 지명)마다 어떻게 읽는가, 무슨 뜻인가 하는 해석을 하고 있다. 삼국시대의 장연張宴은 '조선에는 습수濕水, 열수洌水, 산수汕水가 있는데 그들은 열수에 합류한다. 낙랑樂浪, 조선은 이런 강 이름에서 따온 듯하다'라고 하였다.44) 당대唐代의 사마정司馬貞은 진일보하여 '산수汕水가 있으므로 조선이라 부른다.'라고 하였다. 당나라의 다른 한 학자 장수절張守節은 '朝鮮'에 'cháo xiān'으로 음을 달았다.45)

'汕' 자는 옛날 'shàn', 'xiān' 두 가지 발음이 있었다. '鮮'을 'xiān'으로 읽는다고 하더라도 '汕'에서 왔으므로 강 이름이지 '찬란하다'와 관계가 없을 것이다. 옛날 고장 이름이 많이는 강 이름과 관계된다는 것을 고려할 때(한양, 한강의 북쪽; 낙양, 낙수의 북쪽; 하북, 황하의 북쪽 등) '朝鮮'의 어원에 관한 상기 장연, 사마정, 장수절의 설이 맞을 확률이 높다.

'鮮xiān'의 원 뜻은 물고기의 총칭이다. '鮮' 자의 구조를 보면 '魚'와 '羊'의 결합인즉 아마 '생선고기'라는 뜻이 확실할 것이다. <노자老子> '治大國若烹小鮮(나라를 다스림은 물고기를 끓이는 것과 방불하다)'가 鮮 자의 본뜻을 쓴 예이다. 이 본뜻으로부터 '활어', '생선회', '금방 잡은 짐승의 고기', '생신한 음식', '신선하다'…이런 식으로 뜻이 파생했다.

먼 옛날에는 '鮮' 자의 기본 뜻이 물고기이기 때문인지 '鮮' 자를 지명으로 쓴 예를 찾아볼 수 없다. 만약 조선의 '선' 자가 汕에서 온 것이 아니라 본래 '鮮' 자였다면 변방을 오랑캐라고 비하하던 중국학자들이 굳이 비하하는 말 '鮮'을 그대로 쓰면 썼지 구태여 '汕'에서 왔다고 할 이유가 없다.

언어는 약정속성約定俗成을 원칙으로 한다. '朝鮮' 두 자를 천하 사람이 다

---

44) <史記·朝鮮列傳> 주해: <集解> 張宴曰: '朝鮮有濕水, 洌水, 汕水, 三水合爲洌水, 疑樂浪, 朝鮮取名於此也。' 司馬貞의 주해: <索引> 案: '朝音潮, 直驕反. 鮮音仙. 以有汕水, 故名也。汕一音訕。'

45) <史記·朝鮮列傳> 주해 장수절의 <정의> 왈: 조선은 '潮仙二音.'

'cháoxiǎn'으로 읽으므로 상기의 문제점이 있더라도 이 음으로 읽는 것이 마땅하다. 구태여 고쳐 부르는 것은 언어 취급의 원칙과 너무나도 어긋난 다. 하물며 이렇게 고쳐 읽을 확실한 근거도 없으니 더 말할 것도 없다.

⑨

出版物에 漢字를 섞어 쓰자

지금 韓國에서는 漢字를 배우고 出版物에 섞어 써야 한다는 見解와 漢字를 배울 必要가 없거나 배우더라도 出版物에 標記할 必要는 없다는 두 가지 見解가 팽팽하게 對立되고 있다. 筆者는 韓國人이나 中國 朝鮮族이 漢字를 반드시 배워야 할 뿐만 아니라, 出版物에 漢字를 섞어 써야 한다고 본다.

韓國語에 漢字語가 58% 程度 되는데 漢字를 모르면 그 語彙를 攄得하고 理解하는 데는 限界가 있다. 또한 誤解의 所持도 있다. 이 點은 漢字를 배우는 것을 拒否하는 사람도 認定하리라 믿기 때문에 더 말하지 않고 割愛한다.

中國 河南省 黃河 流域 卽 中原 地域의 民族이 세운 나라가 夏고, 東方民族이 中原으로 쳐들어가 세운 나라가 商이며, 西方 民族이 中原으로 쳐들어가 세운 나라가 周다. 漢字는 商 때 發生, 發展한 文字이다. 商을 세운 東夷民族에는 우리 韓民族도 包含돼 있으므로 漢字는 우리 韓民族도 參與하여 創造하고 發展시킨 文字이다.

昨年 韓國이 유네스코에 端午節을 人類文化財로 申請했을 때의 일이다. 많은 中國人들이 端午節은 中國의 文化財인데 韓國이 廉恥 없이 훔쳐서 自己네 것으로 遁甲시켜 申請한다고 揶揄 하였다. 端午節은 屈原을 紀念하기 爲한 名節이며 그때는 韓國과 中國이 다 周나라의 範圍 안에 들어있었으므

로 亦是 韓國의 名節이라고 보아야 한다. 따라서 春秋時代 晉나라 文公 때의 介子推를 追慕하기 爲하여 생긴 記念日—寒食도 亦是 韓國의 名節이다.

最近 韓國의 濟州道가 單獨 나라로 갈라져 이를테면 濟州共和國으로 되었다고 假定해보자. 몇 百年이 지난 후 濟州共和國 사람들이 '8·15 光復節은 大韓民國의 名節이지 濟州共和國의 名節이 아니다'라고 하면 얼마나 荒唐한가? 漢字의 發明權을 中國人에게만 局限시키는 것은 濟州共和國이 光復節의 所有權을 抛棄하며 大韓民國에 주는 主張과 같이 어리석은 發想이다.

韓國 漢字, 漢字語의 發達史를 보면 11世紀(中國은 宋, 韓國은 高麗) 前에는 中國의 漢字, 語彙와 같았고 11世紀 後부터는 中國語와 離脫하여 自體로 發展시켰다. 11世紀 後부터 漢字와 그 語彙는 中國과 韓國 兩側에서 제 各其 發展시켰다. 卽 漢字는 남의 글이 아니고 우리의 글이며, 漢字語도 남의 言語가 아니고 우리의 言語이다. 漢字를 남의 文字로 보고, 漢字 學習을 重視하는 것을 事大主義 表現으로 보는 그릇된 見解를 優先 批判하고자 한다.

象形文字를 基礎로 한 漢字는 表意性 外에도 長點이 많다. 文字는 데이터를 담는 그릇이라고 할 수 있다. 字母文字 이를테면 영어 등은 線形 그릇이고 漢字는 面形 그릇이다. 1미터 길이의 빨랫줄에 제비가 5마리 앉을 수 있다면 같은 길이에 일정한 너비가 있는 널板에는 제비가 10마리 앉을 수 있다. 英字는 빨랫줄에 恰似하고 한글도 고작해야 좀 굵은 빨랫줄에 不過하다. 그러나 漢字는 널판이다. 유엔의 같은 文書 中 中國語 文書가 가장 얇다고 한다. 漢字에 이런 長點이 있기 때문에 漢字로 新生語를 創造하기 아주 쉽다. 萬若 漢字를 섞어 쓰면 한글도 좀 널찍한 띠 구실을 할 수 있으므로 데이터를 담는 더 좋은 그릇이 될 수 있다. 또한 漢字를 빌려 新生語를 創造할 수 있기 때문에 우리에게 더욱 생소한 英語 外來語를 그토록 많이 쓸 必要가 없어진다.

'漢字가 좋기는 한데 배우기 너무 어렵다', '初, 中校 學生이 배우는 科目이 너무 많아 힘이 벅찬데 漢字까지 배우며 時間을 虛費할 必要가 있는가?'

이는 近視眼的인 見解이다. 知識이나 技術 中 쉽게 배울수록 사용할 때 損害를 보고, 어렵게 배울수록 사용할 때 得을 보는 것이 있다.

中國에 컴퓨터로 漢字를 타이핑하는 全拼이란 方法이 있다. 例를 들면 '壯' 자를 그 發音에 나타나는 6個 拼音字母 'z, h, u, a, n, g'을 각각 타이핑하고 떠오른 23個 글字 1裝2莊3狀4撞5壯6妝7椿8幢9僮10奘11漴12戇13戇14奘15庄16樁17漴18糚19壵20奘21獞22莊23粧 가운데 하나를 選擇하면 '壯' 字가 입력된다. 이런 方法은 너무 쉬워 10分 안에 배울 수 있다. 五筆字型의 입력 方法은 퍽 어려워 約 2個月 걸려야 배우고 익숙해질 수 있다. 그러나 實際 입력할 때 五筆字型의 方法은 全拼의 方法보다 約 6倍 빠르다. 배울 때 2個月 虛費한 時間을 사용할 때 그의 數百, 數千 倍를 되찾게 된다. 漢字는 바로 이런 類型에 속한다. 어릴 때 漢字를 배우느라 消費된 時間을 커서 사용할 때 그의 數十, 數百 倍의 利得을 보게 된다.

살기 어려운 옛날에는 몇 千 個의 漢字를 배우기도 쉬운 일이 아니었다. 그러나 지금은 누구나 學校에 다닐 수 있고, 中國은 初等學校 段階에 이미 3,500 個의 漢字를 터得할 수 있으며 高等學校를 卒業하면 6,000 字를 배운다. 3,500 字를 알면 新聞보고 웬만한 冊 보고 社會生活을 하는데 充分하다. 韓國 사람으로서는 약 2,500 字 程度 알면 充分한데 初, 中校 學生이 2,500 個의 漢字를 배우기는 아주 쉬운 일이다.

'漢字는 10萬 字도 넘으며 平生 배워도 못다 배운다던데'라며 筆者의 말에 反論을 提起하는 사람이 있을 듯하다. 筆者는 中華書局 辭典部 責任者로 일하면서 辭典과 字典의 編輯을 專門하고 있었던 적이 있으므로 이 面의 事情을 잘 안다. 지금 中國에서 漢字가 가장 많이 收錄된 字典은 필자가 勤務하고 있는 中華書局에서 出版했으며 필자도 參與하여 만든 <中華字海>다. 약 7萬5千字가 收錄되어 있다. <康熙字典> <中華字典> <漢語大字典>이 세 個 字典에는 約 4萬7千~5萬7千字가 收錄되어 있고. 事實 漢字는 같은 글자를 異體字, 正字, 略字, 古字, 今字, 俗字 等으로 이리저리 다르게 쓰기 때문에 그 숫자가 많지 이런 요소를 빼면 總 3萬 字도 안 된다. 그中 約 折半은 별로 쓰이지 않는다. 文史哲을 專門 硏究하는 學者도 8,000~10,000 字를 알면 괜찮다.

'劃數 많은 漢字, 쓰기 여간 번거로운 일이 아니다'라는 時代도 이미 지났다. 20世紀 70~80年代에 漢字의 컴퓨터 입력이 開發되었을 뿐만 아니라 오히려 英文 입력보다 더 빠른 程度이다. 五筆字型 등 빠른 方法이 開發되었고 또 中文은 單語나 單語結合을 壓縮하여 입력하는 方法이 있기 때문이다. 英文은 壓縮입력이 不可能하다. 옛날에는 펜으로 글을 썼는데 지금은 컴퓨터로 글을 쓰는 것이 爲主이다. 하여 漢字는 英字나 한글과 큰 差別 없이 쓰기 쉬워졌다.

漢字를 배우기만 하고 出版物에 쓰지는 말자는 見解도 筆者는 反對한다. 北韓에서도 漢字를 배운다. 筆者에게 北韓의 漢文 敎科書가 한 권 있다. 그러나 出版物에 漢字를 전혀 쓰지 않기 때문에 漢字를 헛배웠다. 北韓에서 漢字를 배운 적이 있다는 많은 젊은이들에게 筆者의 名銜을 보였는데 알아보는 자가 한 사람도 없었다. 筆者의 姓名 '鄭仁甲' 석 字, 特히 '仁甲' 두 字는 너무 흔히 쓰며 書寫하기도 쉬운 글이다. 이것도 모른다면 漢字를 전혀 모른다고 해도 過言이 아니다. 이는 北韓에서 出版物에 漢字를 전혀 쓰지 않기 때문에 배운 漢字를 잊어버려 생기는 現象이다. 出版物의 性格에 따라 쓰는 漢字의 範圍를 달리할 必要는 있지만, 800~2,500字 範圍에서 漢字를 出版物에 頻度 높게 써야 한다고 본다.

19世紀 末부터 中國에는 漢字를 알파벳으로 改革하자는 思潮가 생겼으며 그 힘이 대단히 컸다. 毛澤東도 '文字는 改革해야 하며 世界 民族처럼 알파벳을 써야 한다'라고 呼訴하였다. 그러나 漢字 알파벳 化를 反對하는 사람도 줄곧 만만치 않았으며 100餘年의 爭論 끝에 컴퓨터 입력 成功을 契機로 反對하는 主張이 끝내 이긴 셈이다. 萬若 100年 前에 疏忽히 漢字를 알파벳 化하고 근 4,000年의 歷史가 있는 漢字를 抛棄하였더라면 얼마나

큰 損害를 보았을지 모른다.

韓國은 1967年 軍事政權 下에서, 한글 專用 法案이 通過되었고, 그보다 앞선 1948年 李承晩 政權 下에 國會에서 '公文書는 한글로 쓴다.'라는 單 한 줄의 한글 專用 法案이 通過되었다. 數千 年의 歷史를 가진 文化 遺産을 하루아침에 버리는 韓國의 이런 處事는 너무 輕率하였다.

本文은 韓國人과 中國 朝鮮族을 相對로 쓴 글이다. 中國 朝鮮族 出版物에 왜 漢字를 섞어 쓰지 않는지 도저히 理解가 가지 않는다. 또한 本文은 出版物에 漢字를 섞어 쓰자는 見解를 主張하는 文章이므로 일부로 漢字를 섞어 써 보는 바이다. 讀者들의 諒解를 求한다.

[10]

한국인은 중국어를 쉽게 배울 수 있다

지금 한국인이 중국으로 밀물처럼 들어오고 있다. 2006년 중국에 장기 체류하는 한국인이 이미 70만 명에 달했고 중국을 드나드는 한국인이 390만 명을 돌파했다. 2008년 북경 올림픽이 끝난 후 중국에 장기 체류하는 한국인이 100만 명을 돌파했으며 중국을 드나드는 한국인이 600만 명에 근접한다. 여기에 대두되는 가장 절박한 문제가 중국행 한국인들이 어떻게 중국어를 배워내는가다. 20대까지는 괜찮지만 30대 이상이 문제다.

중국어는 고립어이므로 가장 배우기 쉬운 언어이다. 한자 배우기가 좀 어렵지만 40대 이상의 웬만한 한국인이면 한자를 800자 정도는 안다. 이런 사람들이 중국어를 쉽게 배울 수 있는데 쉽게 가르치는 교재와 교사가 없는 것이 유감이다. 필자는 평생 중국어를 연구해 왔으며 마침내 한국인에게 중국어를 쉽게 가르쳐주는 방법과 교재를 고안해냈고 여러 번 실천에 옮겨보기도 하였다.

　a. 언어를 배우는 데는 특수로부터 일반(방법1), 일반으로부터 특수(방법2) 두 가지 방법이 있다. 1은 한 마디, 한 마디의 말을 수없이 배우면 문법이 저절로 알려지는 방법이고, 2는 문법의 틀에 맞추어 교재를 편찬하고 과문을 만드는 방법이다. 나이가 어릴수록(15세 좌우까지) 방법1을 써야 하고 나이가 많을수록(26세부터) 방법2가 좋다. 16~25세는 방법1과 방법2를 병용하여야 한다.

　나무의 정체를 아는 데는 두 가지 방법이 있다. 잎을 하나하나 따 버리니 그 나무의 정체가 알려지기 시작한다. 톱으로 나무그루를 베어 잎이 말라 떨어지면 그 나무의 정체를 이내 알 수 있다. 방법1은 잎을 따는 방법이고, 방법2는 그루를 베는 방법이다.

　중국어 문장을 고도로 귀납하면 계사系詞 '是'가 술어인 '他是韓國人(그는 한국인이다)', 형용사가 술어인 '他高興(그는 기쁘다)', 동사가 술어인 '他吃(그는 먹는다)' 세 가지밖에 없다. 이 기초 위에 체언에는 한정어가 붙고, 용언에는 부사어(술어 앞)와 보어(술어 뒤)가 붙는다. 이상이 진술문陳述文이다. 이 외에 몇 가지 의문문疑問文, 부정문否定文, 시태時態를 나타내는 방법, 이렇게 약 20가지 문장을 익히면 중국어 문법을 끝내준다. 약 100시간, 3개월이면 마스터할 수 있다.

　'몇 천 개의 단어를 익혀야 하고 발음과 성조聲調를 장악하기도 어려우므로 몇 년은 걸릴 텐데'라며 필자를 면박할 것이다. 쉬운 방법이 많다. 이를테면 한국어 한자어에서 'ㄴ, ㅁ, ㅇ'이 종성終聲(받침)인 글자 및 단어를 그대로 써먹어도 대충 중국어이다(단 받침 ㅁ을 ㄴ으로 읽어라). 예: 반장, 황량, 방면, 낭(랑)만, 민진당, 중심(신), 산림(린),…그대로 읽어도 중국인들이 대충 알아듣는 중국어가 된다. 이렇게 단어, 발음, 성조 등을 쉽게 장악하는 비결을 필자는 10가지를 고안해냈다.

　필자는 젊었을 때 모태주茅臺酒를 가끔 두어 잔씩 얻어 마시곤 하였다. 10

년 이상 마셨지만 모태주 맛이 어떤지 감이 잡히지 않았다. 후에 한 번에 반병씩 여러 번 마시니 이젠 모태주 맛을 안다. 가짜로 필자를 속일 수 없는 정도가 되었다. 언어를 배우는 방법1은 가끔 두어 잔씩 마시는 격이고, 방법2는 단번에 반병씩 마시는 격이다. 필자의 교재는 중국어 문법 한 가지를 장악시키기 위하여 보통 20~30개의 문장으로 과문을 꾸며 놓았다. 단번에 철저히 장악할 수 있다. 다시 말하면 나이가 많을수록 언어를 훈련의 방법으로 배워야 한다. 훈련의 방법이란 같은 내용을 여러 번 반복하는 방법이다.

언어를 잘 가르치려면 a. 그 언어의 구어口語를 잘 구사할 수 있어야 하고, b. 그 언어의 문법을 잘 알아야 하며, c. 일반언어학 즉 언어과학을 장악해야 한다. 한국인 중국어 교사는 대부분 중국어 구어를 잘 구사하지 못하고, 중국인 중국어 교사는 대부분 문법을 잘 모르며, 한국 교사나 중국 교사나 언어과학을 아는 사람이 별로 없다. 이것이 현재 중국어 교학상의 큰 문제점이다.

필자가 말하는 대상자는 a. 26세 이상이어야 하고, b. 한자를 좀 알아야 하며 c. 지력상수(IQ)가 보통은 되고 문법을 개념적으로나마 알아야 하며, d. 한자어 어감이 있어야 한다('물수건' 하면 '물'은 고유어이고 '수건'은 한자어 '手巾'이라는 정도는 알아야 한다).

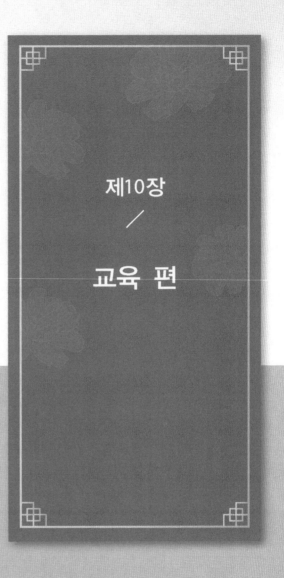

제10장

/

교육 편

중국 대학의 랭킹

"중국의 대학 중 어느 대학의 수준이 가장 높은가?"라는 질문을 한다면 "종합대학은 북경대학北京大學이고 공과대학은 청화대학清华大学이다"라고 대답하면 틀림없을 것이다. 그러나 중국 대학의 랭킹에 대해 이런 정도로만 알면 편파적이라고 강조하고 싶다. 왜냐하면 중국의 대학에는 '학과별·전공별 랭킹'이라는 개념이 강하기 때문이다. 전체적 수준이 높은 대학이라고 해도 어떤 학과, 어떤 전공은 수준이 낮을 수 있고, 전체적 수준이 낮은 대학이라고 해도 어떤 학과, 어떤 전공은 수준이 높을 수 있다.

예를 들어 북경대학의 본과에 48가지 학과, 125가지 본과전공이 있다. 그중 일부 학과만 랭킹 1위다. 중문학과, 물리학과, 철학과, 역사학과 등은 랭킹 1위이지만 그중 어떤 학과 또는 어떤 전공은 랭킹 1위라고 찍어 말하기 곤란하다. 중문학과 안의 어학전공은 당당한 랭킹 1위이지만 문학은 복단대학复旦大学 중문학과의 문학전공과 수준이 비슷하다. 물리학과 안의 반도체 전공은 길림대학吉林大学보다 못하다. 영어학과의 구어口语는 북경제2외국어대학보다 못하다.

청화대학에는 58가지 학과, 80가지 본과전공이 있다. 건축학과, 환경학과, 수리水利학과, 컴퓨터학과, 자동제어학과, 핵물리학과, 생명과학과 등 랭킹 1위가 많지만 레이저전공은 창춘광극학원长春光激学院보다 못하다. 청화대학의 근년에 설치한 인문 유의 중문학과나 법률학과, 신문학과는 그 수준이 별것 아니다. 공과대학인 동북대학东北大学은 매우 평범하지만 야금 전공만은 랭킹 1위다. 종합대학인 하문厦门대학도 시원치 않지만 인류학 전공만은 1위이다. 하북대학河北大学은 3류도 되나마나 하지만 송사宋史전공만은 수준에 꼽힌다.

대학 전체적이나 학과별·전공별의 랭킹은 불변하는 것이 아니다. 1970
년대까지 종합대학 중 남개대학南开大学은 랭킹 5위 안에 들었고 남경대학南
京大学은 랭킹 10위도 되나마나 했지만 지금은 남경대학이 3위 정도 되고
남개대학은 10위쯤으로 밀려났다. 북경대학 중문학과의 문학전공도 원래
당당한 1위였는데 지금은 복단대학 중국학과의 문학전공과 비슷한 추세를
보인다. 랭킹 1위가 변함에 따라 나라에서 주는 연구비용도 물론 새로 데
뷔한 1위로 옮겨진다. 몇 년에 한 번씩 재평가하는가 아직 제도화되지는
않았다. 그러나 재평가 시기가 되면 각 학교에서는 만반의 준비를 한다. 경
쟁을 통한 이런 변화는 중국의 교육과 학술의 발전을 크게 촉진하므로 한
국이 따라 배울 점이다.

　　14억 인구의 중국에서 어느 학술 분야의 권위가 되기는 쉬우면서도 어렵
다. 랭킹 1위의 전공에 그 분야 일인자 교수의 박사학위를 딴 후 10년쯤 지
나면 학계의 권위자로 될 수 있다. 그렇지 않으면 평생의 노력을 해도 권위
자가 되기 힘들다. 그러므로 북경대학이 제아무리 좋다고 해도 그 학교에
자기가 하고자 하는 학술 분야의 1위 전공이거나 교수가 없으면 부득불 다
른 학교를 택해야 할 것이다.

　　학과별·전공별의 랭킹 1위가 각 학교로 산산이 흩어진 원인도 주요하
게 각 학술 분야의 일인자가 산산이 흩어져 있기 때문이다.

　　한국의 상황을 보면 덮어놓고 서울대학이 제일이다. 보통 한국 사람들은
한국식으로 중국을 생각하여 "어느 학교를 지망하느냐?"라고 물으면 주저
없이 "물론 북경대학에 다녀야지"라고 대답하는데 이것은 그릇된 생각이
다. 중국문학을 하려면 반드시 북경대학에 어렵게 비비고 들어갈 필요는
없다. 어쩌면 복단대학이 북경대학과 같거나 더 나을지도 모른다. 러시아어
를 배우려면 무명의 흑룡강대학黑龙江大学이 최고다.

　　필자가 위에 말한 랭킹은 약 10년 전까지의 랭킹이고 지금의 랭킹은 좀
변했을 것이다.

2

한국인의 중국유학

외국 유학생에 대한 북경대학, 청화대학 입시 시험을 앞두고 필자는 많은 한국인과 만난 적이 있다. 그들이 중국 교육에 대하여 모르는 것이 너무 많다는 생각이 들어 이에 관한 견해를 말고자 한다.

'중국유학에 북경대학, 청화대학에도 들어가지 못하면 될 말인가?' 이는 한국인들의 상투적 말이지만 너무나 어처구니없다. 중국 요령성遼寧省은 인구나 교육수준이 한국과 비슷하다. 매년 이 두 대학에 붙는 학생 수가 100명 좀 넘으며 금년은 137명이다. 그렇다면 한국의 고교 졸업생 중 북경대학, 청화대학에 붙을 실력을 가진 자가 1년에 100~137명밖에 안 된다는 말이다. 그러니 한국의 말단 대학도 붙지 못한 자들이 북경대학, 청화대학 외에는 거들떠보지도 않는다는 것이 말이 되는가!

위 요령성의 경우, 최고학부로부터 말단 대학까지의 입학생이 금년의 예로 15,000여 명이다. 즉 한국 서울대, 고려대, 연세대의 한 해 입학생 정도이니 한국에서 이 세 개 명문대학에 붙지 못한 자는 요령성에서 대학입시 시험을 치르면 중국의 말단 대학에 붙을 실력도 안 된다. 한국의 말단 대학도 붙지 못한 자들은 더 말할 여지도 없지 않은가!

그러면 한국의 말단 대학도 붙지 못하고 북경대학, 청화대학에 입학한 한국 유학생들의 학습상황은 어떠한가? 중국 학생과 같이 취급하면 100점 만점의 시험에 8~20점밖에 맞지 못한다. 외국인이므로, 또한 임시 버는 돈에 눈이 어두워 학교 당국은 제명도 안 하고 시험문제도 쉽게 내며 졸업장도 준다.

금년 청화대학의 수학, 물리, 화학 시험문제를 보니 대학에 붙지 못한 중국 학생 중 좀 우수한 학생이면 다 90점 이상 맞을 정도로 쉬웠다. 300점

만점에 180점이면 입학이 가능하지만 역시 붙어도 따라가기 힘들다. 이전에는 청화대학에 입학한 한국 학생 절대 대부분이 중도 자퇴했다.

그런데 3과목에 100점도 안 되는 자들이 입학하려고 안간힘을 쓴다. '눈요기라도 하게 청강생으로 받아주면 어떤가?'라는 필자의 제의에 학교 측은 단호히 반대한다. 이전에는 중도 자퇴하던 것이 지금은 억지 쓰며 안 나간다는 것이다. 또 학과 측과 담임선생들의 반발이 너무 심하다는 것이다.

<예기禮記·학기學記>에 '學不躐等'이라는 말이 있다. 즉 공부는 거쳐야할 단계를 뛰어넘지 말라, 수준에 맞게 가르치라는 뜻이다. 한국에서 말단 대학도 붙지 못하고 HSK도 6급을 따나 마나 한 수준에 명문대학에 입학하면 그 수업이 소경 난물 구경에 불과하다. 그럴 바에는 HSK도 8급 이상 따고 수준이 좀 낮은 대학에 가서 공부하는 것이 퍽 효과적일 것이다.

금년 한국 유학생 입시 시험의 예로 많은 사람이 청화대학의 법률학과, 신문학과, 중문학과에 시험을 치렀다가 미끄러져 인민대학人民大學으로 가라고 권하니 시시한 대학에 왜 가겠느냐는 자세다. 한심하기 짝이 없다. 청화대학의 중문학과는 1985년에 건립되었지만 1994년부터 본과생을 모집하였다. 그전에는 공과 학생에게 선택과목으로 중문을 가르쳤을 뿐이다. 역사가 짧기 때문에 수준상 중국대학 중문학과 랭킹에서 한참 뒤로 떨어진다. 당연 인민대학의 중문학과보다 한참 떨어진다.

만약 한국의 국어학과와 비교하면 인민대학의 중문학과가 고려대학의 국어학과 정도라면 청화대학의 중문학과는 어느 지방대학의 국어학과 정도나 될까. 역사가 짧은 법률학과나 신문학과는 더 말할 것도 없고. 인민대학의 법률학과는 청화대학의 법률학과보다도 수준이 퍽 높다.

만약 당신이 법률학과를 졸업하고 중국에서 변호사 사업을 한다고 하자. 어떤 경제사건으로 법원, 검찰원 등과 거래할 때 가는 곳마다 해당 기관을 좌지우지하는데 인민대학 출신은 많지만 청화대학 출신은 하나도 보이지 않는다고 할 때 당신이 어느 대학을 졸업했어야 더 편리하겠는가? 앞으로 대학을 고를 때 전공별 랭킹이라는 각오가 따랐으면 하는 바람이다.

어떤 사람은 이 내막을 알면서도 청화대학에 파고든다. 학문을 배우는 것은 차치하고, 또한 장래 사회에 나가 써먹는 것도 불문하고 학교만 좋으면 된다는 것이다. 즉 쓴 개살구라도 빛만 좋으면 된다는 뜻이겠다. 알고 보면 이런 사람들은 공부할 생각이 전혀 없는 자들이다. 이런 허위 명예심만 품고, 공부는 하지 않고 돈만 탕진하며 한국인의 이미지만 깎는 사람이 없었으면 하는 바람이다.

자녀를 청화대학에 보내야겠다고 하도 고집하여 물은즉 '공부도 공부지만 좋은 동창을 사귀어야 하지 않겠느냐'라고 한다. 지금 중국 정계의 고위층에 청화대학 졸업생이 많으니 앞으로 그 덕을 보겠다는 뜻이다. 이것 역시 상식 이하의 말이다. 중국에는 한국이나 일본과 같은 동창문화가 없다. 같은 학교를 졸업한 동문 간에 친근감이 다소 있을 수는 있지만 그것으로 끝난다.

어느 동문 선배가 후배를 찾아가 '여차여차한 일이 있는데 좀 도와 달라'라고 하면 그 후배는 의례 깍듯하게 절을 하며 '네, 선배님! 제가 알아서 해 드리겠으니 걱정 마십시오.'라고 한다. 한국 사람의 이런 장면을 우리는 종종 목격하게 되는데 중국 사람에는 이런 일이 없다. 동문에 친한 사이가 겹치면 몰라도 오로지 동문이라는 명목으로 이런 부탁을 하거나 받아주기는 쉽지 않은 일이다. 깍듯이 절을 한다는 것은 근본 있을 수 없는 일이고.

사실 중국에서 동문 간은 공감대보다 라이벌이라는 의식이 더 강하다. 같은 직장, 같은 부문에 있을수록 이런 라이벌 의식은 더욱 심하다. '내가 승진하는데 언젠가는 저놈이 걸림돌이 될 것이 아닌가?'라는 식으로 말이다. 중국에서는 오히려 향연이 학연보다 더 작용할지 모른다. 동창문화도 없는 중국에서 진학을 고려할 때 한국의 동창문화를 앞세우는 식의 사고방식을 없앴으면 한다.

절대 대부분의 한국인이 중국에 유학 오는 목적은 중국 관계 분야에 취업하거나 중국에서 개인 사업을 하려는 데 그 목적이 있을 것이다. 그러나 너무 많은 한국인이 오므로 이런 목적을 달성하기 불가능하다. 1990~2002년, 한국인의 중국유학을 시작하여 10여 년간 북경시의 외국 유학생은 도합 2,700명 정도였다. 불과 5년 정도 지났는데 한국 유학생만 5,000명이나 되며 지금은 중국 전역에 한국 재학생이 6만 명 정도라고 한다.

한국 국내에도 약 80개 대학에 중문학과 또는 중국학과가 있다. 평균 한 학교에서 해마다 40명만 모집한다고 해도 해마다 3만여 명을 모집, 졸업하게 된다. 여기에 중국유학 한국인까지 더하면, 4천만 한국의 중문학 및 중국학과 졸업생이 13억 중국의 중문학과(사범대학의 중문학과 제외) 졸업생과 비슷하다. 이런 현상을 정상으로 볼 수 있단 말인가!

그러나 중국에 진출한 한국기업들은 인건비 등 때문에 보통 한국인을 아주 적게 쓰고 대부분 한족과 조선족을 쓴다. 즉 중국어를 배우거나 중국유학을 한 후 중국 관계 직장에 취업하기는 천군만마가 외나무다리를 건너는 격으로 어렵다. 이런 큰 모험이 따르는 무모한 전도를 선택할 필요가 있단 말인가?

지금 초·중학교부터 중국에 유학 오는 한국인이 부쩍 늘고 있다. 필자가 꾸리고 있는 초등학교만 해도 3년 안에 한국 학생이 누계 40명쯤 될 정도이다. 필자는 조기유학을 부정하고 싶다. 그들이 한국에서 공부를 몇 년 했거나, 과외로 한글을 배웠거나, 한국말을 안다고 해도 한글로 된 책이나 서류를 알아볼 줄 모르고 한글로 문장을 쓸 줄은 더더욱 모른다. 즉 한글로는 반 문맹에 불과하다. 만약 그가 중국 또는 세계적인 대가大家가 되면 몰라도 그렇지 않으면 절름발이 인생에 불과하다. 14억 중국에 인구를 한 명 더해준다고 해서 무슨 의의가 있으며, 한글도 바로 모르며 사업을 한들 얼마나 잘 할 것인가!

중1부터 중국유학 2년만 하고, 중3부터는 한국에 가서 완벽하게 고등학교나 대학을 졸업하고 다시 중국에 유학 오면 훨씬 나을 듯하다. 과학적 근거에 따르면 14세 이전에 배운 다른 민족의 말은 자기의 모어로 될 수 있다. 중1 때 유학하여 2년 정도면 기본적으로 중국어를 마스터할 수 있다. 그 후 한국에 가서 공부하며 방학 때 자주 중국에 와서 중국어 단기 연수에 참가하거나 아니면 1개월 코스 정도의 중국 관광을 해도 충분한 복습이 된다. 이런 방법이면 한국어나 중국어에 모두 유능한 인재로 될 수 있을 것이다.

③

학과에 대하여

학과學科란 무엇인가? 한국의 사전에는 대개 '교수 및 연구의 편의를 위하여 구분한 학술의 과목'으로 돼 있다. 중국의 사전에는 보통 '①성격에 따라 구분된 학문의 부류, ②교수의 편의에 따라 설치한 과목'으로 나와 있다. 아래에 개념상의 혼란을 피하기 위하여 ①에 해당하는 개념은 '학과'로, ②에 해당하는 개념은 '계系'로 구별하여 서술한다.

한국에는 가정학과가 있고, 구미 어떤 나라에 유머(humour) 과목이 있다고 하는데, 과연 이것이 철학과나 수학과 등과 대등한 자격의 학과로 취급될 수 있는가? 필자의 대학 시절 중국 문헌사 과목 손흠선孫欽善 교수의 말에 따르면 다음과 같은 다섯 가지 조건이 구비되어야만 성숙한 학과라고 인정을 받을 수 있다.

첫째, 해당 학술단체가 있어야 한다. 둘째, 해당 학술지가 있어야 한다. 셋째, 해당 학술 서적이 도서목록에 나타나야 한다. 넷째, 해당 학자 내부에 학술 관점 상의 차이로 서로 다른 파벌이 있어야 한다. 다섯째, 대학의 본과本科 단계에 해당 학과를 취급하는 계나 전공, 과목이 있어야 한다. 이

조건에 의하면 한 개의 학과로, 그것도 성숙한 학과로 인정받기는 그리 쉬운 일이 아니다. 한두 가지가 미비해 '아직 성숙하지 못한 학과' 취급을 받을 수는 있지만.

중국어학이 중국에서는 학과 취급을 받을 만한 조건이 당당하게 구비되어 있다. 언어학연구회, 음운音韻학연구회, 훈고訓詁학연구회, 방언학연구회 등 네 개 어학 단체가 있으며 각각 5백 명 정도의 회원과 비정기 학술지를 가지고 있다. 어학 전문 월간지 <중국어문中國語文>은 근 70여 년의 역사를 가지고 있으며 그 외 비정기 어학간행물도 10여 종 있다. 도서목록에 단독 자리가 있는 것은 물론이다. 음운학은 청나라 때 벌써 고고파考古派와 심음파審音派로 갈라졌고 현대중국어 문법은 사회심리학파와 구조주의 학파로 갈라져 있다. 북경대학과 복단대학의 중문계에 한어 전공이 있으며 심지어 북경대학의 한어 전공은 문학, 고전문헌학 등 다른 전공과 배우는 내용, 교수진이나, 연구 분야 등이 완전히 다르다.

중국에서 독립적인 학과로 인정받으려면 적어도 해당 과목이 설치되어야 하는데 이는 그리 쉬운 일이 아니다. 교육부가 엄격한 조사를 거쳐 허가하여야 하기 때문이다. 필자가 북경대학 중문학과 고전문헌 전공에 입학하였을 때 문혁이 금방 끝난 때이므로 도서 출판업이 많이 개방되었으며 우선 중국의 고서를 대량 출판, 판매하기 시작하였다. 북경시 해정구海淀區 서점에서 고서를 판매하는데 구매자가 몇 백 미터 정도 줄을 서서 사는 정도에 이르렀다. 중국 각 출판사에서는 고서출판을 목적으로 문헌학을 아는 인재가 대량 필요하였다. 고전문헌학 전공이 있는 대학은 북경대학뿐이므로 많은 대학이 교육부에 가서 고전문헌학 전공을 설립하겠다는 신청을 하였지만 교육부에서 허가하지 않는다. 그들은 교육부에서 농성까지 하기도 했다.

교육부는 그들 20여 명을 북경대학 중문학과 고전문헌학 전공 즉 필자의 반에 보내 1개월간 같이 수업을 받게 하였다. 1개월간 배우며 그들은 많은 것을 알게 되었다. 문헌학전공에 음운학, 문자학, 고전문헌학, 고서목록학, 판본학, 교감학, 공구서 이용 등 과목이 있는데 허다한 대학은 이런 과목을 가르칠 교수가 없다. 판본학 과목은 배움과 더불어 북경대학 도서관에 가서 宋송판본, 明명판본, 淸청판본을 눈으로 보고 손으로 만져보는데 많은 지방대학은 해당 도시의 도서관에 이런 고대 판본이 거의 없는 상태이다. 그들은 부득불 교육부에 가서 '우리더러 고전문헌학 전공을 세우라고 하여도 우리는 세울 수준도, 조건도 안 되므로 포기하겠다.'라는 말을 남기고 돌아가고 말았다.

만약 유사한 방법으로 한국의 대학을 테스트하면 많은 대학의 중문학과를 교육부에서 허가하지 말아야 당연하다. 그러나 1980~90년대에 한국 각 대학에 중문학과와 중국학과가 우후죽순으로 생겨났다. 지금은 아마 거의 100여 개에 근접할 것이다. 필자가 보건대 조건미달, 수준 미달의 중문학과·중국학과라고밖에 보이지 않는다. 수준 미달이면 학생을 망치는(誤人子弟) 후과를 초래하지 않겠는가?

한국에는 아직 중국어학 학과가 없다. 중국어학 학술단체도 시원치가 않으며 도서목록에 중국어학 서적이 한 자리를 차지하지도 못하고 있고 독자적인 중국어학 간행물도 있는지 없는지 하다. 대학 계에 단독 중국어학 전공은 더구나 없다. 한국에서는 중국어학이 중국문학의 들러리나 부용附庸에 불과하다. 오히려 한문학이 학과 자격으로 중국어학보다 더 성숙한 듯하다. 위에서 거론한 한국의 가정계에서 취급하는 내용이나 구미의 유머 과목도 물론 아직은 학과로 인정할 수 없다.

한국 근 100개 대학에 중문학과 혹은 중국학과가 있으며 재학생 수도 중국의 종합대학 중문계 재학생 수보다 얼마 적지 않다. 그런데 중문계 안에 아직 중국어학 전공이 없는 것은 유감이 아닐 수 없다. 어느 대학의 현명한 총장께서 중국어학 전공을 개설해 한국에서의 중국어학 수준을 한 단계 올리는 데 큰 기여를 했으면 좋겠다.

언젠가 필자는 한국의 선사先史 학자 손보기孫寶基 교수를 모시고 중국도서수출입총회사의 잡지부 창고를 방문한 적이 있다. 손 교수가 필요한 모간행물을 찾기 위해서였다. 정기간행 학술지가 수백 종이나 되므로 손 교수는 깜짝 놀랐다. 이를테면 한국에서는 선사를 연구한 논문을 십 년 정도 모아도 책 한 권이 될까 말까 하는데 중국은 격월 잡지가 두 가지나 되어 1년에 12권 출판하니 중국에 전문 학술지가 얼마나 많겠는가는 짐작할 만하다.

나라가 크고 인구가 많아야 학술 발전, 학과의 세분에 이롭다는 실감이 가고도 남음이 있다. 학문은 인구가 많은 나라의 많은 학자가 집결된 학문의 소용돌이 속에서 탄생, 발전하는 법이다. 낙후된 경제, 교육, 문화에 비해 중국의 학술 수준이 그만하면 괜찮은 원인 중의 하나가 14억의 대국이기 때문이다.

④ 중국 대학의 입시 시험

중국은 해마다 대입시험을 6월 7~9일에 치른다. 중국의 대입시험과 대학생모집 제도는 세계 어느 나라와도 다를 정도로 특이하다.

중국 인구가 14억이며 평균 수명이 70세라면 고등학교를 졸업하는 18세의 인구를 어림잡아 2천만으로 보면 대충 맞다. 그러나 고등학교에 진학하지 못하는 학생이 거의 절반을 차지하고 또한 이러저러한 원인으로 빠지는 자가 있으므로 해마다 대입시험에 참가하는 자는 평균 900여 만이다. 금년(2022년) 대입시험에 참가한 학생은 1,193만 명이다. 이토록 많은 학생이 한날한시에 시험을 치르는 나라가 세계에 또 있겠는가?

중국에서 한 청년이 출세하려면 대입시험을 치른 후 대학을 가는 길밖에 없다고 해도 과언이 아니다. 물론 '대학을 가지 않아도 전도가 있다, 자기 하기 나름이다'라는 목소리도 있지만 아직은 대학에 가는 길밖에 없다는 관념이 압도적으로 우세하다. 이렇게 대학시험을 중요시하기에 대입시험으로 인한 변태적인 일이 생기기도 한다. 작년 대입시험의 상황을 보기로 하자.

어느 수험생의 집이 연못가에 있었는데 개구리의 울음소리가 수험생의 공부에 방해된다며 독약을 뿌려 온 연못 안의 개구리를 몰살시켜 버렸다. 자식의 대입시험 때문에 헤매다가 교통사고로 죽은 부모도 있다. 입시 시험을 앞두고 부친 또는 모친이 사망하였는데 시험공부와 정서에 영향을 끼치지 않게 하려고 시험을 다 치를 때까지 이 소식을 수험생에게 알리지 않기로 했다. 부모와 자식의 결별을 저해한 천륜에 어긋나는 처사겠다.

상해의 한 수험생은 교통상의 원인으로 시험장에 2분 늦게 도착하였다. 규정상 5분 이상 늦어야 시험장에 들여놓지 않는데 감시관이 무리하게 못 들어가게 한 것이다. 이에 수험생의 모친은 젊은 감시관에게 꿇어 엎드려 빌기까지 하였다. 인간의 존엄과 자존심이 여지없이 짓밟힌 사례이겠다.

시험문제에 관하여 '작문'을 운운하지 않을 수 없다. 중국 대입시험의 어문(국어) 시험의 역사를 간단히 말하면 이렇다: 1950~65학번까지는 작문 시험만 치렀다. 즉 100점 만점에 작문만 100점이었다. 서정 산문 한 편과 논설문 한 편의 제목을 제시하면 입시생이 임의로 하나 골라서 작문을 짓는다. 1977학번도 명제 작문을 치렀지만 100점 만점에 50점뿐이었다. 필자가 치른 길림성吉林省 대입시험의 어문시험의 작문 명제는 '10월의 단풍'이었다(논설문 명제도 하나 있었으나 생각이 안 난다).

1978학번부터 50점은 변함없지만 문제의 성격이 변하였다. 약 1,000~1,500자짜리 문장을 제시하고 '이 문장의 주제와 기본 내용을 살리며 300~500자로 압축해 써라' 따위이다. 1977학번의 명제 작문은 그래도 문학성과 예술성의 능력을 발휘할 수 있는 문제이지만 1978학번부터는 순수 글을 다루는 '글재주'에 불과하다. 이렇게 약 20~30년 지속하였다.

최근 몇 년은 다시 명제 작문 비슷하게 돌아왔다. 금년 대입시험의 명제는 이러하다. 강소江蘇 <지혜>, 사천四川 <성실과 총명>, 호북湖北 <분천과 샘물>, 중경重慶 <신체장애자 어머니의 이야기>, 북경 <영웅과 같이 생활한 하루> 및 복건福建 <길> 등이다. 하지만 50점은 변함없다.

대입시험을 어떻게 치르는가는 그 나라 청년 학생의 공부에 직접 영향을 준다. 대입시험에 무엇을 치르면 그 면을 중시하고, 무엇을 치르지 않으면 그 면은 거의 공부하지 않기 때문이다. 당나라 때의 과거시험은 시를 위시한 문학작품을 치렀다. 그러므로 당나라 때 시인이 수없이 배출됐으며 당시唐詩는 중국문학사 중의 가장 찬란한 한 페이지다. 당나라 때 근 300년간 태평성세였기 때문에 나라를 찬양하는 문학작품, 특히 시를 대거 창작할 수 있었다.

송나라는 요遼, 금金 및 서하西夏의 침략으로 내우외환의 나라였다. 그러므로 과거시험에 '책문'이라 부르는, 국책을 운운하는 논설문을 중시했다. 명, 청 때의 과거시험은 '팔고문八股文'에 맞추어 써야 하므로 글 장난에 불과했다. 무료한 문인들만 배출되었으며 청나라 말에는 부득불 과거제도를 폐기하였다.

1950~1965학번은 작문만 치렀기 때문에 그때의 대학생은 명제 문장을 잘 지었으며 웬만한 대학졸업생이면 문학창작이 가능했다. 1977학번은 50점이지만 명제 작문이므로 역시 문학창작의 소질이 좀 있었다. 1978학번부터 지금까지는 작문이 50점뿐이며 명제 작문이 아니므로 학생들의 문장 짓는 열기가 절반 정도였으며 문학의 맛이 나는 글을 더구나 잘 짓지 못한다.

학계에 어문시험을 작문만 치르자는 주장이 없는 것은 아니다. 그러나 전문가들은 이를 부정한다. 해마다 대입시험의 참가자는 1천만 명에 접근하는데 그중 1천분의 2만 고시 전에 작문 명제를 알아맞혀도 2만 명이다. 이 2만 명은 고시 전에 지은 작문을 달달 외웠다가 고시 때 베껴 쓰면 '바보'라고 하여도 어문성적이 100점에 접근할 수 있으며 대학 입학이 가능해진다.

문학은 어디까지나 예술이지 학술이 아니다. 대학 입시 시험에 참가한 자 중 앞날 문학에 종사할 사람은 1%도 되나마나 하다. 이에 반해 앞으로 자연과학을 포함한 학술논문 쓰기, 어떤 서류를 작성하기, 서류 내용을 요약해서 전달하기, 각종 응용문 쓰기 등의 '글재주'가 더 필요하다. 그러므로 중국의 현행 대입시험의 정책은 옳다고 보아야 한다. 한국은 대입시험에 아예 글짓기가 없는 것으로 아는데 역시 맞는 정책이지만 좀 극단적인 듯하다.

중국 소수민족은 1978학번부터 본 민족 언어로 대입시험을 치른다. 당연 조선족도 조선어로 대입시험을 치르고, 또한 소수 민족에게 보태주는 혜택 점수도 있으므로 대학에 많이 붙는다. 우선은 민족정책의 혜택을 누리는 좋은 일이다. 그러나 같은 학교에 붙었다 해도 한족에 비해 수준이 낮고 한어 수준은 많이 낮은 약점이 있다. 조선족 대학생들은 마땅히 이 점을 똑바로 알고 다른 학생보다 더 열심히 공부하며, 특히 한어 수준의 향상에 노력을 경주해야 함을 명기하여야 한다.

5

중국의 대학생 모집

지금 중국은 대학생 모집이 한창이다. 14억 인구의 큰 나라에서 대학생을 어떻게 모집하는가? 궁금한 생각이 들 것이다.

당연 입시성적에 의하여 모집한다. 그러나 몇 과목을 합친 총 점수를 근거로 하지 개별과목의 성적은 별로 작용하지 못한다. 북경대학의 모집 점수가 총 620점 이상이라고 할 때, 수학과를 지망한 A는 총 성적 620점에 수학이 90점이고, B는 총 점수 619점에 수학이 96점이어도 북경대학 수학과는 A만 받아들이는 것이 상례다. B는 그의 이름이 북경대학 모집 명단에 들지도 못하니 그를 데려가고 싶어도 방법이 없다.

그러므로 명문대학은 항상 '거꾸로' 붙는다. 명문대학 학생들을 체크해 보면 인문과는 수학 성적으로, 이·공과는 어문, 정치 성적으로 붙는다. 필자가 시험 치른 해에 인문과 입시생 중 어문, 정치, 역사-지리 성적이 필자와 비슷한 자가 수백 명이나 되었지만 필자는 수학 성적이 높아서 북경대학 중문학과에 붙을 수 있었다.

그러므로 명문 고등학교는 마지막 수 개월간 아예 시험공부를 '거꾸로' 시킨다. 즉 인문과를 지망하는 학생은 주로 수학을, 이·공과를 지망하는 학생은 주로 어문, 정치를 복습시킨다. 인문과 학생의 국어 능력이 90점이라고 할 때 90점을 91~95점으로 올리기는 하늘의 별 따기보다 어렵다. 그러나 그의 60점의 수학능력을 65~70점으로 올리기는 그리 어렵지 않다. 장원도 거꾸로 성적이 높은 자가 된다. 재작년 북경시 입시 시험에서 인문과 장원을 따낸 모 조선족 여학생도 수학 성적이 높아서 장원이 됐다.

문혁 후 진학률은 1977학번이 가장 적어 4.8%이였고 이후에 점점 많아져 2013년에는 75%까지 올랐다. 진학률은 입학생 대 입시생의 비율이다. 중학 졸업생 60% 정도만 고등학교에 다닐 수 있고 극빈 지역의 많은 학생이 중도에 학업을 포기하므로 대입시험에 참가하는 학생은 해당 연령자(18살)의 절반밖에 안 된다. 입학생 대 해당 연령자의 비율로 따지면 75%의 절반 37.5%로 보아야 맞다. 즉 지금 중국의 대학 입학 비율은 대학에 갈 수 있는 연령자 즉 18세 인구의 약 38% 정도이다.

각 성은 그 해 대학생을 얼마 모집하는가, 그리고 대학은 각 성에서 학생을 얼마 모집하는가 하는 숫자는 교육부에서 성별로 쿼터를 준다. 해당성의 경제, 사회의 발전과 인재 수요량이 주요근거이다. 이를테면 동북 3성의 경우 요령성의 인재 수요량이 가장 많고, 흑룡강성이 그다음이며 길림성이 맨 꼴찌이다. 길림성은 산업이 낙후하므로 인재 수요량이 상대적으로 적다. 그러므로 입시점수가 같은 학생이지만 요령성에서는 대학에 붙을 수 있어도 길림성에서는 붙지 못하는 경우가 있다.

2013년의 경우 북경시는 입시생의 20.1%가 중점대학에 붙었지만 하남성은 3.5%밖에 중점대학에 붙지 못했다. 하남성 학생의 질이 낮아서가 아니라 교육부에서 준 쿼터가 적기 때문이다. 하남성은 산업이 낙후하여 인재의 수요량이 적으므로 쿼터를 적게 배분한다. 중국의 대학은 중점대학과 일반대학 두 가지로 구분된다. 중점대학은 중앙 교육부에서 운영하는 대학이고 일반대학은 지방 교육국에서 운영하는 대학이다. 중점대학은 질도 높고 졸업하면 취업도 일반대학보다 잘 된다.

모집방법은 학교 수준, 학교 명성의 정도에 따라 차례로 뽑는다. 가령 북경대학·청화대학·복단대학이 요령성에서 각각 50명을 모집한다면 요령성 교육국에서 성적 상위 165명가량의 명단을 제시한다. 그 다음 차례는 북경대학·청화대학·복단대학 바로 하위학교가 모집하고, 그 다음은 또 바로 하위학교가 모집한다. 마지막에 모집하는 학교는 수준이 낮은 학생밖에 차려지지 않는다.

해마다 이때가 되면 많은 학부모로부터 필자에게 전화가 걸려온다. 자기 자식이 어느 대학에 붙을 수 있게끔 도와달라는 뜻에서이다. 요즘 필자는 벌써 몇 사람으로부터 이런 전화를 받은 상태이다. 그러나 도움을 받을 수 없다는 것을 명기하기 바란다. 각 대학은 입학생을 모집하러 성, 직할시마다 교직원 2명씩 파견한다. 누가 어디로 파견되는가는 떠나기 1일 전에 본인에게 알려준다. 그러므로 사전에 부탁해도 아무 소용이 없다. 차라리 해당 성의 대학생 모집 판공실의 사람에게 부탁하면 도움을 좀 받을 수 있을지 모른다.

외국 유학생의 입시는 연초에 치른다. 북경의 경우 북경대학은 3월에, 청화대학은 4월에, 인민대학 등은 5월 이후에 치른다. 만약 성적으로만 보면 대부분 한국 학생이 붙으며 다른 나라 학생은 거의 붙지 못한다. 그러므로 한국 학생의 모집 숫자를 제한한다. 북경대학, 청화대학의 경우 한국 학생 절반, 기타 나라 학생 절반 정도를 모집한다.

한국 학생도 입학하게끔 도와주기 어렵다. 옛날, 이를테면 1992~2004년에는 필자의 도움으로 성적 미달자가 북경대학, 청화대학에 붙은 한국 학생이 좀 있었으나 그 후에는 거의 불가능해졌다. 한국 학생끼리 경쟁이 심하며 성적 미달의 어느 한국 학생을 붙게끔 도와주었다가 그보다 성적이 우수하지만 붙지 못한 다른 한국 학생이 교육부에 고발편지를 쓰기 때문이다.

부패한 중국이지만 대입시험과 대학생모집만은 깨끗하다는 평가이다. 그러나 여기에도 지역 차별이라는 엄청 큰 불평등이 있다. 해마다 각 성별로 대학생을 총 얼마 모집하라는 쿼터를 내려 보낸다. 대충 그 성의 인구, 경제 및 인재 필요 수의 상황과 정비례한다. 인구가 같은 두 성이라고 하여도 한 성에게는 15,000명, 다른 한 성에게는 12,000명으로 결정되는 수가 있다. 특히 북경北京, 상해上海 두 도시에는 엄청 많은 쿼터를 준다. 그러므로 어느 대학이나 보통 북경, 상해에서 온 학생이 공부를 가장 못하는 열등생이다.

상해의 어느 건설현장에서 이런 일이 발생했다. 하나는 호북湖北에서 온 농민공이고 다른 하나는 북경北京에서 온 공정사이다. 동갑인 이 둘은 우연히 같이 한담을 하다가 이런 일을 알게 되었다. 둘 다 1999년 대입 입시시험의 참가자인데(그해 전국의 시험문제는 같았음) 호북 청년은 523점을 맞아 말단 대학도 못 붙었고 북경 청년은 423점을 맞았는데도 심양瀋陽공정대학에 붙었다. 지역이 다르기 때문에 운명이 천양지차로 갈라졌다.

학교별 쿼터도 큰 불평등을 초래한다. 북경대학, 청화대학, 복단대학 세 명문대학은 각 성에서 대충 인구 100만 명당 학생 1.1명을 모집한다. 요령遼寧 인구가 4,800만이면 50명 좌우, 길림吉林 인구가 2,800만이면 31명 내외를 모집한다. 그러나 북경, 상해 안에서는 1,000명 이상 모집한다. 안휘安徽에서는 북경대학에 7821:1로 붙지만, 북경에서는 190:1로 붙는다. 이 세 학교를 지방에서는 '천재'도 붙지 못하지만 북경, 상해에서는 '바보'도 붙는다.

그러므로 북경대학, 청화대학, 복단대학은 중국의 대학이 아니라 북경시, 상해시의 대학이라는 질타를 받는다. 북경, 상해 시민만 우대한다는 뜻이다. 그러나 완전히 맞는 말은 아니다. 중국 각 지방의 허다한 고위층 간부들은 호적을 북경, 상해에 두고 있으므로 '바보'가 이 세 대학에 붙을 수 있는 혜택을 북경, 상해 시민만 누리는 것이 아니라 광범위한 중국 고위층 간부들 대부분이 다 누린다.

지역 차별의 불평등을 반대하는 목소리가 터진 지 이미 20년이 넘었지만 해결을 보지 못하는 원인이 바로 여기에 있다. 수십만 명이 넘는 중국 고위층 관료의 대부분이 누리는 특권을 뒤집어엎기란 여간 어려운 일이 아니다. 결국은 중국의 부정부패 척결이라는 엄청 큰 문제와 일괄 처리할 큰 문제이다.

6

조선족 대학생의 함금량은 줄고 있다

1978학번부터 중국의 소수민족들에게 본 민족어로 대입시험을 치르는 혜택을 주었으므로 조선족 학생은 조선어로 대입시험을 치른다. 그러므로 조선족 입시생은 자기 실력보다 인문과는 약 30점, 이·공과는 약 20점을 더 번다. 어문시험에 한어 절반, 조선어 절반을 치러 합산한다. 만약 모 조선족 수험생의 어문 능력이 70점이라고 할 때 그는 한어는 35점을 맞았지만 조선어는 45점을 맞았으므로 총 80점이 된다. 어문시험의 조선어 성적이 45점 이하인 조선족 수험생은 거의 없다고 한다. 조선족은 외국어시험에서 대부분 일어를 치르는데 거의 80점 이상을 맞춘다. 한족은 대입 영어

시험에 80점 이상을 맞추는 자가 아주 드물다.

조선족 시험지를 조선족 교사가 채점하므로 정치, 역사·지리 과목(인문과에 한함)인 경우 정답을 몰라도 꽉 적어 쓰면 적어도 몇 점은 준다. 한족 같으면 정답을 써넣지 못하면 빵점이다. 이렇게 조선족 수험생은 인문과의 경우 약 30점, 이·공과인 경우 약 20점을 자기 실력보다 더 맞는다.

이보다 더 황당한 일도 발생한다. 요령성의 경우 대입시험에 참가한 자가 2~3백 명밖에 안 된다. 수험생이 시험지에 채점자가 수월히 자기의 시험지를 찾을 수 있게끔 특수한 표식을 해놓는다. 그리고는 채점자에게 거금을 주고 시험성적을 올린다. 요령성 모 도시의 조선족 두 수험생 A와 B는 서로 앞뒤 집에 살며 A는 공부를 B보다 퍽 잘한다. 그런데 A는 탈락되고 B는 청화대학에 붙었다. B의 학부모는 너무나 어이없어 중앙기율검사위원회에 고발편지를 썼다. 수사한 결과 채점에 참가한 요녕사범대학 T교수가 B의 성적을 엄청 올려주어 빚어진 일이다. T교수는 물론 옥살이를 면치 못했다. 이런 일이 요령성에만 있으며 상기 사건 한 건뿐이겠는가?

30점, 20점을 더 맞으면 어떤 결과가 주어지는가? 30점을 더하면 어림잡아 랭킹 1,000이 랭킹 100으로 될 수도 있다. 20점을 더하면 랭킹 1,000이 랭킹 120으로 될 수도 있다. 요령성 조선족은 요령성 전체 인구의 1,000분의 4.8밖에 안 된다. 즉 랭킹 1000명 중 조선족이 5명쯤 나타나면 정상이다. 그러나 해마다 대입시험에서 요령성의 랭킹 10위 안에 조선족이 거의 절반을 차지한다. 가끔씩 조선족의 장원이 나타나기도 한다. 이는 조선어로 대입시험을 치렀기 때문에 생긴 현상이다.

북경대학, 청화대학은 지방 각 성 인구의 100만 명당 1.1명 정도를 모집한다. 중국 조선족 인구가 192만 명이며 1977학번에 2명이 북경대학에 붙었다. 인구비례에 맞아 떨어지는 숫자이다. 1978학번부터 조선어로 대입시험을 치러 북경대학에 입학하는 조선족이 점점 불어나서 약 1988학번쯤 가서는 해마다 평균 20명 이상이 붙는다. 필자는 이런 현상의 출현을 우리 민족의 희흘로 생각하며 무한히 기뻐하였다. 그러나 30여 년이 지난 2008년쯤 가서 이것이 좋은 현상만은 아님을 발견하였다.

a. 조선족 대학생의 함금念金 비율이 점점 줄어든다. 각 대학의 담임교수에게 알아본 바에 따르면 조선족 대학생은 반에서 공부를 가장 못하는 계열에 속한다. 심지어 졸업장을 받지 못하고 수료증만 받는 조선족 대학생이 비일비재하다. b. 조선족 초중고교 교사의 질이 낮아진다. 아마 한족학교 교사보다 평균 20~30점은 낮을 듯하다. 필자는 북경에서 사립초등학교를 10년 운영하였는데 학기마다 교원의 업무 능력 고시를 치렀다. 한족 6명, 조선족 6명의 교사인데 고등학교 졸업의 한족은 평균 85점 맞고 전문대 졸업 위주의 조선족은 평균 60점밖에 못 맞는다. c. 농촌에 조선족 인재가 고갈된다. 한족 촌장과 조선족 촌장의 수준을 비교하면 100점:60점이다. d. 조선족의 한어 능력이 저하되었다. 어느 나라, 어느 시대나 대입시험을 치르지 않는 과목을 제대로 공부하지 않는 것은 정상이다. 조선족은 한어를 힘들여 공부하지 않는다. 중국에 살며 이는 말도 안 된다.

그리하여 필자는 중국 조선족은 한어로 대입시험을 치르자는 주장을 한다.

⑦
'대학생 교외 기숙 금지령' 논의

얼마 전 중국 교육부는 대학생의 교외 기숙을 금지한다는 결정을 내렸다. 대학생의 남녀 동거를 막기 위함이 주된 목적이라고 한다. 이 소식을 들은 필자는 생각되는 바가 많다.

첫째는 인간 세상이 이렇게도 무상無常하구나 하는 것이다. 필자가 북경대학을 다니던 1970년대에 학생이 연애를 했다가는 멸시의 대상이 되기 쉬웠다. 공개적인 동거는 어림도 없고. 그때 한 여대생 장모 씨가 해정구海淀區 인민대표 선거 출마 경선 강령에 '대학생의 연애를 막지 말자'라는 슬로건을 넣었다가 야유의 대상으로 되기도 했다. 그와 유권자 간의 대화 한 단락을 보자.

유권자 문: "왜 막지 말아야 하나?" 장 답: "하고 싶은 연애를 못하게 하면 정신적, 육체적 고통으로 공부에 더 불리할 수도 있다." 유권자 문: "당신네 여학생들, 특히 당신은 연애하고 싶은 정신상, 육체상의 고통이 어느 정도인가?" 장 답: "회답할 수 없다. 그건 너의 누나나 엄마에게 물어보면 알 것이 아니냐?"

그런데 불과 20여 년 후 공개적인 동거로 변했다. 남경시南京市의 적지 않은 대학생들이 이런 동거를 하고 있으며 금지령이 내린 후 혹은 공휴일에 여관 동거, 혹은 숏타임 동거, 혹은 학교에는 공식 숙소를 두고 실제는 하숙집 동거를 하기도 한다. 상전벽해의 변천이 아닐 수 없다.

둘째, 10대 후반 청년의 성생활을 권장할 것은 못 되지만 너무 우려할 필요는 없다. 일본은 1980년대에 벌써 성생활을 체험한 여고생이 꽤나 된다고 한다. 그렇다고 해서 일본 민족이 망한 것도 아니고 일본 청년이 타락한 것도 아니다. 오히려 세계 선진 민족으로 줄달음치고 있지 않은가! 그런데 대학생에 대해 엄한 제한을 할 필요가 있는가!

셋째, 청년 남녀의 성생활은 간단히 무단적으로 처리할 것이 아니다. 성생활을 탐닉하다가 타락에 빠지는 자는 극히 개별적인 경우이고 성생활을 하면서도 공부나 사업을 제대로 하는 자가 대부분일 것이다. 성생활을 못하게 하면 하고자 빠득빠득 애쓰지만 하게 내버려 두면 오히려 '별거 아니구나.' 하며 심상해 하는 자가 대부분일 것이다.

인간은 나이에 따라 할 만한 짓을 다 해봐야 한다. 공부할 나이에 공부, 연애할 나이에 연애, 성생활 할 나이에 성생활, 결혼할 나이에 결혼, 생육할 나이에 생육하고…이렇게 해야 정상적인, 훌륭한 인간으로 될 수 있다.

10대 후반에 연애도 못해보고, 20대에 성생활도 못해본 채 결혼한 필자와 같은 세대, 그들이 사업에서는 성공하였다 하더라도 인간 사회를 보는 면에서는 뭔가 좀 모자랄지도 모른다. 교육부의 나리들이 아마 이런 세대일 수도 있으며 그러므로 이런 불민한 생각에 상기의 결정을 내렸을 수도 있다.

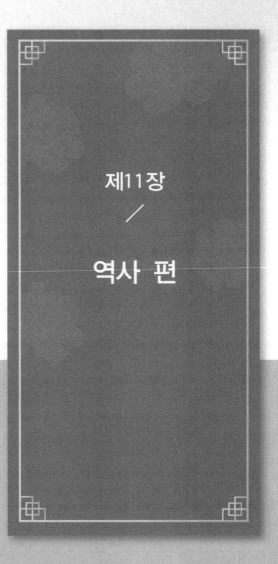

제11장

/

역사 편

국사 취급의 방법론

국사 취급에는 국제적으로 통념적인 방법론이 있겠지만 나라별, 학자별 조금씩 다를 수도 있으리라 본다. 본문에서 필자는 중국 사학자와 한국 사학자 간의 방법론상의 차이점에 대해 간단히 언급해 보려 한다. 방법론에는 여러 가지가 있겠지만 본문에서는 '국토 본위'와 '민족 본위'의 방법론만 거론하려 한다. 중국은 '국토 본위'이고 한국은 '민족 본위'인 듯하다.

중국 사학자는 국사를 취급함에 현재의 중국판도版圖를 국사의 본위로 하고 있다. 즉 현재의 중국 960만㎢ 안에서 일어난 역사는 다 중국 역사이고 그 밖의 것은 중국 역사로 취급하지 않고 외국역사로 취급한다. 이런 방법론에서 국사와 민족사는 당연 일치하지 않을 수 있으며 따라서 일치할 것을 추구할 필요가 없다. 한국 사학자는 국사를 취급함에 민족 본위의 방법론이다. 민족사가 바로 국사라는 관점이 강하므로 민족사와 국사를 일치시키려 노력하고 있다.

물론 어느 한쪽만이 완전무결하거나 일무가취一無可取일 수 없다. 각자의 주장에 다 장단점이 있으며 자기 나름대로 이유가 있을 것이다. 국토 본위면 역사상 점점 커진 나라는 가외加外의 이익은 본 듯한 감이며 점점 작아진 나라는 손해를 본 듯한 감일 것이다. 그러나 이는 별수 없다. 이렇게 하지 않으면 세계사는 혼란 상태에 빠질 것이며 국제관계, 세계평화 및 안정에도 불리할 것이다. 사실은 혼란을 방지하고 평화와 안정을 위해 역사를 왜곡해도 좋다는 것이 아니라 이렇게 하는 편이 더 역사 사실에 부합되며 합리하다. 국토 본위는 현재 세계 다수 국가의 통념이다.

태국은 약 700년 전에 중국 소수민족이 넘어가 세운 나라이다. 중국 운남성雲南省 서쌍판납西雙板納의 타이족과 태국의 태족은 같은 민족이며 지금도 그 언어가 70% 이상 같다. 국토 본위면 태국의 역사는 700년이고 민족 본위면 수천 년이 될 수도 있다. 몽골은 원래 중국의 일부분이었다. 1924년에 독립을 선언했으며 중화민국 정부가 독립을 인정한 것이 1946년 1월 5일, 불과 70여 년밖에 안 된다. 중국공산당은 1949년 10월 16일에야 몽골의 독립을 인정했다. 그러나 그 나라가 중국판도 밖에 있으므로 중국사에서 빼 버릴 수밖에 없으며 따라서 외국사에 넣는다.

국토 본위이기 때문에 캐나다를 영국 또는 프랑스의 역사에 넣을 수 없고 미국, 호주 및 뉴질랜드를 영국사에 넣을 수 없으며 남아메리카 각국의 역사도 그들의 종주국이었던 유럽 각국, 이를테면 포르투갈, 스페인의 역사와 선을 긋는 것이다.

2

'역사의 검증'

역사 사실과 역사 인물에 대하여 현 시점에서는 시와 비의 결론을 내리기 어려울 때 '장차 역사의 검증에 맡기자'라는 말을 잘 쓴다. 한동안의 시간이 흐르면 시비가 스스로 명확해지기 때문이다.

'한동안의 시간'은 얼마나 길어야 하는가? 문제의 성격에 따라 다르다.

1989년 봄 북경 대학생들이 호요방胡耀邦에게 사면 복권해주어야 한다며 들고일어났다. 그것이 구소련 공산당 총서기 고르바초프를 따라 배워야 한다는, '선 정치개혁, 후 경제개혁'을 슬로건으로 하는 대학생들의 대형 시위, 천안문 광장의 단식으로 이어졌다. 대학생들은 무력진압을 당했으며 이것이 바로 세계를 경악하게 한 '천안문사태'다.

약 1995년경에 이르러 구소련과 유고의 해체, 전반 동구권 개혁개방의 실패, 유독 중국 개혁개방의 성공 등의 사실 앞에서 중국의 '선 경제개혁, 후 정치개혁'이 옳다는 사실과 당시 대학생들의 슬로건이 틀렸음이 증명되었다. 5년이라는 시간이 걸렸다.

1949년 중공 정부가 수립될 때 국호를 '중화민국'으로부터 '중화인민공화국'으로 고쳤다. 참신한 정권이면 참신한 국호를 써야 한다는 이념 때문이었다. 당시에는 아주 당연한 것으로 여겼다. 그 후 유엔을 포함한 국제기구 가입, 대만과의 관계 등 문제에서 국호를 고쳤기 때문에 입은 손해가 막심하였다. 1959년에 모택동은 '원래의 국호를 썼을 것 잘못했다'라고 후회하였다고 한다. 하물며 원 국호도 위대한 혁명 선행자 손중산孫中山의 신해혁명의 산물이며 새 국호와 의미상에서도 다른 점이 없고 다만 장개석蔣介石에 의해 잠깐 오염되었을 뿐이니 말이다. 이를 깨닫는 데 10년이 걸렸다.

1950년대 후반 모택동은 무산계급독재 하에서의 '부단혁명론不斷革命論'을 구상해냈다. 무산계급이 정권을 쥐었지만 집권층 안에 자산계급 대리인이 많으므로 혁명을 통해 끊임없이 숙청해내야 한다는 그럴듯한 발상이다. 이 이론에 따라 1957년의 반우파反右派, 1962~64년의 사회주의교육 즉 사청四淸, 1966~76년의 문화혁명 등 일련의 정치 운동을 하였다. 1978년 중국공산당 11계十一屆 3중전회三中全會는 이를 부정하는 '약간의 역사문제에 관한 결정'을 내놓았다. '부단혁명론'의 오류를 인식하는 데 20년이 걸렸다.

1917년 소련이 창건되며 생산 자료의 국유화와 계획경제를 핵심으로 하는 사회주의 경제 제도가 생겼다. 그 후에 생긴 12개의 사회주의 국가는 물론 모두 소련의 경제 모델을 그대로 받아들였으며 그에 대해 의심한 자가 없었다. 그러나 계획경제의 병폐는 역사의 흐름에 따라 점점 드러나기 시작했으며 재래식, 경전식, 계획경제식 사회주의가 1978년에 먼저 중국에서 부정되었으며 사회주의 시장경제로 대체되었다. 60년이 걸렸다.

1900년부터 중국에서는 문자의 알파벳화 바람이 불기 시작했으며 그 방안도 여러 가지 등장했다. 모택동도 '문자는 반드시 개혁해야 하며 세계 민족처럼 알파벳 방향으로 나아가야 한다.'라고 하였다. 이 문제는 찬반양론의 싸움이 팽팽하였다. 그러나 100여 년간의 실천, 특히 한자 컴퓨터 입력이 성공됨에 따라 알파벳화의 필요성이 없다는 견해로 통일되었다. 한자 개혁의 방향을 검증하는 데 100년이란 시간이 걸렸다. 이런 검증 없이 4천 연의 역사를 지닌 한자를 알파벳화 했더라면 큰 손해를 보았을 것이다.

중국 역사상의 인물 조조曹操는 간웅奸雄으로 1,700년간 지탄받았다. 진시황도 폭군으로 2,000여 년간 저주의 대상이었다. 그러나 역시 20세기 중반에 조조는 위대한 정치가로, 진시황은 중국의 통일 대업을 이룩한 군주이면서 폭군, 즉 공로와 과오가 반반이라는 재평가를 받았다. 2천여 년의 검증 끝에 내린 결론이다.

'역사의 검증'에 관하여 아래와 같은 문제점에 유의하여야 할 것이다.

첫째, 역사의 검증을 받는 데는 짧아서 5년 정도면 되는 수도 있지만 길어서 100년, 심지어 2,000년 이상 걸리는 경우도 있다. 쟁론이 있거나 파악이 어려운 문제에 대해서 인내심 있게 기다리는 중국인에 반해 한국인은 너무 성급하다. 예를 들면 전임 대통령 이승만, 박정희, 전두환, 노태우, 김영삼, 김대중, 노무현, 이명박, 박근혜 및 문재인 등을 최종 어떻게 평가할 것인가는 후세로 미루어야 할 것이다.

둘째, 앞날의 역사뿐만 아니라 지나온 역사로 검증할 수도 있다. 중국인은 당면한 문제를 어떻게 풀어야 하는가에 4,000년간의 역사 경험을 잘 활용하고 있다. 그러나 한국 정치인들은 이 면에서 너무 약하다. 국제관계, 남북관계, 수도 이전 등 문제의 처리에 역사의 계발을 받을 여지가 많지만 그렇게 되지 못하는 것 같다.

셋째, 앞날의 검증에 맡기자니 시급하고, 역사 경험을 참조하자니 사무 전례史無前例할 때 중국은 일부 지역에서 먼저 실험해 보고 신빙성이 있을 때 전국으로 확산시키는 방법을 쓰기도 한다. 예를 들면 농촌도급제, 주택 상품화, 대입시험 과목의 '3+X법(수학, 국어, 외국어+기타지식)' 등에 이런 방법을 썼다. 시공時空 전환의 철학 원리이다. 시간으로 해결하기 어려운 문제를 공간으로 보충하는 방법이겠다.

한국의 사형수에 대해 사형집행을 하여야 하는가 하지 말아야 하는가? 갑론을박이 팽팽하다. 집행하지 말아야 한다는 자의 견해는 집행해도 살인자가 줄지 않는다는 것이다. 필자가 보기에는 해결 방법이 아주 간단하다. 먼저 한국 행정구역의 절반에서 범한 죄인은 사형을 집행하고 다른 절반에서 범한 죄인은 사형을 집행하지 않는 제도를 세워 10년만 실천해 보면 정답이 나올 듯하다. 이는 시공을 결합하는 방법이겠다.

③

〈삼국지〉와 〈삼국연의〉

중국에는 역사 <삼국지三國志>와 소설 <삼국연의三國演義> 두 가지 책이 있다. 그중 <삼국지>는 일반 한국인들이 잘 모르는 역사책이고 한국인들이 즐겨 보는 이른바 <삼국지>는 사실은 중국에서 <삼국지연의> 또는 <삼국연의>라 부르는 소설을 말한다.

그러면 <삼국지>와 <삼국연의>는 어떻게 다른가?

1. <삼국지>는 역사책이고 <삼국연의>는 소설책이다. 중국에는 2천여 년 전의 <사기史記>로부터 <명사明史>까지 24가지 역사책 즉 '이십사사二十四史'가 있는데 국가에서 편찬했기 때문에 '정사正史'라고 하며 <삼국지>는 그중의 네 번째 정사 책이다. 서기 220년부터 280년까지 중국은 위魏·오吳·촉蜀 세 나라가 대치되어 있었던 시기인데 이를 중국 역사상 '삼국 시기'라고 한다. <삼국지>는 이 시기의 역사를 전문 기록한 책이다. 동한 말년의 역사도 다소 기록돼 있다. 저자 진수陳壽는 삼국 시기에 태어나 위에서 벼슬을

한 적이 있으며 진晉이 오를 멸망시키고 중국을 통일할 때 이미 48세였다. 그는 삼국 시기의 역사 자료를 수집하여 <삼국지>라는 정사 책을 썼다.

<삼국지>는 비록 정사이지만 진수 개인의 힘으로 쓰인 것이기 때문에 자료와 내용이 충분하지 못하다. 다른 정사에 있는 '지志'나 '표表'도 없다. 이런 약점을 보완하기 위하여 배송지裴松之가 남조南朝 송문제宋文帝의 명령에 따라 주해를 달았다. 140여 종의 역사책으로부터 자료도 보충하고 틀린 것도 바로 잡았는바, 주해의 편폭이 <삼국지> 원문을 초과할 정도이다.

<삼국연의>는 <삼국지>에 근거하여 엮은 소설이다. 수나라 때부터 이미 삼국에 관한 이야기가 민간에 생기기 시작하였고 송나라 때는 삼국의 옛말을 전문적으로 하는 연예인이 생겼으며 원나라 때는 이를 무대에 올려놓기 시작했다. 원말·명초의 나관중羅貫中이 상기의 것들을 집대성하여 소설 <삼국연의>를 창작해 냈다. 원래는 <삼국지연의>라고 하다가 후에 <삼국연의>라 부른다. 무슨 원인인지 원말 명초 중국 사회에는 '의義'를 숭상하는 풍조가 강했다. 의를 부각한 <삼국연의>와 <수호전>이 그 대표적 작품이다. 소설 <삼국연의>가 유비, 관우, 장비의 '도원삼결의桃園三結義'로부터 시작된 것은 그 시대에 의를 숭상하는 풍조를 여실히 반영하였다.

2. <삼국지>는 다른 정사와 마찬가지로 인물 중심의 전기傳記로 쓰여 있다. 그러나 <삼국연의>는 스토리 중심으로 쓰여 있다. 그러므로 모 인물의 전반 과정을 단번에 파악하려면 <삼국지>를 보아야 하고 모 역사 사실을 단번에 파악하려면 <삼국연의>를 보면 이내 알 수 있다.

3. <삼국지>는 정사이므로 역사의 진실에 접근하고 <삼국연의>는 문학작품인 이상 허구가 많다. 조조는 정치, 군사, 인재 등용 등 모든 면에서 매우 탁월한 인물이다. 동한은 호족豪族 지주계급이 극성한 사회이다. 삼국 시기는 점점 호족 지주계급이 정치무대에서 몰락하고 서족庶族 지주계급이 정치무대에 등장하는 시기이다. 동한 말기 호족 지주계급이었던 원소, 원술, 공손찬, 손견, 유비(몰락한 황족) 등이 주마등처럼 사라졌지만 서족 지주계급에 가까

운 환관의 양아들 조조가 최종 승리한 원인이 여기에 있다. 이것이 위가 삼국을 통일시킬 수 있는 근본 원인이다. 후에 호족 지주계급인 사마의司馬懿가 대권을 찬탈하고 사마 가문이 서진西晉 왕조를 세운 것은 호족 지주계급과 서족 지주계급 간의 투쟁이 번복翻覆의 과정을 거친데 불과하다. 프랑스 혁명과 복구復舊의 역사와 비슷하다.

4. <삼국지>는 위 본위로 쓰여 있으므로 위에 관한 분량도 많고 조조를 힘써 부각했다. 그러나 <삼국연의>는 촉 본위로 돼 있으며 유비와 제갈량을 힘써 부각했다. 두 책을 면밀히 대조해보면 허와 실의 차이점을 많이 발견할 수 있겠지만 근본적 차이점은 위 본위냐, 촉 본위냐 이다. 이 문제에 관해 위대한 문학가 노신魯迅이 상세히 저술한 바 있다.

5. 중국의 정사正史는 진실성이 강한 것이 특징이다. <삼국지>의 저자 진수의 부친은 제갈량이 마속馬謖을 죽일 때 그에 연루돼 곤형髡刑(머리칼을 베어 버리는 형벌)을 당했다. 그러므로 세간에는 <삼국지>에서 제갈량을 폄하貶下했다는 설이 있으나 세심히 분석해본 결과 <삼국지> 전반에 제갈량을 헐뜯은 흔적이 보이지 않는다.

하지만 <삼국지>의 진실성에도 제한성이 있다. 위·진 위정자를 과대 찬양하거나 그들의 잘못을 감추려고 한 것들이 뚜렷하다. 사마천이 <사기>에서 당시의 황제까지 비판한 예와 비기면 차이점이 많다. 그가 위에서 벼슬을 했고 진나라 때 집필한 원인이 작용했을 것이다.

$$\boxed{4}$$

객가인의 역사

지금 중화경제권을 운운하며 '객가인客家人'이란 개념이 자주 등장한다.

간단히 말하면 '객가인客家人'은 하남성河南省을 중심으로 하는 중원지역의 한족이 장강 이남, 심지어 해외로 이민하여 형성된 특정적인 사람의 집합체를 일컫는 말이다. 외지에서 이민 온 손님이므로 현지 사람들이 '객가인'이라 불렀다.

약 2천여 년 전, 진시황이 중국을 통일할 때 남방은 '백월百越'이라 일컫는 소수민족의 거주지였다. 그들을 진압하기 위해 진시황은 50만 대군을 그곳에 주둔시켰는데 후에 그들은 현지 민과 융합돼 최초의 객가인으로 됐다.

동한 말년 황건黃巾 농민봉기 때, 삼국 위·촉·오의 분쟁 때, 서진西晉 말년 '오호난화五胡亂華'와 '팔왕지란八王之亂' 때, 311년 '영가지란永嘉之亂'으로 흉노가 낙양을 함락하여 서진이 수도를 건강建康(지금의 남경)으로 옮길 때…약 100만 명의 중원인들이 전란을 피해 남방으로 이민하였다. 이것이 두 번째로 생긴 객가인이다.

당나라 말년의 황소黃巢 농민봉기와 번진藩鎭의 할거 통치에 못 이겨 중원의 백성들이 대거 남방으로 이민하였다. 남송 말년 몽골 기병이 중국 대지를 석권하고 원나라를 세울 때 남송 황실은 복건福建과 광동廣東으로 전전하였으며 장강 연안의 객가인은 더 남하하였다. 이것이 세 번째로 생긴 객가인이며 분포된 지역이 앞의 세 번보다 더 남하하였다.

명나라 때 객가인의 거주지인 복건·광동·강서江西 3성 교차지의 경제가 발전하고 인구가 늘어났지만 산지인 데다가 경작지가 부족하였다. 청나라 때 국가의 주도로 객가인을 더 남쪽으로 이민시켰다. 지금의 주강珠江 삼각주 및 홍콩의 객가인은 이때 형성된 것이다.

광동 서부 대산臺山, 개평開平 등 지역은 인구의 팽창으로 객가인과 현지인 간의 모순이 심각해졌다. 1856년에는 대규모의 격투가 폭발되었으며 12년간 지속되었다. 청나라는 해결할 방법이 없어 정부가 비용을 대어 이 일대의 객가인을 더 남쪽으로 이민시켰다. 지금 광동, 광서廣西의 최남단 및 해남성海南省 등지의 객가인은 이렇게 형성된 것이다.

객가인은 타향에서 온 실향민들이므로 대부분 자연조건이 열악하고 인연이 희박하며 살기 어려운 곳에 정착하기 마련이다. 그러므로 해외로 이민 간 중국인 중 객가인이 가장 많으며 약 1/3을 차지한다. 해외 객가인은 이렇게 형성된 것이다.

객가인의 분포지역은 강서, 복건, 광동, 호남湖南, 광서, 사천四川, 중경重慶, 해남, 귀주貴州, 대만臺灣, 홍콩, 마카오 등 12개 성, 직할시 및 특별행정구역에 약 5,810만 인의 객가인이 분포돼 있다. 그리고 해외에 약 700만 인의 객가인 화교가 있다. 객가인의 총인구수는 약 6,510만이나 된다.

'기자동래설'은 상商이 망할 때 많은 중원인들이 한반도로 피난 간 것으로 볼 수 있다. 또 상고 때 한반도 동남에 있었던 진한辰韓은 언어나 습성이 주변 다른 나라와 다른데 이는 진秦의 압박에 못 이겨 중원으로부터 피난 온 사람들이기 때문이라고 하였다. 그러나 한반도에도 객가인이 있다고 할 수 없다. 집중 거주하며 같은 언어, 문화 및 풍속이 있어야 객가인으로 불린다. 한반도에 간 중원 인들은 완전히 한민족에 동화돼 버렸기 때문에 객가인이라고 할 수 없다. 인종은 문화의 집합체이지 혈연의 집합체가 아님을 입증한다.

남방에 피난 간 중원 사람들은 집중 거주한다. 객가인이 총인구의 90% 이상을 차지하는 현만도 33개나 된다. 그들은 사족畲族을 주요로 하는 토착민족과 서서히 융합되면서 자기의 언어, 문화 및 풍속을 고수하여 왔다. 객가인의 주요한 특징은 객가어를 쓰는 것이다. 객가어는 중국어 8대 방언중의 하나면서 북방 관화방언에 가장 접근한다. 객가어는 분포 및 주변 토착민에 따라 조금씩 다르지만 대체로 일치한다. 그 중 광서 매현梅縣의 객가어를 공통어로 취급하고 있다. 이는 매현에 객가인이 가장 집중돼 있고 매현 객가인의 문화가 가장 발달되었기 때문이다. 또한 해외로 이주한 객가인도 대부분 매현 사람이거나 매현을 경유해 나갔기 때문이기도 하다. 지금 중국 내나 해외의 객가어 방송은 모두 매현의 객가어를 쓰고 있다.

객가인의 다른 한 특징은 그들의 가옥이다. 방루方樓, 원루圓樓, 위옥圍屋 등으로 불리는데 간단히 말하면 확대된 토치카의 형태이다. 방루의 예로 네 각의 견고한 '토치카' 외벽에는 구멍이 설치돼 있다. 이는 3세기 때 중원 대장원주의 가옥 형태를 그대로 옮긴 것이라고 한다.

객가인은 아주 우수한 인간집단이다. 이는 아마 전란에 밀려 인간이 희소한, 가장 열악한 지역에 가서 생존투쟁을 한 데로부터 기인된 듯하다. 그들은 개척정신과 진취심이 강하고 간고분투에 앞장선다. 또한 문화와 교육을 숭상하고 나라와 향토를 사랑한다. 객가인의 이런 정신은 특히 해외에 가서 성공한 화교를 통해 엿볼 수 있다.

객가인 가운데는 많은 탁월한 인물이 배출됐다. 그 일각만 예로 들어도 태평천국 수령 홍수전洪秀全, 계몽사상가 황준헌黃遵憲, 위대한 민주혁명가 손중산孫中山·요승지廖承志, 전 싱가포르 국가원수 리광요李光耀, 중공 원로 주덕朱德, 중국 당대 문화의 거장 곽말약郭沫若 등이 모두 객가인이다.

객가인은 중화민족의 귀한 존재이며 중화 문화의 찬란한 명주이다. 특히 해외의 객가인은 중화 문화권 및 중화경제권의 형성에 큰 기여를 하였다.

5

구의사 종친회

1987년 초 필자는 난데없이 이런 편지를 받았다: '저의 이름은 풍영섭馮榮燮이며 수백 년 전 중국으로부터 한국에 망명한 명나라 대신의 후손이다. 그 역사를 정리해 보고자 하는데 교수님의 도움이 필요하다. 도와줄 수 있는지…회답을 학수고대하겠다.' 얼마 지나지 않아 필자는 한국을 방문하게 되었으며 풍 씨를 만났다. 70이 가까운 백발이 성성한 노인이었다.

청나라 수도가 심양일 때 조선 소현세자가 그곳에 인질로 갇혀 있었다. 그때 명나라의 대신 9명도 인질로 있었으며 소현세자와 친하게 지냈다. 1644년 명을 멸망하고 수도를 북경으로 옮긴 대청제국은 자부심을 과시하며 소현세자와 명의 아홉 명의 대신을 풀어주었다. 아홉 명의 대신은 망국노 신세에 갈 곳이 없어 조선 서울에 가 살기로 작심하였으며 소현세자 또한 쾌히 받아주고 조선에 정착하는데 도와주었다.

9대신은 서울에 정착했고 그 후손들의 조직이 바로 구의사九義士 종친회이며 그 때는 풍 씨가 회장이다. 풍 씨는 근심 어린 표정으로 말하였다: "구의사 종친회도 내 세대까지고 다음 세대, 심지어 나의 아들, 손자들은 이에 별로 관심이 없습니다. 내가 죽으면 후손들은 이 역사를 아예 잊어버릴 것 같아서 이에 관한 책을 남겨놓고 죽으려 하는데 자료를 찾을 수 있어야지요. 정 교수님께서 제발 도와주세요."

사실 풍 씨는 이 일로 북경도서관, 북경대학도서관, 요령성도서관 등에 편지를 써봤지만 회답 한 통 받지 못하였다. 한국에 체류 중인 북경대학 조선어 교수 이귀배李貴培가 귀띔하기를 '중화서국(한국의 국사편찬위원회에 해당)에서 근무하는 조선족 정인갑에게 요청하면 혹시 도움을 받을 수 있을 것이다'라고 하여 일말의 희망을 품고 마지막으로 편지를 써보았다고 한다. 필자는 그에 대한 경모의 심정을 금할 수 없었으며 쾌히 동의하였다.

필자는 꽤나 신경을 써서 중국사회과학원 도서관장서 <대명유민사大明遺民史>를 발견했으며 구의사에 관한 자료를 찾았다. 그러나 복제해주지도 않는다(1919년 이전의 책은 복사 금지). 해당 도서관에서 근무하는 대학 동문을 찾아 몰래 빌려내어 복사하여 풍 씨에게 드렸다. 풍 씨는 그 자료에 근거하여 <한국인의 종주宗周 사상> 등 책을 만들었다.

1992년 필자는 풍 씨의 안내로 경기도 가평군 하면 대보리 대보산에 가 본 적이 있다. 깎아 세운 듯한 암석에 '朝宗巖조종암'(조선 낭선군朗善君 이오李俣의 필적), '萬折必東만절필동, 再造藩邦재조번방'(조선 선조대왕의 필적), '思

無邪사무사', '非禮不動비례부동'(명明 의종毅宗의 필적), '日暮途遠일모도원, 至痛在心지통재심'(효종대왕이 학자 송시열宋時烈에게 내린 필적) 등이 조각되어 있다. 산비탈에는 명 의종에게 제사를 지내는 제단이 비치돼 있다. 임진왜란 때 지원군을 보내 왜적을 물리쳐준 데 대한 감사의 뜻을 표시하는 곳이다.

몇 백 년간 구의사 종친회는 이곳에서 제사를 지냈으며 풍 씨가 지낸 제사도 수십 년이 된다고 한다. 필자도 경건한 마음으로 제단에 촛불을 붙이고 술을 붓고 큰 절 세 번을 하였다. 이민 350년이 지났지만 종친회를 묻고 모국을 그리는 정신, 수십 년을 하루와 같이 제사 지낸 성의, 정말 필자의 마음을 감동시켰으며 눈시울이 뜨거워졌다. 이 일이 중국에 알려져 <인민일보> 해외판에 풍 씨의 사적이 실렸으며 풍 씨를 '해외적자海外赤子'라고 불러주었다. '적자'는 고향에 대해 어린아이처럼 순결한 감정을 품고 있는 사람을 일컫는다.

그러나 해외에 사는 우리 겨레는 어떠한가? 중국 조선족의 경우 풍 씨와 대비하면 너무나 무색하다. 조만간에 중국 조선족은 중국인에 동화되고 말 것임이 뻔하다. 그러나 그 누가 자기 가족의 역사를 엮어 후세에 남겨줄 생각을 해봤나? 많은 조선족들은 자기 성 씨의 본관도 모르고 자기가 몇 대인지도 모르며 심지어 자기 할아버지의 이름조차 모른다.

후에 필자는 풍 씨와 연락이 두절되었다. 아마 풍 씨는 이젠 사망하였을 것이고 구의사 종친회는 어떻게 되었는지 궁금하다. 1644년으로부터 지금까지 378년이 지났으니 이미 15세대쯤 내려왔을 것이고 그 후손의 인구는 1만 명에 근접할 듯하다. 한국의 적지 않은 족보에 초대 조상이 중국에서 온 아무 아무 고관高官이고 또 아무 아무 조상이 중국의 송宋·명明 또는 청淸의 과거시험에 진사 급제하고, 금의환향하였다 자랑하지만 중국 문헌을 찾아보면 그런 근거가 없다. 대부분은 사대주의 사상에 물 젖어 위조한 것이라 추측된다.

구의사 종친회만은 확실한 중국 명나라 고관의 후손이다. 구의사 종친회

외에도 중국대륙으로부터 한반도로 이민한 중국인이 또 있을 것이다. 그들은 중화민족인가, 아니면 한민족인가? 에누리 없는 한민족이다. 그들 자신도 자기네를 한민족이라고 한다. 그러므로 민족의 속성을 혈연으로 보기보다는 문화로 보는 편이 더 적합할 것이다. 단기적으로 보면 혈연이지만 역사의 대하에서 보면 특정 역사에 속하는 문화이다.

필자는 지금 한국에 와서 족보에 관한 일을 하고 있다. 해외에 사는 우리 겨레들이 적어도 가승家乘(가정의 역사) 정도는 남겨야 한다는 문장을 이미 여러 편 써 인터넷에 발표하였다. 필자의 가문이 중국에 이주한 지 100주년이 되는 2018년에는 필자 가문의 가승 <조선 하동 정씨 한림공파중국학심파朝鮮河東鄭氏翰林公派中國學心派>를 출판하여 고향 중국 요령성 무순시에 가서 출판기념식을 가졌다. 또한 한국에서 출판된 하동 정 씨 한림공파의 세보를 100부 복제하여 중국에 사는 하동 정씨 한림공파에게 나누어주었다. <하동 정씨 한림공파 중국파>의 족보도 심양에서 집필 중에 있다. 많은 중국 조선족이 자기 가문 족보를 편집하기 바라며 만약 필자의 도움이 필요하면 서슴없이 연락하기 바란다. 기꺼이 도와주고자 한다.

⑥

〈춘 추〉

'춘추春秋'는 원래 각 나라의 역사책을 통틀어 일컫는 이름이었다. <국어國語·진어晉語>의 '양설힐羊舌肹은 <춘추>를 습득했다.', <초어楚語>의 <춘추>를 가르치다.', <묵자墨子·명귀편明鬼篇>의 '周의 <춘추>, 연燕의 <춘추>, 송宋의 <춘추>, 제齊의 <춘추>' 등이 이를 증명해 준다.

<춘추>를 노魯나라 역사책의 전문 용어로 사용하기도 했다. 진晉나라의

역사책은 <승乘>, 초나라의 역사책은 <도올檮杌>, 노나라의 역사책은 <춘추>라고 했다는 말이 <맹자>에 나온다.[46] 아마 <춘추>라고 이름 지었던 다른 나라의 역사책은 다 전해지지 않았고 단 노나라의 <춘추>만 남았기 때문일 것이다.

지금 우리가 볼 수 있는 <춘추>에는 노은공魯隱公부터 노애공魯哀公까지 12세대 임금의 244년의 역사(기원전 771년~기원전 447년)가 기록돼 있다. 이는 기본적으로 노나라 사서의 원문이라고 할 수 있다.

<춘추>는 말이 너무 간단하다. 그것만으로는 역사 사실을 이해하기 어려우므로 후에 <춘추>를 풀이한 책이 3가지 나왔다. <좌전左傳> <공양전公羊傳> <곡량전谷梁傳>이 그것이다. 그중 역사 사실에 관해 가장 잘 풀이된 책은 <좌전>이다. 풀이한 책 3가지는 원래 단독으로 돼 있다가 후세 사람들이 <춘추>에 섞어놓았다. 섞인 문장 중의 <춘추> 원문을 '경經'이라 하고 풀이한 문장을 '전傳'이라 한다.

일반적으로 <춘추>는 공자가 썼다는 것이 정설로 돼 있지만 여기에는 의문이 많다. <춘추 공양전公羊傳> <춘추 곡량전穀梁傳>의 양공襄公 21년 조목에 '경자庚子에 공자가 태어났다'라는 말이 나오고 <춘추 좌전> 애공 16년 조목에 '여름 4월 기축己丑에 공자가 사망했다'라는 말이 나온다. 공자가 어떻게 자기가 쓴 책에 자기가 죽은 날을 기록해 넣으며 또 출생한 날을 그 나라의 역사책에 써넣는 것도 사리에 어긋난다.

<춘추> 242년의 기록을 보면 역사 사실을 기록한 방법이 다 다르다. 특히 노나라 외의 임금이나 대신을 어떤 때는 '어떤 사람'이라 했고 어떤 때는 '어느 나라의 임금(또는 대신)'이라 했고 또 어떤 시기는 그 임금이나 대신의 이름을 썼다. 이는 242년간 많은 사람이 릴레이식으로 집필했으며 사람에 따라 쓰는 방법이 달랐다는 것을 의미한다. 만약 공자 한 사람이 썼으

---

46) <孟子・離婁下>21 孟子曰: '王者之跡熄而<詩>亡, <詩>亡然後<春秋>作。晉之<乘>, 楚之<檮杌>, 魯之<春秋>, 一也: 其事則齊桓・晉文, 其文則史.' 참조.

면 절대 이런 현상이 있을 수 없다. 고작해야 공자가 <춘추>를 제자에게 가르치는 교과서로 썼을 것이며 제자들이 스승의 출생 또는 사망한 일자를 <춘추>에 써넣었을 것이다.

<춘추>는 비교적 진실한 역사책이라고 할 수 있다. <춘추>에 기록된 사실을 서진西晉 초년에 발굴된 비교적 믿을 만한 사서 <죽서기년竹書紀年>과 대조하여 보거나 청동기의 명문과 대조해보면 기본적으로 진실함을 알 수 있다. 그의 정확성을 입증해 주는 것은 특히 <춘추>에 기록된 많은 천문학 현상들이다.

<춘추>에 기록된 일식은 모두 36번이었는데 지금의 천문학으로 계산해 보면 그 중의 34번이 정확하다. 장공莊公 7년 조목에 '별이 비처럼 흘렀다'라는 기록이 나오는데 이는 기원전 687년 3월 16일에 발생한 천금성좌天琴星座의 유성流星을 기록한 것이며 오늘의 과학으로 입증이 된다.

또 문공文公 14년의 조목에 '가을 7월 별빛이 북두로 비쳐 들어가다(有星孛入于北斗)'라는 기록이 나오는데 이는 그 해에 있었던 혜성 현상을 말한다. 혜성에 대한 인류의 가장 이른 기록이라고 할 수 있다. 이런 것들은 후세에 위조하여 써넣을 수 없을 것이며 이로 하여 <춘추>의 정확성이 입증된다.

<춘추>는 중화민족 전통문화의 가장 중요한 역사 문헌이며 자랑이다.

7

혜성과 역사연구

예전 동해 물가 건달파의 논 성을랄 바라보고
'왜군도 왔다!'고 봉화를 든 변방이 있어라!

삼화의 산 구경 오심을 듣고 달도 부지런히 등불을 켜는데
길 쓸 별 바라보고 '혜성이여!' 사뢴 사람이 있구나!
아으, 달은 저 아래로 떠갔더라, 이 보아, 무슨 혜성이 있을꼬.[47]

신라 거열랑居烈郎, 실처랑實處郎, 보동랑寶同郎 등 세 화랑이 금강산 풍악楓岳에 유람 갔다가 혜성이 나타났다. 삽시에 민심이 흉흉해져 그들은 유람을 그만두었다. 스님 융천사融天師가 '혜성가'를 부르니 혜성도 사라지고 왜병도 물러가 그들은 다시 왕명에 따라 계획했던 유람을 하였다고 한다.

금세기 초부터 중국의 학자들은 고전문헌에 나타난 혜성 그리고 일식, 월식 등 천문학 현상을 중국사 연대의 고증에 힘을 경주했으며 마침내 하夏·상商·주周 세 조대의 연대를 확정하는 데 활용했다.

혜성에 관한 현대 이론의 창시자는 1682년에 나타난 혜성을 계기로 연구한 영국의 과학자 핼리이므로 혜성을 일명 '핼리혜성'이라고도 한다. 그는 혜성은 약 76년 만에 한 번씩 지구에 회귀할 것이라고 했다. 1758년, 그가 사망한 후 16년 만에 정말 그의 예견대로 혜성이 다시 회귀했던 것이다.

그러나 혜성에 관한 가장 이르고 완벽한 기록은 중국 문헌에 있다. 노문공魯文公 14년(기원전 613년)부터 매번마다 기록돼 있으며 1986년까지 34번 회귀한 셈이다. 그 외에 거의 확정할 수 있는 주무왕周武王이 상주왕商紂王을 징벌한 기원전 1057년까지 거슬러 올라갈 수 있다.

주무왕이 상주왕을 징벌한 해를 한나라 유흠劉歆은 기원전 1122년이라 했고, 범문란范文瀾은 <중국사간편中國史簡編>에서 기원전 1066년이라 주장했으며, 장홍소章鴻釗는 <중국고역사中國古歷史>에서 기원전 1055년이라고 주장했는데 기원전 1057년으로 결정지을 수 있는 데는 그 해의 혜성이 관건적인 작용을 했다.

상기 <혜성가>를 한국 학자들은 <삼국사기·백제 본기>에 위덕왕威德王

47) 한국학 자료대계 87—1 한국학 기초자료선집 고대 편, 한국정신문화연구원.

41년 곧 진평왕眞平王 16년에 혜성이 나타났다고 하므로 서기 594년으로 결정지었다.

<송사宋史・천문지天文志>에 따르면 1066년에 혜성이 나타난 것이 확정적이다. 1066년−76×6=610년경에 혜성이 나타났어야 맞다. 정확한 76년이 아니므로 좀 차이가 생길 수는 있지만 6번 회귀하는데 16년이나 어긋날 수는 없으니 594년에 문제점이 좀 있다고 보인다. 한국 문헌 <삼국사기>에 혜성, 일식, 월식에 관한 기록이 많이 나오는데 이들에 관해 깊은 연구를 하여 한국 역사의 연대를 확정하는 데 활용했는지가 궁금하다.

8

중국의 하상주 단대공정과 한국의 개천절

금년의 개천절 10월 3일은 단군 건국 4,345주년으로 그 행사가 성대하였다. 필자는 텔레비전으로 기념행사에 관한 기사를 보며 수중의 <단군세기>라는 고서를 한 번 더 읽어보았다. 그러면서 생각난 것이 중국의 하상주夏商周 단대공정斷代工程이다.

중국은 1996년 5월부터 시작하여 2000년 9월까지 '하상주 단대공정'이라는 이름하에 이 세 왕조의 연대를 확정하는 연구를 진행했다. 중국 역사를 반만년으로 잡지만 하상주의 건국은 기원전 21세기, 기원전 16세기, 기원전 11세기로만 어림잡아놓고 있을 뿐이다. 확정적인 연대는 <사기史記・십이제후년표十二諸侯年表>에 있는 서주西周 공화共和 1년, 즉 기원전 841년부터이다.

이는 고대 문명국 중 기원전 4,241년부터 비교적 확정적인 연대를 가진 이집트에 비하면 자존심이 꺾일 일이 아닐 수 없다. 이번 연구를 거쳐 상기

세 왕조의 설립 연대가 각각 기원전 2,070년, 기원전 1,600년, 기원전 1,046년으로 해명됐으며 상조 중반부터는 각 임금의 재위 연대까지 확정됐다. 이는 여러 분야의 학자 200여 명이 5년간 힘써 달성한 성과이다.

무슨 방법으로 수천 년 전의 연대를 확정할 수 있었는가? 아래의 두 가지 예를 보자.

한 청동기의 명문銘文에 따르면 서주 정鄭나라 의왕懿王 원년은 기원전 899년이다. 또 고본古本 <죽서기년竹書紀年>에 '의왕 원년 경성의 날이 두 번 밝았다(懿王元年天再旦於都)'라는 기재가 있다. 날이 두 번 밝을 가능성은 동틀 무렵 개기일식(日全蝕)이 일어났다고 밖에 해석할 수 없다. 1997년 3월 9일 동틀 무렵에 개기일식이 일어나는 신강新疆 북부지역에서 체험한 결과 확실히 날이 두 번 밝는 감이었다. 정나라의 위치가 지금의 섬서陝西 서화西華 혹은 봉상鳳翔 일대며 천문학 계산에 따르면 기원전 1,000년부터 기원전 841년간에 동틀 무렵 이 지역에서 일어난 개기일식은 기원전 899년뿐이다. 이로써 의왕 원년을 기원전 899년으로 확정 지었다. 금문과 천문학으로 연대를 확정한 예이다.

주여왕周厲王의 재위 연한을 <주본기周本紀>에서는 37년이라 하지만 <위세가衛世家>, <제세가齊世家>, <진기세가陳杞世家>, 금본今本 <죽서기년>에서는 각각 13년, 14년, 24년으로 다르다. 소편종蘇編鐘의 명문에 '유왕삼십우삼년왕친휼성동국남국.惟王三十又三年王親遹省東國南國。'이라는 기재가 있다. 여왕과 선왕宣王이 모두 33년 이상 재위했으니 어느 왕인가? 여왕 자신이 만든 종주종宗周鐘의 명문 '왕조휼성문무근강남국.王肇遹省文武勤疆南國'이 위 명문과 부합된다. 또 <사기·진세가晉世家>에 진후晉侯 소소는 선왕 13년에 죽었다고 하였으니 '유왕 삼십삼년' 중의 왕은 여왕이지 선왕이 될 수 없다. 이로 하여 여왕 재위 연한 13년, 14년, 24년 설이 무너졌다. 청동기 명문을 연대 확정에 활용한 예이다.

2천 년 전부터 연구해 왔지만 큰 성과가 없던 과제를 이번에 해결할 수 있었던 원인은 바로 상기 문헌학, 고고학, 문자학, 천문학, 탄소 측정학 등 9개 분야의 44가지 전문가가 서로 합동하여 과학적으로 연구했기 때문이다. 그러나 본 단대공정이 아직 과학적이지 못하다는 논란도 많다. 본 공정의 책임자는 마무리 글에서 '이는 중국 상고 역사 단대의 시작이지 끝이 아니다, 앞으로 과학적인 방법으로 계속 연구, 수정할 것이다.'라는 겸손한 말을 했다.

한국 역사상 확정할 수 있는 최초의 연대는 아마 위씨衛氏 조선으로 기씨箕氏 조선을 대체한 기원전 194년일 것이다. 그것도 중국 고서에 근거한 것이지 한국 문헌에는 없다. 반만년 역사라고 하지만 그 전의 연대는 공백이다. 이뿐만이 아니다. 한국 장서각藏書閣, 규장각奎章閣의 목록을 보면 적지 않은 도서의 저자 또는 출간 연대가 공백이다.

필자는 북한 방문 때 1994년에 구축한 평양시 강동군 문흥리에 위치한 단군릉을 견학한 적이 있다. 높이 22미터, 변 길이 101.7미터, 너비 97.5미터의 능은 웅장하기 그지없다. 해설자의 말에 따르면 바로 그곳에서 5천여 년 전 단군임금 부부의 해골을 발굴해냈다고 한다. 그 해설자의 기세당당한 태도와 열정에는 탄복이 가지만 필자는 그의 말을 추호도 믿고 싶지 않다. 십상팔구는 추호의 근거도 없는 추측에 불과할 것이다. 아마 엉뚱한 어느 이름 모를 남녀의 시체를 단군임금 부부의 시체라고 했을 것이다.

한국의 개천절도 마찬가지이다. 중국 고서, 한국의 <삼국사기>에도 단군 건국에 대한 기록이 전혀 없다. 단군에 관한 기록은 <제왕운기>(1287)나 <단군세기>(1363)에 나타났는데 둘 다 황당하기 그지없다. 그것을 민간 전설쯤으로 생각하고 웃어넘기면 그뿐이다. 그러나 한국에서는 그것을 국책으로 여기고 단기 4,345년이니, 건국일이니 하고 있다.

역사는 과학이어야 한다. 한국은 과학적 차원에서 추구하는 역사는 희박하고 정서적으로, 감정적으로, 어림 잡이로 취급하는 역사가 범람하는 것이 문제점이다. 한국 역사 문헌의 출간 연대, 고조선 임금 재위 연한, 조선왕조 임금 평균수명, 중국 춘추 시기 노나라 임금의 재위 연한 등을 자세히 살펴보면 이 문제를 알 수 있다.

1. 한국 역사 문헌의 출간 연대:

<삼국사기> 1145년, <삼국유사> 1285년, <제왕운기> 1287년, <단군세기> 1363년.

2. 고조선 임금의 재위 연한: 평균 44.6년, 50년 이상 재위 21인.

1. 왕검93년130세	7. 한율 54년	13. 흘달 61년	19. 구모소 55년
2. 부루 58년	8. 우서한 8년	14. 고불 60년	20. 고홀 43년
3. 가륵 45년	9. 아술 35년	15 대음 51년	21. 소태 52년
4. 오시구 38년	10. 노을 59년	16. 위나 58년	22. 색불루 48년
5. 구을 16년	11. 도해 57년	17. 여을 68년	23. 아홀 76년
6. 달문 36년	12. 아한 52년	18. 동엄 49년	24. 연나 11년
25. 솔나 88년	31. 등올 25년	37. 마물 56년	43. 물리 36년
26. 추로 65년	32. 추밀 30년	38. 다물 45년	44. 구물 29년
27. 두밀 26년	33. 감물 24년	39. 두홀 36년	45. 여루 55년
28. 해모 28년	34. 오루문 23년	40. 달음 18년	46. 보을 46년
29. 마휴 34년	35. 사벌 68년	41. 음차 20년	47. 고열가 58년
30. 내휴 35년	36. 매륵 58년	42. 을우지 10년	

3. 조선왕조 임금 평균수명 46세.

4. 중국 춘추 시기 노나라의 임금은 평균 재위 20.2년, 34년 이상 없음.

1. 은공 11년	4. 민공 2년	7. 선공 18년	10. 소공 32년
2. 환공 18년	5. 희공 33년	8. 성공 18년	11. 정공 15년
3. 장공 32년	6. 문공 18년	9. 양공 31년	12. 애공 14년

1363년에 편찬한 <단군세기>가 허위임은 명백하다.

이스라엘

9월 11일 테러사건을 두고 반복 음미해 보면서 이데올로기 대립의 냉전 체제는 종식됐지만 새로운 분쟁, 즉 민족-종교 대립의 분쟁으로 바뀌는 것이 아닌가 하는 생각이 든다.

그러면서 짚이는 바가 이스라엘-아랍이다. 이스라엘-아랍은 현 단계 민족-종교 대립 분쟁의 가장 치열한 화근이라는 것이다. 전 세계의 공분은 테러를 감행한 아랍인에게 쏠리지만 분쟁의 근원적인 뿌리를 헤치고 들어가면 거기에는 이스라엘이 있다.

유대인은 셈족(Sem)의 한 가닥으로 기원전 13세기 팔레스타인 지역에 유대인의 나라를 세웠었다. 기원전 1세기 로마제국의 강점에 의해 서구로 쫓겨났고 13~15세기에는 서구의 부흥에 밀려 다시 동구로 쫓겨 갔다. 부흥에 뒤떨어진 독일에는 꽤 많이 남아 있었는데 2차 대전 때 히틀러에게 수백만이나 학살당하고 구소련 또는 미국으로 쫓겨났다. 그 동안 학살당한 유대인은 부지기수다. 확실히 불쌍한 민족이다.

19세기 말엽부터 유대 부흥주의가 태동했고 1948년에는 영미의 조종 하에 팔레스타인에 유대인의 나라—이스라엘이 정식으로 세워졌다. 이에 따라 1백만 이상의 아랍인이 팔레스타인에서 쫓겨나 난민으로 전락됐다. 미국이 이스라엘을 세워준 목적은 유대인을 동정해서가 아니라 군사·경제의 요충지에 자기들 이익의 쐐기를 박기 위해서이다. 그렇다면 이스라엘의 재건이 미국에 대해 플러스인가, 마이너스인가? 필자는 마이너스라고 본다.

우선 도의상 용납할 수 없는 죄를 지어 저주의 대상이 될 것이다. 2천여 년 전에 없어진 나라를 그 자리에 새로 세운다는 것은 너무나 황당하다. 인류 역사상 나라가 망해 흩어진 민족이 얼마나 많은가. 이런 논리대로라면

7백 년 전에 동남아로 밀려간 태국 사람들이 중국의 운남성雲南省에 다시 자기의 나라를 세울 수 있다. 고원지대로 쫓겨 가 사는 미주의 인디언도 옛 고장을 찾아가 백인들을 내쫓고 자기의 나라를 세울 수 있다. 나당연합군에 의해 일본으로 쫓겨 간 백제의 후손들이 한국에 찾아와 자기의 나라를 세울 수 있다. 중국 서부로 잡혀갔거나 동북 3성에 흩어진 고구려 후예가 한반도에 찾아와 자기의 옛 나라를 회복할 수 있다. 무력만 강하면 누구든지 이런 황당무계한 짓을 할 수 있다는 말이다.

다음은 미국이 아랍 국가, 아랍민족 및 이슬람교와 원수가 된 것이다. 이로 인해 생기는 재앙은 아무리 과장해도 과분하지 않다. 지구상에 무슬림이 크리스천과 비슷하며 무슬림이 크리스천보다 종교 신앙성이 더 강하다. 이라크나, 탈레반이나 지금 테러의 원흉으로 지목되는 빈 라덴은 모두 과거에 미국이 양성한 나라나 사람들이다. 그러나 어느새 골수 반미의 세력으로 둔갑해 버렸다. 말하자면 개가 주인의 발뒤축을 문 격이다. 근본적인 원인은 미국이 자기들 불공대천의 원수인 이스라엘의 편이라는 데 있기 때문이다. 앞으로 미국이 아프가니스탄을 공격할 것이지만 탈레반 빈·라덴을 배척하고 새로 세운 아프가니스탄도 다시 반미세력으로 둔갑하지 않는다는 보증이 없다.

클린턴은 아랍인에 대해 꽤 유화 정책을 썼는데도 아랍-이스라엘의 충돌을 해결하지 못했으며 거의 주어질 뻔했던 노벨 평화상을 김대중 대통령에게 빼앗기고 말았다. 그런데 최강경의 정책을 취하고 있는 부시 행정부가 중동의 평화를 이룩할 수 있단 말인가! 미국이 정신을 차려야 할 때가 왔다.

⑩ 북경의 지리와 역사

북경은 서귀西貴, 동부東富, 북공北空, 남궁南窮이라는 설이 있다. 즉 서쪽은 귀족 동네, 동쪽은 부자 동네, 북쪽은 빈 동네, 남쪽은 가난한 동네이다. 이는 천만 맞는 말이며 그 유래가 매우 깊다.

북경에서 인류가 가장 일찍 정착한 곳은 서쪽이며 북경의 사람은 서쪽으로부터 동쪽으로 점점 확장해 나아갔다. 서쪽으로 약 50km 떨어진 주구점周口店이 약 50만 년 전에 북경 원인猿人이 살던 고장이다. 이곳이 아마 북방 중국인 조상의 발원지일 것이다. 그 후 문명사회로 진입하여 하·상·주·춘추·전국戰國으로부터 원元 이전까지 수천 년간 북경지역은 줄곧 계薊·연燕 등으로 불리며 작은 제후국의 수도나 지방정부의 소재지였다.

몽골족이 원을 세우며 정한 수도가 주구점으로부터 동쪽으로 약 40킬로 이동한 지금의 석경산구石景山區 일대이다. 지하철 1호선의 서쪽 종착역 평과원苹果園의 앞이 고성古城역인데 바로 옛날 원나라 수도의 본거지이므로 '고성'이라 부른다.

명明과 청淸이 왕궁의 위치를 원의 중심지로부터 동쪽으로 약 10km 이동하여 지금의 자금성으로 옮겼다. 그러나 유람지나 피서지 및 왕족의 별장을 다 서쪽에 두었다. 이 귀족 동네가 지금은 중국 교육과 정치의 중심지로 됐다. 북경시 대학의 거의 다와 국가 수뇌부가 있는 중남해中南海, 전화국·전보국·방송국 등 요해 부서가 다 천안문 서쪽에 있다.

북경을 장악하려면 이 서쪽을 장악하여야 한다. 1989년 천안문사태 때 6월 4일 새벽 여러 개 군부대가 동서남북의 같지 않은 방향으로부터 진입하며 북경시를 통제하였다. 그러나 대학생 단식에 대한 견해와 단식대학생을 진압하는 데 대하여 각 부대의 견해가 달랐다. 대학생의 단식을 지지하는 군부대가 먼저 쳐들어와 북경시를 장악하면 등소평을 수반으로 하는 자들이 절대 수긍할 수 없다. 하여 등소평-양상곤楊尚昆(당시 국가주석)은 그들이 가장 신임하는 28군단에 서쪽 지역을 맡겼다. 동, 북, 남으로부터 진군한 부대에는 탄알도 주지 않았다고 한다. 쿠데타를 막기 위해서이겠다.

옛날 상품의 주축은 양식과 천이었다. 대량의 양식과 천이 남방으로부터 북경으로 몰려들었으며 주요 교통수단이 운하였다. 지금 북경시 중심지와 통주구의 사이가 바로 운하의 종점이며 실어온 양식과 천을 동쪽에 부리었으므로 그쪽이 자연히 장사군 부자들의 집결지로 됐다. 그때의 동쪽은 지금 북경역, 국제호텔에서 약간 동쪽이었다.

국제호텔에서 24선 버스를 타고 북쪽으로 가노라면 나타나는 정류장—녹미창祿米倉은 쌀로 봉급을 주는 곳이고, 건면호동乾面胡同은 밀가루로 봉급을 주는 곳이며, 선판호동船板胡同은 선박 정비소, 해운창海運倉은 운하에서 부린 물품을 보관하는 창고이다. 이 장사꾼 동네가 동쪽으로 약 1~2km 정도 확장된 것이 지금 북경의 상업의 중심지, 유명호텔의 집거지이다.

원나라는 명나라를 세운 주원장의 봉기군에게 소멸된 것이 아니라 몽골족 전체가 북쪽 고향으로 도망간 것이다. 유생역량을 보존하였으므로 도망간 후 끊임없이 남침했고 따라서 명나라 때 북쪽은 줄곧 전쟁터였다. 팔달령八達嶺 장성은 바로 명나라 때 몽골족의 남침을 막기 위해 쌓은 것이다. 북쪽 변경을 확보하기 위해 명나라는 부득불 수도를 남경으로부터 북경으로 옮겼다.

아마 이런 원인으로 북쪽에 살기를 싫어했는지 그곳이 빈 동네로 돼 버렸다. 1990년 아세안 게임과 2008년 올림픽의 선수촌이 모두 북쪽에 정해진 원인은 그곳만이 빈 자리였기 때문이다. 중공 정부는 중국주최의 올림픽을 대비하여 천단 공원 동남쪽의 약 2㎢ 면적의 부지를 수십 년간 비워두었다. 1990년 아시아 올림픽을 중국에서 치르게 되어 북경시 건설 담당 부시장 장백발張百發이 서울 88올림픽 선수촌을 견학한 후 이곳이 너무 좁아 선수촌을 북쪽에다 만들었다.

개혁개방 후 부동산 업자들도 북쪽에 집을 대량으로 지으며 풍수가 좋다느니 뭐니 하며 떠들어대고 있다. 이젠 북쪽이 빈 동네가 아니다.

남쪽은 아마 풍수가 나쁘다고 인정해서인지 가난한 동네로 됐다. 지금도 남쪽에는 국가기관, 고급상점, 유명병원, 대학, 고급호텔 등이 없으며 부동산 가격도 다른 데보다 30% 정도나 싸다. 옛날 못사는 서민과 온갖 거지, 장인匠人, 광대꾼들은 다 남쪽에 집중돼 있었다. 전국 각지에서 모여든 고관대작은 당연 거지 동네에 살기는 거부했을 것이므로 남쪽은 전통적으로 순수 북경인의 비중이 가장 큰 동네이다. 필자가 북경대학에 다닐 때 북경시의 방언을 당연 남쪽에 가서 조사하곤 하였다.

지금 북경시의 패턴은 수천 년 전부터 서서히 형성된 것이며 지금 북경 도시건설을 할 때도 역사전통의 기초에서 진행한다. 원조부터만 따져도 700년 전부터 형성된 관념과 구도가 지금도 강력히 작용하는 현실로부터 중국인의 보수성을 실감할 수 있다.

11

'爲淵驅魚, 爲叢驅雀'

중국어에 '위연구어爲淵驅魚, 위총구작爲叢驅雀)'이란 사자성어가 있다. '물고기를 깊은 데로 몰고 참새를 숲속으로 쫓는 것으로' '사람들을 적의 편으로 몰아주다'의 뜻으로 쓰인다.

광복 직후 국민당은 집권 여당이고 공산당은 '불법' 야당이었다. 국민당은 400만(전쟁 중 끊임없이 징병하여 누계 800만) 병력에 미국의 최신 장비로 무장했고 공산당은 92만 병력에 일본군에게서 빼앗은 허술한 장비가 고작이었다. 그러나 부정부패로 인심을 잃어 끊임없이 국민들을 공산당의 편으로 몰아주었으므로 1946~1949년 국민당은 공산당과의 내전에서 패배를 면치 못했다.

아래에 국민당이 어떻게 재중국 조선인을 공산당 편으로 몰아주었는가를 살펴보기로 하자.

2차 대전 직후의 만주를 살펴보면 남반부 전체와 북반부의 대도시는 국민당 관할구역이고 나머지는 공산당 관할구역이었다. 조선인은 이 두 구역에 각각 절반씩 분포돼 있었다. 그러므로 조선인은 국민당 경향과 공산당 경향이 각각 절반이었을 것이다. 그러나 국민당 관료와 장교들의 부정부패는 국민당 구역의 조선인들을 공산당 쪽으로 몰아넣었다.

2차 대전 직후 국민당 정부는 자산접수위원회資産接收委員會를 설립하고 일본인의 자산을 접수하였으며 그 산하의 한교사무처韓僑事務處에서 조선인의 자산을 처리하였다. 일본을 등에 업고 횡재한, 말하자면 매판 자산계급의 조선인은 극히 개별적이고, 또한 그들은 거의 다 2차 대전 종전과 더불어 일본이나 한국으로 도망쳤다. 나머지는 대부분 정미소, 철공장, 술 공장, 방직공장 등을 운영하는 소기업자들이었다. 상업이라 해봤자 원단, 양곡 장사꾼이 고작이고 규모가 작은 부동산 업자들이다. 접수하여야 할 조선인의 자산은 극히 개별적이고 대부분은 접수하지 말아야 한다. 국민당 관료와 장교들은 횡재의 욕구가 극도로 달해 웬만한 조선인의 자산도 모조리 몰수, 자기의 지갑에 착복하였다. 필자의 고향(요령성 무순시)은 국민당 통치구역에 있었으므로 필자의 부모가 당한 국민당 군대의 폭행과 약탈은 이루 다 말할 수 없다.

이런 상황에 대하여 장개석도 이는 접수가 아니라 겁수劫收(겁탈)라고 하였다: "많은 고급장교들이 접수 중에 횡재하였고 사치 방탕해졌으며 주색에 빠졌다. 장교는 교만해졌고 병사는 안일에 빠졌으며 기율은 무너졌고 투지가 없어졌다. 우리는 이 접수 때문에 실패하였다."

동북 각 지역에 산재해 있던 토비(마적)들은 조선인들을 일본 놈의 앞잡이라며 무자비하게 약탈하고 잔혹하게 죽였다. 백 명 이상 살해한 사건만도 수십 차례나 된다. 어떤 토비는 국민당 군대의 패잔병이고 어떤 토비는 공산당 소멸에 활용하려고 국민당 군에 편입시킨 마적들이다. 그들은 정치 마적이고 국민당과 같은 무리였으며 조선인을 공산당으로 몰아주는 데 '일조'하였고 국민당의 이미지를 추락시킨 '공신'들이었다.

국민당 정부는 또한 조선인을 일본 침략자의 4촌쯤으로 취급하고, 조선인이 반일한 것은 보지도 않고 강제로 한국으로 압송하였으므로 조선인의 원한을 샀다. 광복 때 재중국 조선인은 합계 2,163,115명[48]이었는데 강제 압송된 자가 70여 만 명이며 대부분 국민당 통치구역의 조선인이다. 국민당 통치구역의 조선인은 근근이 93,283명[34]만 남았는데 그나마 국민당을 따르는 자는 별로 없었다.

이와 반대로 공산당은 조선인에게 줄곧 우대정책을 실시했다.

1927년 10월 중공 만주성위를 설립한 이래 줄곧 조선족을 중국 내 소수민족으로 취급하였으며 반제반봉건 투쟁의 의지 대상과 단결 대상으로 보았다. 또한 조선인도 중국인과 같이 토지를 소유할 권리가 있다고 인정하였다. 1928년 7월에 거행된 중공 제6차 대회에서 처음으로 조선인을 중국 소수민족으로 취급할 것을 의논하였다.

광복 후 공산당은 그의 관할구역 내에서 토지개혁을 실시하였으며 조선인에게도 토지를 분배해 주었다. 1946년 5월 4일부터 이런 토지개혁을 실시하기 시작하였다. 특히 연변지역에서는 사실상 조선인에게 중국국민과 같은 권한을 부여하였다. 토지를 분배받고 공산군에 가입한 조선인이 62,942명[34], 8개 사단에 접근한다. 중국인민해방군 제4 야전군에는 여러 개 사단이 조선인으로 구성되었다. 그들은 용감하게 싸웠으며 많은 가장 치열

---

48) 손춘일 <중국 조선족이민사> 참조. 중화서국, 2008년.

하고 어려운 전투를 조선인 부대가 감당하였다.

　최근 몇 년간 필자는 <중국민족백과전서全書>를 감수하며 다른 소수민족은 중국공산당을 따르며 혁명에 목숨을 바친 열사가 보통 십여 명, 수십 명에 그치는데 조선인은 무려 3,943명이나 된다는 사실을 알고 경악하였다.[49] 그 원인을 추구하다 '민심은 천심'임을 재삼 느끼고 '爲淵驅魚, 爲叢驅雀'의 사자성어가 생각나 본문을 쓴다.

$$\boxed{12}$$

중국의 반우파 투쟁

　중국은 1957~8년에 반우파 투쟁이라는 정치 운동을 감행하였다. 당대 중국의 정치를 이해하려면 반드시 중국의 반우파 투쟁을 알아야 한다.

　1949년 중공 정부 수립 후 중국 각급 정부, 사회단체의 크고 작은 간부의 90% 이상을 공산당원이 차지했다. 초·중교 수준이 주축이고 일부 반문맹·문맹도 포함된 관료계층이 인민 군중, 특히 고교·대학교 출신 군중의 눈에 차지 않음은 당연한 일이다. 게다가 그들은 집권 8년간에 관료주의, 주관주의, 종파주의 작풍을 자행하여 광대한 인민 군중의 강렬한 불만을 자아냈다.

　중공의 1949년까지의 혁명은 민주주의 혁명이었다. 제국주의, 봉건지주, 매판자본주의(외국 자본과 결탁한 초대형자본가)를 반대함이 혁명의 내용이었다. 반제는 민족해방혁명이고, 반봉건지주는 자산계급 민주혁명이며 반매판자본만 사회주의혁명의 요소가 약간 포함되었었다. 다만 자산계급 성격의 이 혁명을 무산계급(공산당)이 영도하였으므로 '신민주주의 혁

---

49) 곽승지 <조선족, 그들은 누구인가?>. 도서출판 인간사랑, 2013년.

명'이라 불렀다.

1954~56에 실행한 광범위한 사회주의제도의 건립은 비폭력, 비혁명의 평화적 방법을 썼다. '사회주의 개조'라 불렀으며 도시 자본가의 기업은 국가가 51% 이상의 주식을 사들여 '공사합영公私合營'이란 이름으로 국유화시켰다. 농민은 자원원칙에 의해 서로 무어 집단농장인 초급사初級社, 고급사高級社를 만들었다. 국유화와 집단농장화 와중에 강제가 동반되어 모순이 치열하였다.

이때 국외에서 심상치 않은 세 가지 사건이 터졌다.

a. 1956년 2월 제1서기 흐루쇼프가 소련공산당 20차 당대회에서 스탈린의 개인숭배와 반혁명숙청의 확대화를 비판하였다. 중공은 스탈린의 보고를 봉쇄하였지만 각 대학의 영어신문 등을 통해 확산되었다. 모택동의 개인숭배, 반혁명숙청의 확대는 스탈린의 죄행과 흡사하므로 중국 인민의 회의를 불러일으켰다. b. 1956년 6월 28~30일 폴란드의 포즈난에서 인민봉기가 일어났으며 진압 시에 74명이 죽고 800여 명이 부상을 당했다. c. 1956년 10월 23~11월 4일에 헝가리에서 인민봉기가 일어났고 소련군에게 진압되며 2700여 명이 죽었다. 모두 소련식 사회주의 체제, 소련의 통제 및 독재정치를 반대하는 봉기였다.

이러한 형세 하에 1956년 말부터 중국에서는 사회주의·공산당·무산계급독재를 반대하고 관료주의를 반대하며 집단농장을 탈퇴하는 사조가 일어났다. 파업, 동맹휴학 및 시위유행 등이 비일비재하였다. 중국공산당은 부득불 정풍운동을 단행하였다. 1956년 11월에 결정짓고 1957년 4월부터 시작하였다. 당조직은 인민 군중의 의견과 비판을 받아들인다고 하였다.

광범위한 군중, 특히 고졸·대졸 지식분자와 민주당파들은 용약 뛰어들어 당조직에 의견을 제출하였고 비판도 가했다. 당 간부의 관료주의에 대한 비판이 가장 많았다. 절대다수의 의견과 비판은 호의적이며 공산당의 풍기 정돈에 기여하려는 동기에서 출발하였다.

그러나 중공 중앙과 모택동은 군중들의 의견과 비판을 반동계급의 반혁명행위로 몰아붙이며 그들에게 '우파분자'의 모자를 씌우고 반격을 가했다. 6월 8일, 즉 정풍운동을 시작한 지 40여 일 만에 <인민일보>에 '이것은 무엇 때문인가?'라는 사설을 내어 전국적인 반우파 운동을 호소하였다. 힘차게 전개되던 정풍운동은 이내 반우파 투쟁으로 역전하였다.

무릇 공산당조직, 특정 당 간부에게 의견을 제출한 자는 모두 반당 우파분자로 몰렸고 당 간부들이 개인 악감으로 우파분자의 모자를 씌운 자도 많았다. 1958년 반우파 투쟁이 끝날 때 전국적으로 552,973명이 우파분자의 모자를 썼는데 중·상층 지식인이 대부분이다. 세계적인 사회학 석학—비효통費孝通, 저명작가 정령丁玲, 유명화가 유해속劉海粟 등도 우파분자로 되었으며 많은 전인대 대표, 정협위원들도 우파분자로 몰려 해임되었다.

많은 조선족 지식인들도 우파로 몰렸다. 그들이 우파분자로 몰린 죄행은 대체로 두 가지인데, 첫째, 왜 본인의 동의 없이 북한 국적의 조선족을 무작정 강제로 중국 국적으로 만들었는가? 둘째, 조선족자치주인데 왜 자치를 제대로 못 하는가이다. 모두 지방 민족주의자, 민족 분열주의자의 죄명으로 우파분자의 모자를 썼다.

우파분자의 모자를 쓴 사람은 '계급의 적'이므로 간부 직무에서 해임됨은 당연하고 농촌이나 광산으로 쫓겨 가 사상개조를 해야 했다. 주위 사람들은 그들을 사람 취급하지 않았고 처자식들도 주위 사람들로부터 손가락질을 받고 모욕을 당하며 살아야 했다. 심지어 어떤 사람은 적어서 몇 년, 많으면 10년 이상의 옥살이를 하여야 했다.

1959년 9월 '개조 표현이 좋은 우파분자'의 우파분자 모자를 벗겨주었다. 우파분자의 5%인 28,165명이 모자를 벗겨주었으나 실은 여전히 우파분자로 취급하였다. 정치 운동 때마다 그들은 우파분자 및 다른 '계급의 적'들과 같이 투쟁을 당해야 했었다. 모택동이 별세한 후 1978년에 와서야 우파분자에 대한 재조명을 실행하고 사면복권을 해주었다. 결과 진짜 우파분자는 우파분자 총수의 1만분의 1.7인 96명뿐, 나머지 1만분의 9998.3은 억울하게 당한 우파분자였다.

'우파분자'에게 사면복권을 해주고도 중공은 반당, 반사회주의분자에 대한 반우파 투쟁은 잘한 일이라고 고집한다. 반당반사회주의분자라 함은 주요로 전국적인 우파분자 장백균章伯鈞, 나융기羅隆基, 팽원응彭文應, 저안평儲安平, 진인병陳仁炳 등 5인의 '죄행'을 말한다. 저안평의 '당천하黨天下' 의견, 장백균의 '양원제兩院制' 주장, 나융기의 '사면복권위원회를 설립하여 정치상 당한 자를 복권해주자'라는 주장 등은 모두 건설적인 의견인데 말이다.

진짜 우파분자가 당한 인생의 비극은 말이 아니다.

저안평은 <광명일보>의 주필이었는데 '공산당이 천하를 독점한다(黨天下)'라는 의견을 제출하였다가 중국 랭킹 4위의 우파분자로 몰렸다. 우파분자로 몰린 후 몇 평 안 되는 좁고 습한 집에서 겨우 연명하며 살아야 했다. 1966년 문혁이 터지자 너무나도 군중대회의 투쟁에 시달려 투신 자살을 시도하다가 실패했다. 나중에는 이혼한 처가 저안평과 잘 아는 다른 남자와 연애하는 장면을 목격하고 치욕감을 금치 못하여 사라졌는데 지금까지 그의 행방을 알아내지 못하고 있다. 후에 사망했다는 결정이 내려졌지만 아직 그의 시체를 발견하지 못하였다. 마지못한 결정에 불과하다.

조선족의 골수 우파분자 김학철도 마찬가지이다. 그는 신중국 역사상 가장 처음으로 모택동의 개인숭배와 대약진, 인민공사 등의 좌경착오를 비판하는 장편 소설 <20세기의 신화>를 펴냈다. 그는 수없이 비판을 당했고 비인간의 대우를 받았으며 장장 25년간 창작 활동을 정지하여야 했다. 문혁 때는 10년간 옥살이까지 하였다. 그가 진정한 사면복권을 받은 해는 1985년, 69세 때이다(85세 사망).

김학철은 중국 상해에서 조선민족혁명당에 가입하고 독립운동을 하다가 무한武漢에서 항일의병대를 조직했다. 1940년에 중국공산당에 가입하고 태행산맥 일대에서 반일 무장투쟁을 하다가 일본군 총탄에 허벅지 관통상을 입고 포로가 되었으며 다리 하나가 절단되었다. 일본 나가사키 감옥에 4년 반 동안 감금되었다가 광복을 맞아 풀려났다. 실로 하자 없는 공산당, 혁혁한 공헌이 있는 혁명자인데도 우파분자로 되니 이런 참상을 면치 못했다.

만약 1957년 중공이 '우파분자'들의 건설적인 의견을 받아들였다면 그 후에 일으킨 1958~9년의 대약진大躍進·인민공사화人民公社化 운동, 4청四淸 운동, 문혁 등 재난을 모면했을지도 모른다. 1979년부터 등소평의 창도로 실행한 개혁개방은 1954~56년의 사회주의 개조를 전면 부정하고 중국을 1953년 이전의 체제로 역전시켜놓았다. 즉 1957년 '우파분자'들의 주장은 20년 후 등소평의 주장과 다를 바 없다. 그러므로 소위 진짜 우파도 응당 죄명을 벗겨주어야 맞다.

확정된 우파분자는 대부분 민주당파의 좌장들이다. 그들은 공산당을 도와 국민당—장개석을 반대한 공산당의 단결 대상, 전우, 심지어 공로자들이다. 모택동은 1956년 4월 <10대 관계를 논함>에서 공산당과 민주당은 장기공존長期共存, 호상감독互相監督의 관계라고 하였다. 그 이듬해에 반우파 투쟁을 벌여 자기가 한 말을 번복하고 자기에게 의견을 제출한 민주당파의 좌장들을 일거에 몰살시킨 셈이다. 지금 중국의 야당은 한 차례의 강 서리를 맞은, 자기의 주장을 감히 내세우지 못하는 공산당의 들러리이다.

김일성의 행태도 다를 바 없다. 자기의 권력이 충실해지는 정도에 따라 1955년에 먼저 남로당을, 다음은 친소련파를, 세 번째로 친중국 연안파를, 1968년에 마지막으로 북한 갑산파를 숙청하였다. 1968년 이후에는 소련 스탈린 이상의 개인숭배, 1인 독재를 실행하였다.

모택동도 힘이 모자랄 때는 통일전선이요, 혁명의 단결 대상이요, 전우요 하며 민주당의 힘을 빌렸지만 사회주의 개조가 끝나고 권력이 공고해짐에 따라 1957~58년에 반우파 투쟁이란 명목하에 전우관계인 민주당 좌장들을 일거에 소탕하고 공산당의 유아독존唯我獨尊, 일당 독재를 실행하였다. 이것이 반우파 투쟁의 본질이겠다.

⑬

1989년 천안문사태의 시말

1989년 6월 4일, 중국군이 천안문 광장에서 단식투쟁하는 대학생을 진압하는, 세계를 경악하게 한 일대 사건이 터졌다.

89년 3월 20일 중국 전인대 7계 2차 회의가 북경에서 열렸다. 2년 전 실각하여 칩거하던 호요방胡耀邦 전 중공 총서기가 전인대 대표의 신분으로 이번 회의에 참석하였다. 회의가 끝나는 4월 4일, 그는 열변을 토하다가 심근경색으로 졸도하였다. 4월 5일 북경대학에 호요방의 명예를 회복해주어야 한다는 대자보가 붙었다. 호요방은 4월 15일에 사망하였다.

호요방은 81년 9월에 중공중앙 총서기로 임명되었다가 87년 1월에 애매한 원인으로 실각되었다. 사실은 등소평(사천四川 출신)이 실권을 쥔 후 모택동(호남湖南 출신) 시기 중공 고위층의 주축이었던 호남 출신을 하나하나 제거하는 와중에 마지막으로 밀려난 호남 출신 관료이다.

대자보는 화제의 중심이 이내 중국정치체제에 대한 비판으로 돌려졌다. '소련처럼 선 정치개혁, 후 경제개혁 하자', '관도官倒(권력 장사꾼)를 척결하자', '관료주의를 타도하자'를 외쳤다. 북경대학 학생들은 천안문 광장에 진입하였으며 북경 모든 대학의 학생들도 참여하였다. 당국의 태도 표시가 없자 농성은 지속되었고 5월 12일부터 단식으로 돌입했으며 5월 15일 소련공산당 고르바초프 총서기가 북경을 방문할 때 최고조에 이르렀다.

개혁개방 초기 실적을 이룩한 조자양趙紫陽(사천 출신)은 80년 8월 화국봉華國鋒(호남 출신)을 대체하여 국무총리로, 87년 1월에는 호요방을 대체하여 중공중앙 총서기로 되었다. 그러나 군사위 주석 등소평이 군림하고, 국무총리 이붕李鵬, 국가주석 양상곤楊尚坤에게도 분권되어 한직으로 전락하였으며 등소평과의 갈등이 점점 심해졌다.

1959년 4월 제2계 전국인민대표대회 제1차 회의에서 유소기는 국가주석으로 당선되었다. 그때의 당주석 모택동으로부터 현재의 조자양에 이르기까지 국가의 권력이 많이 국가주석에게로 쏠리는 현상이 초래됐다. 당주석, 당총서기는 한직으로 밀려 나가는 경향을 초래하였고. 이때의 조자양도 거의 한직자로 되어 버렸다. 1989년 천안문사태 이후 공산당 총서기가 국가주석을 겸직하여 권력을 확보할 수 있게 되었다.

조자양은 부득불 학생운동에 동조하며 정치개혁을 주장하고 나섰다. '차관급 이상 관료의 재산을 공개하자', '고위층 간부 가족의 횡령을 척결하자' 등 주장을 내세우며 심지어 자기 아들(수출입에 개입하여 엄청난 금품 횡령)부터 척결하겠다고 하였다. 자기 개인의 정치 지위를 위해서일지도 모른다. 등소평은 조자양의 주장을 들어주지 않고 군사개입을 지시했다.

5월 20일 당국은 계엄령을 선포하였다. 북경시민은 외곽으로 운집하여 몸으로 계엄군의 진입을 막았다. 대부분 노인과 아줌마들이었다. 또한 학생운동을 진압하면 중국공산당은 곧 망한다는 소문이 파다했다. 빠르면 2~3년에, 늦어도 5~6년 안에 망한다는 것이었다. 당국은 부득불 군사진입을 정지시키고 보름간 비상대책 마련에 고심했다. 보름 후인 6월 4일 새벽 계엄군은 탱크와 장갑차로 쏜살같이 천안문 광장으로 진입하였다. 저지하는 시민을 주저 없이 사격하며 진입하였기에 살상자를 줄였고 재빨리 천안문 광장을 포위하였다. 수백 명의 시민이 피살되었으며 시민에게 맞아 죽은 군인이 9명가량 된다.

광장의 학생들은 철거하지 않겠다고 버티다가 압력에 못 이겨 '철거하면 추후의 처벌을 안 한다'라는 보증을 받아내고 모두 남쪽(천안문의 반대쪽)으로 철거하였다. 학생들이 철거하자마자 계엄군은 천안문 광장에 진입하여 앉아 헬기로 뿌려주는 생수와 과자를 먹으며 1주간 칩거해 있었다. '시민의 반대가 두려워 감히 광장을 떠나지 못 한다'라는 '이유'였다.

공항은 무방비 상태로 방치되어 외국 항공기들이 대절 항공기로 자기 나라 국민들을 실어갔다. 그사이 학생운동의 중견분자들은 모두 그 항공기로 국외로 도피하였다. 학생을 지지하던 과학자 방려지方勵之만은 미국대사관에 망명하였다가 얼마 후 미국으로 보내졌다. 당국은 이번 사건을 '폭란'으로 결정짓고 '학생들의 민주화는 잘못이 없다. 중국을 서방 국가의 식민지로 만들려는 막후분자들이 나쁘다. 보라, 실패하니 학생들을 그들의 상전 국가로 빼돌리지 않았나?'라는 선전과 '교육'을 대거 진행했다. 얼마 후 시민은 당국의 선전을 수긍하였고 안정한 정세로 돌아왔다.

왜 일대 혼란이 짧은 시간 내에 수습되었고 중국공산당의 지위가 흔들리지 않았는가? 첫째는 소련 등의 경험 때문이다. 소련 및 동구 사회주의 국가들은 선 정치개혁, 후 경제개혁을 하다가 모두 실패하였다. 먼저 정치개혁을 하였으므로 수억 인구를 도적놈과 게으름뱅이로 만들어 놓았고 중국은 12억 인구를 혼신의 힘을 다 바쳐 일하는 자로 되게 하였다.

둘째는 반정부학생들의 외국 도피를 방임하였기 때문이다. 이것이 보름 간에 생각해 낸 비상대책이었다. 유교 문화에서 외국과 내통하여 조국을 반대하는 행위는 가장 큰 '죄'다. 지금까지 외국에 망명하여 조국을 비난한 중국인은 잘잘못을 떠나 모두 중국국민의 버림을 받았다. 단지 달라이라마 한 사람만 아직 자기의 본래 이미지를 유지한 상태이다. 계엄군이 천안문 광장에 1주간 칩거한 것, 반정부학생들의 외국 도피를 방임한 것, 방려지를 미국으로 보내준 것은 모두 중공의 권모술수이다. 중공은 실로 권모술수의 9단에 손색이 없다.

셋째는 진압하지 않았으면 중국 전역은 일대 혼란에 빠지며 수만 명, 수십만 명이 죽었을지 모른다. 몇 백 명이 죽는 것으로 수습되었으니 다행이라고 생각되므로 중국국민은 진압을 묵인하였다. 천안문사태에 대한 정확한 평가는 아마 차세대에 가서야 행해질 것이다. 지금 천안문사태의 반정부학생들의 명예를 회복해주자는 주장이 산발적으로 일어나지만 당국은 꿈쩍도 안 한다. 외국 도피 학생들은 벌써 중국국민의 버림을 받았기 때문이다.

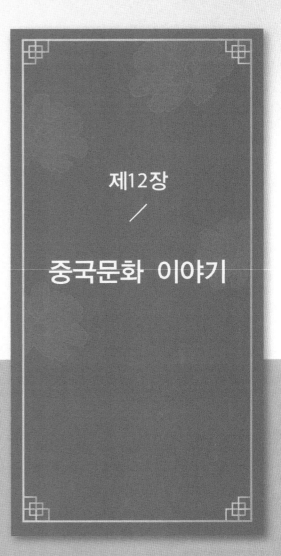

제12장

중국문화 이야기

① 신 도

필자는 신도神刀라 불리는 섬서성陝西省 함양시咸陽市의 의사 장조당張朝堂을 지금까지 목격한 사람 중 가장 신비스러운 인물이라고 말하고 싶다.

1995년 필자는 당시 <경향신문> 북경 특파원 신영수愼榮樹 국장과 유라시아 대륙교(歐亞大陸橋)를 취재한 적이 있다. 중국 산동성山東省 연운항連運港에서 출발하여 중국대륙을 횡단한 후 중앙아시아를 거쳐 네덜란드의 암스테르담까지 가는 철도의 취재이다. 우리가 취재한 지역은 그 중의 중국단락—연운항부터 신강의 아랍산구阿拉山口까지이다. 취재 중 함양시咸陽市를 거치게 되었다. 그때 '신도神刀'라는 별명을 가진 장의사를 취재했는데 '세상에 이런 기적도 있을 수가 있나'라며 감탄해 마지않았다.

우리는 그 병원의 전문인 디스크(hyperosteogeny) 질환을 치료하는 장면을 견학했다. 환자의 통증 부위에 커피 색 물약을 바른 후 피부를 베니 삭은 뼈가 비집고 나오는 듯했다. 그것에 끌을 대고 톡톡 쳐버리는 것으로, 1분가량에 수술이 끝났다. 쳐버리는 일도 견학자인 우리에게 시켜 행했었다. 도무지 믿어지지 않았다. 그런데 벌벌 기다시피 하며 들어와 누운 환자들이 치료 후 웃으며 제 발로 걸어 나아가니 또한 믿지 않을 수가 없었다. 그때까지 약 10만 명의 환자를 치료했는데 한 명도 재발된 자가 없다고 한다.

관건은 그 물약이다. 마취, 진통, 소염 등 기능을 모두 지니고 있으며 심지어 삭은 뼈를 원 뼈에서 이탈시키는 기능까지 겸하는 것 같았다. 그러니 사실은 신도가 아니라 '신약神藥'이었다.

신도의 본업은 치질 전문이었는데 동업 의사들의 반발이 너무 심해서 디스크 전문으로 바꾸었다고 한다. 그러나 그 날 예외로 필자의 치질을 수술해 주었다. 필자의 항문에 그 물약을 바르고 수술칼을 항문에 넣어 휘저어

약 8센티미터의 너덜너덜한, 배알 같은 것을 꺼내는 것으로 수술을 끝냈다. 약 20초 걸렸다. 1년에 의사 한 명이 약 50만 명, 의사 몇십 명이면 전 중국의 치질 환자를 모두 치료할 수 있는 셈이니 동업자들의 반발을 받을 만도 했다.

원래 필자의 치질은 아주 심했는 바 아스팔트 같은 찬 곳에 한 시간 정도 앉았다가는 항문이 아파 몇 시간 대굴대굴 구르며 비명을 질러야 했었다. 그래서 치질 전문 북경시 이룡로二龍路 병원에 가서 입원 신청을 두 번이나 했다가 모두 도망쳐 왔다. 왜냐하면—치료 중의 고통은 제쳐놓고라도—수술 방법이 치질의 궤양 부위를 탄력이 강한 나일론 끈으로 조여 매고 헌 데가 떨어진 후 소염하는 것인데 약 35일간 걸리기 때문이다. 1분 1초도 쪼개어 써야 할 대단히 바쁜 필자가 어떻게 35일이나 병원에 엎드려 있단 말인가! 그러나 신도의 덕분에 20초에 완치했으며 28년이란 세월이 흘렀으나 아직 재발되지 않았다. 세상에 이런 신비스러운 일이 어디 또 있겠는가!

원 국가주석 강택민江澤民께서 신도의 수술 장면을 보고 '神刀是國寶(신도는 국보다)'라는 제사를 써 남겼다고 한다. 그때 강택민이 병원에 찾아가기로 했는데 약속 시각이 되어도 나타나지 않자 신도는 목욕하러 가버렸다. 약속 시각이 퍽 지난 후 성 정부의 간부가 찾아가 공중목욕탕에 잠적한 신도를 찾느라 꽤나 품을 놓았다. '왜 이제야 왔는가? 나는 약속이 취소됐나 했지' 하며 신도 편에서 오히려 투덜댔다고 한다. 그만큼 자신감이 있다는 말이다.

지금까지 의사가 아닌 사람 치고 무릇 신도의 수술 장면을 목격한 자들은 모두 탄복한 나머지 혀를 휘두르지 않는 사람이 없다. 나는 <경향신문>의 한 면 전면에 그를 찬양하는 글을 올렸다. 그러나 그의 수술장면을 본 의사들은 모두 입을 다물고 절대 신도의 이야기를 꺼내지 않는다고 한다. 신도에 비교하면 자기는 너무나 보잘것없는 의사, 하찮은 사람이 되기 때문이다.

신도는 그야말로 '괴재怪才' '귀재鬼才' '기재奇才' '신재神才'다. 필자가 신도에 대하여 대서특필하는 것은 그를 자랑하는 데서 그치려는 것이 아니라 이 역시 중화 문화의 한 단면이라는 것을 보여주기 위해서이다.

첫째, 중국은 14억이라는 막대한 인구를 가진 나라이므로 이런 괴재도 자연히 많을 수밖에 없다. 10만 명당 한 사람이 나타난다고 해도 1400명쯤은 될 것이 아닌가!

둘째, 동물로부터 진화한 인간은 그의 사회 속성이 점점 강해지고 자연 속성이 점점 퇴화할 것이다. 규범화된 현대 교육이 강해질수록 인간 개개인의 속성이 점점 증발할 것이다. 아직 규범화된 교육이 미약한, 문맹 천지인 중국이니 이런 귀재가 다른 나라, 다른 민족에 비해 더 많다. 상기의 신도도 고모네 집에 입적해 6살부터 한약을 가공하는 일만 한, 학교 문에도 가보지 못한 문맹이다.

셋째, 중국인은 어떤 한 가지 재능을 연마하기 위해 평생, 심지어 몇 세대를 바치는 기질이 강하다. 그런 와중에 기재가 튀어나올 수 있기 마련이다.

넷째, 중화민족은 일단 한 가지 재능을 장악하면 그것을 가문의 비방으로 하고 대대손손 물려주는 기질이 강하다. 특허로 신청하여 벼락부자로 되려는 현대 상업 사회의 상례와 전연 다르다. 이는 아마 자신의 부귀영화보다 가문을 빛내고 후손에게 복을 주려는 광종요조光宗耀祖, 봉처음자封妻蔭子의 혈연관계를 중요시하는 유교 문화와 밀접한 관계가 있을 것이다.

상기 신도의 고모부도 의사 세가世家이며 그 물약도 세세 대대에 거쳐 개발된 것이다. 그러나 특허신청도 하지 않고 거금을 주겠다는 외국인의 요구에도 응하지 않는다. 20살 난 딸에게도 가르쳐 주지 않고 15살밖에 안 되는 아들이 커서 신재가 되기를 학수고대하고 있다.

본아 자아 초아

작금 세기에 거쳐 유대인의 가장 천재적인 인재 세 사람을 꼽을 수 있다. 인류 공산주의 이론의 창시자 마르크스, 정신분석 이론의 창시자 프로이트 및 대과학자 아인슈타인이다. 본문에서는 <본아本我 자아自我 초아超我>라는 제명으로 정신분석 이론을 거론해 보고자 한다.

한 남자가 절색의 유부녀와 만났다고 하자. "야, 이 여자와 연애 한번 해보았으면" 하고 생각하며 갖은 노력을 할 수도 있고(A), "그렇긴 한데 간통했다가 망신당하면 어떻게 하지?' 하며 자제할 수도 있으며(B), B의 생각이 승화되어 비밀리에 간통할 조건이 주어졌어도 안 할 수도 있고 심지어 전혀 그런 생각이 나지 않을 수도 있다(C).

중국의 옛날에 추운 날 얼어 죽을 뻔한 여자를 밤새 품에 안아 살려주며 그녀의 몸을 건드리지 않았다는 유하혜柳下惠란 사람이 있었다. 사자성어 '좌회불란坐懷不亂(품에 안고도 성적으로 건드리지 않다)은 이 고사에서 생긴 것이며 <논어>와 <맹자>에도 유하혜를 거론한 내용의 글이 있다.[50] 2천여 년간 찬송을 받아온 유하혜柳下惠가 바로 C의 전형이겠다.

프로이트의 이론에 따르면 A는 본아本我 즉 인간의 본래 모습이고, B는 자아自我 즉 인간의 자제된 모습이며, C는 초아超我 즉 인간의 승화된 모습이다.

한국에는 스님이 룸살롱, 단란주점에 들어가 술 먹고 아가씨 껴안고 노는 사례가 적지 않다고 한다. 또 조선 패설 문학에 스님이 마을의 부녀자들과 정사를 나누는 이야기가 많이 나온다.

얼마 전 필자는 산서성山西省 태원시太原市에서 열린 음운학音韻學 세미나

---

50) <논어·위령공衛靈公> 14, <맹자·공손추公孫丑상> 9 참조.

참석 차 오대산五臺山을 유람한 적이 있다. 중국 사찰의 절대 대부분은 빈 건물뿐이며 스님이 없는 데 반해 불교의 성지로 이름난 오대산에는 스님이 5천 명이나 된다.

필자는 오대산에 가자마자 30위안을 주고 30대 초반의 가이드 아가씨 한 사람을 고용했다. 관광의 걸음을 떼자마자 필자는 가이드에게 '오대산의 스님이 민가의 여자들과 연애하는 현상은 없는가?' 물어보았다. 가이드는 걸음을 멈추고 필자를 한참 바라보며 '당신 진짜 학자인가? 스님이 어떻게 연애를 한단 말인가?'라고 반문하는 것이었다. 필자는 웃으며 '농담을 한 것이다'라고 하니 '그러면 그렇겠지'라고 말하고 관광을 이어갔다.

우리가 지장관地藏館의 건물 앞에 이르렀는데, 좀 전에 비가 왔으며 40대 초반의 스님 한 분이 건물 앞의 테이블 위에 카펫으로 몸을 감고 앉아 있었다. 말을 걸어보니 필자 고향의 말과 같았으며 필자 고향에서 20킬로 떨어진 고장 사람이었다. 우리 둘은 이내 친해졌으며 속심 말을 기탄없이 하는 정도에 이르렀다. 그러자 필자가 '이곳에 스님이 5천 명이나 되는데 민가의 여자와 연애하는 자는 없는가?' 물으니 '연애하는 스님이 당연 부지기수로 많다'고 답하는 것이었다. 이 말을 들은 가이드는 수줍음을 참지 못하고 얼굴이 빨개지며 고개를 쳐들지 못한다.

당나라의 여황제 무측천武則天은 비구니 출신이며 불교를 각별히 선호했다. 해마다 한 차례씩 행하는 불교 축제 때 명성이 높은 고승이지만 색욕이 있다는 선선詵禪 스님을 정말 솔직한 사람이라고 찬양하며 무척 좋아했다. 아마 무측천의 머릿속에 인간의 성격을 '본아' '자아' '초아'로 갈라보는 개념이 있었음 직하다. 실로 대단한 정치가이다. 나라의 정치를 잘하는가 못하는가의 관건은 국민의 '본아'를 잘 파악하고 정책의 기반을 '본아'에 두는 데 있다. 만약 '본아'가 무엇인지 파악하지 못했거나, 정책의 기반을 '자아'나 '초아'에 두면 실수를 면치 못할 것이다. 세계 사회주의 국가들이 모두 경제상 실패한 원인이 바로 정책의 기반을 자아나 초아에 두었기 때문이다.

중국 유흥업에 도우미 아가씨가 생긴 지 10년이 되는데 나라에서 도우미를 10년간 단속해 왔지만 없어지기는커녕 엄청나게 불어났다. 아마 유흥업 아가씨를 선호하는 것 역시 일반 남자들의 본아인가 싶다. 최근 심양瀋陽에서 유흥업 도우미 아가씨들에게서 세금을 징수하여, 사실상 그들을 공식 인정한 것으로 되어 사회의 물의를 빚어내고 있다. 필자가 보기에는 심양의 위정자들이 정치를 잘한다고 여겨진다.

공산주의 혁명을 통해 생산 자료를 국유화하면 국민은 나라의 주인이 됐으니 '국가의 사업이 바로 내 개인의 사업이니까' 하며 허리가 부러지도록 일할 것으로 보았다. 인류의 그런 시대가 언젠가 올지는 모르겠지만, 현 단계에서는 아직 그렇지가 않다. 이런 착각 때문에 인류의 공산주의는 경제상에서 실패했으며 중국이 앞장서 이의 개혁을 추진한 것이다.

지금 중국공산당이 진행하고 있는 개혁, 즉 중국식 사회주의나 사회주의 시장경제를 간단히 말하면 바로 마르크스의 이론과 프로이트의 이론을 결합하고 있는 과정이라고 보인다.

③

오리, 원앙인가, 기러기인가

필자는 1989년 말에 거행된 중국 탁구선수 초지민焦志敏과 한국 안재형의 결혼식에 중매인의 신분으로 참석한 적이 있다. 결혼식에 참석한 하객은 일반인 4천여 명, 기자 100여 명, 전직·현직 장·차관급 관료 10여 명 등이었고 대통령이 하사한 금일본도 박철언 장관을 통해 전달됐다. 전통 혼례 동작의 훈련을 신부는 2개월 동안이나 받아야 했었다.

그런데 혼례 과정에서 잘 이해가 되지 않는 점이 한 가지가 있었다. 나무로 깎은 날짐승을 주고받는 장면이었다. 날짐승의 이름을 물었더니 '오리'라고 하는 사람, 원앙鴛鴦이라고 하는 사람, 기러기라고 하는 사람, 사람마다 해석이 달랐다. 뒤에 필자가 중국의 고서를 뒤적거려 얻은 정답은 그 날짐승은 오리도 아니고 원앙도 아니며 '기러기'이다.[51]

전통 혼례는 '납채納采', '문명問名', '납길納吉', '납징納徵', '청기請期', '친영親迎' 등 여섯 가지 절차로 진행되는데 그 중 '납징'을 제외하고는 모두 기러기가 등장한다.

'납채'는 '선물을 하달할 때 기러기를 쓴다(下達納采, 用雁)'라고 돼 있다. 기러기는 남과 북을 내왕하면서 엄격히 절개를 지킨다. 남자는 양陽, 여자는 음陰에 속한다. 그런데 기러기가 남에서 북으로 날아가는 것은 양-음에 맞는다. 이로써 남녀 간의 음양이 조화됨을 상징하게 된다.

기러기는 암컷과 수컷이 고정적인 배필을 이루며 심지어 배우자配偶者가 죽어도 다시 배우자를 찾지 않음으로써 불변의 정조를 상징하기도 한다. 기러기의 이와 같은 정조의 행위는 인간의 윤리 도덕에 부합된다고 해서 '기러기 안雁' 자가 '厂(발음)+人(사람)+隹(날짐승)'으로 형성됐다고 풀이되기도 한다. 약혼할 때는 중매인이 기러기를 신부의 부친에게 주어야 한다. 결혼 당일 신부를 영접하러 가는 신랑은 먼저 기러기를 건네 준 다음에야 신부를 데려갈 수 있다. 필자가 본 것이 바로 이 장면이다.

이상은 중국 유학儒學 경전에 기록된 것을 통한 이해이지만 유학에 뿌리를 둔 한국의 전통문화에도 이와 다를 바 없다고 생각된다.

---

51) <의례儀禮·사혼례士婚禮> 참조.

대형사건이 잦은 춘삼월

작년 4월에 법륜공法輪功 신도들의 농성으로 일어난 큰 정치 파문에 대한 인상이 채 가시지 않았는데 지난 4월 요령성遼寧省 금서시錦西市의 호로도葫蘆島에서 탄광 근로자들의 대형 시위가 벌어졌다. 모두 봄철의 석 달 안에 일어났으므로 필자는 부득불 인간과 자연의 관계에 대하여 좀 운운해보아야겠다는 충동을 느낀다.

동물은 필연적으로 자연환경에 얽매여 살고 있다. 곤충이나, 어류나, 파충류나, 조류나, 심지어 야생 포유류동물들도 보통 그가 사는 환경과 피부나 털의 색깔이 비슷한데 자기를 보호하기 위해 환경에 적응시켰기 때문이다. 얼마나 수동적이고 가련한가!

그런데 이 점은 인간도 동물과 마찬가지인 듯하다. 열대 지방의 흑인은 보통 몸이 야위다. 체온을 잘 발산시키기 위해 몸 표면적 대 몸 체적의 비례가 커야 하기 때문이다. 추운 지역의 백인은 몸이 뚱뚱하고 코 구멍이 길다. 흑인과 반대로 체온 발산을 방지하기 위해 몸 표면적 대 몸 체적의 비례가 작아야 하며 또 콧구멍으로 흡수된 찬 공기를 데우는 데 유리하다.

2천여 년 전에 이미 완성된 의학 저서 <황제내경黃帝內經>에 따르면 인간의 오장육부는 다 자연계 및 자연 현상과 밀접한 관계를 지니고 있으며 어떤 장기의 병은 어떤 계절에 잘 걸리고 어떤 계절에 잘 죽는다는 설이 있는데 주변에서 일어나는 질환과 대비해보면 대충 맞아떨어진다. 그러나 필자가 강조하고 싶은 것은, 인간은 고급 동물임에도 불구하고 비단 육체뿐만이 아니라 그들의 영혼마저 자연과 밀접하게 연관되어 있다는 점이다.

<황제내경>의 <양생養生> 편에 인간은 정서와 심리 활동을 사계절에 맞추어서 해야 몸을 잘 보양할 수 있다고 이르면서, 춘삼월은 겨울철에 잠든

만물이 소생하는 계절이므로 아침 일찍이 일어나 활개를 치며 산책하고, 즉 의욕 방출 형에 걸맞게 하라고 했다. 확실히 이때는 억눌렸던 정서를 발산하거나 싸였던 스트레스를 해소하는 계절이다.

지난 세기 중국과 한국의 예를 들어보자. 한국의 '3·1운동', 중국의 '5·4운동'과 '5·30사건', 한국의 '4·19혁명'과 '5·16쿠데타', 중국의 '4·6사변'(1976년 4월 6일 주은래周恩來 총리 추모를 빙자해 4인방에 반항한 천안문사태) 등이 모두 춘삼월에 일어났다. 1989년 천안문사태도 4월 5일에 시작된 후 5월 말에 클라이맥스에 달한 것이다. 지금 중국의 전역에서 서민들의 스트레스 발산이나 불만 시위가 점점 잦아지고 있는데 거의 다 4~5월에 행해지며 다른 달에는 별로 생기지 않는다.

그러므로 중국의 공안당국이나 무장 경찰부대는 4~5월의 치안에 각별히 신경을 쓰곤 한다. 또한 물가를 올리는 등 국민의 정서를 자극할 만한 조치 사항을 되도록 사람들이 정서를 수렴하는 데 적합한 가을철이나 안정을 추구하는 겨울철에 취한다. 한국의 정치인들도 이런 현상에 대해 신경을 쓰는지 모르겠다. 한국의 대선과 총선도 봄에 행하면 야당 쪽에 이롭고 가을이나 겨울에 행하면 여당 쪽에 이로울 듯하다. 또 구조조정 같은 처치를 가을이나 겨울에 행하면 정부에 이로울 듯하다.

이렇게 보면 인간은 육체뿐만 아니라 영혼까지 자연계에 얽매여 있으니 동물 못지않게 수동적이고 가련하구나 하는 생각이 든다.

[5]

'선소인, 후군자'

사람들은 모두 스스로 군자이기를 바라고 소인이라는 말을 듣기 싫어한다. 그런데 중국에는 소인을 자처하는 '선소인先小人, 후군자後君子'라는 말이 있다.

오래 전의 일이지만 한번은 필자가 어느 학자에게 원고를 부탁한 적이 있다. 그런데 그는 다짜고짜로 '나는 선소인, 후군자이다. 원고료는 얼마 주겠는가' 하는 것이 아닌가? 이에 필자는 '×위안(元)/1,000자로 넉넉히 드릴 터이니 걱정 말라.'라고 약정을 하긴 했지만 아니꼽다는 생각이 들었다. '학자가 돈밖에 모른다니' 하며. 지금 와서 생각해 보면 그의 행위가 맞다.

예전에도 그랬지만 요즘 이런 일을 많이 목격하게 된다. 한국인들이 중국인, 특히 조선족과 합작하여 무슨 사업을 하는 도중에 서로 원수처럼 으르렁거리며 싸우다가 필자를 찾아와 시비를 가려달라는 자도 있다. 그들의 말을 들어보면 옳고 그름의 판결을 내릴 수 있는 경우와 그렇지 않을 때가 반반이다. 사전에 어떻게 계약을 했는가를 물으면 대부분 사전에 계약을 체결하지 않고 '동포끼리니까 서로 믿고 한 일이다', '돈을 벌면 섭섭지 않게 해줄게', '나중에 이런 식으로 나올 줄은 생각지도 못했다'라고 하지 않겠는가!

한국인은 정이 깊고, 체면을 중시하므로 사업 파트너와 '군자'의 자태로 접근하기가 일쑤다. 시작할 때는 이익 따지기 거북해 하다가도, 일이 성사된 후에는 곧 소인으로 돌변한다. 즉 '선군자, 후소인'이 되는 것이다. '성사되면 100만 원 정도는 줘야지'라고 생각했다가 성사된 후에는 80만 원을 넣은 봉투를 가지고 갔다가도 당사자를 만나면 화장실에 가서 20만 원을 빼고 60만 원만 꺼내주는 수도 많다.

이는 결국 고전 유학儒學의 인생 이상과 현대시장의 경제관념이 잘 융합될 수 있는가, 전통윤리의 행위규범과 현대경제의 계약법칙이 서로 보완될 수 있는가 하는 문제인데 이에 대한 필자의 대답은 부정적이다.

같은 유교 문화권이지만 중국인에게는 '선소인, 후군자'가 매우 보편화됐으며 이는 또한 중국인 장삿술 중의 주요한 노하우 중의 하나다. '선군자, 후소인'인 한국인들은 이 면에서 중국인을 본받았으면 한다.

⑥
'염 지'

'염지染指' 두 자의 글자체에 나타난 의미는 '손가락을 대다(담그다)'인데 '부정하게 물건을 가지다'는 뜻으로 쓰인다. 이 말 장고掌故의 출처가 <춘추좌전春秋左傳·노선공魯宣公> 4년(기원전 605년)이며 아래에 그 내력을 살펴보기로 한다.

송자공宋子公과 자가子家가 정영공鄭靈公을 만나러 막 들어가는데 송자공의 식지食指가 움직거렸다. 송자공은 '이전 같으면 이럴 때마다 먹을 복이 있곤 했는데'라고 말했다. 정작 들어가 보니 초나라 사람이 정영공에게 선물한 자라 한 마리를 요리사가 막 잡고 있던 참이었다.

두 사람은 서로 쳐다보며 웃음을 금치 못했다. 정영공이 연유를 묻자 자가가 대답해 아뢰었다. 연회 석상에서 정영공은 일부러 송자공에게만 자라고기를 권하지 않았다. 화가 치밀어 오른 송자공은 식지를 솥에 담가(染指於鼎) 맛을 보고 나갔다.

노한 정영공은 송자공을 죽이려 했다. 송자공은 자가를 불러 먼저 정영공을 죽이려는 모의를 꾀했다. '늙은 짐승도 차마 죽이지 못하는데 어떻게 임금을 죽이는가?' 하며 주저하자 송자공은 자가가 임금을 죽이려 한다며 모함했다. 겁에 질린 자가는 송자공의 모의에 동참해 그해 여름 정영공을 죽여버렸다.

정영공도 너무했고 송자공도 좀 유치했다. 그러나 임금 본위의 그 시대에는 이 장고掌故에 송자공만 부정하여 '부정하게 물건을 가지다'는 뜻만 부여할 수밖에 없었다. 지금의 시각에서 볼 때 송자공의 행위에 다소 이해가 가며 완전히 부정한 것도 아닌 듯하다. 사실 지금은 2천6백여 년 전 송자공의 행위보다 더한 '부정하게 물건을 가지는' 현상이 자행되고 있다.

식당 종업원이 맛있는 요리를 나를 때, 특히 1층 주방에서 만든 음식을 2층으로 가져갈 때 엘리베이터 안에서 남몰래 손가락으로 집어 먹어보기가 일쑤다. 이런 현대판 '염지'야말로 진짜 염지가 아니겠는가! 깡통 맥주나 주스를 손님의 필요 이상으로 잔뜩 가져다 따 놓았다가 손님이 간 후 종업원들이 단단히 요기를 하기도 한다.

필자가 한 친구의 딸을 북경 한국인 식당의 주방에 취직시켜 주었는데 얼마 뒤 그만두는 것이었다. 그 연유를 물어보았더니, '일이 힘들기도 하고 봉급도 시원치 않고 하여 나왔다'고 한다. 식당 주인에게 문의하니 생선 한 마리를 훔쳐 주머니에 넣어 가지고 퇴근하다가 1층 엘리베이터 입구에서 붙잡혔다는 것이다. "말도 마세요. 달마다 말보로 담배 몇 보루, 고급술 몇 병쯤 없어지는 것은 보통이지요"라고 한 북경시 최초의 한국식당 두산주가 斗山酒家 장윤조 사장의 말이 생각난다. 그러므로 북경의 개인 식당은 북경 사람을 절대 고용하지 않는다. 식당에서 먹으면 먹었지 가져갈 집이 없는 외지 사람을 고용하는 것이 편하기 때문이다.

식당 종업원뿐이 아니다. '희망공정'을 위해, 극빈 지역에 보낸 의연금을 중도에서 잘라먹었다는 의혹을 받는 지방 간부들도 있다고 한다.

이 글을 쓰며 이희승 저 <국어대사전>을 펼쳐보았더니 '염지染指'라는 한자어가 있다. 풀이는 '부정한 물건을 남몰래 가짐'이었다. 한국인들이라고 '염지' 현상이 없겠는가!

필자는 한국에서 가끔 이런 일을 당하곤 했다. 어떤 사람이 필자에게 다가와 이런 귀엣말을 한다: "저는 큰 회사의 트럭 운전기사인데, 운반 도중 밍크코트 하나를 공짜로 얻었어요. 아주 싸게 드릴 테니 사세요." 그럴 때마다 한국판 '염지'라는 생각이 들곤 했다.

'오일경조'

전 이화여대 총장 정선(가명) 여사가 국무총리로 발탁됐다가 닷새 후에 국회에서 그 인준이 부결됐다. 말이 총리서리이지 총리직을 행사함과 다름이 없었으니 그는 세계 현대사에서 국무총리를 가장 짧게 한 사람 중의 하나일지도 모른다.

이 소식을 접한 필자는 '오일경조五日京兆'라는 중국 장고가 머리에 떠올랐다. '경조'는 '경조윤尹'의 준말인바 지금의 '서울시장'과 비슷한 관직이다. 서울시장을 닷새밖에 못했다는 말이다.

이 말의 출처는 <한서漢書·장창전張敞傳>이다. 당시 장창, 본서 '눈썹 그리기 사화'에서 부인의 눈썹을 그려 줬다는 장창 바로 그 사람은 경조윤이었는데 양운楊惲의 사건에 연루돼 처벌받을 위험에 임박했다. 장창은 자기의 심복 서순絮舜으로 하여금 양운 사건을 담당하게 했다. 자기가 당할 봉변을 모면하기 위해서였을 것이다.

그런데 서순은 시간을 끌며 사건 처리를 하지 않다가 아예 집에 돌아가 버렸다. 동료들이 그러면 안 되는데 하며 귀띔하니 '나는 장창을 위해 꽤나 헌신해왔다. 이젠 오일경조가 뻔한데 사건이 뒤집힐 수 있단 말인가'라며 동료들의 귀띔을 듣지 않았다. 화가 난 장창은 재빨리 손 써 서순을 처형해 버렸다.

이 장고를 중국 관료들은 2천여 년간 물려 내려오며 기억하고 있다. '오일경조'는 '임직 시간이 짧거나 곧 관직을 떠나다' 뜻의 사자성어로 고착됐다. 이 사자성어는 경우에 따라 '며칠 안 남았으니 그놈을 따르지 말자' 또는 '며칠 안 남았지만 서둘러 그놈의 비위에 거슬리지 말자'로 활용되고 있다.

필자가 이 글을 쓰는 본의는 한국 행정부의 관료가 너무 빈번하게 바뀐다는 것이다. 한국 어느 농수산물 담당자에게서 이런 이야기를 들은 적이 있다: '마늘 파동 때문에 중국과 무역 상담이 잦은데 중국 측은 번마다 같은 사람이 등장하고 한국 측은 매번 새 사람이 나선다. 한국 측이 피동인 주된 원인 중의 하나가 바로 담당 관료가 자꾸 바뀌기 때문이다.'

중국은 중공정부 수립 53년간 국무총리를 모두 5번 바꾸었다. 주은래周恩來(1949~1976), 화국봉華國鋒(1976~1980), 조자양趙紫陽(1980~1987), 이붕李鵬(1987~1998), 주용기朱鎔基(1998~2003), 온가보溫家寶(2003~2013), 이극강李克强(2013~) 등. 주은래처럼 종신제는 좋지 않겠지만 그 후 대체로 임기가 5~10년인데 괜찮은 듯하다.

그런데 한국은 김영삼-김대중 정부의 10년 만에도 총리가 10명도 넘게 바뀐 듯하다. 좀 과장해 말하면 개별 총리를 제외하고, 거의 다 '오일경조'이다. 총리뿐만 아니라 장-차관들도 적지 않게 '오일경조'이다. 대통령 외에는 왜 임기가 없는지 모르겠다.

8

통일 파티

본문은 '중국의 문화와 중국인의 기질'과 관련되지 않으므로 본 책에 넣지 말아야 할 것 같지만 사실은 그렇지가 않다. 왜냐하면 중국과 같이 사회 분위기가 느슨하고 인간관계에 여유가 있지 않으면, 또한 필자와 같이 중국문화에 물젖은 자가 코치하지 않으면 북경에서 남북 대학생의 '통일'을 이루어 낼 수 없기 때문이다.

한중수교는 1992년 8월에 이루어졌지만 북경에는 그전에도 한국 유학생이 꽤나 많았다. 북한 유학생은 약 50명 미만 있었고, 필자는 1990년 8월~1992년 8월에 북경에서 남북한 유학생들을 한데 어우르는 '통일 파티'를 조직한 적이 있다. 말하자면 한반도에서는 남과 북이 할 수 없는 통일을 북경에서 이룩하여 보았다. 필자는 1990년부터 북경에서 조선족 대학생 남 축구·여 배구 경기를 1년에 2번씩 조직하였다. 한국·북한 유학생 축구팀도 각기 이 경기에 참가하였으므로 양쪽 유학생들과 모두 교제가 있어 가능했다.

필자와 절친한 한국 외국어대학의 젊은 맹주억孟柱億 교수는 그때 북경에 자주 드나들었으며 1개월간 체류하곤 하였다. 그는 필자에게 북한 유학생과 사귀어 볼 뜻이 있는데 좀 도와달라고 하였다. 필자는 a. 북한 유학생과 체제 이야기를 하지 말 것, b. 남한이 잘 산다고 상대방의 자존심을 건드리지 말 것, c. 북한 유학생을 한국행으로 꼬이지 말 것을 전제로 하고 쾌히 도와주었다.

첫 모임은 90년 8월 한 차례의 회식이었다. 한국 학생 네댓, 북한 학생 네댓, 그리고 조선족 학생 두어 명, 그 외 필자와 맹 교수가 참가하였다. 술이 몇 순배 돌자 그들은 이내 친해졌으며 서로 '형, 아우', '윗동네(북한), 아랫동네(한국)'로 불렀다. 첫 모임인데도 상상외로 서로 가까워졌다.

북한 학생 한 분이 한 한국 학생의 여권을 보다가 맨 뒷장에 '5천 달러'라 적혀 있는 것을 보았다. 그때 한국은 출국 시 미화 5천 달러의 휴대를 허용하였으며 은행에서 교환해 줄 때 여권에 적어 넣은 것이다. 그 내용을 안 북한 학생은 깜짝 놀라 하마터면 크게 감탄의 소리를 지를 뻔하였다. 다행히 옆에 앉은 다른 북한 학생이 허벅지를 꼬집어 소리치지 않았다.

맹 교수가 밥값을 치를 때 북한 학생 한 분이 밖에 나가 큰 수박 하나를 사다가 쪼개어 나누어주면서 익살 굳게 수다를 떨었다.

"헐벗고 굶주리는 아랫동네 동포에게 은혜를 베풀어 줍니다."

"어버이 수령님의 품속에서 잘 사는 윗동네의 배려를 고맙게 받아들입니다."

그들은 이런 회식을 자주 했으며 '통일 파티'라 불렀다. 필자의 집에서도 3번 정도 통일 파티를 하였다. 매번 한국, 북한, 조선족 대학생을 각각 4명씩 초대하였다. 필자의 집이 좁아서 그 이상 초대할 수 없었다. 술을 거나하게 마시면 밥상을 두드리며 노래 부르며 놀았는데 물론 다 한국 노래였다. 한국 학생은 가사 1절도 잘 모르지만 북한 학생은 1절부터 3절까지 다 잘 부른다.

파티가 끝날 때 꼭 <우리의 소원은 통일>을 불렀다. 이 노래를 부를 때마다 남북한학생들은 다 눈물을 흘리는데 조선족 학생은 눈물을 흘리는 자가 하나도 없었다. 중국 조선족은 남북한 국민 외에 가장 통일을 바라는 인간일 것인데 눈물을 흘리지 않다니! 이는 세상에 진심으로 남북한의 통일을 바라는 나라는 없을 것이며 통일은 남북한 당사자 자체가 할 일임을 필자는 뼈저리게 느꼈다.

한번은 청화대학 유학생 기숙사 복도에서 말다툼을 하다가 한국 학생이 흑인 학생의 가위에 찔려 배에 중상을 입었다. 한국 학생들이 격분하여 달려들자 숫자가 적은 흑인 학생들이 질겁하여 방으로 들어가 문을 걸고 나오지 않는다. 그들은 북경 여러 개 대학의 흑인유학생 수십 명에게 전화를 걸어 청화대학 기숙사 앞에 모여 시위를 벌였으며 한국 학생들이 겁을 먹고 기숙사에 숨어 감히 나오지 못하고 있었다.

그때 북한 학생 Y군이 밖에서 술을 마시고 돌아오다가 이 광경에 부딪혔다. Y군은 번마다 통일 파티에 참가하곤 하였다. Y군은 북한 특종부대 출신이고 체격이 좋으며 격투에 일당백임이 언어대학 때부터 소문이 나 웬만한 외국 유학생들은 다 그를 알며 무서워한다.

"네놈들 우리 코리아 때리려 왔구나. 썩 물러가지 못해?"라며 Y군이 호통 치니, "너는 노스고 우리가 때리려는 자들은 사우스다. 상관 말고 들어가." 흑인 학생들의 대꾸다. "개소리 말라. 노스건 사우스건 우린 한집안이야!" Y군은 손에 든 빈 술병을 휘두르며 흑인 대여섯을 때려눕혔다. 나머지 수십 명은 혼비백산하여 산산이 도망치고 말았다. 흑인 학생들은 이내 북한대사관에 편지를 써 이 사실을 고발하였다. '남조선 놈들을 돕는 Y군을 가만 놔둘 건가?'라며 이간을 붙이며 충동질하였다. 그 일로 북한대사관 교포 담당 서기관이 Y군을 불러 훈계하였다.

"야 이놈아, 정신 차려! 네가 남조선 학생을 도와 흑인 학생들을 때렸다며?"

"서기관님, 깜둥이들도 우리를 깔보니 분합니다. 우리가 외국에 나와서도 서로 원수로 대하면 더 값이 없어집니다." Y군은 그때의 상황을 자초지종 말하고 항변하였다. 서기관은 마땅한 말을 찾지 못하고 얼버무린다.

"네 말 맞긴 맞아. 나도 동감이야. 그러나 이건 정치야, 정치. 넌 정치를 모른단 말이야. 앞으로는 절대 이런 일에 나서지 말라!"

Y군은 필자와 매우 친했으며 다른 사람 앞에서는 필자를 '교수님'이라 부르지만 우리 둘만이 있을 때는 '형님'이라 부른다. "오늘 저녁 형님네 집에 가서 술 한잔할 생각인데 형님네 집에 가도 되지요?" 나는 당연 그를 쾌히 초청한다. 그는 우리 집에 오자마자 평양 고려호텔에 전화를 걸어 자기의 부인을 고려호텔 로비로 오게 한다. 그의 집이 고려호텔에서 가까운 거리에 있는 모양이다. 10분 정도 지나 호텔 로비에 전화를 걸면 부인과 통화할 수 있다. 술 마시러 온다는 것은 구실이고 부인과 통화하고 싶어서이다.

또 한 번은 한국축구가 아시안컵 예선전에서 거의 탈락하게 되었다. 그러나 그날 이라크와 일본의 경기에서 이라크가 일본을 이기는 바람에 일본이 탈락하고 한국이 진출한 기적이 일어났다. 남북한학생들이 대학 부근 모 식당에서 통일 파티를 하며 축제의 분위기인데 옆 상에서 밥을 먹는 일본 학생 몇몇은 풀이 죽어 있었다. 그들은 남북한학생이 떠든다며 귀찮게 흘겨보며 중얼거렸다. 분명 욕질하는 것 같은데 알아들을 수가 없었다.

그러다가 웬만한 한국인이면 알아들을 수 있는 '바가야로'라는 욕이 튕겨나오자 남북한학생들은 그들을 때렸다. 그들은 식당 바닥에 누워 한참 일어나지 않았다. 세게 맞기도 했지만 엄살도 좀 있는 것 같다. 즉시 경찰이 와서 맨 앞장서 때린 Y군을 파출소에 연행해 갔다. 얼마 후 이런 일을 몇 번 저지른 Y군은 학교에서 제명당하여 북한으로 돌아가고 말았다.

한 번은 필자의 집에서 파티를 끝내고 밤 11시경 돌아가려고 다 밖으로 나왔다. 나오자마자 북한 학생들이 총 쏘는 흉내를 내며 "따따따! 따따따! 남조선 괴뢰들아! 죽어라!"라고 외치니 한국 학생들이 자빠지며 죽는 흉내를 낸다. 이윽고 한국 학생들이 벌떡 일어나 "뚜르륵! 쭈르륵! 북괴 빨갱이들아! 죽어라!"라고 고함치니 이번에는 북한 학생들이 자빠지며 죽는 흉내를 내었다. 조금 지나 그들은 서로 끌어안고 "우리 삼팔선에서 부딪혀도 서로 총 쏘지 말자"라며 눈물을 좔좔 흘렸다.

북한 학생 여럿이 귀국할 날짜가 다가오자 통일 파티는 더 자주 열렸다. 그들은 파티석상에서 앞으로 윗동네와 아랫동네에서 각자 통일을 위해 노력할 것을 굳게 다짐하였다. 그러나 북한 학생 P군만은 시종 입을 다물고 침울해 있다. 일본 여학생과 깊은 사랑에 빠져 있었기 때문이었다: '이제 가면 그와 생이별, 이생에 다시 만날 수 없는데 어쩐담?'

다른 학생은 다 돌아가고 P군만 남았다. 대사관에서 최후통첩을 내렸다: '*월 *일 16시 50분 기차로 돌아가라. 기차표도 다 장만해 놓았다. 그날 안 가면 엄격한 조치를 할 것이다.' 통첩을 받은 P군은 맹 교수를 찾았다.

"형, 정말 돌아가기 싫어. 형 따라 아랫동네에 가면 밥 먹게 해줄 수 있지?"

"허튼소리! 너 하나 잘 먹고 잘살 수 있지만 집 식구들 봉변당하지 않아! 윗동네에서 열심히 살라. 그리고 거기서 통일을 위해 노력해. 통일이 멀지 않았는데 그때 만나면 되지 않니."

"형 말이 맞아! 나 내일 돌아갈 거야. 형 나 잊으면 절대 안 돼! 통일 후에 만나자."

이튿날 대사관 차가 학교에 찾아가 P군을 태우고 떠난다. P군의 애인—일본 여학생은 약 20미터 떨어진 데 서서 P군을 바라보며 구슬 같은 눈물을 흘리며 감히 접근하지 못한다. 이것이 그들의 생이별이었다. 이튿날부터 그 일본 여학생은 자리에 누워 1주간 밥을 먹지 않는다. 한국 학생들이 문안하며 밥을 먹으라고 권한다. 그녀는 가까스로 일어나 의미심장한 말을 했다.

"나는 고등학생 때부터 연애를 많이 해봤다. P군처럼 순진하고 믿음직한 사람은 처음이다. 앞으로 이렇게 좋은 남자 다시 만날 수 있을까? 그와 생이별했으니 차라리 죽고 싶다."

한국 학생들도 눈시울이 뜨거워졌다. 그렇다. 북한 학생들 순진하고 좋은 사람들이었다. 옛날 한국 학생들 외국에 유학 가서 여자들 꼬셔서 연애도 많이 했었다. 귀국할 때 '한국에 돌아가 직장 찾고 당신 데리러 올게. 그때 결혼하고 같이 아들 낳고 딸 낳고 잘 살자'라는 감언이설을 수없이 하고 귀국 후 편지 한 장 해주지 않은 자도 많았다. P군과 대비하면 너무나 무색하다.

한중수교 이후 북경 체류 북한 유학생은 점점 줄었고 북한당국에서 북한인과 한국인 간의 접촉을 점점 엄하게 단속하였다. 필자가 주선하던 통일 파티도 드디어 막을 내렸다. 북한 유학생들은 모두 고위층 간부의 자제이고 귀국 후 대부분 고위층간부, 심지어 장·차관을 하는 자도 있다고 한다.

9

중국과 이스라엘은 가장 가까운 나라인가?

세상에서 중국과 가장 가까운 나라, 중국에 가장 의리를 지키는 나라는 어느 나라인가? 이스라엘이라는 설이 중국 민간에서 꽤나 유행되고 있다.

1976년 7월 중국 당산唐山에서 7.8급의 지진이 일어났다. 30여만 명이 사망한 인류 역사상 드문 대 참상의 지진이었다. 그때 이스라엘은 맨 먼저 중국에 많은 의연금을 지원하겠다고 선포하였다. 물론 중국은 세계 혁명의 중심이라는 자부심을 지키며 다른 나라의 지원을 한 푼도 받아들이지 않았으므로 이스라엘의 의연금은 들어오지는 못했다.

냉전 시기 미국의 주도하에 서방 17개 성원국 영국, 프랑스, 독일, 이탈리아 등은 프랑스 파리에 대 공산권 전략물자 수출 통제기구(CoCom, 1949~1994)를 세우고 사회주의 국가에 대해 신기술, 특히 신식 무기의 수출과 기술을 봉쇄했다. 그러나 이스라엘은 이 조직에 가입되지 않았으며 중국에 신식 무기 및 제조기술을 제공해 주었다고 한다.

중국의 W-20 · W-30 무인정찰기, HP 무인공격기, J-10 전투기, 신식 잠수함, 탱크파갑탄, 92B 반탱크미사일, TAAS 단병탱크시스템, 공대공미사일, 섬유방탄의衣 등은 중국이 이스라엘로부터 기술전수를 받아 제조하였다고 한다. 이에 대한 반론도 있지만 어불성설이다. 중국의 신식 무기 개발은 구소련과 이스라엘 외의 다른 국가로부터 지원받은 것은 없다. 무릇 구소련으로부터 지원받지 않은 신식 무기는 이스라엘로부터 전수받은 것이 너무나 뻔하다. 하물며 1960~1980년대의 중-소간은 첨예한 대립의 관계, 심지어 적대적인 관계가 아닌가?

이스라엘의 중국에 대한 신식 무기 및 그 기술의 지원은 미국 몰래 행한 극비의 행위였다. 사실 그사이 이스라엘은 중국에 최신 무기 및 기술을 전수하려고 선불까지 받았다가 미국에 발각, 제지되어 계약을 어기고 중국에 손해배상을 한 사례도 있다. 그러므로 중국당국은 이 문제를 공식 승인할 수 없으며 위의 반론도 이런 일환으로 생긴 헛발질일 수도 있겠다.

1950년 1월 이스라엘은 서방 및 중동 국가 중 맨 먼저 중국을 승인하였다. 그러나 중국은 1949~1980년대에 이스라엘을 유대부흥주의, 죄악의 나라라고 얼마나 공격했는지 모른다. 또한 이스라엘의 철천지원수—팔레스타인의 건국을 최초로 승인하고 지지하였다. 그러나 이스라엘은 반세기 동안 중국을 한 번도 맞받아 욕하지 않았다.

북한은 중국의 지원을 수없이 받았고 조-중 우의는 선혈로 응결된 형제의 우의라고 떠벌이다가 조금만 비위에 거슬리면 중국을 욕하고 반대한다. 월남도 중국의 지원을 수없이 받았지만 걸핏하면 중국을 욕하고 반대하며 지금도 중국과 마찰이 심하다. 이스라엘을 중-북, 중-월 관계보다 더 가까운 나라로 보아야 된다는 많은 중국인의 생각에 일리가 있지 않은가?

중국-이스라엘의 이런 특수한 관계는 인류 역사상 아주 드문 현상이며 사람들이 심사숙고하여야 할 여지를 남겨둔다. 중국-이스라엘의 이런 관계는 사실 깊은 역사적인 원인이 있다.

20세기 초 많은 러시아 유대인은 공산혁명을 회피하여 중국 하얼빈(哈爾濱)에 피난 와 살았으며 최고 2만여 명이나 되었다. 2차 대전의 잔혹한 학살을 피하여 많은 유대인은 세계 각지로 흩어졌지만 히틀러가 두려워 감히 받아주지 않았기에 기꺼이 받아주는 중국 상해上海에서 많이 살았으며 5만여 명이나 되었다. 이들은 대부분 이스라엘로 돌아갔으며 많은 사람이 정부 요직에 들어가 있다. 이스라엘의 제17대 총리 에후드·올머트(Ehud Olmert, 2006.4~09.3) 조부의 묘소는 하얼빈에 있다.

유대인은 애증이 분명한 민족이다. 무릇 원수는 세상 끝까지 가서라도 복수하고야 말며 은인은 영원히 잊지 않고 보답한다. 중국에서 목숨을 건지고 돌아간 유대인이 7~8만여 명이라면 지금은 그들의 후손까지 20만 명 정도로 불었을 것이며 그의 사돈에 팔촌까지 합하면 이스라엘 인구의 몇분의 1은 될 것이다. 그렇다면 이스라엘이 중국을 어떻게 대할 것인가는 자명하다.

송나라 휘종徽宗(1101~1122) 연간에 수도 개봉開封에 많은 유대인이 살았으며 후세에 점차 중국인에게 동화되었다. 고대(176BC~630AD) 중국 신강新疆에 누란樓蘭이란 나라가 있었다. 그 유적지에서 백인종의 유체가 여럿 발굴되었고 지중해 동해안의 인류로 추정되며 유동성이 강했던 유대인과 연결하는 설도 있다.

이스라엘에 자주 출장 가는 미국 가디나(GADINA) 한인교회의 김영철 목사에게서 자주 들은 말이다. 이스라엘 사람들은 중국에 대해 큰 호감을 지니고 있는데 그 이유인즉 구약 <성경>에 이런 대목이 있다고 한다: '중동 지역은 분쟁이 끊이지 않으며 먼 앞날 인구 2억의 나라가 높은 산맥에 터널을 뚫고 수많은 군대를 파병하여 중동지역의 난을 수습한다.' 중국을 추측하는 말이라고 한다.

유대인들은 앞으로 중국의 힘을 입어 중동의 평화가 이루어질 수도 있다고 믿는다고 한다. 이런 생각을 하는 중국 사람은 전혀 없는데 말이다. 도리로 따지면 이런 일이 앞으로 일어날지도 모른다. 현재 세계 대국 중 이스라엘, 아랍국가와 다 우호적인 나라는 중국밖에 없다. 이 문제를 확인하기 위하여 2021년 필자는 구약 <성경>을 자세히 읽어보았다. 그런데 이런 기록을 찾지 못하였다. <성경>에 익숙한 어느 한국인에게 이 말을 했더니 '구약 <성경>에 당연 이런 말이 없다. 혹시 구약과 관계되는 다른 서적에 있을 수도 있다'라고 한다. 좀 허망한 말이긴 하지만 종교 신앙의 차원에서 그런 기록이 없어도 그런 허망한 환상도 품을 수 있겠다는 생각이 든다.

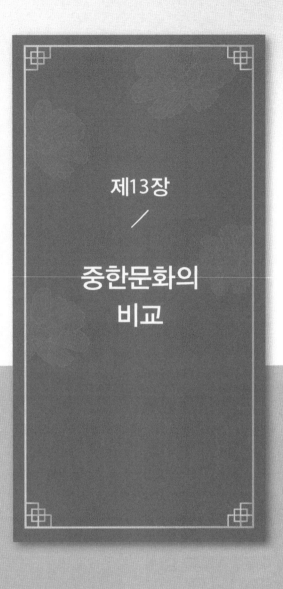

제13장

/

중한문화의
비교

1

아가씨가 한 손으로 술을 붓다니?

— 중한 술 문화의 차이

중국인과 한국인의 음주 습관은 엄청나게 다르다. 필자는 중국 고급호텔의 식당에서 한국인을 대접하는 연회에 자주 참가하는데 식당 아가씨의 술을 붓는 자세는 차마 못 볼 지경이다. 외손으로 술을 붓고, 20대 후반의 젊은이에게 술을 먼저 붓고 60~70대에게 술을 후에 붓는 등 말이 아니다. 하여 <한국관광 가이드>라는 책을 편찬할 때 중한 음주 습관 7가지 차이점이라는 내용을 써넣어 중국인들을 가르쳤으며 좋은 효과를 보았다.

a. 한국인은 술을 두 손으로 따르거나 받는다. 만약 거리가 멀면 왼손을 오른 손목, 오른팔, 심지어 가슴에 대도 두 손을 쓴 것으로 인정한다. 중국인들은 외손으로 따르거나 받는 것이 상례이다. 왼손잡이는 왼손으로 술을 부어도 허물이 아니다. 술을 안 붓는 다른 한 손을 둘 데가 없어, 또는 거치적거려 엉덩이에 대거나 항문의 약간 위에 대고 술을 붓는다.

b. 한국인은 술을 연령의 순서로 붓는다. 단 특히 대접해야 할 손님에게는 먼저 부어도 괜찮다. 중국인들은 앉은 순서대로 붓는 것이 상례이므로 20대 청년에게 먼저 따르고 60, 70대 노인에게 마감으로 따를 수도 있다.

c. 한국인은 자작하지 않는다. 중국인은 자작도 상례일 뿐만 아니라 술을 어느 정도 마신 후 어떤 사람이 이젠 더 마실 수 없다고 하면 술병을 밥상에 놓고 마시고 싶은 사람이 스스로 가져다 자기 잔에 붓는다.

d. 한국인은 세대적으로 윗사람이 동석했을 때 얼굴을 그 사람과 피하며 술을 마신다. 중국인은 귀에 피도 안 마른 놈이 백발이 성성한 노인의 턱밑에 다가서서 노인과 잔을 부딪치며 '건배!' 해도 실례가 아니다.

e. 한국인은 첨잔하지 않는다. 아마 한국인은 죽은 사람에게 제사 지낼

때 첨잔하므로 첨잔을 싫어하는 듯하다. 중국인은 첨잔이 오히려 예의이다. 입술을 술잔에 댔다 뗐다 하며 마시는 둥, 마는 둥 해도 자꾸 붓는다. 술이 잔에 찰찰 넘쳐야 정도 찰찰 넘친다고 한다.

f. 한국인은 자기가 마시고 난 빈 잔을 상대방에게 주고 그 빈 잔에 술을 붓는 방식으로 술을 권한다. 중국인에게는 이런 방식이 전혀 없다.

g. 중국인은 한국인이 전혀 상상할 수 없는 습관이 있다. 상대방의 모 희사喜事를 축하할 때 맨 먼저 스스로 자기 잔에 술을 붓고 '당신의 희사를 축하하며 저가 먼저 한 잔 마시련다.'라고 말하며 혼자 술을 마신다.

a~d는 유교 문화의 미풍양속이라고 할 수 있지만 e는 어떻게 평가해야 할지 모르겠으며 f가 걸린다. 잔을 주고받음으로 하여 너무 빨리 마셔서 신체 건강에 해로우며 또한 위생에도 불리하다. 5가지 습관이면 더없이 좋겠다는 생각이 든다.

한국에 출장이나 관광을 가서 필자가 펴낸 <한국관광 가이드>의 중한 술 습관을 써먹고 돌아와 필자에게 전화를 거는 자가 가끔 있다. 이번에 한국에 가서 '한국통'이라는 평가를 받았다는 것이다.

2

한국문화는 중국문화의 산 화석

얼마 전까지 중국중앙텔레비전 8채널(CCTV 8)에서 한국 연속극 <명성황후>를 방영하였다. 중국의 문화사 전문가들은 한국의 연속극에 반영된 중국 고대 문화에 감탄해 마지않았다. 한국문화는 중국 고대 문화의 살아 있는 화석化石이라는 평가를 하기까지 하였다.

연속극에 관을 닫는 장면이 있다. 관과 관 뚜껑에 각각 홈을 파고 중간이 잘록한 8자 형의 쐐기를 박아 고정한다. 이 쐐기를 선진先秦 문헌 <예기禮記>에서 '임衽(옷깃)'이라 하였고 한나라 때는 '소요小腰(가는 허리)'라 하였다. 이 문물이 중국에서는 없어진 지 아주 오래되므로 사전에서도 긴 편폭으로 해석해야 한다. 그러나 연속극에 그 실물이 나타나므로 중국인들을 깜짝 놀라게 하였다. 사실 필자의 할머니가 별세하였을 때(1958년) 관을 이렇게 닫았으니 지금도 우리 민족은 이 문물을 쓰고 있다는 말이다.

연속극에 대원군이 타는 어련御輦(임금이 타는 가마)은 포장이 없으며 뗏목같이 생겼다. 당나라의 화가 염립본閻立本이 그린 <보련도步輦圖>에 당태종이 탄 어련이 대원군이 탄 것과 똑같이 포장이 없는 것이다. 중국에서는 송나라 때부터 이런 어련이 없어졌으니 없어진 지 1,000년이 넘는데 한국은 100여 년 전에도 쓰고 있었다.

고종이 즉위하기 전 조선왕조는 외척 안동 김씨의 세력이 좌지우지하였고 고종이 즉위한 후에는 외척 여흥 민씨驪興閔氏와 대원군 간의 싸움으로 이어진다. 조정의 이런 싸움이 중국에서는 한나라 때부터 당나라 때까지 존재했지 송나라 때부터는 없어졌는데 말이다.

가옥도 처마가 길고 처마 밑의 마루가 넓다. 대체로 지붕의 투영投影 면적이 방 면적의 2배가량 된다. 중국에서는 남북조南北朝 때까지 이러하였고 그 후부터는 점점 지금의 가옥처럼 변했다.

왕궁 안의 넓은 대전大殿, 임금이나 대신들이 입는 의상도 중국 명나라와 비슷하다. 대원군이 그림을 그릴 때 붓을 쥐는 자세도 중국 옛날의 습관이라고 한다. 중국인들은 100여 년 전 한국 사람들의 자세가 그런 것만이 아니라 현재 한국인들의 자세도 그럴 것이라고 추측하며 경악해 마지않는다.

어떤 문화 현상이든지 보통 그 문물이 발생한 소용돌이 중심지에서는 빨리 없어지지만 그와 멀리 떨어진 곳에서는 오래도록 유지된다. 한국의 이런 현상은 아마 이렇게 해석하여야 할 것이다.

<명성황후>를 보며 중국의 고대 문화사에 흥취 있는 학자들은 말한다.

고서를 뒤적이며, 또는 지하 발굴을 통하여 고대 문화의 자취를 찾는 것도 방법이지만 한국에 가서 중국 고대 문물의 흔적을, 말하자면 살아 있는 화석을 보며 중국의 전통문화를 연구할 필요성이 있지 않겠는가!

3

중국과 한국의 개고기 음식문화

개고기는 동북아의 여러 민족이 먹으며 중국인은 3천여 년 전부터 개고기를 잘 먹었다. 갑골문에 개고기로 제사를 지내는 기록이 자주 등장한다. 조상이나 하늘에 제사 지내는 제물에 시시한 음식을 절대 쓰지 않으니 상나라 사람은 개고기를 괜찮은 음식으로 간주하였을 것이다.

주나라부터 제사 지내는 데 개고기를 쓰지 않았다. 제물에 소고기, 양고기, 돼지고기를 다 쓰면 '태뢰太牢'라 했고 양고기, 돼지고기만 쓰면 '소뢰小牢'라 했다. 상나라는 동이 민족이 세운 나라이고 주나라는 서융西戎 민족이 세운 나라이다. 아마 고대 동아시아 대륙의 동이 민족은 개고기를 선호하였고 서융 민족은 개고기를 선호하지 않은 듯하다. 우리 겨레는 동이 민족의 후손이므로 개고기를 선호하는 역사가 유구함을 말해준다.

그러나 중국 후금의 청태조 누르하치 후부터는 개고기를 먹지 않는 습관으로 변했다. 전하는데 따르면 누르하치가 전쟁에서 상처를 입고 피신하다가 쓰러졌는데 주위에 불이 붙었다. 깨어나 보니 주위는 모두 불에 탔는데 유독 누루하치가 누운 자리만 불이 안 붙었으며 누루하치 집의 충견이 불에 타 죽어 있었다. 개가 강변에 가서 자기 몸을 적시어 불을 껐으며 너무 힘겨워 죽은 것임을 알 수 있었다. 그로부터 만주족은 개고기를 안 먹는다고 한다. 중국 북방 만주족의 문화가 미친 곳은 모두 개고기를 안 먹는다.

그러나 만주족이 미치지 않은 곳, 특히 남방 사람은 개고기를 잘 먹는다. 대표적인 고장은 광서성廣西省 옥림시玉林市이며 해마다 6월 21일 하짓날이면 개고기 축제를 거행하는데 그날 개를 2만 마리 정도 잡는다. 강소성 패현沛縣에서도 옥림시를 응원하는 차원에서 개고기 축제를 거행한다. 사회에서 옥림시의 개고기 축제를 비난하는 사람이 많으므로 응원하는 것이다. 패현은 또한 2,000여 년 전 한고조 유방의 충신 번쾌樊噲가 개고기 가게를 운영하던 곳이기도 하다.

하남성 남양시에는 개 시장이 있다. 축구장 4개만 한 곳을 담장으로 둘러싸고 입장료 1위안씩 받는다. 그 안에서 산 개를 마리당 200위안(한국폐 3만6천 원, 2008년의 가격)에 판다. 파는 개는 5가지 종류이다. a. 식용 개, b. 애완용 개, c. 사냥개, d. 집 지키는 개, e. 발구 끄는 개 등이다. 또한 개를 교미시키는 업무도 있다. 수컷 종자 개가 우수한 품종일수록 비싼데 최고 2,000위안짜리도 있다. 시장 일꾼의 말에 따르면 동북 사람이 큰 트럭으로 개를 사 가는데 트럭당 500마리씩 싣고 간다. 동북 개 장사꾼의 말에 다르면 조선족이 개고기를 선호하므로 실어가는 양의 절반 정도는 다 조선족에게 판다고 한다.

1990년경 필자는 곤명시昆明市에 출장 갔다가 곤명시 광장에서 개고기를 먹는 행운을 가진 적이 있다. 그런데 너무 맛이 없어 겨우 먹었다. 먹는 방법은 사발에 개고기 몇 점 담고 국을 가득 채운 후 위에 박하 잎을 띄워 먹는다. 필자가 '개고기를 어찌 이런 식으로 요리해서 파느냐' 훈계를 하니 '동북의 조선족이 개고기를 맛있게 해서 먹는다는데 어떻게 요리하는지 궁금하다'라고 하길래 '내가 바로 조선족이다'라고 큰소리 빵빵 치며 조선족의 개고기 요리 방법을 상세히 알려준 적이 있다. 그가 지금 필자가 가르쳐준 방법대로 하는지 궁금하다.

2002년 한일 월드컵 때 한국이 승승장구로 나아가니 직장 동료들이 '한국인들 우수한 성적을 따낸 원인이 개고기인가 아니면 고려삼인가'라고 묻는다. 필자는 신바람이 나서 '개고기와 고려삼 둘 다 원인이다. 당신들 개고기에 고려삼을 먹어봐라. 힘이 부쩍부쩍 난다.'라고 대꾸하였다.

사실은 월드컵 때 한국인은 개고기를 제대로 먹지 못한 듯하다. 서울 올림픽 때 개고깃집이 없어졌거나 서울 외곽으로 쫓겨났고 월드컵 기간에는 한국에서 개고기를 먹지 말면 좋겠다는 블래터 FIFA 회장의 '명령'까지 내려져 한국의 개고기 음식이 또 한 번 된서리를 맞은 상태이니 말이다. 그러나 필자는 상기와 같이 말했던 것이다. 이 문제의 핵심은 개고기 자체에 있는 것이 아니라 한 개 민족과 나라의 자존심, 나아가서는 주체성에 관계된다.

필자는 <조선일보>에서 이런 내용의 글을 본 적이 있다. 중국인이 한국인 한 개 팀을 한국의 국회의사당과 맞먹는 북경 인민대회당 내 식당에서 식사 대접을 하였다. 손님에게 요리 하나를 가리키며 무슨 요리인지 알아맞혀 보라고 했다. 누구도 알아맞히지 못하자 '개고기도 모르는가? 당신네 민족이 가장 즐겨 먹는 개고기란 말이다.'라고 알려주었다. 이에 한국 손님들은 입을 쩍 벌리며 말문이 막혔다는 것이다. 자기들이 가장 선호하는 음식을 먹으면서도 모른 것은 설마 개고기일 수가 있으랴 했기 때문이었다. 큰 망신을 한 셈이다. 편견이 무지보다 더 무섭다는 말을 이런 때에 쓰는가 보다. '서양 사람들이 욕하겠으면 욕해라, 나는 내 나름대로 산다.'라는 중국인의 자존심과 주체의식에 감탄하며 쓴 글이었다.

뉴질랜드가 시드니 올림픽 유치를 위한 마지막 투표를 앞두고 중국인이 개고기를 먹는 장면을 담은 비디오를 보여주며 '이런 야만적인 나라에서 어떻게 올림픽을 개최할 수 있는가.' 하며 악선전을 한 것이 중국에 큰 마이너스를 안겨주었다고 한다.

그러나 중국인은 이에 굴복하지 않았다. 2008년 북경 올림픽 유치를 위한 투표를 앞두고 북경시 정부는 서양 기자 5~6명을 개고깃집으로 안내했다. 그 장면이 텔레비전에 방송됐는데 조선족 식당도 이에 포함돼 있었다. 서양 기자들은 입을 쩍 벌리며 세상에 이처럼 야만적일 수 있느냐는 표정들이었다. 그들의 질문에 식당 주인의 대답은 아주 간단했다: '모두 개 사육장에서 가져온 개고기다. 당신네가 양을 사육해 먹는 것은 문명적이고, 우리가 개를 사육해 먹는 것은 야만이란 말인가? 우리도 애완용 개고기는 먹지 않는다.' 서양 기자들은 머리를 끄덕이며 '일리가 있다', '이해가 간다.' 라는 표정을 지으며 식당 문을 나섰다.

한국인이야말로 개고기를 잘 먹을 뿐만 아니라 한국인이 만든 개고기 음식이 가장 맛있다고 중국인들은 생각하고 있다. 그런데 월드컵을 관람하러 간 중국인들이 한국의 개고기를 먹어보지 못하고 돌아와 자못 서운한 표정까지 짓는 사람을 보았다. 또 서양인들의 압력에 못 이겨 개고기가 없어졌다는 사실을 알면 한국의 이미지에 여간한 손상이 아닐 듯하다.

얼마 전 독일의 알게마이네지는 고유 음식문화를 두고 왈가왈부하는 것은 문화 제국주의라고 공박하고 나왔다. 한국정부에서 제발 서양인의 압력에 굴복하지 말았으면 한다. 상나라 때 개고기를 제물로 삼을 정도로 선호하였다면 동이 민족의 후손인 우리 민족이 개고기를 선호한 역사가 3천 년 이상 된다는 말이다. 이 전통이 제발 우리 세대에 와서 끊어지지 않았으면 하는 바람이다.

⌈4⌉

중한 음식문화의 차이

중국과 한국 두 나라의 음식문화의 차이가 엄청 크다. 너무 복잡하므로 5가지로 나누어 말한다.

a. 볶음 요리의 차이점. 중국의 요리 방법에는 차우(炒: 볶다), 류(熘: 녹말가루 따위를 입혀서 볶다), 정·칭정(蒸·淸蒸: 찜), 자(炸: 튀김), 뚠(炖:

고다, 푹 삶다), 젠(煎: 지지다) 등 많다. 한국 요리와 가장 큰 차이점은 볶음 요리이다. 중국의 볶음 요리는 30초 내외에 볶아내야 한다. 심지어 볶을 내용물을 기름에 튀겨 익힌 후 다시 양념을 넣어 볶는다. 어쨌든 볶는 시간이 짧을수록 맛있다. 그러므로 중국의 볶음 요리는 전기프라이팬에 볶은 것보다 가스레인지에 볶은 것이 더 맛있고 석탄불에 볶은 것이 가장 맛있다. 석탄불의 화력이 가장 강하기 때문이다. 그러나 한국의 볶음 요리는 천천히 지진다. 보통 5분 정도 걸린다.

b. 요리 이름의 차이점. 중국요리의 이름은 상징법·비유법·과장법·미화법 등으로 짓는 수가 많다: 원앙화과鴛鴦火鍋(신선로 중간을 S자 형으로 막고 한쪽은 매운 탕, 한쪽은 맵지 않은 탕), 봉조鳳爪(닭의 발), 설산타장雪山駝掌(삶은 낙타 발에 걸쭉한 우유 같은 것을 덮은 것), 마의파수馬蟻爬樹(여러 가지 내용물을 탑처럼 쌓아 올려 담은 것), 지삼선地三仙(감자, 가지, 고추 3가지 채소를 볶은 요리)….

c. 국의 차이점. 중국요리는 국을 무시하는 데 반해 한국 요리에서는 국(찌개)이 중요하다. 중국요리에서 국은 있어도 되고 없어도 되며 국의 맛에 신경을 쓰지 않는다. 좀 과장해 말하면 국은 음식을 볶은 솥을 가신 물에 대파 부스러기나 아무 내용물을 넣어 끓인 정도로 어수선하다. 중국요리도 좋은 국이 가끔 있다. 이를테면 상어지느러미국(魚翅湯)은 한 접시에 10만 원 정도 하며 중국인들은 이를 국으로 치지 않는다. 국은 1인당 한 그릇씩 차려지는 것이 아니라 큰 그릇을 밥상 가운데 놓고 같이 먹는다. 밥을 거의 다 먹었을 때 등장하며 입을 축이듯이 두어 모금 떠먹다가 밥을 다 먹은 후 양칫물처럼 몇 모금 마시고 만다.

d. 요리 수의 차이점. 중국인은 손님을 대접할 때 요리를 짝수로 시키며 가지 수를 따진다. 불알친구와 같이 밥을 먹을 때는 아무렇게 먹어도 괜찮지만 손님도 낯설면 최소 4가지는 시켜야 한다. 그리 섭섭지 않게 대접하려면 8가지는 시켜야 한다. 대접을 좀 융성하게 하려면 12~16가지를 시켜

야 한다. 냉채와 국은 가지 수에 포함되지 않는다. 중국인이 식사 대접을 할 때 동료 대여섯을 데리고 나오는 원인은 바로 너무 많이 남을 우려 때문이다.

e. 요리가 등장하는 순서의 차이점. 요리는 수준이 낮은 것으로부터 시작하여 높은 것으로 점점 올라가며 밥상에 등장한다. 보통 좋은 음식일수록 후에 등장한다. 한국인들은 중국인과 식사할 때 이런 영문을 무르고, 또한 성격이 급하므로 처음 차려놓은 냉채부터 신나게 먹으며 나중에 등장하는 좋은 요리 서너 가지는 배가 불러 못 먹는 수가 많다.

f. 술 문화의 차이점. 손님 대접에 소주를 마실 경우 어떤 술을 마시는가에 신경을 꽤나 쓴다. 냄새 면에서 농향형濃香型인가 강향형降香型인가, 가격 면에서 500그램에 10위안·50위안·100위안·500위안·1,000위안, 1500위안짜리 중 어느 급인가, 알코올 농도 면에서 50도 이상인가 38도 정도인가 등으로 구분된다. 한국은 꽤나 고급스러운 식사에 참이슬을 마셔도 괜찮은데 말이다. 한국의 음식문화에는 술 문화가 없다고 해도 과언이 아니다.

g. 술을 마시는 격식상의 차이점은 본 장 1절에서 운운했으므로 이만 할애한다.

---

⑤

중국의 '벽곡'과 한국의 '단식'

'벽곡辟穀'을 글자 그대로 해석하면 '오곡을 피하다'인데 옛날의 양생술養生術에 속한다. 한동안 밥을 먹지 않고 물과 약만 먹으며 도인導引(동작과 호흡을 조절하며 신체를 단련하는 일)을 하며 병도 고치고 몸을 건강하게 하는 것이다. 벽곡은 도가道家의 양생술이며 옛날 중국에 보편적으로 유행했었다. <사기史記·유후세가留侯世家>에 진류陳留가 벽곡을 하였다고 했으며 중국 문헌에 벽곡을 하여 몸이 가벼워졌다는 기록이 많이 나온다. 사실 벽곡은 중국뿐만 아니라 고대 인도 및 많은 나라에서 유행했었다.

이 '벽곡'을 한국에서는 '단식'이라고 한다. 필자 형님의 친구 한 분이 문혁 때 정치적인 압박에 항거하여 단식을 하다가 하마터면 죽을 뻔하였다. 단식을 하며 물을 마시지 않아 위의 양 벽이 한데 붙어버린 것이다. 겨우 목숨은 건졌지만 평생 이로 인하여 몸이 허약해졌다. 한번은 한국 어느 대학의 연로한 교수를 만났는데 70이 넘었지만 몸이 아주 단단하였다. 그 연유를 물었더니 1년에 한 달씩 산에 가서 단식을 하기 때문이라는 것이다. 또 잘 아는 다른 한 분은 이전보다 너무 허약해졌는데 주위 사람들의 말이 단식을 하여 몸을 망쳤다는 것이다.

이상한 것은 단식의 발원지이며 고대에 성행했던 단식이 지금 중국에서는 종적을 감춘 것이다. 그러다가 최근에 단식이 중국인의 화제로 되고 있다. 사천四川의 50대 한의 진건민陳建民이 유리로 만든 집 안에서 49일간 단식하였으며 많은 사람들이 공원의 원숭이 구경하듯 몰려들었다. 요즘은 또 그보다 더 젊은 사람 한 분이 60일간 단식하여 새로 기록을 경신하겠다고 떠들어대고 있다. 이를 두고 학계와 사회에서는 많은 논란이 벌어졌다. 우선 진건민의 단식은 진짜 단식이 아니라 남몰래 무엇을 먹었거나 영양제 주사를 맞았을 것이라는 설, 이렇게 사기 쳤을 뿐만 아니라 이를 상업화하는 자체가 비열하다는 설 등이다.

다음은 단식의 과학성 여부다. 어떤 사람은 인체 내의 여러 가지 해충은 사람이 먹은 오곡의 영양물에 기생하며 살다가 단식을 하면 다 죽어버리므로 신체에 이롭다는 옛 문헌까지 예로 들며 단식의 우월성을 대서특필한다. 또 어떤 사람은 단식이 몸에 좋다는 과학적 근거는 전혀 없다고 하며 이는 허위 과학과 무술巫術에 불과하다며 여지없이 비난해 나선다.

몇 년 전 법륜공法輪功이 막 흥성할 때와 흡사한 감이다. 그때 많은 사람들이 법륜공을 믿으면 약을 먹지 않아도 만병통치가 된다며 밀물처럼 몰려들었다. 법륜공을 두고 과학이니, 허위과학이니 하다가 나중에는 정치 문제로 비화되고 정부가 이를 진압하는 결과로 끝났다. 이번 일에 대하여 <사천일보>는 벽곡을 전면 부정하는 글을 실었다.

진리를 검증하는 근본은 실천이다. 중국에는 단식을 한 사람이 거의 없으므로 아직 단식의 정당성 여부에 대한 결론을 내리기 어렵지만 한국은 그렇지가 않다. 단식을 한 사람이 누계 수천, 심지어 수만일지도 모르니 그들에 대한 통계를 내어 단식이 도대체 좋은가, 나쁜가, 어떤 체질과 어떤 병에 좋거나 나쁘다는 데이터를 빼낼 수 있을 것이다. 그러면 중국의 벽곡 논란의 해결에 도움이 될 것이라고 보인다.

6

중한 두 나라의 천도

이번 대선 때 수도를 충청권으로 옮기자는 설이 돌았으며 큰 논란을 빚어내기도 했다. 수요에 따라 천도할 수 없는 것은 아니다. 미국의 수도를 경제, 상업, 금융의 중심지 및 인구가 많이 밀집된 뉴욕이 아닌 워싱턴에 두므로 좋은 점도 많으므로 한국의 수도를 옮길 필요가 있을 듯도 하다.

그러나 천도를 하면 왜 하고 반대하면 그 이유는 무엇인가? 등의 문제를 둘러싸고 간과할 수 없는 한 가지 문제가 있음을 필자는 강조하고 싶다.

고대 동북아 국가들을 보면 서쪽, 북쪽에 있던 수도를 동쪽, 남쪽으로 천도하며 모두 쇠퇴의 길을 걸었다. 주나라가 수도를 호경鎬京(지금의 서안 부근)으로부터 낙양으로 천도한 예, 서진西晉이 수도를 장안으로부터 건업建業(지금의 남경)으로 천도한 예, 송이 수도를 개봉으로부터 임안臨安(지금의 항주)으로 천도한 예 등등이다.

반대로 수도를 서북쪽으로 천도하며 흥성한 예도 있다. 명나라의 수도가 원래는 남경南京이었다. 명초에 몽골족의 남침이 잦았으며 북경은 전쟁판이었다. 이에 다섯 번째 임금 영조는 북경으로 천도하고 남침을 효과적으로 막아냈으며 변방의 영토를 확고히 했고 민족의 정기를 살렸다. 북경 팔달령八達嶺 장성이 바로 그때 쌓은 것이다. 그러나 위험과 모험이 없었던 것은 아니다. 천도 후 9년, 1449년에 명나라 영종英宗은 군대를 거느리고 싸우다가 토목보土木堡에서 몽골족에게 포로가 된 적도 있다. 바로 팔달령 장성에서 서쪽으로 약 50km에 위치한 곳이다. 그러나 만약 그때 천도하지 않았다면 북경 일대가 쑥대밭으로 됐을지도 모른다.

이렇듯 천도에는 확장형, 진격형 및 흥성형이 있는가 하면 위축형, 도피형 및 쇠망형도 있다. 우리 민족의 역사는 후자에 속한다. 고구려의 수도가 졸본(지금 요령성 환인현)에 있을 때는 세상에 위세를 떨치다가 국력이 좀 약해지자 동쪽 집안으로 천도했고 좀 더 약해지자 평양으로 천도했으며 끝내 망하고 말았다. 통일 한반도의 수도를 보면 고려 때 개성이다가 조선 때는 약 90km 남하하여 서울이 됐다. 그런데 정부 청사는 30km 정도 남하하여 과천으로 옮겨졌다. 지금은 아예 수도를 충청도 세종시로 옮기자고 한다. 태평 성세 때도 이런데 유사시에는 또 부산→광주→목포로, 심지어 제주도로 옮기자고 할지 누가 알랴!

수도를 옮기려면 담은 얼마라도 서울 북쪽으로 옮겼으면 한다. 전쟁판에서 같은 자리의 죽음에도 총알이 가슴에 맞혔나, 등에 맞혔나에 의해 이미 지가 달라지지 않는가! 통일 후 수도를 평양으로 옮기자는 어느 학자의 설이 <한겨레> 신문에 실려졌는데 지당한 말씀이라고 본다.

그런데 이번 대선 때 천도 반대에 서울의 부동산값이 하락한다느니, 자금이 많이 든다느니, 10년이 걸린다느니 하는 설은 있어도 민족의 정기를 살리기 위해서는 도피형 천도를 취하지 말자는 설은 없는 것이 너무나 유감이다.

중국과 한국의 데모문화의 차이

1987년 필자는 한국에서 2개월 체류한 적이 있다. 귀국하자 직장 동료들이 한국 소식을 알려고 필자를 에워쌌다. 첫 물음이 '당신 이번 방문에 마스크를 몇 개나 썼나?'였다. 필자가 어안이 벙벙해 하자 '경찰이 쏜 최루탄가스 때문에 항상 마스크를 써야 했을 거 아니야?'라고 하여 폭소를 자아냈다. 좀 해학적인 농담이긴 하지만 중국에 비친 한국은 데모가 많은 나라이다. 사실 한국은 지구촌에서 데모가 가장 많은 나라일지도 모른다.

필자는 또 한국인에게서 항상 이런 말을 듣곤 한다. '중국인은 왜 데모를 하지 않는가?' '독재국가이니까 데모를 감히 못하겠지?' 중국은 지구촌에서 데모가 아주 적은 나라일지도 모른다. 한국과 중국의 데모문화는 서로 상극이며 이를 대비해 보는 것도 재미있을 듯하다.

중국어로 데모를 '시위유행示威遊行'이라 한다. 본문에서 '시위'로 약칭한다. 중국에 시위가 적은 이유는 국민의 불만이 없어서도 아니고 독재이므로 시위 허가를 받기 어려운 원인만도 아니다. 중국인은 들고일어나 위정자를 반대하는 기질이 한국인에 비해 퍽 강한 민족이다. 2천여 년에 대형농민봉기가 수백 번 일어났는데 한반도 역사상에는 동학당 봉기 하나만 중국의 대형봉기에 견줄 만하다. 옛날 중국은 지금보다 더 독재였다.

중국에 시위가 적은 다른 이유, 즉 현재 중국인의 시위에 대한 인식을 살펴보기로 하자.

1966~76년 문혁 10년간 중국인은 시위를 얼마나 했는지 모른다. 인구 50만 이상의 도시가 어림잡아 400여 개 된다. 한 개 도시에서 한 달에 한 번만 해도 5만 번이다. 사실은 1966~69년에 북경에서 거행된 시위만도 수천 번이 넘을 듯하다. 이런 와중에 중국인은 시위에 질릴 대로 질렸거니와

시위에 대한 경험도 풍부하고 인식도 대단히 높아졌다.

우선은 나라에 현존하는 문제점을 시위로 해결할 수 없다는 인식이다. 시위의 의의는 '이러이러한 문제가 있다'로 국민을 환기시키는 것뿐이다. 그 이상도, 그 이하도 아니다.

다음은 시위가 이겼어도 그 시위의 주동자는 재미를 못 본다. 첫 대자보로 모택동의 극찬을 받았던 문혁 1등 공신, 북경대 철학과 부주임 섭원재聶元梓에게 차려진 것은 17년의 실형이다. 문혁의 나머지 4대 공신—청화대학 괴대부蒯大富, 항공대학 한애정韓愛晶, 사범대학 담후란譚厚蘭, 지질대학 왕대빈王大賓 등도 다 옥살이를 면치 못했다. 문혁 공신들이 잘 나갈 때도 이들은 이미 연금되거나 체포되었다. 지방의 공신들도 거의 다 마찬가지다.

중국어에 이런 속담이 많다. '槍打出頭鳥(머리 내민 새가 총에 맞는다)', '人怕出名猪怕壯(이름난 사람과 살찐 되지는 쉽게 당한다)', '樹大招風(키 큰 나무 바람 맞는다)'….

이겨도 득을 보지 못하는데 하물며 십상팔구는 지는 일에 나설 것인가? 중국인은 매우 이기주의적이므로 사회발전이나 정의를 위해 자기를 희생하는 일에 웬만하면 나서지 않는다. 자신의 이익이 직접 침해당했을 때만 나선다. 이를테면 도시건설의 철거 때문에 손해를 본 자들의 농성 등이 지금 중국에서 자주 생기는 시위이다. 조직자가 없는 시위는 거행하기 어렵다.

세 번째는 시위 대오에 불순분자—건달·깡패·전과자들이 끼어들어 죄를 저지른다. 문혁 파벌싸움 때 대부분 이런 분자들이 사람을 죽였다. 1989년 학생들이 천안문 광장에서 단식투쟁을 하는 기회를 틈타 불순분자들도 크게 날뛰었다. 식당에서 실컷 처먹고 계산서에다 '천하유난天下有難, 필부유책匹夫有責'이란 글을 써넣고 돈을 안 낸 자, 공중버스의 창문에 공공연히 몽둥이질한 자, 계엄군과 아무런 상관도 없는 군인을 붙잡아 휘발유로 태워 죽인 자…. 시위 학생들은 절대 이런 일을 저지르지 않았다.

그때 필자도 천안문 광장 학생을 성원하는 시위를 한 번 조직하였다. 직장에서 천안문 광장까지 가서 돌기까지 두어 시간이 걸렸다. 그런데 팬티만 입고 인력거에 앉아 시위하며 갖은 쌍욕을 퍼붓던 건달 서너 패거리가 벌써 필자의 대오에 합세하려 하였다. 필자는 이내 시위를 중단하고 말았다. 그들이 죄를 저지르면 조직자인 필자가 연대책임을 져야 하니 말이다.

시위를 오래 하면 국민을 환기시키는 홍보가 더 잘 될 것이 아닌가? 물론 더 잘 된다. 그러나 오래 하면 오래 할수록 불순분자들에 의한 형사범죄 행위가 많아진다. 이들은 파리가 똥을 보면 못 참듯이 대중시위라는 절호의 기회에 가만있지 않는다. 그러므로 시위는 무조건 오래 하면 안 된다. 두어 시간 하고 마는 것이 가장 좋다.

시위문화는 국가별 다르겠지만 공통성도 있을 듯하다. 한국의 시위의 조직, 주동자가 재미를 보았는지 못 보았는지 통계를 내 볼 필요가 있다. 한국은 야당 당수들도 가두시위에 참가하는데 이해가 안 간다. 한국의 법에 연대책임이란 조목이 없는지….

⑧

북경 표준시와 서울 표준시

얼마 전 재중국한인회 동북 3성 연합회 손명식 회장께서 소주蘇州 한인상회의 송년회에서 서울 표준시를 북경 표준시로 바꾸자는 건의를 내놓았다. 필자는 아주 지당한 건의라고 생각한다.

세계표준시는 영국 그리니치 천문대가 위치한 지점을 시발점으로 하고 동쪽으로 8개 구역, 서쪽으로 8개 구역, 도합 16개 표준시 구역으로 나뉜다. 북경은 동8구에 속하고 도쿄는 동9구에 속한다. 서울은 동8구와 동9구의 가운데에 위치하여 있다. 지금까지 서울은 동9구인 도쿄의 표준시를 써

왔다. 즉 서울 표준시로 아침 7시 30분인데도 불구하고 도쿄표준시를 쓰므로 8시라 인정하며 생활한다. 만약 동8구인 북경 표준시를 쓰면 7시라 인정하며 생활하게 된다. 도쿄표준시와 북경 표준시의 어디를 따르던 피장파장이다.

한국에서만 생활하면 피장파장일지 몰라도 일본 또는 중국과 거래할 때는 피장파장이 아니다. 만약 일본과 거래하면 도쿄표준시를 쓰는 것이 편리하고 북경 표준시를 쓰면 불편하며, 중국과 거래하면 북경 표준시를 쓰는 것이 편리하고 도쿄표준시를 쓰면 불편하다. 그 불편한 예는 수없이 많이 들 수 있다.

한국 출, 북경 착 하면 시침을 한 시간 앞당겨야 하고 중국 출, 한국 착하면 한 시간 늦추어야 한다. 꽤나 번거롭다. 이런 번거로움 피하기 위해 시침을 건드리지 않고 마음속으로 한 시간 더하기, 덜하기 하는 수도 있다. 그러나 자주 깜박하여 모임에 한 시간 앞당겨 가거나 한 시간 지각하기 일쑤이다. 출행 시 깜박하다가 항공기나 기차를 놓치는 수도 있다. 도착지에 마중 나온 사람도 한 시간 낭비하거나 허탕 칠 수 있다.

한국에서 아침 8시쯤에 회의를 하다가 갑자기 용무가 있어 중국 모 사무실에 전화 걸면 받는 자가 없다. 아직 출근을 하지 않았으니 말이다. 중국에서 오후 5시경에 회의를 하다가 한국 모 사무실에 전화 걸어도 마찬가지이다. 오후 1시경에 한국에서 중국으로, 오전 11시경에 중국에서 한국으로 전화 걸어도 허탕 치는 수가 많다. 점심시간이기 때문이다.

문제는 도쿄시간과 북경시간 중 어느 쪽을 더 염두에 두어야 하는가이다.

연합뉴스의 발표(2013. 10. 4.)에 의하면 재중동포는 258만이고 재일동포는 89만이다. 재일동포 중 약 절반이 북한국적이므로 한국에 드나들지 않거나 드나들지 못한다. 즉 한국에 드나드는 재중동포가 재일동포의 6배가량 된다. 또한 한국에 체류 중인 중국 조선족과 중국의 기타 민족을 합하면 100만을 초과한다.

지금 한국을 다녀간 중국 관광객과 중국을 다녀온 한국 관광객을 합치면 1년에 8백만 정도 되며 해마다 늘어나는 추세여서 바야흐로 1천 만을 넘게 된다. 그러나 한·일 관광객은 한·중 관광객에 비교도 안 될 정도로 적다. 중국은 한국의 제1 무역상대국이고 한국경제의 중국 경제에 대한 의존도는 25%이다. 중국경제 규모가 일본을 제치고 G2국의 하나로 부상하였으며 앞으로 중국은 한국에 더욱 중요한 나라로 변해가게 될 것이다.

이상의 여러 가지를 고려하면 북경시간을 쓰면 더 많은 사람에게 편리하고 도쿄시간을 쓰면 더 많은 사람에게 불편하다.

앞에 서울이 세계표준시의 동8구와 동9구의 가운데 위치해 있다고 했는데 도대체 어느 구에 더 치우쳐 있을까? 세밀히 점검해 보니 서울은 동8구에 더 치우쳐 있음을, 아니, 마땅히 동8구에 속하여야 맞음을 발견하고 필자는 깜짝 놀랐다.

동경東經 120°가 동8구의 표준 경선經線이고 동경 135°가 동9구의 표준 경선이다. 세밀하게 말하면 동경 120°±7.5° 즉 동경 112.5°~127.5°가 동8구이고, 동경 135°±7.5° 즉 동경 127.5°~142.5°가 동9구이다. 서울은 동경 127°이므로 당연 동8구에 속하여야 맞다. 평양은 동경 125°44′이므로 서울보다 더 동8구에 속한다. 이렇게 볼 때 서울 표준시를 도쿄표준시로부터 북경 표준시로 바꾸는 것이 아니라 틀린 자리에 섰던 것을 맞는 자리로 복귀하는 셈이다.

그런데 그사이 서울은 왜 국제표준시의 규정을 어기고 동9구의 표준시를 써왔는가? 아무리 생각해도 이해가 가지 않는다. 일본식민지인 조선총독부 때는 당연 도쿄표준시를 썼을 것이다. 광복 후 표준시만은 광복을 하지 않았다는 말인가? 국가의 자존심에 도저히 용납할 수 없다. 그럴 리는 없겠다고 본다. 1960년대부터 산업대발전을 이룩하며 일본경제에 대한 의존도가 높으므로 도쿄표준시로 바꾸었을까? 이럴 가능성이 많을 것이라는 추측이 간다.

만약 후자 원인 때문이라면 북경 표준시로 고치는 것이 더욱 당연하다. 옛날 일본경제에 대한 의존도가 높을 때 동8구에 속하여야 할 원칙을 어겨 가며 동9구의 표준시를 썼다면 오늘날 중국 경제에 대한 의존도가 높을 때 동8구의 제자리로 돌아오는 것은 더욱 당연하지 않은가!

또 한 가지 중요한 원인이 있다. 지금 한국 역서의 구정, 1년 24절기의 입춘, 우수, 경칩, 춘분…소한, 대한은 해마다 중국과 일치한다. 엄격히 따지면 일치하지 않는 수가 가끔 생길 것이다. 만약 중국시간으로 밤 11시~자정 0시가 구정, 입춘, 우수, 경칩, 춘분…소한, 대한이라면 한국은 그 전날이 구정, 입춘, 우수, 경칩, 춘분…소한, 대한이어야 맞다. 그런데 수십 년간 중국과 한국의 구정, 입춘, 우수, 경칩, 춘분…소한, 대한은 다른 날인 적이 없었다. 중국이 한국을 염두에 두며 하루 앞당기지는 않았을 것이고 아무래도 한국이 중국을 염두에 두고 하루 늦추었을 것이다. 만약 서울의 표준시간을 북경과 일치시키면 이런 '염두'가 필요 없어진다.

⑨

중국의 낙양과 한국의 진주, 마산

필자는 최근 마산을 다녀오며 박경리朴景利의 소설 <토지>에 나오는 한 대목이 생각났다. 1925년 경남 도청을 진주晉州로부터 부산으로 옮길 때 진주에 있던 경남 도지사 일본인이 자존심이 상해 할복자살했다. 당시 항간에 이런 민요가 나돌았다: 후에루 후산(ふえる ふさん: 불어나는 부산)/신다 신슈(しんだ しんしゅ: 죽은 진주)/바까노 바산(ばかの ばさん: 멍텅구리 마산).

신라 문무왕文武王 2년(662년)에 이미 주 소재지가 된 진주와 비교하면 부산은 보잘것없었다. 그러나 부산은 조선 고종高宗 13년(1876년) 한·일

수호조약에 따라 개항한 이래 급성장하여 불과 50년 만에 진주를 대신하게 됐고 지금은 한국의 제2 도시로 자리 잡았다. 정말 '불어나는 부산, 죽은 진주'가 근거 없이 생긴 말이 아니다.

마산도 1899년에 개항장으로 지정됨에 따라 성장했고 1914년에는 부제를 실시, 1949년에 시로 승격됐다. 필자가 마산시 상공회를 방문할 때 작년에 마산 개항 100주년 축제가 있었다며 아주 두꺼운 기념 책자를 선물받았다. 그러면서 마산시의 자랑을 장황하게 하는 것이었다. 그때 필자의 머리 속에는 창원이 맴돌고 있었다. 창원은 마산의 출장소에 불과했던 것이 1980년에 시로 승격하고 1983년에 도 소재지로 비약했으며 지금은 마산을 작은집 보듯 한다. 배보다 배꼽이 커진 셈이다. 진짜로 '머저리 마산'이다. 그 연유를 알고 싶어 창원을 찾아가 낱낱이 살펴보았다. 알고 보니 마산보다 벌이 넓어 공업 단지를 창원에 세웠기 때문이었다.

옛날에는 도시가 외적에 대한 공방攻防에 유리한 지형에 자리 잡는, 말하자면 정치와 군사가 주요 작용을 했지만 지금은 경제와 교통이 중요 작용을 하기 때문에 상기의 변화가 생긴 것이다.

한국과 비슷한 예가 중국에도 수없이 많다. 하남성河南省의 낙양洛陽과 정주鄭州가 전형적인 예이다. 3천여 년의 역사를 지닌 낙양은 9개 왕조의 수도였으며 근세에는 줄곧 하남성의 성 소재지였다. 정주는 금세기 초까지만 하여도 조그마한 읍에 불과했다. 그러나 북경~광주廣州행 철도가 이곳을 경유하는 바람에 급성장하여 하남성 소재지로 됐고 지금은 낙양을 작은 집 보듯 한다.

필자는 낙양에 몇 번 다녀왔었다. 그런데 박물관을 찾았을 때 여러 번 정전이어서 촛불을 켜고 견학하는 비참한 현실을 목격했다. 호텔 난방이 제대로 되지 않아 손님이 감기에 걸리기 일쑤이고 고급 식당에서도 추위에 떨며 식사를 하지 않으면 안 된다. 도시는 매우 어지럽고 도로에서는 먼지가 풀풀 일어난다. '죽은 진주'보다 더 가련한 신세다. 이렇듯 교통과 경제의 요소가 현대 도시의 운명을 좌지우지하는 것이다.

유감스러운 것은 중국이 정주처럼 교통과 경제에 힘입어 도시화하는 데 불합리한 호구戶口제를 실시한다는 사실이다. 농민들의 도시 진출, 소도시 주민의 대도시 진출을 엄격히 제한하는 것이다. 호구가 있으면 '양반' 행세를 할 수 있고 호구가 없으면 '쌍놈' 신세를 면치 못했다. 정식으로 취업하기도, 자식을 공부시키기도 어렵다. 근대화에 역행하는 정책이며 한국에서는 도저히 있을 수 없는 일이다.

그런데 온주溫州에서 기적을 발견했다. 농민에게 누구든지 와서 집을 짓고 사업을 하며 살라 고무한 결과 불과 10년 사이에 몇 백 세대밖에 없던 허허벌판에 인구 15만의 용강진龍江鎭이 생겨난 것이다. 온주인을 '중국의 유대인'이라고 부를 만하다.

⟨10⟩

중국과 한국의 장례문화

시체를 화장한 후 골회를 나무뿌리에 묻는 장례 방법을 수목장樹木葬이라고 한다. 한국은 화장 장례를 보편적으로 행한 지 약 30년간이며 최근부터는 수목장이 성행할 조짐이다. 어느 포럼에 참가하니 강연 주제가 수목장이었다. 한 40대 초반의 Y군이 수목장 사업을 시작했으며 이 업종이 대단히 유망하여 앞으로 엄청난 돈을 벌 것이라고 장황하게 늘어놓았다.

중국의 화장문화는 한국보다 100년 이상 앞섰으며 거의 100% 화장하여야 한 1975년부터 헤아려도 거의 50년이 된다. 그러니 중국이 화장문화의 산전수전을 다 겪어보았다고 말할 수 있다. 필자도 직접 보고 들은 것이 많은 바 화장문화, 특히 수목장에 관하여 일가견을 말해 보고자 한다.

1974~5년 중국 전역에는 소근장小靳莊을 따라 배우는 바람이 불었다. 소근장은 천진시天津市 교외의 한 농촌 마을인데 모택동의 부인 강청江靑이 그곳에서 낡은 습관을 타파하고 혁명전통을 계승하며 새로운 생활방식을 창도하는 시험을 하여 큰 '성과'를 이룩하였다. 그 경험을 전국으로 보급한 것이 이른바 '소근장을 따라 배우는 운동'이었다. 그때 가장 좌경적인 조선족의 수도 연변에는 심지어 소근장을 찬양하는 노래까지 만들어 집집마다 사람마다 불렀다.

> 소근장의 혁명 정신 따라 배우세
> 무산계급 사상 문화 꽃피워 가세
> 모 주석 혁명 정신 눈부신 빛발 아래
> 정치야학교 잘 꾸리고 이론 대오 건설하세
> 연단에 올라 역사 풀어 임표공구 비판하며
> 사람마다 본보기극을 배우고 보여주세

그 운동의 한 내용이 장례문화의 개혁이다. 우선 이미 있는 묘소를 다 파헤쳐버렸다. 해골을 많이는 땅속 깊이 묻어버리거나 강물에 던져버렸다. 다음은 시신을 강제로 화장하는 것이다. 화장을 하지 않으면 혁명화에 역행한다며 투쟁하므로 누구나 할 수 없이 화장을 하여야 했다. 말하자면 중국은 1975년부터 거의 100%가 시신을 화장하였다.

어떤 사람은 화장을 도저히 수긍할 수 없어 운명한 후 소문을 내지 않고 시신을 밭에다 묻었다. 물론 무덤의 표식이 나게 하면 안 된다. 여러 해가 지나 묻은 일을 관장한 사람이 없어진 후 밭에 묻은 시체의 위치를 알 수 없게 되어 여러 군데를 파서야 겨우 해골을 찾을 수 있었다. 그사이 제사를 지낸 곳에서는 다른 사람의 시체가 나왔으니 한심하기 그지없다.

필자 마을의 조선족 중에 이런 일이 있었다. 지원군으로 6·25전쟁에 참가하고 돌아오니 부친은 이미 세상을 떠났으며 벙어리 어머니가 산소를 알려주었다. 15년간 꼬박꼬박 성묘를 하며 열심히 제사를 지냈다. 어머니가 사망하여 몇 해 지난 후 합장하고자 부친의 무덤을 파보니 웬 전족 노친의 신발이 나왔다. 이 일로 그는 평생을 한탄하며 살아야 했다.

유교 문화는 혈연문화이며 가족주의이다. 자기 선친의 묘지라며 성묘하고 제사 지낸 곳이 다른 사람의 묘지라면 말이 아니다. 전쟁 등의 원인으로 이런 일이 생기는 것도 원통한데 태평성세에 이런 일이 생긴다는 것이 있을 수 있겠는가?

그래서 선택한 곳이 고압전선대의 밑이다. 그곳에 묻으면 위치를 착각할 우려가 없다고 생각되었기 때문이다. 많은 사람이 같은 생각을 품고 그곳을 주목하게 된다. 그러므로 어떤 사람은 전선대 밑을 파니 이미 시체가 있어 그 옆의 여러 군데를 반복 파고서야 선친의 시체를 겨우 묻을 수 있었다. 또한 수십 년이 지나니 같은 전선대의 밑에서 성묘하는 사람이 여럿이 나타난다. 역시 묻을 만한 자리가 아님을 인식하게 된다.

농촌은 시체를 자류지에 묻거나(역시 표식이 나면 안 된다) 가택 앞뒤의 나무 밑에 묻는 수도 있었다. 그러나 인구 유동이 심해지며 다른 사람이 살던 집에 살게 되는 경우가 많다. 역시 남의 조상을 묻은 밭이나 나무 밑에 자기 선친의 시체를 묻게 되며 위의 고압전선대 밑에 묻은 것과 비슷한 현상이 나타난다.

결국 화장하는 수밖에 없었으나 골회를 어떻게 하는가가 문제이다. 한 도시에 하나밖에 없는 화장터의 납골당에 보관하자니 해마다 보관비를 내야 하고 먼 길을 몇 번씩 왕복하는데 여간 시끄러운 일이 아니다. 집에 보관하자니 좀 벌레가 생기기도 하며 밤에 부스럭 소리가 나기도 하여 아이들이 무섭다고 야단이다.

이런 과정을 거쳐 생긴 것이 수목장이다. 얼핏 보기에는 이상적인 장례 방법인 것 같다. 자기 선친 골회의 영양을 흡수하여 나무가 무럭무럭 자라

나니 말이다. 그러나 몇 십 년 행해보니 그렇지도 않다. 도시의 수목장은 지정된 공동묘지에 해야 하는데 청명이나 추석에 성묘 가면 여러 집, 심지어 수십 집 사람들이 한 나무 밑에 술을 붓는다. 한 나무를 많은 사람에게 팔아먹은 것이다.

한국인구 5천만에 평균 수명이 70세이면 70여 년에 5천만이 죽는다. 수목장묘지가 100개, 한 묘지에 나무가 1천 그루라고 해도 모두 수목장 하면 70년에 그루당 평균 500명의 골회를 묻게 된다. 말이 아니다. 하여 중국에서는 수목장의 인기가 전혀 없을 정도로 되었다.

그러므로 노인들은 운명할 때 "나의 골회를 강이나 바다에 던져라"라는 유언을 남기기 일쑤이다. 지금 중국 대부분 가문은 선친의 골회를 혹은 화장하자마자, 혹은 화장한 후 1~2년간 보관하였다가 강이나 바다에 뿌린다. 한국의 수목장 사업가가 참고하기 바란다.

⑪

중국의 대순호, 동방지성호와 한국의 세월호

1999년 11월 24일 중국 연대煙臺-대련大連행 여객선 대순호大舜號와 2015年6月1日 남경-중경행 동방지성호東方之星號의 침몰 사건은 한국 세월호의 침몰 사건과 거의 비슷하다. 아래에 대순호 여객선 침몰 사건과 사후처리 상황을 소개해 본다.

대순호는 일본으로부터 미화 650만 달러를 주고 구입한 복역한 지 5년이 된 중고선박이며 소유주 연대煙大페리회사는 국영회사이다. 선박의 길이 126미터, 너비 20미터, 높이 11.5미터, 3층이며 제한적재량은 2,888톤이다. 탑승한 승객은 262명, 선원은 40명이며 61대의 트럭을 실었다. 그날 적재량은 엄청나게 초과하였다. 대련항구를 떠난 후 2시간 반에 7~10급의 바람을 만나 연대항구로 돌아오려고 U턴 하다가 선체와 90° 방향의 바람을 맞아 한쪽으로 기울어졌다. 고정한 쇠사슬이 끊어지며 적재한 트럭이 한쪽으로 쏠리어 서로 부딪쳐 화재가 일어나 선박이 침몰하기 시작했다.

선박이 침몰하기 시작하여 1~2시간 만에 구조선 두 대가 도착했으며 후에 총 19대의 구조 선박이 모였다. 하지만 거센 바람과 파도 때문에 조난선의 200여 미터 밖에서 헤매며 시종 접근하여 구조하지 못하였다. 밤 23시 50분에 선박은 완전히 침몰했으며 252명이 희생됐고 28명이 실종됐으며 22명이 생존했다.

그날 일기예보로 연대항구의 모든 선박이 출항하지 않았으나 연대페리회사만 대순호를 출항시켰다. 대순호가 그렇듯 큰 풍랑 속에서 항행해도 침몰을 면할 수 있는 기술적 방법이 많았다. 그러나 선장과 3명의 부기사가 모두 병급(3급) 기술자이므로 작업의 실수로 침몰을 면할 수 없었다. 22명의 생존자는 구조대가 구조한 것이 아니고 건장한 젊은 해군, 수영을 잘하는 자 및 구명조끼를 입은 자가 헤엄쳐 나왔거나 우연히 운수 좋게 육지까지 표류한 사람들이었다.

사고 발생 이후 국무원에 '11·24 특대해난사고 조사처리 영도소조'를 설립하여 사고의 원인조사와 사후처리에 착수했다. '11·24' 사건의 성격을 '열악한 날씨와 해상조건 하에 선장의 지휘 착오, 선박의 조업 실수, 적재량의 과다, 적재화물의 고정 불량 등으로 인하여 초래한 중대한 책임사고'로 규정지었다. 반년이 지난 2000년 6월 침몰선이 인양되었다. 이번 침몰사건의 직접적인 경제손해는 9,000만 위안(미화 약 1,100만 달러)이다.

희생자와 실종자는 1인당 인민폐 6.5만 위안(미화 약 8천 달러)을 지급하였다. 2명의 한국 승객은 1인당 인민폐 70만 위안(미화 약 87,000달러)을 지급하였다. 22명의 생존자에게는 차등을 두어 1인당 5600위안(미화 약 700달러) 정도 지급하였다.

연대페리회사 총경리 고봉高峰, 부총경리 우전룡于传龙 등 4명은 당적해제, 공직해제 및 형사처벌을 받았다. 산동山东 성장 이춘정李春亭, 교통부장 황진동黄镇东 등 13명의 영도 간부와 관계 인원도 상응한 기율처분을 받았다.

산동성 정부는 이번 사건을 계기로 <산동성 수륙운수 안전관리방법>을 제정하였고 해마다 11월 24일을 안전생산 작업 경시일警示日로 제정하였다. 1년 후 대순호 침몰 사건을 다룬 책 <비장한 만가輓歌—11 · 24 특대 해난 실기>란 책이 출판되었다. 이렇게 침몰 선박의 사후처리까지 합하여 1년 안에 완벽한 해결이 됐다.

희생자에 대한 배상은 당시 국가 표준을 따랐으며 이의를 제기하거나 농성을 벌인 유가족이 없었다. 참사 3개월 후 2000년 3월 5~15일 제9계 전인대 4차 회의 때 연대와 대련의 인민대표가 대순호 사건을 들고 일어나 억울한 사정을 호소하며 뺄풀이하려고 했었다. 그러나 두 성의 다른 대표들이 국난을 당하여 그러면 적합하지 않다, 상처에 소금 뿌리는 노릇이 아닌가 라며 권유하여 두 도시의 대표가 대순호 참사 때 제대로 구조하지 못한 책임을 질책하는 발언을 엄숙한 태도로 발표하는 데 그쳤다.

한국의 세월호 사건 발생 1년 후—2015년 6월 1일 중국 장강에서 동방지성호 여객선이 폭풍에 전복되는 사건이 발생했으며 442명의 희생자가 생겼다. 국무총리 리극강이 이 사건의 진두지휘를 위해 교통부 부장 등 3인을 불러 함께 비행기로 출장 가며 항공기 안에서 사건처리에 관한 상세한 방안을 짰다.

현장에 도착하자마자 군사를 풀어 사망 가족을 전복顚覆 현장에서 1km 밖에 격리시키고, 사망자 시체를 몽땅 건져냈으며 전복 선박도 인양한 후 추도회를 개최하고 사망자 1인당 얼마의 금액을 배상한다는 결정을 선포하였다. 이로써 동방지성호 선박 전복사건의 해결은 완전한 마무리를 지었으며 지금까지 잡음이 없다. 전복한 날부터 마무리를 짓는 날까지 총 8일이 걸렸다.

대순호, 동방지성호 사건과 세월호 사건은 크게 5가지로 구별된다. a. 대순호, 동방지성호 사건에 선장·선원이 도주하지 않았다. b. 대순호와 동방지성호의 유가족은 잠잠했다. c. 대순호는 이 일의 후사 처리를 시종일관하게 정부에서 나섰지 전인대(국회)가 참여하지 않았다. d. 사고분석은 전문가가 했고 배상처리는 국가의 유관규정을 따랐다.

한국의 세월호 사건을 해결하는 데 7년이 걸렸으며 지금도 현재진행형이다. 세월호에 추궁할 만한 주요 문제는 선박 개조상의 불합리, 사고 발생후 선장의 먼저 도피 두 가지뿐이다. 이 두 문제의 책임자와 직접, 간접 관계자를 처벌하고 사후 배상을 하는 데 몇 주 간, 고작해서 1~2개월이면 끝낼 수 있다. 그러나 이 사건을 정치에 악용한 것이 문제이다. 야당이 줄곧 희생자 가족에게 반정부 부채질을 하여 문제를 점점 복잡하게 만들었기 때문에 7년 이상의 시간을 끌었다.

또한 중국의 프로급 관료와 한국의 아마추어급 관료의 처리 방법상의 차별도 존재한다. 이런 문제들은 본문에서 할애한다.

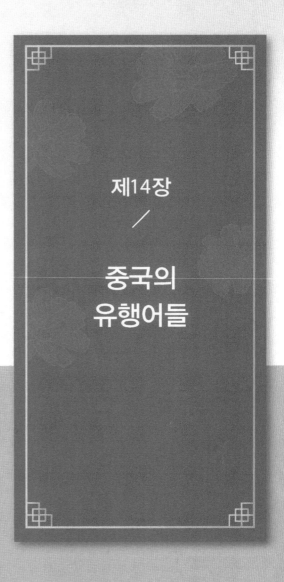

제14장

/

중국의
유행어들

중국 인터넷에 새로운 용어들이 해마다 무더기로 쏟아져 나오고 있다. 그러나 대부분 조금 지나면 사라지지 오래 사용되지 않는다. 중국의 사전은 보수성이 강하므로 신생어가 사용된 지 20~30년이 지나야 겨우 사전의 올림말로 기재된다. 본문에서는 20~30년 전에 생겼으며 좀 재미있는 것만 몇 가지 거론한다.

중한 여성 몸매 '세 주먹 설'

1987년 필자가 처음으로 한국을 방문했을 때 "한국 여자들은 어쩌면 이렇게도 몸매가 못났나?" 하는 의문을 던졌던 일이 있다. 당시 한국여성의 몸매를 중국 여성, 북한 여성의 몸매와 대비한 결과 나온 의문이었다.

그랬더니 주위의 한국인들이 '이거 고자 x자랑하는 것 봐라. 중국 여자의 몸매를 어떻게 한국 여자의 몸매와 비교될 수가 있나'라며 필자를 공격하는 것이었다. 심지어 '중국 여자들은 저마다 자전거를 타니까 그곳의 근육이 발달됐을지는 모르겠지만…' 하며 야유조로 말하는 사람까지 있었다. 너무나도 어처구니없다는 생각이 들기도 했지만 그때까지만 해도 한국인들이 본 중국인이란 거의 대만, 홍콩 및 마카오인들뿐이었을 테니까 한국인들의 편견을 이해할 수밖에 없었다.

그때 한국인들을 설득하기 위해 내놓은 필자 나름의 이론이 '세 주먹 설'이었다. 즉 중국 여자는 한국 여자보다 '키가 한 주먹만큼 크고, 허리가 한 주먹만큼 가늘며, 엉덩이가 한 주먹만큼 위로 올라붙었다'였다. 그때 필자와 논쟁을 벌였던 한국 친구들 가운데 나중에 북경에 와서 직접 자기 눈으로 확인한 다음에야 필자의 '세 주먹 설'에 동감을 표시한 사람들이 꽤나 있으며 지금도 '세 주먹 설'이 화두로 떠오르곤 한다.

그러나 필자의 '세 주먹 설'은 완전히 맞는 설은 못되며 편파성이 전혀 없는 것은 아니다. 중국인의 인물을 일괄적으로 이야기할 수 없으며 따라서 앞서 '세 주먹 설'은 대체로 회하淮河 이북의 여성과 그 이남 대도시의 여성에게만 해당하고 나머지는 그렇지도 않다. 중국인들의 인물은 대체로 북이 남보다 잘 생겼고 동이 서보다 잘 생겼으며 도시가 농촌보다 잘생겼다. 가장 못난 지역은 서남의 소도시 이하가 꼽힌다. 그들은 키도 작고, 피부도 까무잡잡하다. 홍콩 여자는 한국 여자보다 퍽 못났으며 역逆 '세 주먹 설'이 성립할 수도 있다.

인물은 대체로 인종, 혼혈 정도, 기후, 생활 수준과 관계되며 가장 크게 작용하는 것이 혼혈 즉 한국어 식으로 표현하면 '짬뽕' 정도다. 중국에서 가장 혼혈이 많이 된 지역이 북, 그다음이 동, 가장 안 된 지역이 서남이다. 대도시는 혼혈이 잘 돼 있으므로 동서남북을 가릴 것이 별로 없다.

한국에도 '남남북녀'란 말이 있는데 이것은 아마도 북한 쪽에 혼혈이 많은 탓일 것이다. 프랑스 작가 쥘 베른의 과학 환상소설 <해저 2만 리>에서는 말레이반도의 여자가 세계에서 가장 예쁘므로 국제 노예시장에서 가장 비싸다고 했는데 이 역시 그곳 사람들이 혼혈이 잘된 민족이기 때문일 것이라는 생각이 든다.

'세 주먹' 우세에 반해서인지 한족 여자와 결혼한 한국 남자들을 종종 볼 수 있다. 농담이 섞인 말이기는 하지만 한국 남자들에게서 "이미 장가갔으니 별수 없지만 예쁜 중국 여자와 살아봤으면 한이 없겠다"라는 말도 자주 듣곤 한다. 그러나 중국 여자에게 장가갔거나, 장가가려고 하거나, 또는 장가 가보지 못한 것을 유감으로 생각하는 한국 남자들에게 충고를 하고 싶다. 같은 유교권에 속하지만 두 민족은 대단히 이질異質적이므로 중국 여자에게 장가가서 한동안 살면 후회하리라는 것을.

유전학遺傳學적으로 보면 이異민족 간의 결혼이 인류의 진보와 연결될지 몰라도 현실 생활에는 불행이 적지 않다. 중국 조선족과 한족 간의 결혼을 보면 풍속이 틀리고 시각이나 가치관이 다르기 때문에 좋은 시절은 젊었을 때 한동안뿐이지 50대에 들어서면 대부분 후회하며 심지어 이혼하는 사람도 많다.

부부 사이에 다툴 때 젊었을 적엔 괜찮다가도 늙어지면 한다는 소리가 이와 같다. '네 종자를 낳아 길러줬는데 대접받은 것은 그 잘난 된장국에 짠지(김치)밖에 없다.' 우리 민족의 거룩한 음식 된장과 김치를 먹는 것이 그들에게는 대단한 푸대접으로 인식된다. 장가갈 나이에 필자에게도 한족 중매가 꽤나 들어왔으며 속으로는 제발 됐으면 하기도 했다. 그때마다 부친 으로부터 '정 살고 싶으면 살아라. 그러나 400리 밖에 가 살 되, 내가 죽기 전엔 여편네를 데리고 내 앞에 나타나지 말라.'라는 말씀에 단념해버렸다.

중국어에 '醜妻近地家中寶(못생긴 마누라와 텃밭은 집안의 보배)'라는 속 담이 있다. 우리말의 '예쁜 얼굴에서 쌀밥이 나오나'와 비슷하다. 조선족이 중국 이주 역사 1백50년에 한족과 결혼한 비율을 한국인들은 중국 진출 10 년도 채 되지 않아 초월한 듯하다. 이해가 가지 않는다.

②

웬 유감이 그리 많은지

필자는 최근 우연히 중국에 자주 드나드는 한국인 여럿과 자리를 같이 한 적이 있었다. 그들은 술이 얼큰해지자 중국을 드나들며 느낀 감상을 이 야기하기 시작했는데 저마다 유감을 표시하는 것이 아니겠는가? 그들이 표 시한 유감에는 중국 각 지역의 특징을 이야기해서 무척 재미있다. 아래에 적어 보이는 바이다.

'동북東北에 가면 뱃집이 작은 것이 유감이다.' 동북 사람들은 뱃집이 커 음식을 대단히 많이 먹는다. 이를테면 양고기 샤브샤브(涮羊肉)도 보통 일 인당 1.5kg 정도는 먹어야 한다. 1981년 중국 민항기가 납치돼 한국에 착 륙했을 때, 승객의 대부분이 심양瀋陽 사람들이었다. 심양—상해 행 항공기 를 납치했으니 말이다. 이들은 신라호텔에 묵으면서 불고기를 보통 1인당 5인분씩을 먹어 한국인들을 경악하게 했으니 알 만하다.

동북인들로부터 식사 대접을 받을 때, 먹자니 뱃집이 모자라고, 안 먹자니 '성정난각盛情難却(두터운 정을 거절할 수 없다)'하며 음식을 막 입에 가져다 넣어주고…. 그럴 때마다 차라리 뱃집이나 좀 컸더라면 좋았을 걸 하는 생각이 든다는 것이다.

'**상해에 가면 "왜 나는 너절한 옷을 입었나." 하는 생각이 든다.**' 개혁개방 이래 상해의 경제가 급속히 부상해 지금은 금융 중심지로까지 등장하면서 시민들의 생활수준이 대단히 높아졌다. 그러나 상해시의 부동산값은 북경의 3분의 2도 안 되며, 또 그곳 사람들은 북방 사람들보다 입는 데 신경을 각별히 쓴다. 웬만한 한국인들도 송구스러울 정도로 고급 옷을 입는다.

'**중경에 가면 "왜 나는 일찍 장가갔을까" 하는 생각이 든다.**' 전통적으로 내려오는 중국의 격언 가운데 '揚州出美女(양주에는 미녀가 난다)'라는 말이 있다. 동남 연해 지역에 예쁜 여자가 많다는 뜻이다. 필자는 <경향신문>사 북경 특파원 신영수 국장과 양주를 사흘간 취재했는데 미녀를 거의 보지 못했다. '양주에 미녀가 난다는 속담까지 있는데 사흘간 묵었지만 왜 미녀가 안 보이나'라고 질문하니 양주시 외사사무실 안내자의 답은 이러하였다: '옛날 양주의 유흥업이 발전하여 양주 주위 반경 500킬로의 미녀들이 양주에 운집하여 생긴 격언이다. 사실 양주에는 미녀가 적다.'

이에 반해 중국의 미녀는 중경에 많다. 중경 지역은 많은 민족이 짬뽕 됐기 때문일 것이다. 키도 훤칠하게 크고 피부는 우유색이다. 피부는 아마 중경 지역은 안개가 끼는 날이 많아 이러할 것이다. 동남 연해 지역의 여자보다 성격도 부드럽고, 마음씨도 퍽 착하다. 중경 여자와 살아봤으면 하는 충동을 느끼다가, '아차, 난 이미 결혼했으니 어쩌지?' 하는 유감만 남을 것이 뻔하다.

'**해남海南에 가면 "왜 나는 정력이 모자랄까." 하고 유감스럽다.**' 해남은 중국 유흥가의 소굴로 불린다. 호텔이나 여관에 들르면 아가씨들의 '마사지 하지 않겠는가?' 하는 전화가 방으로 걸려와 잠잘 겨를이 없었다고 한다. 정력만 세다면 어찌 해 보겠는데….

'북경에 가면 "왜 나는 관직이 낮은가" 하고 유감스럽다.' 북경은 제왕帝
王의 도시로서 권력이 가장 작용하고 관료주의도 가장 횡행하는 곳이다. 북
경에 차관급 이상의 관료와 그의 가족을 합친 인구가 10만 명이란 설이 있
다. 북경에서 무엇을 하려면 권력가를 업는 것이 상수이고 또 권력이 크고
작음에 따라 개개인의 자존심과 폼이 다르다.

③

'관官' '이吏' '요僚'

1998년 5월 4일, 북경대학 창립 100주년 기념 활동 때, 한국 각 신문사
의 북경 특파원마다 필자에게 전화를 걸어 북경대학 출신의 중국 고위층
간부의 이름들을 알려달라는 부탁을 하였다. 필자가 거의 없다고 하니 그
들은 경악해 마지않았다.

그 당시 전자공업부 부부장(차관급) 호계립胡啓立 외에는 북경대학 출신
의 차관급 이상의 고위층 간부가 전국적으로 거의 없는 것으로 알려져 있
었다. 일본 같으면 도쿄대학 출신, 한국 같으면 서울대학 출신의 고위층 간
부가 쫙 깔려있기 마련이니 경악할 만도 하였다.

최근 북경대학과 거래하며 이런 말을 들었다. 북경의 3대 명문대학 출신
의 사도仕途는 뚜렷하게 구분되는데 청화대학 출신은 '관官'을, 인민대학 출
신은 '이吏'를, 북경대학 출신은 '요僚'를 한다는 것이다. '官'은 높은 벼슬이
고, '吏'는 낮은 벼슬이며 '僚'는 공식 벼슬자리에 있지 않는 관아官衙의 참
모라는 것이다.

'官' '吏' '僚'는 다 벼슬을 의미하나 이런 차별이 있는 듯도 하다. 한국·
일본에서 총리 밑의 가장 높은 벼슬을 '長官'이라 하지 '長吏', '長僚라 하

지 않고, 또 옛날 한국의 말단 벼슬아치들이 우리말 표기에 쓴 한자를 '이두吏讀'라고 했지 '관두官讀'나 '요두僚讀'라 하지 않은 것만 보아도 그렇다.

그렇다면 상기 세 명문대학의 사도 설은 절묘하기 짝이 없다. 참말로 청화대학 출신은 중국 각 관아의 상층에 많고, 인민대학 등 출신은 하층에 많으며 북경대학 출신은 상층이든 하층이든 거의 없다. 북경대학 졸업생이 어느 관아에 발령 받아갔다면 십상팔구는 반년도 안 돼 이 관아에 '이것도 잘못 됐소', '저것도 엉터리요' 하며 '까불대기' 시작할 것이다. 결국은 해당 관아에서 쫓겨나게 된다. 아니, 그 후부터는 해당 기관에서 아예 북경대학 출신을 받지 않았을 것이다.

중공 정권이 이루어지며 총칼을 들고 무장혁명을 했던 무식한 군관들이 중국 고위 간부층을 거의 석권했다. 또 그들을 각급 당교黨校에 보내 '지식인'으로 둔갑시켜 놓았다. 그 하층에는 인민대학 등 출신을 앉혀 놓았고.

개혁개방 이래, 중국의 간부를 지식화 하여야겠는데, '까불대는' 북경대학 출신은 달갑지 않아 우선 시키는 일을 말없이 잘 하는 공과대학—청화대학 출신을 올려놓은 듯하다. 국가주석 호금도·습근평, 국무총리 주용기·온가보는 모두 청화대학 출신이다. 북경대학 출신은 50년간 없다가 최근에야 겨우 등장하기 시작하였다. 공과대학 출신은 철학이 모자라므로 한 개 나라를 이끄는 데 제한성이 많다. 결국은 정치, 경제, 법률, 철학 등의 엘리트들을 많이 등용해야 한다.

작금에 북경대학 출신 이극강이 국무총리를 하고 역시 북경대학 출신이며 필자의 후배인 호춘화胡春華가 중공정치국 위원직에 있다. 앞으로 더 많은 북경대학 출신이 중국 고위층 간부로 발탁될 것이다. 더 밝은 중국의 미래가 보이는 듯하다.

연인 가운데 낀 사람 '전구(덩파우)'

중국어로 '전구電球'를 '덩파우(燈泡)'라고 한다. 그러나 이 단어가 다른 엉뚱한 뜻으로도 쓰인다는 것을 알아둘 필요가 있다.

필자는 한번은 모 교수의 집에 놀러 간 적이 있다. 그의 10대 후반의 아들 C가 2박 3일로 북경시 원교遠郊로 관광 갔다가 막 들어서므로 우리는 '관광을 잘 하였는가' 물어보았다. 그는 맥이 빠진 표정을 지으며 '젠장, 2박 3일간 덩파우(燈泡: 전구) 노릇을 할 줄은 꿈에도 생각 못 했다. 재수 대가리 없다'라는 말을 한다. 나와 모 교수는 어리둥절하여 '덩파우 노릇이라니? 그게 무슨 뜻이냐'라고 물었다. 그의 설명을 한참 듣고서야 무슨 뜻인지 알 수 있었다.

10대 후반의 친구 A와 B가 C를 불러 2남, 1여가 같이 관광 간 것이다. 관광을 하는 와중에야 그는 A와 B가 서로 연애하는 사이임을 알아차렸으며 그는 멋없는 들러리가 된 것이다. 중국어로 위와 같은 경우에 C를 '전구 노릇을 했다(當燈泡了)'라고 한다. 10대, 20대에서는 꽤 유행된 말이나 30대 이상의 사람들은 이 말을 잘 모르며 50대 후반인 나와 모 교수는 전혀 모를 수밖에 없다. 왜 '덩파우(전구)'라고 하는지 해석이 없다.

'덩파우'에는 여러 가지가 종류가 있다. 위의 C는 저도 모르게 피동적으로 덩파우가 되어 연인들에게 당한 예이다.

신혼부부가 여행 차 형님의 집에 며칠간 투숙했는데 열 살쯤 되는 조카가 기어코 숙부, 숙모와 같이 자고 싶다며 내내 숙부, 숙모의 사이에 누워 잤다고 하자. 이럴 경우 신혼부부는 '덩파우' 조카에게 단단히 당한 예이다.

공개되지 않은 두 연인이 타지방에 여행을 가야겠는데 아직 한동안은 비밀을 지켜야 하는데 다른 사람의 눈이 무서워 제3자를 끌어들이는 수가 있다. 알고 하는 '덩파우'다.

몇 년 전의 일이다. 심양시瀋陽市 부시장이 같은 시청 공무원 불륜의 애인과 같이 이스라엘에 가서 풍류를 하고 와야겠는데 남의 눈이 무서워 역시 같은 시청 공무원 남자 관원 한 사람을 덩파우로 동행시키려고 했으며 동의를 받았고 항공기표도 사놓았다. 후에 그들의 눈치를 챈 그 덩파우는 멋없는 출장이 싫어서 몸이 불편하다는 핑계로 떠나는 날에 불시에 따라가지 않았다. 이 한 쌍의 연인은 할 수 없이 둘뿐이 이스라엘에 출장 갔으며 헬기 추락사고로 죽었다. 그때 심양시의 항간에는 이 일로 소문이 파다했는데 '덩파우'란 말이 많이 운운 됐다.

서로 친한 사이지만 연애 관계가 아닌 1남 1녀가 같이 어디에 놀러 가고 싶으면 다른 사람이 오해할까봐 제3자를 끌어들여야 편하다. 이런 경우 그 제3자는 '덩파우' 아닌 '덩파우'로 된 셈이다.

모 지방의 조선족 2남 1여가 한국으로 출장을 가려 했는데 그중 남자 한 사람이 비자를 받지 못하자 비자를 받은 두 사람도 출장 가기가 불편해졌다. 필자의 도움으로 나중에 세 사람이 다 함께 가게 됐지만 담당 영사를 설득시키는 데 꽤나 애를 먹었다. 만약 한국말에도 '덩파우'와 같은 어휘가 있었더라면 설득시키기 퍽 쉬웠겠는데 말이다. 한국말에도 중국어 '덩파우' 개념의 어휘가 있었으면 하는 생각이 든다.

새로이 생긴 모 개념을 다른 개념으로 빙빙 돌려 설명하는 식으로 표현하는 것보다 그 개념에 적중한 단어를 만들어 사용하는 것은 언어의 발전을 의미한다. 생성능력이 강한 중국어는 한국어보다 이런 언어 발전이 쉽게 이루어진다.

'덩파우'와 같이 새로 생긴 유행어를 떠나서 중국어 어휘는 의성어, 의태어를 제외하면 한국어 어휘보다 퍽 풍부하다. 그러므로 한국어를 중국어로 번역하기는 쉬우나 중국어를 한국어로 번역하기는 많이 어렵다. 그러나 모 개념을 표현하는 한국어 어휘는 있으나 중국어에 그런 개념을 표현하는 어휘가 없는 예도 있다. 이를테면 한국어 어휘 '인기'와 한국어 속담 '번데기 앞에서 주름잡다'와 같은 것이다.

한국어에는 중국어에 없는 '인기人氣'라는 어휘가 있다. 언제부터 있었던 건지 필자의 수준으로서는 알 수 없지만 이희승 편저 1981년 판본 <국어대사전>에 이미 '인기人氣'라는 올림말이 있다. 중국 호남성湖南省 TV 방송국이 약 30여 년 전 한국의 TV 프로그램을 자주 퍼다 방송하곤 하였다. 한국 프로그램의 '인기'라는 단어를 이리 번역, 저리 번역 하여도 마음에 안 들 뿐만 아니라 한국어 '인기'의 뜻이 제대로 전달되지 않는다. 할 수 없어 '人氣'라는 새 말을 만들어 쓰는 수밖에 없었다. 지금 중국 전역에서 '人氣'라는 단어를 상용어로 빈도 높게 쓰고 있다. 말하자면 중국어에 한국어에서 입수한 '人氣'라는 새 단어가 생긴 셈이다.

사전은 사회에서 유행되는 말보다 더욱 보수적이다. 10~20년 이상 유행된 후라야 사전에 그런 올림말이 생긴다. 2002년 수정판 <현대한어사전現代漢語詞典>에 아직 '人氣'라는 올림말이 없고 2004년 수정판 <현대한어사전> 부록의 '신사신의新詞新義' 난에 '人氣'라는 말이 등장한다. 한국 <중한사전>에는 2004년의 판본에 '人氣'라는 올림말이 있다.[52]

한 번은 필자가 쓴 칼럼문장에 '반문농부班門弄斧'라는 사자성어를 쓰고 독자들을 더 잘 이해시키기 위해 '공자 앞에서 글재주 피우다.'라는 말을 덧붙였다. 한국대사관에서 꾸리는 한국어 학원의 동료 강사가 같이 식사하며 '공자 앞에서 글재주 피우다'에 딱 맞는 한국어 격언이 있다며 '번데기 앞에서 주름잡다'라는 격언을 알려주었다. 진짜 형상적인 좋은 말이다.

---

52) <중한사전中韓辭典> 2004년 개정판 제1,629페이지 참조.

당승의 고기

서안시西安市는 심각한 식수난을 해결하기 위해 인근 흑하黑河의 물을 끌어들이기로 하고 이 중점 프로젝트에 4.6억 위안을 국가 예산으로 투입하기로 했다. 1986년부터 경비가 조달되어 공사를 시작했는데 공사를 책임진 지휘부는 물을 끌어들이는 프로젝트에는 별 관심이 없고 예산의 800만 위안을 떼어내 우선 직원들이 거주할 주택과 호화 사무실부터 지었다.

최근 중국중앙텔레비전(CCTV)의 시사초점 프로그램에서 이 문제를 다루면서 그 제목을 '중점 건설 프로젝트가 "당승의 고기(唐僧肉)"로 되다'라고 붙였다. 한국사람 치고 당나라 고승 현장玄奘이 불법을 구하러 인도에 다녀오는 과정을 소설화한 작품 <서유기西遊記>를 모르는 사람은 없을 것이다. 소설 속의 '당승'이 바로 현장의 화신인데 <서유기>에는 당승의 고기를 먹으면 장수한다며 온갖 잡귀신들이 당승의 고기를 먹으러 달려든다.

이런 연유로 '당승의 고기'는 '먹거리'라는 뜻으로 둔갑이 된 것이다. 당승이 잡귀신들에게 잡아먹힐 뻔한 곳이 바로 지금의 서안시가 출발점인 서역으로 가는 길이다. 이러고 보면 이 보도의 제목을 너무나 잘 달았다는 생각이 든다.

'당승의 고기' 현상은 중국에 보편적으로 존재하는 사회문제이다. 예를 들어 극빈 지역의 거주민을 돕기 위해 의연금이나 국가의 보조금을 보내면 위로부터 차례로 이를 떼어먹기 때문에 정작 밑바닥 빈민에게 주어지는 몫은 얼마 안 되는 사례가 생기곤 한다. 아마도 없던 돈이 갑자기 생기면 정신을 못 차리고 염치도 모르게 되는 인간의 본성에 기인한다고 볼 수도 있을 것이다.

한번은 필자가 모 한국 친구에게 어느 현에 조선족 교회를 막 세웠는데 돈을 좀 보내자고 권유한 적이 있었다. 그때 그가 이를 거절하며 제시한 이유가 바로 '당승의 고기' 문제였다. 모 도시의 조선족 교회에 돈을 줬는데 누구도 그 일을 모르고 있어 캐어 보니 돈을 받은 모 집사의 개인 예금 통장에 들어가 있더라는 것이었다. '당승의 고기'가 된 셈이다.

또 어느 시의 조선족 중학교에서 학생을 등·하교시키는 버스를 마련했는데 휘발유와 운전사의 봉급을 감당할 수가 없어 운행을 하지 못한다기에 한 달에 1,000위안씩 2년간 돈을 보내주었다. 그런데 나중에 알고 보니 그 버스를 팔아버린 지 오래되었고 교장이 그 돈을 딸꾹딸꾹 착복하고 있더라는 것이었다. 역시 '당승의 고기'가 된 셈이다.

또 다른 예로 Y대학 어느 교수의 독립운동에 관한 책을 쓰려는데 도와달라는 요청을 받고 한국국사편찬위원회의 모 책임자의 알선으로 미화 5,000 달러 정도를 보내주었는데 10년 가까이 지났건만 책을 내지도 않고 돈을 돌려주지도 않는다고 한다. 조선족 학자인들 '당승의 고기'를 보고도 먹지 않을 리가 있겠는가?

이상은 한국인과 조선족 간에 생긴 자질구레한 예에 불과하다. 사실 한중 거래에서 '당승의 고기' 현상은 비교적 보편적인 문제이다. 한국은 1986년경부터 중국을 진출하기 시작했다. 그때는 중·북 친선, 남·북 군사대치, 중·한 미수교국이란 불리한 조건 때문에 아주 어려웠으며 사사건건 돈을 쓰지 않으면 안 되었다. 다시 말해 중국의 방방곡곡에 한국 사람이 뿌린 당승의 고기가 부지기수였다.

문제는 한중수교 전에만 이런 것이 아니라 수교 후에도 여전하다. 지금도 중국 측과 하다못해 자그마한 세미나를 한번 같이 하자, 책을 한 권 같이 출판하자 해도 거금을 내라고 하기가 일쑤다. 그중 절반쯤은 비용이고 나머지 절반은 파트너 측이 착복할 '당승의 고기'이다. 이런 현상을 근절시켜야 하며 요는 한국인들의 경각심에 있다고 본다.

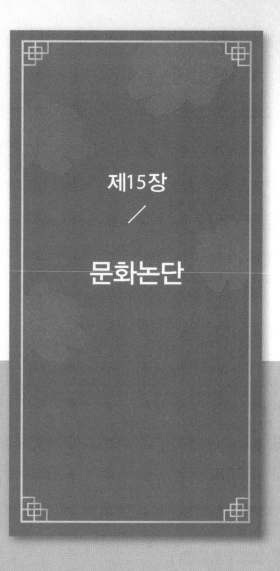

제15장

문화논단

〈주역〉을 미신하지 말자

한국 동양철학, 한문학 등 전공의 사람 중 〈주역〉을 정통했으면 하고 한동안 접어들었다가 너무 어려우므로 포기한 사람이 꽤나 있으리라고 믿는다. 포기하기 잘했다. 결론부터 말하면 〈주역〉은 점서占書로서는 추호의 가치도 없는 책이다. 지금 한국의 적지 않은 사람이 〈주역〉을 미신하는데 필자는 그들에게 대성질호大聲叱呼 하기 위해 이 글을 쓴다.

초인간적인 존재와의 접촉을 통하여 미지의 과거, 현재 및 미래에 관한 지식을 얻는 과정을 '점친다.'라고 한다. 경기를 하거나 시험을 치르기 전에, 동전의 앞면이면 이기고(붙고) 뒷면이면 진다(낙방한다)라고 가정해놓고 동전을 던져 점쳤다고 하자. 이때 맞고 틀리는 확률이 각각 50%이다. 그 점쟁이는 에누리 없는 사기꾼이 된다. 반드시 점치는 도구를 개선하여야 한다. 만약 정입방체의 정면이면 이렇고 반면이면 저렇다 가정해놓고 점치면 맞고 틀리는 확률은 각각 1/6이다. 그러나 정면도 반면도 아닌 4/6의 면은 틀리는지 맞는지 아리송하다. 점쳐준 사람이 변명할 여지가 생긴다.

중국 고서 〈주역周易〉은 6경 중의 하나라고 하지만 사실은 점치는 책에 불과하다. 효爻(산 가지) 6개('--' 형태 3개, '—' 형태 3개) 중에서 3개씩을 뽑은 8괘, 혹은 효 12개('--' 형태 6개, '—' 형태 6개) 중에서 6개씩 뽑은 64괘는 동전 하나나 입방체 하나로 점치는 것보다 더 복잡하고 신비해 보이며 맞고 틀리기가 더욱 애매하다. 그러므로 점쳐준 사람이 항상 '맞다'라고 우길 여지가 있다.

〈주역〉은 고대에 하도낙서河圖洛書(황하에서 나온 그림과 낙수에서 나온 책)를 근거로 복희伏羲(7~8천 년 전의 사람)가 만든 8괘가 기원이고 주문왕周文王·주무왕周武王이 64괘로 발전시켰다고 한다. 〈주역〉의 기원에 대한 설명 자체도 너무 황당무계하다. 사실 <주역>은 복희, 주무왕, 주문왕과 상관없는 서한 때 완성된 책이다.

<주역>을 만물의 변화법칙 및 미래를 예지하고 사리에 통달하며 처신의 변통을 꾀할 수 있는 책으로 보건, 천지자연의 운행과 역사의 변화원리를 밝히는 책으로 보건 다 허위에 속한다. 점서로서의 <주역>은 미신에 불과하며 중국 고대 문화의 찌꺼기(糟粕)이다. 북경대학 중문학과 고전문헌 전공은 4년 학과의 단계에 중국 경전 6가지 중의 2가지를 번갈아 교재로 배운다. 지금까지 근 60년간 종래로 <주역>을 교재로 배운 적이 없다. 문화유산 중 찌꺼기이기 때문이리라. 동전, 입방체나 효는 초인간적인 존재가 될 수 없다. 그것을 통해 미지를 탐지한다는 것은 너무나 황당하다. 그러나 몽매 무지한 고대인은 동전, 입방체나 효를 초인간적인 존재로 인정했으며 이로 하여 수술數術이라는 '학문'이 생겼다. <주역>은 수술을 집대성한 교과서다.

사실 옛날 중국인들도 <주역>이나 그에 의한 점을 완전히 믿은 것이 아니다. 주무왕周武王이 상주왕商紂王을 진공할 때 친 점괘에 '불길不吉'이라 나타났다. 그러나 강태공姜太公이 우기고 진격한 결과 대 승리를 거두었다. 한무제가 흉노를 진공할 때 점에 '길, 흉노를 크게 패배시킬 수 있으니 시간을 놓치지 말라'라고 했지만 사실은 한나라가 큰 패배를 당했다.

한무제의 결혼 날에 관해 점친 결과 오행가五行家는 '괜찮다', 감여가堪輿家는 '안 된다', 건제가建除家는 '불길', 총진가叢辰家는 '대흉大凶', 역가曆家는 '소흉小凶', 천인가天人家는 '소길小吉', 태일가太一家는 '대길大吉'이라 했다. 결혼을 꼭 해야겠다고 결심한 한무제는 오행가의 말만 듣고 결혼을 했다.

수술 중 천문학과 관계되는 성점술星占術, 기상학과 관계되는 점운기술占雲氣術, 지리학과 관계되는 상지술相地術, 사람의 병 치료와 관계되는 맥진脈診·설진舌診·망진望診術, 상인술相人術 등에는 다소 쓸 만한 것이 있을지 몰라도 괘에 의해 점을 쳐 미지를 탐지한다는, 말하자면 <주역> 자체에는 추호의 가치도 없다.

과학과 미신은 쌍둥이처럼 동시에 원시사회의 모체에 강탄降誕했으며 인류사회에 큰 영향을 끼쳤다. 우리가 <주역>을 연구하는 목적은 인류가 몽매 시대에 어떻게 미신을 믿었는가를 파헤치며 인류 사상발달사를 정리하는 데 있다. 그러나 어떤 사람은 <주역>을 국수國粹로 여기고 <주역>을 미지를 탐지하는 도구, 둘도 없는 보배로 여기고 있다. 한심하기 그지없다.

거북이 뼈나 짐승의 견갑골에 구멍을 뚫고 쑥을 태워 점을 치는 상나라의 점구술占龜術은 전반 주나라와 한나라 때 이미 종적을 감추었다. 중공 정권 수립 후 국가의 엄격한 단속을 받아 점치는 행위가 거의 죽어가다가, 간신히 연명해 나가다가 몇 년 전부터 다시 머리를 들기 시작했다. 법륜공法輪功 사건 후부터는 이런 것들을 모조리 현대 미신으로 몰아붙이고 된서리로 작살내고 있다. 인류문화의 찌꺼기를 없애고 정신 오염을 제거하는 올바른 시책이라고 본다.

지금까지 <주역>을 접촉한 사람은 여러 가지 유로 나뉜다. a. 너무 어려워 배우다가 포기한 사람, b. 어느 정도 터득한 후 별거 아니구나 하며 외면한 사람, c. 알 듯 말 듯하면서도 횡설수설하며 써먹는 사람, d, 완전히 터득하고 그의 허위성 본질을 학술적으로 논술하는 사람 등이다.

필자와 같은 반 동창인 첨은흠詹鄞鑫은 중국 화동華東 지역에서 꼽히는 대석학자의 한 사람이다. 그는 다년간 <주역>을 연구하여 마침내 상기 d에 속하는 학자로 되었다. 필자가 본문에 피력한 내용은 바로 첨은흠의 견해를 대충 옮긴 것에 불과하다.

필자가 한국에 갈 때마다 사주四柱에 관한 책을 사다 달라는 부탁을 하는 사람이 많다. 서울 교보문고에 사주에 관한 책이 많으며 심지어 적지 않은 책들은 석사, 박사학위의 학자에 의해 쓰인 것들이다.

사실 사주를 인정하는 것은 <주역>을 답습하며 인류문화의 찌꺼기를 인정한다는 것에 불과하다. 한 사람이 서울에서 태어나면 운수가 좋고 부산에서 태어나면 운수가 나쁘다는 말을 믿는 사람은 없을 것이다. 또한 서울과 부산의 거리가 450km면 운수가 좋고 500km면 운수가 나쁘다고 하면 믿을 사람이 없을 것이다. 사주(출생 연, 월, 일, 시)는 그 사람이 태어날 때 태양, 지구 및 달 간의 상대적 위치에 불과한데 어떻게 그에 따라 한 사람의 운명이 결정될 수 있는가?

조선조 어느 임금이 사주를 각별히 선호했는데 어느 대신이 이를 극구 반대해 나섰다. 그 임금과 서울의 어느 기생의 사주가 완전히 같은데 한 사람은 나라의 임금이 됐고 다른 한 사람은 기생이 됐는데 그래도 사주를 믿는가 하며 설득했다고 한다.

<주역>은 점서의 내용 외에 다른 유용한 내용도 좀 있다. 숫자의 소장消長 관계를 운운하였는데 방법론 및 변증법의 철학 원리가 스며있다. 운문韻文(구절 마지막 글자의 중성과 종성이 같거나 비슷함)이기 때문에 한자의 고대 독음을 연구하는 재료로 쓰인다. <주역>은 실용 의의를 떠나서도 2,000여 년 전의 작품이므로 적어도 문화재의 가치가 크다.

<주역>은 언어가 어려우며 알기 힘들다. 몇 년, 십여 년, 심지어 수십 년 연마해도 정통하기 어렵다. 이런 곁가지이고 지엽적이며 문화의 쓰레기를 배우기 위해 그토록 많은 시간을 투입하는 것은 실로 밑지는 노릇이다. 대충 배워 <주역>을 개념적으로 알고 상식적으로 터득하는 것으로 끝내면 그만이겠다.

한국에 '주역연구소'라는 간판을 단 가게가 많으며 중국 연변에도 한국에서 배운 자들이 꾸린 주역연구소가 꽤나 있다. 필자는 어디 보자 하는 생각으로 이런 주역연구소에 들른 적이 몇 번 있다. 필자는 <주역>을 잘 알지 못하지만 그자들은 주역을 필자보다 더욱 모른다. 그저 주역 안의 단어 몇 가지를 지껄일 줄 알 따름이다. 주역연구소의 '연구자'들은 '음'이요, '양'이요, '오행'이요, '6'이요, '9요'라는 말로 한참 횡설수설하다가 점점 필자의 이름으로 말을 돌린다. 필자의 이름이 나쁘므로 고쳐야 한다는 것이다. 10

만 원 또는 20만 원을 내면 고쳐주겠다고 한다. 한국에 이름을 고친 자가 각별히 많은데 이런 주역연구소의 소행이 아닌지 모르겠다. 삶은 소 대가리가 앙천대소할 일이다.

인류의 역사를 몇 천 년 후퇴시켜도 인정을 받지 못할 찌꺼기들이 지금, 21세기의 과학 사회에, 특히 선진국 반열에 들어선 한국 사회에 범람하고 있으니 한탄할 일이다.

[2]

천부 취미 및 삼술

인간은 인생의 길을 어떻게 선택해야 바람직한가? 그 사람의 천부天賦에 따르는 것이 우선이라고 본다. 목청이 좋으면 성악을 하고 그림을 잘 그리면 미술을 하며 팔다리가 잽싸면 육상경기선수를 하는 등이 그것이다. 자기 인생 최상의 가치를 실현하는 것이 이상적인 인생이 아닌가!

북경의 사군謝軍은 비상히 총명한 애였다. 중국의 최고학부의 하나인 청화대학에 입학할 가능성도 아주 많았다. 그런데 부모가 우연히 사준 장기(象棋)에 푹 빠졌으며 소학을 졸업하는 해에 '나는 장기만 보면 흥분된 심정을 억제할 수 없으며 마음이 무척 쏠린다. 평생 장기에 몸 바치고 싶다'라고 하였다. 말하자면 그의 천부는 장기였다. 청화대학 교수직에 있는 어머니는 처음에는 회의적이다가 나중에는 딸의 선택을 지지해주었다. 후에 사군은 세계 굴지의 여성 장기 기수가 되었으며 세계 장기 경기에 나가 여러 번 챔피언을 하였다.

자질적으로 천부가 없는 자는 취미에 따르는 것이 이차二次적인 선택이겠다. 우표수집, 당구 치기, 하다못해 휘파람 불기도 괜찮다. 이런 것으로 일방명인一方名人이 되어 사회에 공헌하며 사람들의 존경을 받으면 역시 의의 있는 인생이다. 지금 중국 중앙텔레비전 방송국(CCTV) '최 군이 말하기(小崔說事)' 프로에 이런 인재들을 많이 선보이고 있다. 고무총으로 촛불 쏘기, 계란을 올려 쌓기, 걸상의 세 다리를 지면에서 이탈시키고 한 다리로만 앉아서 책 보기…등 재주가 이만저만이 아니다.

필자의 형님 정준갑鄭俊甲은 음악적 천부는 없지만 음악을 각별히 좋아했다. 고등학교 졸업 때 중앙민족대학 어문계에 입시 면제로 추천받았지만 가지 않고 연변예술학교에 다녔다. 북경의 중점대학을 포기하고 변방의 중등 전업학교에 간다는 것은 상상하기도 어려운 일이 아닌가! 그러나 짧은 인생에 우수한 곡을 많이 창작했으며 민족음악 사업의 발전에도 큰 기여를 하였다.

천부도 취미도 없는 자는 무엇을 해야 하는가? 물론 한편으로는 끊임없이 자기의 천부와 취미가 무엇인지를 찾으며 다른 한편으로는 고독서苦讀書의 길을 걸어야 할 것이다. 이것이 인생의 세 번째 선택이겠다. 그러나 여기에도 자질별로 선택의 여지가 좀 있다. 총명한 자는 학술의 길, 인내성이 강한 자는 기술의 길, 정서적인 자는 예술의 길을 걸을 수 있다. 이 '삼술三術'은 필자가 어릴 때 본 북한 작가동맹위원장 이기영李基榮의 저서 <인간수업>에서 퍼온 개념이다.

필자가 최건崔鍵의 집에 놀러 다니기 시작하던 1978년, 그는 17살 나이의 고등학교 학생이었다. 그런데 악기(트롬본)만 삐삐 불며 학교 공부는 뒷전이었다. 그의 부친 최웅제崔雄濟에게 아들 교육을 잘 해야겠다는 충고의 말도 한 적이 있다. 그러던 그가 중국 로큰롤 음악의 개산비조開山鼻祖로 될 줄을 누가 알았으랴! 필자의 인상에 그는 아주 정서적인 사람이며 로큰롤 음악이 그의 기질에 딱 맞았던 것이다.

문혁 때 하향下鄕을 피하려 많은 사람들이 학령 전부터 예술에 뛰어들었다. 예술과 체육을 하여 일정한 성과가 있는 사람만 하향을 하지 않아도 되니 말이다. 그때 연변예술학교에서 30명 정도의 학생을 모집하는 데 3천 명 이상이 입시에 참가할 정도였다. 예술적 기질이 전혀 없는 자도 입학하였으나 성공하기는 만무하다. 무용을 해봤댔자 체조와 다를 바 없고, 바이올린을 해봤댔자 손가락 굴신屈伸 운동에 불과했다.

필자의 위와 같은 3가지 선택의 순위와 삼술의 개념에 면박을 가하는 독자가 있음 직하다. 사군이 청화대학, 정준갑이 중앙민족대학을 졸업했다면 더 출세했을지 모른다. 崔鍵이 중국 로큰롤 음악의 창시자가 된 데는 우연한 운수가 따른 것이 아닌가 라며.

해마다 북경대학이나 청화대학에 입학하는 학생은 해당 성 인구의 100만 대 1.1이다. 북경대학과 청화대학을 졸업한 자로서 사회의 인정을 받는 학자가 된 사람은 이 두 학교 졸업생의 100:1이 될까 말까 하다. 그러면 이 두 대학을 졸업한, 고독서의 길을 걸어 출세한 자는 해마다 지역 인구의 1억:1이다. 고독서의 길을 걸어 인정받을 만한 학자가 되기는 하늘의 별 따기로 어렵다.

필자는 동북 3성 1억 인구에서 가장 우수한 성적으로 북경대학에 붙어 졸업하고 청화대학의 교편도 쥐고 있으며 40년간 새벽 2시 반 전에 별로 자본 적이 없이 분투하였지만 양명입신揚名立身 하지도 못했고 돈 벌어 부자가 되지도 못했다. 필자의 중고등학교 동창들로부터 자기 자식의 멘토를 해달라는 부탁을 자주 받는다. 그러면 나는 이렇게 대답하곤 하였다: 만약 당신의 자식이 인구 80만 이상 도시의 중점 고중을 다니며 200명 정도 하는 학년에서 10등 안에 들면 힘써볼 수도 있다. 만약 일반 고중에 다니며 학년의 20등도 하지 못하면 아예 출세할 궁리는 말아라. 선생이 내주는 숙제나 잘하고 신체단련에도 게을리하지 않으며 말단 대학에나 붙어 입에 풀칠하면 그것이 바로 최상의 선택이다.

일언이폐지一言以蔽之하여 학술의 길은 다른 길보다 퍽 어렵고 성공의 확률이 퍽 낮다. 사군이 청화대학, 정준갑이 중앙민족대학에 다녔다면 십상팔구는 상기의 인생에 미치지 못하였을 것이다. 또한 학술의 길에서 최건과 같은 운수가 생기기는 퍽 더 어렵다.

대학을 졸업하고, 또한 대학에서 교편을 쥐며 논문도 써냈고, 책도 몇 권 써냈다 하여 수만 명, 수십만 명의 팬을 가지고 있는 '딴따라, 체육인' 등보다 낫다고 보는 견해 자체가 진부한 관념이다. 또한 옛날에는 대학에 붙은 자체가 출세의 징표였지만 지금은 출세의 시작도 되기 어렵다.

필자가 자라던 시기 인생 분투의 목표는 우선 소학→초중→고중→대학→대학원생→학자였다. 많이는 이 길을 걸을 수 없어야 마지못해 다른 길을 걸었다. 이런 사고방식 때문에 인생 최상의 가치실현을 하지 못한 사람이 얼마나 많았으랴! 만약 사군과 최건의 부모가 당초에 자식들의 선택을 제지했더라면 세계적인 기수, 중국 로큰롤 음악의 창시자가 요절했을 것이 아닌가!

독자들의 후대 배양에 도움이 되었으면 하여 이 글을 써본다.

③
노총각 공정

현재 조선족 사회에 존재하는 문제 중 가장 심각하고 엄중한 문제가 조선족 농촌의 많은 총각이 장가가지 못하는 것이라고 해도 과언이 아니겠다. 조선족 마을의 처녀 대 총각의 비례가 1:20이라는 설이 있다. 약 200가구가 사는 조선족 마을의 촌장을 8년 동안이나 하면서 결혼잔치, 아기 생일잔치의 술 한 번도 마셔보지 못했다면 어느 정도인지 알만 하다.

장가 못간 노총각들은 경해서 비관 염세, 자살, 심하면 강간, 강탈의 범죄를 일삼는 자도 나타날 것이다. 우리 민족의 씨앗이 말라버리며 민족 자체의 발전에 치명적인 타격을 주는 것은 더 말할 것도 없고. 이 얼마나 엄중한 문제인가!

이런 중대한 문제도 해결하지 않고, 공·농업 생산을 잘하고, 소강 사회 실현의 계획을 짠들 무슨 소용이 있으랴! 조선족 집거, 산재 지역의 많은 책임자들은 수전에 흉년이 들면 타지방의 쌀을 사들이느라 야단이다. 고추 농사가 시원치 않으면 타지방의 고추를 사들이느라 야단이다. 그런데 시골 조선족 총각들이 장가를 가지 못하고 있는데 아무도 야단을 치지 않는다. 웃어른 자치주 주장, 현장으로부터 아래로 향장, 촌장도 말이다. 그래 이것이 정상인가! 필자는 대성질호 한다: 조선족 시골 총각의 혼인을 위해서 신경을 써야 한다. 노총각 공정을 하루 속히 세우자! 만약 이런 사회문제의 해결에 등한히 한다면 당신은 자격이 없는 책임자, 자격이 없는 주장, 현장, 향장 및 촌장이다!

물론 시골 총각들에게 직업 교육을 시켜 몸값을 올려주는 것, 향진기업을 발전시켜 취직의 기회를 주어 처녀들이 그들을 따르게 하는 것 등 방법이 우선이겠다. 그러나 이 방법의 채용은 오랜 시간이 걸리며 쉽지도 않다. 응급의 차원에서 중국 극빈 지역의 타민족 처녀들을 돈을 새겨서라도 영입하는 것이 문제해결의 또 한 가지 방법이다. 이것이 필자가 일컫는 '노총각 공정'의 골자다.

사실 이 방법은 필자가 생각해 낸 것이 아니라 국가민족사무위원회의 꽤나 큼직한 간부직에 있는 필자의 북경대학 조선족 후배 이홍걸李紅傑 군의 계발을 받은 것이다. 그의 말에 따르면 중국 강절江浙(강소성, 절강성) 등의 농촌에도 이런 사회문제가 존재하고 있으며 그 엄중 정도도 우리 조선족 농촌에 못지않다. 그들은 이 문제를 어떻게 해결하였는가? 중국 극빈 지역 처녀들을 대량 영입하여 장가를 간단다. 그러면서 우리 민족의 시골 총각들도 이 방법을 쓸 수 있지 않겠느냐고 하였다.

강절의 어떤 농촌은 우리 조선족 마을 못지않게 가난하다. 게다가 온갖 잡동사니 귀신도 다 믿으며 미개하기 짝이 없다. 장가간 총각들도 적지 않게는 절름발이, 소아마비, 째보, 애꾸눈이, 곰보딱지 등 신체장애인들이다. 그들이 극빈 지역 처녀의 부모에게 3천 위안(한화 50만 원)만 안겨주면 감격하여 구슬 같은 눈물을 좔좔 흘리며 딸자식을 기꺼이 내놓는단다. "내 평생 이렇게 큰돈을 만져보다니" 하며. 극빈 지역의 처녀들은 이렇게 시집간 후 아들 낳고, 딸 낳고 잘 산단다.

동북 3성의 우리 조선족 농촌은 상기 강절의 농촌보다 잘 살고, 문명적이며, 총각들도 의젓한 미남들이다. 극빈 지역 처녀들의 마음에 더 들 것이다. 단 우리와 민족이 다를 뿐이다. 그러나 중국 극빈 지역은 거의 다 북방방언 지역이며 북방방언 지역의 사람들은 강절 방언을 조선말 못지않게 알아들을 수 없다. 언어 소통이 안 되는 것은 우리 조선족을 상대하는 것과 마찬가지이다.

문제는 나서서 이런 혼인을 주선하는 사람이 없는 것이다. 첫 발자국만 떼면 시집온 자가 자기의 여동생이다, 친구다, 친척 집 처녀다 하며 술술 주어 댈 것이다. 필자는 연변의 일부 국영기업이나 사인 기업인에게 이런 일을 해보라고 권고한 적이 있다.

필자 왈: '토산품 회사를 꾸려 노총각들을 회사원으로 거느리고 극빈 지역에 가서 "송이버섯 사러 왔소, 한약재 사러 왔소." 하며 실실 돌아다니며 그곳 사람들과 술도 마시고 마을 집에 찾아다니며 샘플도 보고 하노라면 어느 처녀와 우리의 총각이 서로 눈이 맞는 수도 있을 것이고, 처녀의 부모에게 3천 위안을 안겨주고, 부모는 감격의 눈물을 좔좔 흘리며 딸을 내놓고…이렇게 일이 풀릴 것이 아닌가!'

필자 재 왈: '소요 금액 3천 위안은 내가 댈게.' '월급쟁이가 어디서 돈이 나올 것인가 의문이라는 말이지?' 당신 말도 맞다. 처음 몇 정도는 내가 댈 것이지만 점점 많아지면 다른 방법이 있거든. 한국에 가 국회의원, 기업인, 자선단체, 심지어 대통령을 찾아다니며 '당신네가 조선족 여성들을 너무 많

이 낡아가 조선족 시골 총각들이 장가 못 가고 있다. 조선족의 씨앗이 마르고 있다. 그의 해결안으로 조선족 노총각 공정에 여차여차 자금이 필요한데 내라' 하면 안 내고 견딜 소냐. 또 조선족 기업인, 유지인사들이 가만있을 소냐. 그까짓 돈 쉽게 모을 수 있다.

필자 재삼 왈: '인류의 역사를 쭉 훑어보면 서로 다른 민족, 인종 등 잡동사니가 한데 짬뽕 되어야 인종의 발전에 이롭다. 중국 내의 예만 봐도 짬뽕이 잘된 북방과 연해 지역의 사람들이 인물 좋고 체격이 건실하며 지력도 좋지만 짬뽕이 잘 안된 서남 지역은 개판이다. 키도 작고, 까무잡잡하고. 시집온 극빈 지역 처녀 10명 중 서넛은 평생 주저앉아 살고, 서넛은 1-2년 살다가 달아나고, 서넛은 와서 몇 달도 안 되어 달아나도 대성공이다.'

홍콩사람이 왜 인물이 제로인가? 여러 가지 원인이 있겠지만 한 개 도시가 상대적으로 봉폐封閉된 조건하에 100년을 살아왔으니 나중에는 근친 혼인일 수밖에. 홍콩 인구의 몇 분의 일밖에 안 되는 중국 조선족은 상대적으로 봉폐된 조건하에 100-150년을 살아왔으니 홍콩보다 더 근친결혼이다. 개량하지 않으면 안 될 때가 왔다. 이렇게 보면 '노총각 공정'은 우리 민족의 인종 개량에도 크게 기여할지도 모른다.

우리 민족은 하루속히 '노총각 공정'을 세워야 한다. 필자가 주장하는 방법보다 더 좋은 방법이 있으면 물론 대환영이다. 쉬운 일이 아니지만 이 역시 우리 민족이 자신의 생존을 위해 겪어야 할 한 차례의 중대한 시련이다. 우선 인식 상의 통일을 이룩하고 다음은 정부 차원, 민간차원을 다 동원하여 바삐 뛰어야 한다. 자금도 모으고 일꾼도 양성하고. 슬기로운 우리 민족은 꼭 시대의 시련을 이겨내고 진보와 번영의 앞날을 창조할 수 있을 것으로 필자는 믿는다.

조선족을 '중국 동포'라 부르지 말자

최근 한국 새누리당 한기호 최고위원이 중국의 우리 겨레를 '조선족'이라 부르지 말고 '중국 동포'라 부르자 제안하였다고 한다. 그의 말에 따르면 '조선족'이라는 칭호는 중국공산당이 우리 겨레를 비하하여 만든 명사라고 한다. 여기에 대하여 찬반의 논란이 거세다.

이름은 사물 표지標識의 부호에 불과하므로 어떻게 부르든 상관없다. 지구촌의 그토록 많은 민족을 각각 민족 1, 민족 2, 민족 3…민족 2,000…이라 불러도 안 될 것 없다. 다만 같은 값이면 이름 자체에 그 개념의 본질속성을 반영하는 것이 더 당연할 것이다.

지금까지 나타난 중국거주 우리 겨레의 호칭을 살펴보면 '중국 동포', '재중 동포', '재중 교포', '중국 조선족', '조선족' 등으로 부르고 있다. 결론부터 말하면 '조선족'이라 부르는 것이 가장 정확하다. 아래에 그 이유를 말하고자 한다.

중국에 사는 우리 겨레의 동포는 아래와 같이 4류 ⑨종이 있다.

제1류: 중국 국적자

① 고구려 유민. 고구려가 망한 후 20여만 명이 당나라로 끌려가 중국 서부 미개척지로 보내졌다. 1,400년 전의 일이니까, 지금 그들의 후예는 적어도 200만 명이 될 것이다. 대표적인 인물이 서역 70여 개 나라를 탕평한 고선지高仙芝 장군이다.[53] 서부로 끌려가지 않은 고구려 유민은 흑룡강성 동쪽에 모여 말갈족과 같이 발해를 세우는 데 참여하였다. 역시 그 후

---

53) <중국인명대사전> 876페이지 '高仙芝' 참조. 상해서점 1980년 11월. <구당서> 3,205페이지, <신당서> 4 576페이지 <高仙芝傳> 참조. 중화서국, 1997년 9월.

예가 지금은 적어도 200만 명쯤 될 것이다. 이 양자를 합치면 400만 명이 넘는다.

② 조선 유민. 1619년 2월 후금과 명의 살이호薩爾湖 전쟁에 조선은 강홍립姜弘立과 김경서金景瑞 장군이 통솔하는 13,000명의 군사를 파견하여 명을 지원하였다. 그들은 패배하였거나 투항하여 후금의 군대로 되었다. 살이호 전쟁의 보복으로 후금은 1627년(정묘년)과 1636년(병자년)에 조선을 침범하였으며 이른바 정묘호란과 병자호란이다. 두 번의 호란 때 후금 군은 조선인 60만 명을 노획해 갔으며 끌려가는 와중에 죽은 자, 후에 속회贖回한 자를 빼고 투항한 자까지 합쳐 50만 명이 넘을 것이며 그들의 후예가 500만 명은 될 것이다. 대표적인 인물이 철령지휘첨사鐵嶺指揮僉事 이성량李成良이다.[54]

1982년 인구조사 때 요령성 남쪽의 두 박 씨 성의 마을이 원래 만주족이던 것을 조선족으로 고쳤으며 중국 정부는 이를 인정하여 주었다. 하나는 본계本溪만족자치현 소시진小市鎭의 박보朴堡이고 다른 하나는 대석교시 진둔陳屯이다. 이들은 모두 살이호 전쟁 때 투항했거나 정묘-병자호란 때 끌려간 조선인들이다.

③ 1860~1945년에 이민한 조선인 CK.[55] 2010년에 진행한 중국 제6차 인구조사에 다르면 CK의 인구는 1,830,929명이다. 중국 국적의 소유자이다.

④ CK 중 1937~45년 이민자. 조직 이민이라 부르며 대부분 중국 흑룡강성 목단강 지역과 그 주위에 분포돼 있다. 그들은 한국에 호적이 있고 적지 않게는 2008년부터 한국에 재입국하여 한국국적을 취득하고 산다.

---

54) <중국인명대명사> 394페이지 '李成良' 참조. 상해서점 1980년 11월. <명사明史 > 6,183페이지 <李成良傳> 참조. 중화서국 1997년 9월.

55) 본문에서 1860년대부터 1945년까지 중국으로 이민하여 중국 국적을 취득한 자를 서술상의 편리를 위하여 'CK'라 부른다.

제2류 북한 국적자

⑤ 1952년 연변조선족자치구가 설립됨에 따라 재중국 조선인의 절대 대부분이 CK로 변했지만 동북 3성에 거주하는 조선인에게만 국한시켰다. 산해관 이내에 거주하는 조선인은 CK의 신분이 되지 않고 북한의 해외 공민으로 됐다.

⑥ 1948년 북한 정권이 수립된 이후 중국으로 이민한 북한사람. 이 부분의 사람은 북한의 해외 공민의 신분이다. 대부분 6·25전쟁의 피난민이다.

⑦ 탈북자. 1986년부터 중국에 탈북자가 생기기 시작했고 정확한 통계가 없으며 지금 3~30만 명으로 추산된다.

제3류 한국국적자

⑧ 한국여권을 소지하고 중국에 거주하며 장기거주자(연속 1년 이상 거주한 자)만 약 80만 명쯤 된다고 본다.

제4류 제삼국국적자

⑨ 한국을 제외한 세계 많은 나라, 이를테면 미국, 캐나다, 호주, 일본에서 중국에 온 사람들이며 그들은 주재국 여권 또는 영주권을 소지하고 있다.

이상 중국에서 생활하고 있는 우리 동포는 4가지 큰 종류, ⑨가지 작은 종류로 분류된다. 그들을 일괄하여 '중국 동포'라고 부르면 애매하다. 어느 부류의 사람을 말하는지 확정 지을 수 없다. 그중 '①고구려 유민'은 이론상의 동포에 불과하다. '②조선 유민'은 지금 나타난 자가 2개 마을 1,000명 미만이다. 중국거주 우리 동포는 사실상 상기의 ③~⑨를 말한다. ③~④ 즉 CK 인구가 2/3이고 ⑤~⑨의 인구가 1/3이다. 필자는 그중의 ③~④ 즉 CK를 '중국 조선족'이라 부르고 ⑤~⑨를 '중국 동포'라 부르자고 주장한다. 교포는 주재국의 국적을 소유하지 않은 자만 일컬으므로 CK를 '중국교포'라 부를 수 없다. 중국 외에 다른 나라에 '조선족'이라 부르는 명칭이 없으므로 '중국' 두 글자를 빼고 '조선족'이라고만 불러도 괜찮다.

한국의 일부 정치인과 많은 사람들이 '조선족'이란 명칭은 중국 정부가 CK에 지어준 모욕적인 칭호라고 말하는데 이는 전혀 근거 없는 견해이다. '조선족'은 단지 명칭이 아니라 그만큼 권리를 행사할 수 있다는 신분증이다. 중국 정부는 소수민족에 대한 우대정책이 많으며 CK는 조선족이기 때문에 이런 우대정책을 모두 향유할 수 있다. 재중국 일본인도 조선족 못지않게 많으며 재중국 러시아인도 적지 않다. 그들은 중국 소수민족의 계열에 들지 못했으므로 소수민족에게 주어지는 권리를 누리지 못한다.

56가지 민족 중 대부분 토착 민족이다. 약 10여 가지의 외래 소수민족이 있는데 그들이 중국에 정착한 역사는 모두 1,000년 이상이 된다. 조선족은 중국에 정착한 지 50여 년밖에 안 되지만 소수민족의 칭호를 부여받고 우대정책을 누린다는 것은 파격적으로 조선족을 우대하여 인정한 것이다. 조선족이 중국혁명과 건설에 많은 공헌을 한 데 대한 보답과 혜택이다. CK가 조선족으로 된 것은 모욕이 아니라 우리 겨레의 영광이다.

5

우리 민족의 뿌리에 대한 관견

최근 토템 문화에 대한 쟁론과 더불어 우리 민족의 뿌리(發祥地)가 언급되고 있다. 필자는 우리 민족의 역사에 관하여 문외한門外漢이므로 이 쟁론에 가담할 생각은 없다. 다만 우리 민족의 뿌리에 관하여 管見을 몇 마디 말해 볼까 한다.

동아시아 上古의 민족은 대체로 동이東夷, 서융西戎, 북적北狄, 남만南蠻,

중하中夏로 구분된다. 지금까지의 정설은 우리 민족의 뿌리가 동이로 돼 있으나 최근 감숙甘肅 돈황敦煌설, 즉 서융으로 바뀌어야 한다는 새로운 주장이 등장하였다. 그곳에 한반도의 지명과 같은 지명이 몇 개 있는 것이 주된 근거이다. 너무 큰 모험이 아닌가 하는 생각이 든다. 필자는 우리 민족의 뿌리를 여전히 동이로 보아야 지당하다고 본다.

1. 우리 민족은 상商 민족과 같은 동이 민족

하夏는 중원 민족이 세운 나라이고, 상商은 동이 민족이 세운 나라이며, 주周는 서융 민족이 세운 나라임은 정설이다. 우리 민족의 조상은 상 민족의 범주에 속하며 심지어 상 민족의 주체였을 가능성이 많다고 필자는 피력한 바 있다. 아래에 다시 그 증거를 요약하면—

① '상이 망하자 기자는 조선으로 갔다.' 이 말의 진실성을 고증할 길은 없지만 상이 망한 후 그 유민이 조선으로 피난 간 역사 사실의 반영이라고 보기에는 충분하다. 기자는 피난민의 대표 인물이고. 한 개 민족이 원정遠征을 거쳐 중원에 들어가 통치하다가 망하면 어디로 피난 갈 것인가? 당연 자기 민족의 고향 쪽으로 돌아가지 다른 쪽으로 돌아가기는 만무하다. 원정전 상 민족이 집거한 위치가 딱 한반도일지는 몰라도 중국 대륙의 동쪽인 것만은 확실하다. 망할 때는 자기 민족의 고향 쪽이면서도 周의 힘이 미치기 어려운 먼 곳이 한반도였을 것이다. 원元 나라가 망하자 북쪽 사막으로 도피하였지 동쪽, 서쪽, 남쪽으로 도피하지 않은 사실이 이를 방증한다.

② 상나라 왕족은 거북의 뼈로 점을 치는 풍속이 있으며 점괘 내용을 거북의 뼈에 적은 글이 갑골문이다. 우리 민족은 점치는 데 사용되는 이 동물의 이름을 아예 '점— 복(卜)' 자를 붙여 龜卜(구복→거북)이라 부른다. 그 당시 거북의 뼈로 점을 치는 민족은 상나라 왕족뿐이었을 것이다. 그렇지 않다면 갑골문 비밀이 상이 망한 후 3,000년이 지난 1898년에야 세상에 알려지기 만무하다. 또한 지금까지 중국의 어느 방언에도 그 동물의 이름에

'卜' 자를 붙여 부르는 말이 없다. 이렇게 볼 때 '거북'이라는 명사를 쓰는 우리 민족과 상 민족 간의 관계가 없을 리 만무하다.

③ 어학적인 증거는 너무나 많다.

a. 지금 쓰이고 있는 중국어는 고립어이지만 고대 중국어에는 교착어의 흔적이 보인다. 우리말의 종결토가 고대 중국어에 거의 다 있다: 다(也, '也'의 고대 중국어 발음은 '다'), 야(也), 디→지(矣, '矣'의 고대 중국어 발음은 '디'), 가・까・오・고(乎), 여・요(歟)….

b. 상고 중국어의 인칭대명사에 격의 흔적이 보인다: 汝(주어, 목적어 기능이 위주)/乃(한정어로만 쓰임), 발음이나 문법적 기능이나 우리말 2인칭 대명사 '너', '네'와 비슷하다. 我/吾도 우리말의 '나' '내'처럼 문법 기능상의 차별이 있다.

c. 우리말 고유어에 상고 중국어와 대응되는 어휘가 적지 않다: 짐승/衆生 (상고 중국어에서 '衆生'을 '짐승'처럼 읽었음), 섣・설/歲(상고 중국어에서 '歲'를 '섣'처럼 읽었음), 좀/蟲(상고 중국어에서 '蟲'을 '좀'처럼 읽었음, 우리말 '좀 벌레' 참조), 되놈/ 夷戎 (상고 중국어에서 '夷戎'을 '되놈'처럼 읽었음)….

상기 a, b, c는 무슨 계시를 주는가?

a'. 遠古 시대의 중국어는 원래 교착어이던 것이 점점 고립어로 바뀐 듯하다. 상나라 말은 거의 우리말과 같은 교착어였는데 고립어를 쓰는 주나라 민족이 통치 민족으로 되고, 기초방언도 중원에서 서쪽(섬서)으로 옮겨지며 서서히 고립어로 변하였다는, 그러므로 고대 중국어는 옛날로 올라갈수록 우리말과 닮은 데가 많다는 분석이 맞을 듯하다.

b'. 만약 우리 민족이 후세에(이를테면 한나라 때부터) 한자 문화를 접수하였다면 우리말의 고유어에 한자와 관계되는 '짐승, 섣, 설, 좀, 되놈' 등과 같은 어휘들이 있기 만무하다. 한漢 후부터 이런 글자를 '짐승, 섣, 설, 좀, 되놈' 등으로 읽지 않았으니 말이다. 우리가 상 민족으로서 중원에서 쓰던

말을 한반도로 가지고 가서 계속 썼다고 풀이하는 수밖에 없다.

④ 갑골문에 개고기로 제사 지내는 기록이 적지 않게 나온다(개고기로만 제사 지낸 것은 아니지만). 자기 조상이나 하늘에게 시시한 음식으로 제사 지낼 수는 없다. 그러나 주나라로 진입한 후 개고기가 각광을 받지 못했으며 소고기, 양고기, 돼지고기로 바뀌었다. 세상에서 우리 민족만큼 개고기를 선호하는 민족이 없음 직하다. 이 역시 우리 민족과 상 민족의 관계를 어느 정도 암시한다고 할 수 있다.

이상 4가지 증거는 확실하게 단언할 수는 없지만 상나라 동이 민족과 우리 민족의 조상을 연결하는 데는 충분하다고 보인다. 우리 민족이 서융이 아님이 뚜렷하다.

2. 主와 次를 구분하여야 한다

우리 민족이 요령, 길림으로부터 한반도에 분포돼 있던 동이 민족에 속하는 민족이며 이 민족은—언어학적으로 볼 때—알타이산맥으로부터 동쪽으로 확장돼 온 퉁구스 민족과 밀접히 관계된다고 보는 데는 큰 애로가 없다. 그러나 중국 내지로부터 이민 온 다른 민족과도 관계가 있었을 것이다. 문제는 이 관계를 어느 정도로 보아야 하는가이다.

일반적으로 인구나 영토가 점점 확장된 민족은 뿌리가 여러 갈래이며 복잡하고 심지어 교체되었을 가능성이 있다. 이를테면 중화민족은 하나라 때는 주체 민족이 하 민족이고, 상나라 때는 동이 민족이었으며 주나라 때는 서융 민족이었고, 그 후 북방 지역은 북적 민족이 주체 민족이었던 역사도 짧지 않다.

그러나 영토나 인구가 점점 위축된 민족은 퍽 단순하다. 우리 민족은 몇천 년 전부터, 적어도 2천 년 전부터 인구나 영토가 점점 위축되어 변방 벽지로 밀려 나간 민족이다. 그러므로 우리 민족의 뿌리가 타지역으로부터 이민 온 민족에 의해 흔들렸거나 바뀌었을 가능성이 거의 없다고 보아야 한다.

한나라 초기 연燕의 장군 위만衛滿이 조선으로 망명가서 조선왕이 되었지만 그가 거느리고 간 사람은 천여 명밖에 안 되었으며 머리나 의상衣裳을 변방종족으로 가장하고 갔다.56)

위씨 조선 한참 후의 진한辰韓은 중원에서 간 진秦의 피난민이라고 하지만 삼한 중 작은 나라였고 마한의 곁방살이를 하였으며 마한의 통치를 받았다.57)

위만이 고조선의 왕을 하였지만 과두寡頭 통치자에 불과하였을 것이고 진한도 인구로 보나 그 지위로 보나 보잘것없었다. 위만과 진한민이 중원인이라고 하지만 모두 우리 민족의 뿌리를 흔들거나 심지어 우리 민족의 주체로 되어 뿌리를 교체하였을 가능성은 근본 없다.

이상 두 차례가 역사적으로 고증할 만한 우리 민족 안으로 들어온 규모가 가장 큰 타민족 이민이다. 이 두 번보다 규모가 작은 이민이 끊임없었겠지만 그들이 우리 민족의 뿌리로는 더더욱 못 된다.

양만견楊萬娟의 <한국문화와 중국 초문화 근원 초탐(韓國文化與中國楚文化近源初探)>에서 마치 진한을 수반으로 신라가 생겼고, 또한 우리 민족의 뿌리로 되었고, 초나라의 나羅 씨, 노盧 씨를 수반으로 하는 중원 이민이 한국의 주체 민족, 결정적 문화로 된 듯이 이야기하였지만 모두 견강부회牽强附會로 보아야 한다.

감숙 돈황, 신강 천산, 옛 초나라 등에서 한반도로 이민 간 중국인이 있을 수는 있다. 그러나 규모상 매우 적어 당시 한반도에 거주하고 있는 우리 민족의 숫자와 대비할 때 창해일속에 불과할 것이다. 그들이 자기가 처한 지역에서 문화적으로 일정한 영향을 끼칠 수는 있다. 그러나 우리 민족의 영혼을 흔들고 뿌리를 교체할 정도에는 어림도 없다. 그들은 한동안 존속

---

56) <史記·朝鮮列傳>: '滿亡命, 聚黨千餘人, 魋結蠻夷服而走東塞.' 참조.
57) <後漢書·東夷列傳>: '馬韓最大...盡王三韓之地...辰韓...適韓國, 馬韓割東界地與之.' 참조.

하다가 이내 우리 민족에 동화되고 말았을 것이다.

3. 과학적 근거만이 설득력이 있다

우리 민족의 뿌리를 동이로부터 서융으로 교체시키려면 무엇보다도 과학적 증거를 제시하여야 한다. 몇 개의 고유명사가 같다고 하여 '돈황이다', '천산이다', '옛 초나라다'라고 마구 가져다 붙이는 것은 모험적인 발상이다.

얼마 전 한국의 모 교수가 만족滿族의 황족 성씨를 일컫는 '애신각라愛新覺羅'를 '신라를 사랑하는…'으로 풀이하고 만족을 신라인의 후예라고 주장하는 글을 내놓았다. 필자는 만족어를 1년간 배운 적이 있다. 만족어에서 '愛新覺羅'를 '아이신궤로'로 읽으며 '아이 신'은 '황금'이라는 뜻이고, '궤로'는 '모자의 술'이라는 뜻이다. '아이신 궤로'는 '금실로 만든 모자의 술'이다. 신라와 아무런 관계도 없다.

필자는 북한 평안남도 중화군의 삼정리三井里에 우연히 들른 적이 있다. 마을 사람들은 저희 동네 이름이 '세우물리'이며 자기네는 예로부터 이렇게 불렀지 '삼정리'로 부른 적이 없다고 한다. 한반도의 지명은 거의 다 옛날에는 고유어로 부르다가 후세에 점점 한자로 교체하였다. 교체하는 와중에 중국의 모 지명들과 우연히 같아지는 경우가 생길 수 있다.

이렇게 볼 때 '삼위三危'요, '태백太白'이요, '한양漢陽'이요 하는 지명이 중국에도 있다고 하여 같이 보며 심지어 이민사와 연결하는 것은 무리다. 사실 한강은 큰 강(한, 고유어 크다는 뜻. 큰아버지→한아버지 →할아버지, 큰어머니→한어머니→할머니 참조)이지 '漢' 자와 관계가 없다.

또한 우리 민족은 예로부터 사대주의에 물젖어 중국 지명을 퍼다 한국 지명에 썼거나, 중국 성 씨를 퍼다 자기의 조상으로 만들었거나, 자기 조상의 발원지를 중국의 어디 어디라고 족보를 위조하는 병폐가 많았다. 이런 것들을 걸러버리려면 상당한 연구가 진행되어야 할 것이다.

서북 돈황은 사막지대여서 몹시 무덥기에 그곳 사람들은 흰옷을 선호하였으며 이것이 우리 민족이 흰옷을 선호하는 유래라고 하였는데 역시 천착부회이다. 필자는 돈황 지역에 여러 번 가보았지만 그곳은 지세가 높아 그리 덥지 않으며(적어도 한반도보다는 안 덥다) 흰 옷을 입은 사람을 보지 못하였다. 오히려 색깔이 진한(검은 색, 진한 곤색) 옷을 많이 입는다.

이상의 방법은 모두 과학적이 못 된다.

만족어와 우리말 간에는 어원이 같은 말이 적지 않음을 발견할 수 있다. 예를 들면 코(물도랑. 우리말 '논의 물고 보다' 참조), 아시(새롭다. 우리 말의 '아시어머니', '아이[시]김을 매다', 동북지명에 많은 아지푸자 '阿及堡子= 새마을' 참조), 안(긴 시간. 함경도 방언의 '안새[긴 시간]' 참조), 서러머(말하다. 평안도 방언의 '그래 서라머니[그래서 말이야]' 참조)….

만족어와 몽골어 간에 어원이 같은 어휘는 더욱 많다. 이상은 우리말, 만족어, 몽골어는 모두 알타이어, 같은 통구스 민족임을 말해준다. 감숙 돈황-신강 천산에서 온 민족이 아님이 역시 분명하다.

조선 사회과학원 편집, 1970년대에 完刊된 <조선전사>는 우리 민족의 뿌리를 비교적 과학적으로 제시하였다. 본 책에서는 같지 않은 인종, 같지 않은 지역사람 피부의 흑백도黑白度, 머리칼의 곡직도曲直度, 안구眼球의 색깔, 광대뼈의 고도高度·관도寬度, 평균 신장 등을 광범위하게 분석한 후 우리 민족은 예로부터 동북아시아에서 거주하여 온 인종임을 피력하였다.[58]

중국 역사는 기원전 841년부터만 정확히 연대를 표시할 수 있고 그 위는 대충 짐작만 하여 왔다. 그러다가 2000년부터 '하상주夏商周 단대공정斷代工程'이라는 이름을 걸고 200명의 학자(역사학, 고고학, 언어학, 문헌학, 천문학, 물리학 등 여러 분야의 학자)를 동원하여 5년간 연구하였다. 그런 연후에 하상주의 비교적 정확한 연대를 발표하였다. 그것도 조심스럽게 발표하며 상대 오차가 30년 정도는 있을 것이라는 단서를 달았다.

---

58) 북한 편저 <조선전사> 제1책 참조.

우리 민족의 뿌리를 동에서 서로 옮기려면 적어도 하상주 단대공정 못지 않은 학자를 동원하여 5년보다 더 긴 시간을 이용하여 연구하여야 할 것이다. 우리 민족의 뿌리에 관하여 새로운 관점을 내놓는 사람들이 아직 이런 연구를 거치지 않은 것 같으며 앞으로 이런 연구가 실행될 수 있겠는지 근심이 간다.

가장 과학적이면서도 빠른 방법은 유전자 학설을 이용하는 것이다. 유전자 전문가를 조직하여 감숙 돈황 지역, 신강 천산 지역 및 우리 민족의 발상지라 추측되는 모든 지역 사람들의 유전자를 측정하여 우리 민족의 유전자와 대비해보면 된다.

[6]

해외동포들은 가승을 남겨놓아야 한다

중국 역사상 서역의 72개 나라를 정복한 당나라의 탁월한 장군 고선지高仙芝는 고구려인이며 천하를 진감한 명나라 요동좌도독 이성량李成梁은 조선인이다. 이는 중국의 <인명대사전>과 24사에 기록되어 있다. 지금 고선지의 후손이 5만 명쯤은 될 것이며 이성량의 후손도 천 명이 넘을 듯하다. 다 어디에 있는지 알 길이 없다. 족보라도 남겼다면 일일이 찾을 수 있는데 말이다.

지금 중국의 사이트에 이런 문장이 자주 등장한다. '중국 조선족은 일본 침략자의 앞잡이이며 일본놈보다 더 악독한 인간이다. 2차 대전 이후 갈 데 없어 중국에 주저앉았다.' 중국 조선족은 전민족적으로 반일을 하였으며 무수히 많은 항일 열사를 배출하였는데 이런 말을 들으니 억이 막힌다. 일본 침략자의 앞잡이 노릇을 한 한족이 조선족보다 엄청 더 많다. 족보라도 있으면 이런 터무니없는 모함은 당하지 않을 것이 아닌가?

　필자의 처가 학부모회의 때 아들과 한국말을 하였다고 저녁에 아들이 대로했다: '반 학생들이 "너의 엄마는 주절주절 새소리(鳥語)를 하더라"라며 놀려줄 것이다. 앞으로 조선말을 하지 말 것, 조선말 하려면 학교에 나타나지 말 것!' 아마 손자 세대쯤 가면 아예 민족을 한족漢族이라 고치고 살 듯하다. 필자의 어느 후손이 출세하여 유명인사가 되어 사람들이 '당신 외국 혈통이라던데 혹시 조상이 조선인인가?'라고 물었을 때 '아닐걸' 하고 '그러면 일본인이 아닌가?'라고 물었을 때 '아마 일본인이 맞을 걸'이라고 대답할지도 모른다. 필자의 조부와 부친은 반일 독립군에게 공량미를 바치며 살았고 처조부는 독립군으로서 반일무장투쟁을 하다가 일본군에게 잡혀 교형을 당했다. 구천 하에서 그 분들이 이 말을 들으면 기가 막힐 것이다. 족보라도 남겼으면 이런 말을 하지 않았을 텐데 말이다.

　10년 전 중국과학원 이춘성李春城 교수가 연안 이씨延安李氏의 족보를 필자에게 주며 가승家乘(家史)을 만들어 달라고 부탁하였다. 이춘성의 형 이봉덕은 미국 로스앤젤레스에 살고 있으므로 이춘성의 자식들이 모두 미국으로 이민 간지는 오래되었다. 필자는 대견하게 보았으며 기꺼이 가승 100부를 만들어 드렸다. 그 가승의 맺는말에 이렇게 적혀 있다.

　'우리가 일한 병탄의 화에 쫓겨 조국을 떠난 지 어언 100년이 돼온다. 손자 세대부터는 미국인 행세를 할 듯하다. 인생을 하직하기 전 이 일을 생각하면 허전한 마음과 슬픈 심정을 금하지 못할 때도 많다… "방랑 자체가 인류의 본성이며 그저 나는 지구촌 사람이다"라고 생각하면 그 뿐이 아닌가 라며 자신을 위로하기도 한다. 하지만 어디에 살든, 어느 나라의 국민이 되든 우리 가문의 원 뿌리는 한국이고 이 몸에 흐르는 피의 원천은 한민족이라는 것만은 후손들이 알아야 할 것이 아닌가! 이런 의미에서 본 가승을 만들어 남기는 바이다. 후손들이 대대로 이 가승을 간직하며 물려주기를 바라 마지않는다.' 실로 눈물겨운 말이다.

작년은 우리 겨레가 세계로 흩어진 원인이 되는 일한 병탄 100주년이다. 만약 우리 세대 때 족보(가승)를 만들지 않으면 우리의 후손은 고선지나 이성량의 후손처럼 된다. 심지어 일본놈 앞잡이의 후예라는 말까지 들으며 살아야 한다. 얼마나 가슴 아픈 일인가? 필자는 이미 <조선 하동 정씨 한림공파 중국학심파가승河東鄭氏翰林公派中國學心派家乘>이라는 책을 출판하고 중국 이주 100주년이 되는 2018년 2월 14일 고향 요령성 무순에 가서 출판기념식을 가졌다. 필자의 할아버지가 정학심이므로 '학심파 가승'이라 이름지었다. 700만 해외 동포들이 다 이렇게 하면 얼마나 좋을까?

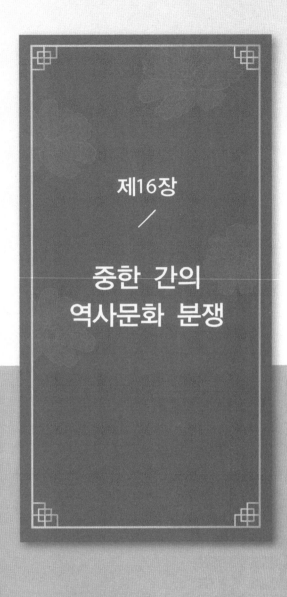

제16장

/

중한 간의
역사문화 분쟁

발해와 고구려 문제

지금까지 중국은 발해를 중국 국사에 넣고 한국은 발해를 한국국사에 넣어 왔다. 그러면 발해는 도대체 어느 나라의 국사에 넣어야 맞는가? 필자는 발해를 당연 중국 국사에 넣어야 바람직하다고 본다. 국사는 영토 본위이기 때문이다. 발해는 현유 대한민국(북한 포함)의 판도—21만 제곱킬로미터 밖에 있으므로 한국사에 넣을 수 없고 중화인민공화국의 현유 960만 제곱킬로미터 안에 있기 때문에 중국 국사에 넣어야 맞다.

발해국은 698년 진국震國이라는 국호로부터 발족하여 926년 멸망할 때까지 228년간 존속하였다. 발해국은 속말粟末 이갈족靺鞨族을 주체로 하고 일부 고구려 유민과 연합하여 건립된 나라59)라고 하나 아마 상층에는 고구려 유민이 꽤나 있었고 하층 서민에는 이갈족이 위주였을 것이다.

고구려는 나당연합군에 의해 멸망하여 신라를 원수로 생각하였을 것은 당연하다. 그러므로 당시 신라와 고려는 발해의 건국을 몰랐으며 오랜 시간이 지나서야 알게 되었고, 발해국을 '북국', 고려를 '남국'으로 부르자는 데 이르렀다. 고려사에 발해국인이 고려로 도망쳐 왔다는 기록은 많으나 고려와 발해국이 국가 차원에서 상호 우호왕래 했다는 기록은 없다. 발해가 한반도로 향하는 향심력은 거의 없었다고 볼 수 있겠다.

그러나 일본과는 친선관계가 돈독했다. 대무예大武藝 인안仁安 8년(727)부터 대인선大諲譔 13년(919)까지 발해국은 일본을 34차례 방문하였고 방문 인원이 많을 때는 제7차에 325명, 제11차에 359명이었으며 746년에는 최고로 1100명이나 되었다.60) 미국 하버드대학의 어떤 학자는 한때 발해국을

---

59) <발해국사화渤海國史話>, 1페이지. 길림인민출판사吉林人民出版社, 2004년,
60) 동상서 168페이지, 171페이지.

일본 국사에 귀속시킨 적도 있으며 지금은 중국 국사에 넣는다고 한다. 698년부터 926년까지의 역사시기에도 발해국을 한국국사에 넣는 것에는 좀 무리가 있다.

현대사에 와서는 발해국의 영토가 모두 중국 판도에 있기 때문에 영토본위론에 근거하면 발해국은 당연 중국 국사에 넣는 것이 맞다고 보아야 한다. 민족의 차원에서 발해를 한민족사에 넣을 수는 있다.

한국사학계와 한국국민은 국사를 영토 본위로 하는 데 대해 이해하지 못하거나 심지어 거부감이 강하므로 좀 더 언급해 보고자 한다. 만약 역사가 민족 본위면 중국인이 세운 싱가포르는 중국사에 넣어야 한다. 고조선의 위씨 조선, 삼한의 진한을 중국사에 넣어야 한다. 동이 민족이 세운 상나라를 한국사에 넣을 수 있다. 백제 유민이 세운 일본도 한국사에 넣어야 한다. 만약 남북 아메리카의 인디언이 고조선인의 후예라면 남북 아메리카 수십 개 나라를 한국국사에 넣을 수 있다. 영국인과 프랑스인이 세운 미국, 캐나다, 호주, 뉴질랜드를 영국 국사 또는 프랑스 국사에 넣어야 한다.

황당하기 그지없다. 민족본위론의 국사관은 세계 각 나라의 국사를 혼잡하게 만들며 세계평화에 큰 위협이 될 수 있다. 그러므로 영토 본위의 국사관은 전 세계 사학계의 통념으로 되고 있다.

그러면 고구려는 어떻게 보아야 하는가? 고구려는 발해와 다른 점이 많다.

영토 본위에만 착안하면 고구려는 중국사이면서도 한국사라는 결론에 떨어진다. 고구려의 판도가 절반은 현재의 중화인민공화국 판도에, 절반은 현재 북한을 포함한 대한민국의 판도에 위치해 있기 때문이다. 중국 사학계에서 영토 본위의 역사관을 주장하며, 그러면 고구려는 중국 국사이면서도 한국국사인데 중국 국사에만 편입시키는 것은 영토 본위를 부정하는 것이 되며 자가당착에 빠진다.

영토 본위는 국사를 운운하는 기본적인 표준이지 전부의 표준이 아니다. 영토 외의 기타 요소도 종합적으로 분석해보아야 한다. 특히 고구려 문제에서 이렇게 종합적으로 분석해볼 필요가 있다.

a. 고구려는 반반씩 중국과 한국(북한)에 위치해 있지만 수도가 한국(북한)에 있기 때문에 주요로 한국에 위치한 국가로 보아야 맞다. b. 고구려의 전반 역사를 보면 신라, 백제와 같은 민족이고 또한 한반도에로의 향심력이 강한 나라였다. c. 고구려가 망한 후 그의 유민이 화학반응적으로 중국에 흡수된 것이 아니라 물리반응적으로 중국인에게 강제 동화되었다.

고구려 유민 20만이 포로로 압송돼 중국 서부의 미개척지로 유배되어 물리적으로 비참하게 없어져 버렸다. 중국은 다민족국가이며 많은 소수민족이 화학반응적으로 서서히 중국인에게 스며들었으므로 중화민족의 문화는 많은 민족의 요소가 융합된 것이다. 그러나 고구려인은 포로의 신분이므로 문화적으로 중화민족의 문화에 융합될 자격도 없었거니와 융합되지도 못했다.

그러므로 고구려는 한국(조선)적이라고 보아야 맞다. 고구려를 중국 국사에 편입시키는 것은 잘못된 역사관의 산물이다. 중국 사학계 학자들은 고구려가 중국 역사이니, 한국(조선) 역사이니 수십 년 다투었다. <발해국사장편渤海國史長編>을 집필한 학자 김육보金毓黼가 최초로 고구려는 중국 역사상 지방소수민족정권이라는 견해를 내놓았지만 1990년대까지 이 견해를 주장하는 학자는 김육보와 그의 제자 네댓뿐이었고 중국 사학계의 절대 대부분은 고구려를 한국(조선)국사로 간주하였다.

수십 년간 고구려 문제에 관하여 국가 차원의 견해가 없이 학자들의 논쟁에만 그치다가 2002년에 와서야 국가 차원에서 고구려를 중국 역사상의 지방소수민족의 정권이라는 입장을 표명함과 동시에 고구려공정을 출범시켰다. 그러나 주변 국가 특히 한국(조선)의 반발이 심하고 또한 도리로 엄격히 따지면 이 견해가 실사구시의 역사관에 어긋나므로 5년이 지난 2007년에 고구려공정을 정지시켰다. 당시 외교부 부장 이조성李肇星이 고구려공정에 투입된 학자들을 모아놓고 고구려공정의 취소를 선포하였다.

중국 정부의 이런 행동은 긍정할 만한 처사이다. 한국사학계는 중국 정부의 이런 올바른 처사를 받아들여야 한다. 그러나 중국 정부가 잘못을 시정한 지 15년이나 지났는데도 '동북공정'을 운운하며 중국 사학계와 중국 정부를 비난만 하는 것은 잘못된 자세이다. 중국 외교부부장이 한국에 찾아와 반성을 해야만 만족할 것인가?

한국사학계와 한국국민은 발해와 고구려의 역사를 중국에 빼앗겨 아쉬워하며 민족 감정과 정서에 북받쳐 발해를 한국사에 넣으며 고구려를 놓치지 않으려고 안간힘을 쓰는데 단시短視적인 입장이라고 필자는 생각한다. 발해를 한국사에 넣으면 한국에 더욱 불리한 후과가 생길 우려도 있다는 생각을 한국인들이 해보았는가?

어떤 사학자는 멸망 당시 고구려 인구를 130만 명으로 보고[61] 백제의 인구를 300만 명으로 보았다. 고구려 인구가 압록강 동쪽과 서쪽에 각각 절반씩 있었다고 가정하면 압록강 동쪽 즉 한반도에 있었던 인구는 65만 명이 된다. 이 65만 인구는 고구려가 멸망한 후 20만 명은 중국의 서부로 끌려갔고 나머지 대부분은 북쪽으로 모여 발해국 건국에 참여하였고. 백제가 멸망한 후 일본으로 피난 갔다고 하는데 백제 인구의 20%만 피난 갔어도 60만이다.

중국에 끌려간 압록강 동쪽 65만 명의 고구려인이 1400년을 거치며 5배 번식하였다면 지금 325만이 된다. 일본에 피난 간 백제인의 후예도 5배 번식하였다면 지금 300만 명이 된다. 만약 이들 625만 명이 DNA 검사를 거쳐 확실한 고구려, 백제의 후예라며, 1400년 전에 나당연합군에 의하여 중국, 일본으로 쫓겨 갔다며 한반도에 돌아와 독립 국가를 세우겠다면 한국이 받아줄 용의가 있는가? 2000년 전에 쫓겨난 유대인이 고향에 돌아가 자기의 나라를 세울 수 있는데 하물며 우리는 불과 1400년 전에 쫓겨 갔는데 고향에 돌아와 자기의 나라를 세울 수 없을 소냐라며, 영미 강대국이 이스

---

61) 신형식 <고구려사> 165페이지.

라엘을 세워주었다면 그와 못지않은 모 강대국이나 강대 군사집단이 이런 짓을 못 한다는 보증이 없다. 지금 한국이 하는 주장은 이런 황당한 조치의 화를 잠재하고 있다.

국사와 국민은 역사의 범주에 속한다. 역사의 범주에 속한다는 말은 모 국가, 모 국민은 같지 않은 역사시기에 같지 않은 국가나 국민이 될 수 있다는 것이다. 고구려인의 후예도 고구려가 멸망한 후 특정적인 역사시기에 이르면 특정적인 국민이 된다. 중국에 거주하는 지금의 고구려 후예는 중화민족, 중국인이고 일본에 거주하는 백제인의 후예는 일본 민족, 일본국민이다. 이런 견해를 주장해야 먼 앞날에 그들이 자기 고국에 와서 나라를 세우겠다는 주장을 반박할 여지가 있지 않겠는가?

2

강릉단오제와 중국

2005년 강릉단오제가 유네스코 인류 구전 및 무형유산으로 규정된 후 중국인들의 반발이 거세었다. 중국의 단오절을 표절하였다는 것이다. 그때 중화서국中華書局 영도가 필자에게 원고 한 편을 주며 <문사지식文史知識> 잡지에 투고 들어온 문장인데 쓸 만한가 보아 달라고 하였다. 중국의 단오절을 '표절'한 한국의 '졸렬한 행위'를 비판하는 문장이었다.

필자는 쓸 가치가 없다는 태도 표시를 하였다. 단오절의 기원에 대하여 여러 가지 설이 있지만 비교적 정설로 모이는 견해는 춘추시대 초나라 애국자 굴원屈原을 기념하기 위하여 생긴 명절이다. 굴원은 기원전 약 340년~약 278년의 사람이다. 그때 동아시아의 광활한 지역은 주周나라라는 큰 우산 아래의 수백 개의 제후국으로 돼 있었다.

이 지역의 중화中華-황하黃河 문화는 세계 4대 고대 문명권 중의 하나이다. 이 중화 문화는 동아시아 지역의 크게 중하中夏, 동이東夷, 서융西戎, 북적北狄, 남만南蠻 다섯 갈래로 나뉘는 수백 가지 민족이 더불어 창조한 문화이다. 우리 한민족은 동이 민족의 후손이므로 당연 중화 문화를 창조하고 발전시킨 장본인 중의 하나이다.

2,000여 년간 동아시아 각 지역에서 서로 같지 않은 민족도 모두 이 단오절을 쇠어 왔다. 물론 지역별, 민족별로 그 내용과 형식이 조금씩 다르기는 하였지만. 오늘날까지 오며 중국 대륙에서는 이 단오절이 점점 유야무야되어 그날에 종자粽子(대나무 잎이나 갈댓잎에 싸 먹는 찰밥)를 먹는 것이 고작이다. 그러나 우리 민족은 지금까지 이 명절을 중시해왔고 전 민족적으로 쇠어 왔다. 특히 강릉단오제는 그야말로 사람들을 놀라게 할 정도로 장관을 이루는 대 축제이다.

단오절 문화를 창조한 장본인 중의 한 성원이고, 또한 지금까지 이 문화를 중국인을 포함한 세계인이 괄목할 만한 정도로 발전시켜 왔는데 표절이라고 할 수 있는가? 중화서국의 영도는 필자의 말에 일리가 있다고 긍정하고 그 문장을 잡지에 실어주지 않았다.

문제는 필자가 이 일을 한국의 역사학자나 문화인에게 말하였다가 큰 냉대를 받았다는 것이다. '우리 한국이 어디 중화 문화권에 속하는가?' '우리는 중화 문화권과 별개인 배달-단군문화이다.' 실은 지금 많은 한국인들이 이런 견해를 주장하고 있다. 필자는 아연실색하며 반문하였다: '전 세계가 다 4대 고대 문명권이라고 하는데 당신이 배달-단군문명권을 합쳐 5대 문명권설을 주장하는 저서를 써서 세계인의 인정을 받을 만한가?'

이런 처사가 맞는다면 인도가 고대 4대 문명권 중의 하나라면 네팔이 우리도 고대 문명권의 하나라고 할 수 있다. 하물며 불교의 창시자인 석가모니가 네팔의 수도 카트만두 남서쪽에 있는 룸비니에서 출생하지 않았는가? 또 이집트가 4대 문명권 중의 하나라면 <성경>에 많이 나타나는 이라크,

요르단, 시리아, 리비아 등 나라도 우리도 고대 문명권의 하나라고 주장할 수 있다. 그러면 인류의 고대 문명권은 4개가 아니라 다섯 개, 여섯 개, 일곱 개…로 될 수 있다. 황당무계하기 그지없다.

한국과 중국은 고대로 거슬러 올라갈수록 네 것, 내 것을 가르기 어렵다. 한국과 중국을 포함하는 우리 공동의 것이기 때문이다. 그렇지 않으면 앞으로 서로 충돌될 사안이 더욱 많을 것으로 예상된다. 단군은 13세기에 쓰인 <삼국유사三國遺事>에 비로소 나타나는, 고고학적, 문헌적 고증을 할 수 없는 전설적, 신화적 인물에 불과하다. 중화 문화권과 대등, 대립시키는 문화로 보기에는 너무나 역부족이다.

한국문화를 중화 문화권에서 분리하면 민족 자존심이 강해지는 것 같지만 오히려 황하문명에 대한 우리 민족의 창조권, 발전권을 포기하고, 민족의 역사공로를 부정하는 역사허무주의로 귀결되어 버린다. 이러한 논리를 고집하면 또한 한국의 강릉단오제를 중국문화의 단오절을 표절하였다고 볼 수도 있게 될 것이다.

③

우리 겨레 무형문화재와 조선족

2009년 10월 농악무가 중국문화의 신분으로 유네스코의 인류무형문화재로 등록되었고, 특히 2011년 6월 가곡 아리랑이 중국 국가급 무형문화재로 등록된 후 한국국민의 반발이 심했다. '중국이 한민족의 문화를 표절하여 자기의 문화로 만드는 것은 일본이 독도를 빼앗아서 자기의 영토로 만들려는 것과 본질상 다를 바 없다'라고까지 한 사람이 있다.

아리랑은 우리 겨레 문화의 상징이라고 할 정도로 중요하다. 그런데 그

것이 중국의 무형문화재로 등록된다는 것은 아무리 보아도 '세상에 이런 황당한 일도 있는가?'라고 이해가 가지 않는다. 마침 필자의 절친한 후배 문일환文日煥 교수가 유네스코 무형문화재 중국소수민족담당위원 총책임 직에 있으므로 알아보았더니 얼핏 보기와 다르다.

농악무를 유네스코에 신청하는 서류에 이런 내용이 있다고 한다: 농악무는 조선반도에서 생겨난 문화이다. 중국 조선족은 조선반도로부터 중국으로 이주하여 올 때 해당 문화를 지니고 왔으며 100여 년간 이 문화를 계승 발전시켜 왔다. 전승인傳承人은 길림성吉林省 왕청현汪淸縣 노인농악무예술단 김명춘金明春이다.' 중국 각급의 조선족 문화재로 등록된 서류 내용도 이와 대동소이하다고 한다. 그러니 법적으로는 하자가 없다고 보아야 한다.

다만 우리 겨레 문화의 변두리에 있는 조선족이 해당 문화의 주인행세를 하니 좀 외람되었다는 감이다. 또 7,000만 겨레의 공동재산을 내가 써 먹으니 좀 꺼림칙하다. 중국 8개 소수민족이 모두 같은 민족의 주변 국가와 이런 상황이 존재한다고 한다. 앞으로 이런 국가들과 공동 신청하려 한다지만 조선족의 경우 남북한이 자기의 자존심을 꺾으며 공동 신청할 것을 거부할 것은 뻔하다.

그러나 중국 조선족은 신청하지 않을 수 없다. 중국 각 민족은 저마다 자기의 문화재를 등록하느라 혈안이 되어 있다. 문화가 가장 발전한 조선족이 남북한의 눈치를 보며 신청하지 못하다가 문화 불모지라는 말을 들어야 한단 말인가? 등록되면 경비가 조달된다. 또한 관광객들이 찾아오므로 짭짤한 관광수입의 재미도 본다고 한다. 중국 조선족도 이런 경비를 조달받고 관광수입도 챙겨야 할 것이 아닌가? 부자 동네인 한국이 중국 조선족의 문화사업을 발전시키라고 도대체 경비를 얼마나 주었기에 이런 신청을 막을 자격이 있겠는가?

문제는 이 정도에서 그치는 것이 아니다. 중국 조선족은 중국 인구의 천분의 1.4밖에 안 되므로 세련되고 유구한 조선족 문화의 모든 것이 중국인의 눈에 희귀하게 보인다는 것이다. 그러므로 웬만한 것도 신청하면 등록된다. 큰 농악무, 아리랑으로부터 작은 아기 돌잔치, 퉁소, 짚신까지 말이다. 이미 등록된 것이 유네스코급 1개, 국가급 14개, 성급 25개, 주·시·현급 13개 합계 53개가 되며 조만간에 100개를 바라보게 될 것이니 우리 겨레의 모든 것이 중국의 문화재로 등록되기 마련이다.

수십 년 또는 수백 년 후 문헌을 뒤적이며 '한민족의 문화는 한반도에서는 벌써 없어졌고 다만 중국 조선족이 국가민족정책의 혜택을 입어 계승하였다'라고 왜곡될 우려가 있다. 그러면 중국이 한민족문화의 종주국宗主國으로 되는 셈이겠다. 경악할 일이 아닐 수 없다.

4

중한 간의 고유명사 논란

반년 전 한국은 중국에 '서울'을 '한성漢城'이라 부르지 말고 '首爾(서우얼)'로 불러달라고 청구하였으며 중국은 즉각 이 청구를 받아주었다. '서울'을 '한성'이라 부르지 말아 달라는 요구를 제출한 지 오래 전이며 이에 대한 중국 측의 태도는 '그럼 어떻게 불러 달라는가? 당신들이 이름을 지어 우리에게 알려 달라. 그러면 우리는 당신들의 요구에 따르겠다.'였다. 한국 측에서 '서울'이라는 음에 어느 한자를 써야 좋을지 몰라 10여 년 고민하다가 최근에야 마침내 '首爾' 두 자를 고안해 낸 것이지 중국이 질질 끌며 한국의 요구를 받아주지 않은 것이 아니다.

사실 중국과 한국 사이에 고유명사의 논란이 이것뿐 아니다. '한성漢城-서울(首爾)', '남조선-한국', '중공-중국' 등은 이미 해결된 것이고 아직 현안으로 남은 것이 적지 않다. 단 이런 문제에 대하여 중국은 비교적 대범하여 한국처럼 옹졸하게 걸고 들지 않을 따름이다.

우선 '중국'이라는 칭호도 문제점이 없는 것이 아니다. 한국은 중국의 고유명사를 현대중국어 보통화普通話(표준어) 발음대로 적고 있는데 그러면 '中國'을 '중궈'라고 표기해야 맞다. '北京, 上海'는 중국어 발음 '베이징, 상하이' 등으로 적으며 '中國'은 왜 중국어 발음대로 '중궈'라 적지 않고 1,000여 년 전에 이미 사라진 음으로 적는가?

한국이 중국의 '香港'과 '奧門'을 '샹강'과 '아우먼'이라 부르지 않고 '홍콩'과 '마카오'라 부르는 것에 대해 중국이 시비를 걸면 큰 시빗거리이다. '중국으로 회귀한 지 오래 전인데 왜 아직 식민지 때 부르던 이름을 계속 쓰고 있느냐? "香港"과 "奧門"을 아직 식민지로 취급하려냐?' '중국이 한국을 "조선총독부"라고 불러주면 당신네 동의하는가?'라면 한국이 어떻게 대꾸할 판인가?

한국이 '국제 사회에서 "홍콩", "마카오"라고 부르므로 그렇게 부르는데 무슨 잘못이냐?'라고 변명하겠지만, 그렇다면 '중국이 한국을 국제 사회에서 부르는 것처럼 "코리아(Korea)"로 부르면 한국이 동의할 것인가? 만약 국제 사회에서 부르는 것에 따른다면 왜 중국을 "차이나(China)"라고 부르지 않느냐?'라고 반박하면 한국이 어떻게 대꾸할 것인가?

'서울'이면 어떻고 '한성'이면 어떤가?'라는 중국 사람의 질문에 가장 유력한 반박이 '서울대학으로 보낸 편지가 한성대학으로 잘못 간다.'이다. 이렇게 잘못 간 편지가 10년에 몇 번 되는가? 아마 가물에 콩 나듯 할 것이다. 이는 위의 '홍콩' '마카오'의 시비에 비하면 아무것도 아니다.

필자는 1992년 초 한국경제를 소개한 70만 자 편폭의 책자를 써 중신출판사中信出版社에서 출판한 적이 있다. 이 책은 한국 모 신문사 및 연구소와 중국국제신탁공사中國國際信託公司 간의 협력 프로젝트이며, 해당 신문사가 책임지고 1,000달러짜리 광고 50개를 본 책에 내기로 약속하고 시작한 것이다. 1991년에 두 나라가 수교할 것으로 추측했던 것이 수교가 되지 않아 원래 <한국경무수책韓國經貿手冊>으로 시작한 책 이름이 <남조선경무수책南朝鮮經貿手冊>으로 바뀌게 되었다. 책 이름에 '남조선'이라 했다며 그 신문사에서 끝내 광고를 유치해 주지 않아 중신출판사는 엄청난 적자를 보았으며 필자도 2년간 거의 헛수고를 하였다. 자기네는 공공연하게 중국을 '중공'이라 하면서도, 자신들에 대해서는 반드시 '한국'이라는 표기를 요구하는 억지를 쓴 것이다.

이런 논란은 지명, 국명뿐 아니다. 본문에서는 아직 남은 현안으로 볼 수 있는 '중국어中國語' 문제도 운운해고자 한다.

지금 세계 각국에서는 중국 주체 민족 한족漢族의 언어 '한어漢語'를 '중국어'라 부르고 있다. 그러나 중국에는 '중국어'라는 명사가 없다. 지난 세기부터 한어를 '국어國語'라고 했었고 이는 '중국어中國語'의 생략어로 볼 수도 있다. 하지만 중화인민공화국中華人民共和國이 성립된 후에는 이내 없애버리고 '한어'로 고쳐 부르고 있다. 그 이유는 중국에는 56개 민족이 있고 각 민족은 각자가 쓰는 언어와 문자를 포함해 일률로 평등한데 한어만을 '국어' 또는 '중국어'라고 부르면 대한족주의의 혐의가 있다는 논란 때문이다.

중국 어학 거장이며 필자의 스승인 북경대학 교수 왕력王力 선생이 새 중국 건국 전에 쓴 저서 <중국음운학中國音韻學>을 새 중국 건국 후 재판할 때 <한어음운학漢語音韻學>이라 이름을 고쳤다. 그러면서 책의 서문에 '<중국음운학>이라 하면 대한족주의의 혐의가 있기 때문에 이렇게 이름을 고친다.'라는 성명聲明을 붙였다. 이런 차원에서 본다면 중국 내 56개 민족의 언어를 망라해 '중국어'라고 부를 수 있다는 잠재적인 개념이 생긴다. 한어는 그 중의 한 언어에 불과하며 따라서 중국 내 각 소수민족이 쓰는 언어도 중국어 중의 하나라고 할 수 있다는 말이다.

황당무계한 논리 같지만 결코 필자의 말장난이 아니다. 문혁 때 연변대학에서 '중문계中文系' 산하에 조선어와 한어 두 가지 전공을 설치한 적이 있다. 이런 조치는 위의 논리대로라면 맞는 것 같기도 하지만 조선족들의 강렬한 거부감을 불러일으켜 없애버리고 말았다. 아마 여타 소수민족도 자기네 말을 '중국어'라고 부르는 것을 원치 않아서인지 '중국어'라는 명사는 좀처럼 유행되지 않고 있다.

중국 각 대학에 중문계, 즉 중국언어문학계가 있다. 그들이 한어 문학만 취급하면 '한어문학계'로 이름을 고쳐야 한다. 그래서 '중국 소수민족 문학'이라는 과목을 설치하고 있다. 적어도 북경대 중문계는 이렇게 하고 있다. 그러나 소수민족 언어는 취급하지 않으므로 56개 민족의 문학을 망라하는 문학 즉 중국문학은 있어도 56개 민족의 언어를 망라하는 언어 즉 '중국어'는 없다.

역사적으로 한국에서는 '중국어'라는 말을 쓰지 않았었다. 고려 때 중국어를 배우는 교과서 <노걸대老乞大>의 '乞大(키따)'는 '거란契丹'의 음역이다. 조금 후 조선 때 나온 <박통사朴通事>에서는 중국어를 '한아어언漢兒語言'이라 불렀고 또 후에는 '화어華語', '관화官話' '한漢말'이라고 불렀다. 그러니까 한국에서 '중국어'라는 말을 쓰기 시작한 지는 몇 십 년밖에 안 된다.

한국에서 '중국어'를 '한어'라고 고쳐 불러주어야 도리상, 예의상 맞다. 이는 '서울'이냐, '漢城'이냐보다 더 심각한, 중국의 정치제도와 관계되는 문제이다. 단 중국은 한국이 '중국어'라 부르든, '한어'라 부르든 상관하지 않을 따름이다.

⑤

중한 간의 인쇄술 논쟁

문자나 화면畵面으로 판을 만든 후 먹을 칠하여 찍는 과정을 인쇄라고 한다. 만약 탁본拓本 제작도 인쇄라고 하면, 중국의 인쇄 활동은 기원전까지 거슬러 올라갈 수 있다.

그러나 진정한 의미에서 인쇄는 조판 인쇄雕版印刷부터로 인정한다. 즉 목판에 양각이나 음각으로 글이나 화면을 새긴 후 그 위에 먹칠하고 책을 찍는 방법인데 가장 오래된 현존 문물로는 1900년에 돈황敦煌에서 발견된 <금강경金剛經>(868년), 1944년에 성도成都에서 발굴된 <다라니경呪陀羅尼經呪>(757~900년), 1966년에 한국 불국사에서 발견된 <무구정광대다라니경無垢淨光大陀羅尼經>(704~751년) 등이 있다. 그러니 조판인쇄는 약 8세기부터 시작된 셈이다.

상기 문물 중 가장 오래된 것이 불국사에서 발견된 것이므로 한국 학계에서는 조판인쇄의 발명자가 한국이라고 하고, 중국 학계에서는 그것이 중국에서 인쇄된 후 한국으로 가져간 것이므로 발명권이 중국에 있다고 주장한다. 중국에서 인쇄술을 연구하는 최고학자는 중국사회과학원의 반길성潘吉星 교수이다. 필자와도 잘 아는 사이이다. 그는 '<무구정광대다라니경>은 중국에서 인쇄된 후 한국에 건너간 것이다. 만약 이 문제를 연구하는 한국 학자가 북경에 오거든 꼭 자기에게 데리고 오라. 그와 변론하여 이길 자신이 있다.'라고 하였지만 필자가 그런 자리를 마련하여 드리지 못한 것이 유감이다. 그는 아마 이미 사망하였을 것이다.

흙으로 빚어 만든 활자인쇄는 중국이 발명한 것이다. 북송 경력慶曆 연간(1041~1048년)에 필승畢昇이란 사람이 흙 활자를 발명하였다. 후세에 석錫, 철鐵, 동銅 활자 등도 개발했으나 활자 인쇄는 광범위하게 쓰이지 않았다. 오히려 한국에서는 활자 인쇄를 중국보다 퍽 더 광범위하게 응용하였다. 금속으로 주조하여 만든 활자의 인쇄는 한국이 앞선 듯하다. 중국 학계에서 인정하는 금속활자 인쇄는 고려 청주목淸州牧 흥덕사興德寺에서 1377년에 인쇄한 <백운화상초록불조직지심체요절白雲和尚抄錄佛祖直指心體要節>을 예로 든다. 최근 한국의 학자는 이보다 앞선 1239년에 인쇄한 금속 활자본 <남명증도가南明證道歌>를 거론한다.[62] 지난 한국 평창동계올림픽에서 금속활자에 관해 11분 정도 출연까지 하였다. 그러나 중국은 한국의 이 주장을 반박해 나서고 있다. 중국은 금나라 때 동 활자로 인쇄한 가장 오래된 교자交子(지폐)—1154년의 인쇄물이 있다고 한다.[63] 그러면 1239년에 인쇄한 한국의 <남명증도가>보다 84년 앞서는 셈이다. 이 문제는 앞으로 계속 쟁론할 여지가 있다.

컴퓨터에 의한 조판造版과 인쇄도 거론하고 싶다. 필자가 1987년 처음 한국에 갔을 때 한국은 이미 컴퓨터로 활자를 대체했었다. 필자가 돌아와 필자의 직장—세계 굴지의 출판사인 중화서국의 책임자와 편집자들에게 컴퓨터를 도입할 것을 건의했지만 거절당했다. '컴퓨터는 슈퍼마켓에서 돈이나 주고받는데 쓰는 것이지 책 인쇄에 쓰다니'라며 필자를 거의 정신 나간 사람 취급을 하였다.

그러던 것이 약 10년 후부터는 컴퓨터 조판을 대거 활용하였고 또 약 5년이 지난 지금은 중국에서 활자 인쇄가 거의 멸종되었다. 이 면에서도 한국이 중국을 약 20년 앞섰다.

⑥
한복은 중국의 것인가, 한국의 것인가?

북경 동계올림픽 개막식으로 인한 한복 파동이 일어난 후 이른바 옳은 견해는 '한복은 우리 한민족의 의상문화이다. 우리와 같은 한민족인 조선족이 한복을 입었다고 왈가왈부할 수 없다.'라는 것이 고작이다. 이 정도로만

---

62) 박상국 저 <세계 최초의 금속활자본—남명증도가南明證道歌> 24~35페이지 참조. 김영사, 2020년 6월.
63) baidu: zhurue415160, 2021년 2월 25일.

인식하는 것은 아직 부족하다. 마땅히 좀 더 깊이 한복의 역사를 캐볼 필요가 있다.

중국 하남성河南省 남양시南陽市에 한화석漢畵石 박물관이 있다. 그 박물관 안에 문짝만큼 큰 석판에 각종 그림을 조각한 유물들이 진열돼 있다. 호족豪族 지주계급이 죽을 때 자기 생전의 생활상을 그린 석판을 무덤에 같이 매장한 것들을 발굴, 집중시켜 만든 박물관이다. 호족 지주계급은 동노童奴(가노家奴)를 수백 명·심지어 천여 명 정도 소유하였고, 차지한 토지가 두어 개 읍 정도 되며, 가문이 몇 세대에 거쳐 삼공三公 급 고위층 관료를 한, 이런 대지주를 말한다. 중국은 동한東漢(25~220년) 때가 호족 지주계급이 왕성한 시기이며 호족 지주계급의 대부분이 하남성 남양시 지역에 집중돼 있었다. 아마 동한의 첫 황제 유수劉秀가 남양 사람이기 때문일 것이다. 그러므로 남양에 한화석 박물관이 생길 수 있다.

한화석 박물관에 진열된 문물을 본 필자는 깜짝 놀랐다. 그림 안의 사람들이 입은 의상이 우리 한복과 거의 같지 않은가! 여기에는 세 가지 가능성이 있다. a. 2천 년 전 한반도와 중원이 제각기 의상을 해 입었는데 우연히 같았다. b. 한반도 정치·경제·문화의 중심지 낙랑군·현도군·대방군 삼군은 500여 년간(한무제가 고조선을 멸망시키고 한사군을 설립한 기원전 108년부터 남북조南北朝의 시작 직전인 419년까지) 중원 민족의 통치를 받았는데 그때 한반도사람이 중원의 의상을 배워 입었다. c. 500여 년간 통치할 때 한반도의 의상이 중원의 의상보다 더 훌륭하므로 중원 사람들이 한반도의 의상을 배워서 중원에 전파시켰을 것이다.

상기 a. b. c 세 가지 중 어느 가능성이 가장 클까? 필자는 b의 가능성이 가장 크다고 본다. 그때 중원지역은 문화적으로 한반도와 비교도 안 될 정도로 발전되었다. 당연 중원의 의상이 한반도보다 더 세련되었으면 세련되었지 후지지는 않았을 것이다. 지금 한국인이 선진국 일본이나 미국에 몇 박 며칠 관광 갔다가 돌아올 때 그곳의 의상을 사다 입고 우쭐대기 일쑤인데 500여 년간 중원 민족의 통치를 받으며 중원의 의상을 배워 입었을 가능성은 충분하다.

중원 민족의 의상은 후세에 큰 변화가 일어났다. 그 변화는 크게 3가지로 귀결시킬 수 있다. a. 왼쪽 겨드랑이에서 밑으로 드리우던 옷섶이 가슴과 배의 한가운데로 옮겨옴. b. 옷섶 양쪽을 봉합하던 헝겊 고름이 단추로 바뀜. c. 웃옷이 길어 무릎까지 드리우던 것이 점점 짧아짐. 이렇게 변화된 옷은 북방 소수민족의 의상이므로 호복胡服이라고도 일컬었으며 전국 시기 조趙나라 무령왕武靈王(기원전 325~기원전 299년) 때 이미 호복이 중원에 나타나기 시작했으나 대폭적인 변화는 북위北魏 효문제孝文帝(471~475년) 때이다. 471~475년부터 시작하여 중국의 의상은 서서히 위의 세 가지로 변화되었다.

그러나 한반도의 의상은 2천여 년 전부터 지금까지 큰 변화가 없다. 필자는 잘 모르겠으나 약 30년 전부터인지, 언제부터인지 개량한 한복, 특히 개량된 남자용 의상이 나타나고 있는데 필자가 소장하고 있으며 가끔 입는 한복은 개량 한복이다. 웃옷이 짧고 옷섶을 가슴과 배의 가운데서 단추로 채운다. 어쩌면 한복도 서서히 중원의 의상처럼 변화하는 것이 아닌지 모르겠다. 혹시 이런 변화가 동북아 의상 변화의 필연적 규율일 수도 있겠다.

결론적으로 말하면 한복은 고대 동북아 광활한 지역의 사람들이 공동복장이던 것이 지금은 한민족이 그 전통을 유지하고 있고 중원 민족은 전통이 사라진 복장이다. 현시점에서 말하면 한민족의 복장이라고 말할 수 있다. 그러나 엄격히 말하면 동북아인의 공동복장이던 것이 지금은 그 전통이 한국에만 남아있는 복장이다.

김치의 원산지는 어디인가?

　최근 중국의 인터넷 사이트에 한국의 김치는 원조가 중국이라는 설이 나타났다. 그 근거로 두 가지를 제시했다. 하나는 3천 년 전 <시경詩經·신남산信南山>의 '中田有盧, 疆場有瓜. 是剝是菹, 獻之皇祖.' 중의 '菹'가 김치라는 것이다. 다른 하나는 나당연합군 설인귀薛仁貴 장군이 전쟁 후 고구려 지역으로 귀향 보내졌는데 그를 따라간 중경重慶 강북현江北縣 사람이 자기 고향의 음식 김치를 한국에 전파했다는 것이다.[64]

　중국을 포함한 세계 어느 나라, 어떤 민족이나 다 채소를 소금에 절여 먹을 것이다. 위의 '菹'는 소금에 절인 채소라는 뜻이다. 그러나 절여 먹는 방법과 습관이 일치하지 않으며 그 맛도 다를 것이다. 한국의 김치는 중국의 짠지와 질적으로 완전히 다른 별개의 음식이다.

　어떻게 다른가? 지금 중국의 짠지와 한국의 김치는 4가지로 구분된다. a. 중국의 짠지는 한국의 김치보다 퍽 짜다. 좀 과장해 표현하면 중국의 짠지는 변태적인 소금이다. b. 중국의 짠지는 발효시키지 않았고 한국의 김치는 발효시켰다. 북방 중국의 짠지에 배추로 만든 '솬차이(酸菜)'라는 음식이 있는데 한국인이 김장하기 위해 배추를 초절이한 상태를 겨우내 그대로 먹는다. 한국의 백김치와 비슷하지만 백김치보다 맛이 없다. 그러므로 반드시 돼지고기와 같이 볶아 먹거나 돼지고기 삼겹살과 같이 국을 끓여 먹어야 한다. 사천四川에 '파우차이泡菜'라는 음식이 있는데 발효음식이다. 그러나 무로만 만들었으며 우리의 깍두기보다 퍽 맛이 없다. c. 중국의 짠지는 거의 양념을 넣지 않는다. 고작해야 산초를 좀 넣는다. 한국의 김치는 마늘, 고추, 새우장을 주성분으로 하는 다양한 양념을 넣을 뿐만 아니라 아

---

64) 중국 인터넷 baidu.

주 많이 넣는다. d. 중국의 짠지는 맛이 없으므로 반찬 구실을 제대로 하지 못하고 한국의 김치는 끼마다 없어서는 안 되는 중요한 반찬이다.

2012년 우리 집의 '딤채' 냉장고가 고장이 나 제조회사의 사람이 찾아와 수리하여준 적이 있다. 나는 수리사와 한담을 하며 물었다. '이 냉장고의 이름이 "딤채"인데 한국 문헌에 "沉(沈)菜"라는 어휘가 있으며 그의 뜻은 지금의 김치와 비슷하다. 당시 "沉(沈)菜"의 한자 발음은 "딤채"와 유사하다. 혹시 "딤채"의 어원이 "沉(沈)菜"가 아닌지요?' 그는 조금 놀라는 기색으로 나를 쳐다보더니 답하였다. '당연 "딤채"의 어원은 한자 "沉(沈)菜"이다. 우리 회사가 신입사원에게 교육을 시킬 때 첫 과정의 내용이 "딤채"는 한자 "沉(沈)菜"에서 왔다는 것이다.'라고 말하였다.

'딤채'의 '채'는 본래 '치'이며 모음 아래아가 사라지며 '菜'는 '치', '추' 또는 '채'로 변하였다. 그리하여 '배추', '생채', '시금치' 등 어휘가 현존한다. '딤채'는 복잡한 어음변화를 거쳐 마침내 오늘날의 '김치'로 변화되었다.

<삼국사기>, <삼국유사>에는 '沉(沈)菜'란 단어가 한 번도 나타나지 않는다. 고려 시대 문헌에 '沉(沈)菜'란 말은 거의 없다. 단지 고려 말기 이색李穡의 유고 <목은시고牧隱詩藁> 13권에 '개성開城 유구柳玽가 우엉, 대파, 무, 및 김치와 장을 보내왔다(柳開城玽送牛蒡, 蔥, 蘿蔔, 幷沈菜, 醬。)'라는 기록이 두 번 나타난다. 한국의 김치가 고려말기-조선 초기에 생겨났음을 엿볼 수 있다.

조선 시대의 문헌에는 '김치(沈菜)'라는 단어가 많이 등장한다. <목민심서>의 <부임赴任·계행啓行>에 한 번, <율기律己·절용節用>에 한 번, 모두 두 번 등장한다. 그 외 <경자연행잡지庚子燕行雜識>, <계산기정薊山紀程>, <기측체의氣測體義>, <녹문집鹿門集>, <조선왕조실록>, <승정원일기>, <일성록>, <매월당집梅月堂集>, <옥계집玉溪集>, <격몽요결擊蒙要訣>, <예기집설대전禮記集說大全>…등에 모두 '김치沉(沈)菜'가 여러 번 게재돼 있다.

고서에는 '김치沈菜'라는 단어가 등장할 뿐만 아니라 '김치'의 질에 관한 기록도 있다.

'自戊申以後,…嗜利無恥者攀附左腹, 罔有紀極。至有雜菜尙書, 沈菜政丞之語行于世。蓋以雜菜, 沈菜進御而得幸也。(무신년 이후로… 이利를 즐기고 염치가 없는 자는 내시들에게 붙어 못 한 짓이 없었다. 심지어 잡채상서雜菜尙書, 김치정승沈菜政丞이란 말이 세상에 유행하였다. 아마 잡채와 김치를 임금에게 바치는 것으로써 총애를 받았을 것이다.)[65] 이 기록은 김치를 임금에게 뇌물로 바쳤다는데 만약 채소를 거저 소금에 절인 정도의 저질 음식이면 뇌물이 될 수 없다. 갖은 양념을 한 고급스럽고 귀한 음식이었을 것이다.

'我東則淡葅曰淡葅, 醎葅曰醎葅, 雜醯菜沈葅曰交沈葅, 總名曰沈菜。(우리나라에서는 싱거운 저를 '담제'라 하고, 짠 저를 '함제'라 하며, 젓갈과 나물을 섞어서 담근 저가 '교침제'인데, 통칭 '김치'라 한다.)[66] 여기에서 말한 나물은 아마 마늘, 고추 등일 것이다. (한국 고문헌에 절인 음식을 '저葅', '제葅'라고도 하였다.)

'…[中國]沈菜味甚醎, 故沈水退鹽, 細切吃之。芥沈菜, 菘沈菜到處有之, 味惡而醎, 亦有各樣醬瓜而味不好。或通官家倣我國沈菜法, 味頗佳云。(…[중국]의 짠지는 맛이 매우 짜기 때문에 물에 담가 두었다가 소금기가 빠진 뒤에 가늘게 썰어서 먹는다. 개침채芥沈菜[갓짠지]·송침채菘沈菜[배추짠지]는 가는 곳마다 있는데 맛이 나쁘면서 짜고, 또한 갖가지 장아찌도 맛이 좋지 못하다. 혹 통관通官(통역) 집의 것은 우리나라의 김치 만드는 법을 모방하여 맛이 꽤 좋다고 말한다.)'[67]

<계산기정薊山紀程>은 조선 사절단이 북경으로 가는 연도에서 목격한 사실들을 적은 책이다. 이 기사를 통해 중국의 짠지와 조선의 김치가 어떻게 다른가를 여실히 알 수 있다. 중국의 짠지는 너무 짜며 맛이 없고 조선의

---

65) <대동야초大同野草·향촌잡록鄕村雜錄> 참조.

66) <오주연문장전산고五洲衍文長箋散稿> 참조.

67) <계산기정薊山紀程> 참조.

김치는 맛이 있다. 즉 수백 년 전부터 지금까지 중국의 짠지와 조선의 김치는 완전히 별개이다. 김치는 자고로 한국 고유의 음식이다. 김치를 중국의 음식문화에 귀속시키는 것은 무리이다.

제17장

/

기타

이름을 제대로 짓자

일본 침략군의 성적 욕망을 위해 동원되었던 여성을 최초에는 '정신대挺身隊'라 불렀다. 1992년 제1차 아시아연대회의(서울)에서 이 명사를 폐지하고 '위안부慰安婦'라 고쳐 불렀다. 약 한 달 전에는 또 영어 'military sexual by Japan'에 맞추어 '일본군 성노예'로 고쳐 불러야 한다는 주장이 한국 각 언론에 보도되었다. 이제야 비로소 이 역사 사실에 대한 정확한 이름이 생겼다는 감이 든다.

한국은 이렇게 잘못된 이름을 정명正名한 것이 좀 있다. 일본은 저희가 멸망시킨 나라를 비하하여 '조선'을 '이조'라 불렀으며 한국과 중국도 한동안 따라 불렀다. 필자가 근무하던 중화서국中華書局(한국 국사편찬위원회에 해당됨)에서 출판한(1980) 책 <조선 이조실록 중의 중국사료(朝鮮李朝實錄中的中國史料)>가 전형적인 예이겠다. 한국사학계에서는 이미 '조선' 또는 '조선왕조'로 정명하였으며 다시는 '이조'라는 명칭을 쓰지 않는다. 매우 지당한 처사이다. 중화서국에서도 다시는 '이조'라는 명칭을 쓰지 않는다.

일본은 자기의 군주를 '천황'이라 부른다. '황제'는 여러 나라의 왕을 통솔하는 군주라는 의미이기도 하다. 현대사에서 일본 본토와 조선총독부, 만주국, 대만 등 식민지를 망라하는 4개 '나라'를 통솔하는 황제의 뜻이 잠재해 있다. 그러므로 한국은 '일왕'이라 부르지 '천황'이라 부르지 않는다. 필자는 한국의 이런 처사를 찬양하며 중국 사학자에게 우리도 '일왕'이라 부르자고 건의한 적이 있다. 중국 사학계에서는 일리가 있다고 인식하면서도 그것이 고유명사이므로 '일왕'이 아직 공식명칭으로 채용되지 못하고 있다. 필자가 전번 문장에 '천황'이라 한 것은 그 문장의 주제를 더욱 선명하게 표현하기 위해서였다. 한국 독자들의 양해를 구한다.

그럼에도 한국에는 아직 정명되지 못한 이름이 많다고 필자는 생각한다.

한국이 1592년 일본, 1627년과 1636년 청국에 당한 침략은 한국 역사상, 아니 인류 역사상 규모가 대단히 큰, 아주 잔혹한 침략이었다. 전자의 경우 명나라의 지원이 없었더라면 나라가 망할 뻔했고, 후자의 경우 임금이 꿇어 엎디어 비는 치욕까지 감내했으며 60만 국민이 청국으로 끌려가 노예로 되었다. 그런데 한국은 이 두 차례의 침략을 '임진왜란'과 '정묘호란' 및 '병자호란'이라 칭한다. 한국사를 전혀 모르는 사람이 들으면 마치 일본인이 변경에서 집적거리며 노략질이나 좀 했다는 감이다. 같은 시기 중국의 척계광戚継光장군이 평정한 '왜구倭寇'라고 이름 지은 사건은 바로 산동성 변경에서 노략질한 일본인들이 저지른 죄행을 일컫는다. '구寇'는 '난亂'보다 더 엄중한 죄명이다. 적어도 '임진왜침', '병자호침', 또는 더 무거운 죄명으로 정명하여야 한다고 본다.

'한일합방'은 '한' 자를 앞에 놓았기 때문에 한국이 주동이 되어 일본과 합쳤다는 의미가 잠재해 있다. 그리하여 필자는 항상 '일한병탄日韓倂呑'이라고 고쳐 부른다. 일본이 한국을 삼켜버렸다는 뜻이다. 얼마 전 북경 민족출판사에서 필자의 칼럼집 <정인갑의 횡설수설>을 출판할 때 출판사 측에서 필자 문장 중의 '일한합방'을 '일한병탄'으로 고쳤다. 너무나 잘 고쳤다고 보며 한국도 적어도 '일한합방'이라 부르던가, 좋기는 '일한병탄'이라 불렀으면 좋겠다는 생각이 든다.

1950년 전쟁을 북한에서는 '조국해방전쟁'이라고 부른다. 중국이 1990년대에 단동丹東에 세운 중조우호기념탑 외벽에 '1950년 6월 25일 조선반도에서 내전이 일어났다…'로 씌어 있다. 항상 북침이라 하다가 부득불 '내전'이란 모호한 말을 썼다. 그런데 한국에서 부르고 있는 '6·25전쟁'이라는 이름도 중국이 지은 '내전'과 본질적으로 다를 바 없지 않은가? 적어도 '6·25남침전쟁'이라 정명하여야 적절하다.

지금 한국에서 사용하는 '다문화가정'도 잘못된 이름이다. 1980년대 미래학자 헌팅턴은 냉전이 해소됨과 아울러 세계는 이데올로기의 갈등은 없어지고 문화 충돌로 변한다고 하였다. 그의 이론 및 현재 세계적 관례에 따르면 관형어 없이 '문화'라 부를 수 있는 것은 '문명(황하 문명, 중동 문명, 인도 문명 등)'과 '종교(기독교, 이슬람교, 유교 등)' 두 가지뿐이다. 한국의 다문화는 이미 1~2천 년 전에 형성되었고 최근 10~20년간 외국인과의 결혼에서 생긴 가정은 오히려 문화(문명, 종교) 충돌이 거의 없다. 그리 이상적이지는 않지만 '다민족가정'이라 부르는 편이 더 낳을지 모른다.

공자는 말했다: '이름이 바르지 않으면…일이 성사될 수 없다(名不正…則事不成).' 한국 이화여대 박성희 교수도 '말(言)이 바로 서야 나라가 바로 선다.'라고 말했다. '정신대'나 '위안부'라면 그녀들이 자원으로 일본군에게 봉사했으니 일본의 주장을 수긍하는 셈이다. '성노예'라 불러야 한다는 기사가 난 지 한 달이 넘었는데 지금 한국에서 여전히 '위안부'라고 부르고 있다. 이런 이름을 쓰며 어떻게 우리의 주장이 바로 서며 일본에 항의할 수 있는가.

관건은 한국에도 중국처럼 법적 효력이 있는, 이름 짓는 일을 관장하는 공적기관이 있어야 한다고 본다. 중국은 공적기관인 국가언어문자위원회 산하 표준처標準處에서 이런 일을 관장한다. 이를테면 인터넷이 생긴 후 중국인들이 인터넷에 대한 중국 이름이 잡다했는데 전문가들이 약 10년간 고민하고 연구한 끝에 '인터넷'을 '因特網'으로, '네티즌'을 '網民'으로, 커서를 '鼠標'로 이름 지어 반포하였다. 13억은 이내 일사불란하게 그 이름으로 통일되었다. 공적기관의 권위있는 결정이기 때문에 가능했다.

다 같이 못 살 수는 있어도 다 같이 잘 살 수는 없다

만약 돈 100불을 소유한 빈곤층 80명, 1000불을 소유한 중산층 18명, 10,000불을 소유한 부유층 2명이 있다고 하자. 그들의 돈을 합쳐 골고루 나누면 1인당 360불씩 분배된다. 산술 계산을 이렇게 하면 맞을지 몰라도 인간의 경제활동을 이렇게 평준화하면 큰 실수를 하게 된다. 주어지는 액수가 필연 360불 밑으로 떨어지기 때문이다.

미국의 어느 교수가 이런 실험을 했다고 한다. 학습 성적을 그 반 학생 시험성적의 평균치로 똑같이 매기면 어떠냐고 하며 학생들의 동의를 받았다.

첫 번째 시험의 평균치가 B학점이어서 모두가 B를 받았다. 공부를 열심히 한 학생은 불평했고 놀기만 한 학생은 좋아했다. 두 번째 시험의 평균치가 C학점이므로 모두가 C를 받았다. 이제부터는 열심히 하던 학생도, 놀기만 하던 학생도 모두 공부를 안 했다. 세 번째 시험의 평균치는 D학점, 네 번째 시험의 평균치는 F학점…결국 전 반 학생의 학기 말 성적은 애초의 평균치 B가 아닌 F로 전락하고 말았다.

오바마의 복지 정책을 비난하기 위해 만들어낸 우스갯소리일 수도 있다. 그러나 중국 사회주의 체제의 전반 과정에 참여한 필자는 상기 학점 변화와 같은 체험을 진짜 해봤다.

필자 고향의 농촌은 약 40세대가 한 개 생산대生産隊이며 10개 생산대가 모여 사는 큰 마을이었다. 1958년 인민공사화人民公社化하여 10개 생산대가 연말에 평균치로 1년 노동 성과를 배분하였다. 농번기農繁期에는 새벽 5시에 일하러 나가고 점심에 1시간 반 쉬고 저녁 8시에야 일을 끝낸다. 평균치로 배분하자 생산대마다 앞다투어 늦게―아침 8시, 오후 3시에 일터에 나간다. 더 늦게 일터에 나가기는 창피하니 후에는 서로 힘을 내지 않는 경쟁을 벌인다. 호미나 낫을 손에 쥐고 일하는 흉내만 낸다.

5년이 지난 1962년에 전 중국의 농촌은 황폐해졌다. 가을에 거둔 것은 곡식 반, 풀 반이다. 연말 수입은 10개 생산대 애초 평균치의 1/3도 못 미치는 수준으로 전락하였다. 중국 농촌의 사회주의 체제는 이렇게 1962년에 이미 파산하였다.

1972년 필자가 근무하는 군부대 한 개 대대는 장춘 제1 자동차공장(長春第一汽車廠)에 가서 계급투쟁을 1년 한 적이 있다. 5만 명의 근로자가 1년의 임무 5만 대의 자동차도 생산해내지 못하므로 계급투쟁을 하여 생산성을 올리려는 것이 그 취지였다.

공장의 근로자들은 수단과 방법을 다 해 일을 안 하거나 적게 하려고 애쓴다. 심지어 번갈아 갱의실更衣室에 가서 낮잠을 잔다. 일을 많이 하건, 적게 하건 주어지는 것이 같으므로 차라리 남보다 일을 적게 하는 것이 자기에게 이익이기 때문이다. 계급투쟁을 하여 한 사람을 영창에 넣었고, 수백 명을 투쟁하였으며 모든 근로자에게 반성서, 보증서를 쓰게 하는 등의 방법과 수단을 쓴 결과 그 해 연말 1주일 앞당겨 임무를 완수할 수 있었다. 군부대를 철수한 후 상황은 이전처럼 되돌아가고 말았다.

이상은 사회주의 체제 중국의 실정이었다. 중국뿐만 아니라 10여 개 사회주의 국가가 모두 이러하였다. 인간 사회에서, 특히 경제 배분 면에서 평균주의는 그 소득을 점점 평균치 이하로 떨어지게 만든다. 지금 북한의 1인당 GDP는 한국의 1/20이다. 국가 통계상 1/20이지 사실은 1/20보다 더 엄중하다. 북한의 인력 한 사람이 한 달에 버는 돈으로 암시장에서 미화 1달러밖에 바꾸지 못하니 이 현상으로만 계산하면 한국의 1/1000이다.

인류의 역사를 보면 다 같이 못살 수는 있어도 다 같이 잘 살 수는 없다. 인류 수만 년간의 원시공동체는 다 같이 못 사는 사회였고, 1917년 소련으로부터 시작하여 지금 북한에서 진행 중인 사회주의 체제도 다 같이 못 사는 사회이다. 그러므로 등소평 개혁개방의 첫 슬로건이 '일부 사람이 먼저 부자가 되는 것을 격려한다(鼓勵一部分人先富起來)'이다.

지금 중국의 빈부 격차는 선진국을 뺨칠 정도로 심하다. 그러나 중국국
민이 왜 참고 있는가? 옛날 다 같이 잘 살려고 부자의 재산을 빼앗았는데
10년쯤은 괜찮게 살았지만 30년이 지나니 대만의 1/10로 빈궁해졌다. 부자
가 더 큰 부자로 돼야 가난한 사람의 수준도 올라간다는 도리를 안다. 적어
도 중국의 40대 이상은 이 교훈을 뼈에 새길 정도로 기억하고 있다.

인간 사회가 빈부의 격차로 갈라지는 것은 한낱 비극이다. 다 같이 잘 살
면 얼마나 좋으며 그러한 사회는 얼마나 이상적인 사회인가? 그러나 실천
결과 다 같이 잘 살려다가는 다 같이 못 살고 만다. 빈부의 격차가 있어야,
심지어 그 격차가 심해야 빈자도 잘 살 수 있다. 그러므로 빈부 격차를 혐
오하면서도 감내하는 것이 인간 사회이다. 30년의 사회주의를 겪어본 중국
인은 빈부 격차를 그리 혐오하지 않는다. 다만 빈부의 격차가 너무 벌어지
지 않으면 된다.

지금 한국은 경제민주화, 복지, 무상급식 등을 부르짖으며 평균주의에
혈안이 되어 있다. 이런 것들을 극대화 한 것이 사회주의이다. 사회주의 국
가들이 수십 년 써먹다가 버린 것들을 한국이 하나하나 건져내 쓴다는 감
이 든다. 100불짜리가 360불을 챙기려다가 36불 이하로 줄어들고 만다는
각오를 해봤는가? 국가나 공기업이 막대한 빚을 지고 이를 갚는 문제로 고
민하기 시작한다면 이미 이런 변화가 시작된 셈이다.

3

중국판 무상급식의 교훈

한국은 이미 초중고교의 점심에 무상급식을 실행한 지 오래되며 복지의

전면 확대에 열을 올리고 있다. '공짜'가 점점 많아지며 6월 지방선거에 임하여 무상버스까지 운운하고 있다. 과연 '공짜'에 좋은 점밖에 없는지, 중국판 무상급식의 교훈을 들어보면 시비가 백일하에 드러날 것으로 생각된다.

중국은 1959~61년, 3년간 농촌 전역에서 무상급식을 한 적이 있다. 생산대(40세대 정도, 인구 240명 정도)를 한 개 단위로 복지식당을 차려놓고 '공짜'로 밥을 주었다. 속칭 '대과반大鍋飯(큰 솥 밥)'이라 일컬었다. 이런 생산대 중 식구 여섯에 인력 여섯인 A류 가정과 식구 여섯에 인력 하나만인 B류 가정이 각각 절반씩 있다고 가정하자. 또한 인력 한 사람이 1년에 만들어내는 재부가 평균 4천 위안(元)이고 인구 1인당 1년 식비는 평균 2천 위안이라 가정하자.

무상급식하기 전에는 연말에 A류 가정은 흑자 12,000위안이고, B류 가정은 적자 8,000위안이다. 무상급식은 먹고 나머지만을 연말에 배분한다. 결과 A류 가정은 흑자 3428.6위안뿐이고 B류 가정도 흑자 571.4위안이다. A류 가정에서 생산한 8,571.4위안의 재부가 영문도 모르게 B류 가정으로 흘러 들어간 셈이다. 일한 만큼 챙기고 먹은 만큼 지불하여야 하는, 말하자면 인류사회 철의 법칙인 등가교환等價交換의 법칙이 여지없이 망가졌다.

이런 상황은 웬만한 농민들도 다 주먹구구로 계산이 가능하였다. 그때 마을에서는 논쟁이 치열하였다. B류 가정은 좋아하였고, A류 가정은 불만이었다. 만약 B류 가정이 '좋은 법이 도와주니 감개무량하다. 더 열심히 일하자'라고 생각하고 A류 가정도 '어려운 사람을 도왔으니 보람을 느낀다. 더 열심히 일하자'라고 생각하면 괜찮을지도 모른다.

그러나 인간은 약은 존재이고 그 본질은 이기주의적이다. 문제는 A류 가정과 B류 가정 양측의 노동 열정이 모두 저하된 것이다. A류 가정은 '뼈 부러지게 일해서 남의 입에 퍼 넣는 판이구나.'라며 일할 욕망이 없어지고, B류 가정은 '먹고 살 걱정 없구나, 아이 두어 명 더 낳을까?'라며 빠득빠득 일하려 하지 않는다.

이뿐만이 아니다. 240명이나 되는 사람이 먹는 식당에서는 탐오와 낭비가 난무하기 마련이다. 재정은 이내 고갈되고 생산대는 극도의 빈궁에 허덕이게 되었다. 무상급식 후 생산대에 돈이 전혀 없어졌다. 김장 때 몇 푼 안 되는 소금과 마늘을 살 돈도 없어서 동네 아줌마들은 발을 동동 구르곤 하였다.

농사는 엉망이고 1960~62년에 중국에서 1천만 인구가 아사하였다는 설이 있다. 중국 농촌은 이렇게 철저히 파산했다. 1962년 국가주석 유소기는 농촌 무상급식을 없애고 삼자일포三自一包의 개혁안을 내놓았다. 1964년 모택동은 4청운동을 벌여 유소기를 자산계급 당권파當權派로 몰아넣었고 1966년에는 문혁을 발동하여 유소기를 공산당 내의 자산계급 대리인이라는 죄명으로 척결해 버렸다. 중국은 이렇게 망할 뻔했다.

중국 사회주의 경제체제의 병폐를 귀납하면 분배의 '대과반', 소비의 '대과반' 두 가지이며 '대과반'이 보편복지의 대명사로 되었다. 나라를 망하게 할 뻔한 침통한 교훈 때문이었던지 등소평이 주도한 개혁개방을 '大鍋飯'을 없애는 개혁이라고도 속칭하였다. 지금 중국은 국가에 돈이 많으며 재정상 매우 탄탄하지만 어려운 개별 가정에 보조금을 주면 주었지 누구에게나 다 주는 보편복지의 방법을 기본적으로 채용하지 않는다.

그런데 사회주의의 치명적인 양대 병폐 중의 하나인 보편복지가 일부 골수 자본주의 국가에서 만행하고 있다. 1980~90년대에 서유럽에 자주 드나들던 필자의 한 친구는 서유럽에서 보편복지를 가장 잘 한 나라는 이탈리아라고 찬양한 적이 있다. 그런데 지금 이탈리아가 재정난으로 휘청거리고 있다.

같은 반도 국가여서인지 한국인과 이탈리아인의 기질이 비슷하다는 설이 있다. 그래서인지 지금 한국인은 보편복지를 각별히 선호한다. 자선단체의 무료급식을 받아먹는 자와 노숙자 중에 일할 만한 50대가 수두룩하다. 보편복지가 많은 한국인들을 게으르게 만들고 있다.

복지에 드는 경비는 하늘에서 내려준 것도, 땅 밑에서 솟아난 것도 아니며 다 국민 개개인이 바친 세금이다. 서울시 무상급식 중 매달 버리는 음식이 3만 톤, 그를 운반하는 비용이 1년에 4억 원 든다고 한다. 자기의 허벅지 살을 베어 자기 입에 넣거나, 게으름뱅이를 먹이거나 심지어 공공연히 버리고 있다. 보편복지는 자칫하면 나라를 해치는 일종의 함정이 된다.

지금 한국은 나라 빚이 1,117조 원이며 그 외 공기업이 진 빚도 태산 같다. 한국경제가 하루아침에 무너져 이탈리아의 전철을 걷지 않을까 우려된다. 지방선거 때 제발 보편복지의 슬로건에 매혹되지 말기 바란다.

4

탈북자 북송과 중국의 인권문제

요즘 탈북자 10여 명이 또 중국 공안에 붙잡혀 북송의 위기에 직면하고 있다. 그사이 중국은 이 문제 때문에 많은 비난을 받아왔다. 탈북자를 포함해 중국에 인권문제가 존재하는 것은 사실이지만 탈북자 문제로 중국의 인권문제를 너무 비하할 것은 못 된다고 필자는 이야기하고자 한다.

필자는 30년 전 북한의 6촌 여동생을 초청하고자 북경시 공안국 출입국 관리사무실을 방문한 적이 있다. 그곳에서 근무하는 필자 학생의 알선으로 해당 부문의 책임자와 담화하는 기회도 가졌었다. 담화 중 중국이 탈북자를 북송한다는 말이 나왔다. 필자가 '북송하면 죽이는데 중국이 이런 비인도적 행위를 감행하여서 되겠느냐?'라고 질책하니 그 책임자는 '두 나라 간의 협정이 이러한데 우린들 어찌할 수 있겠는가'라고 하였다.

필자가 그에게 북송하지 않는 방법을 제시한 바, 탈북자를 되도록 붙잡지 마는 것, 붙잡았지만 빠져나갈 수 있는 방에 가두어놓아 탈출하게끔 방임하는 것 등이었다. 그는 빙그레 웃으며 '교수님 대단히 총명한데! 그런 것을 어떻게 다 알고 있나?'라고 하였다.

알고 보니 중국은 줄곧 이런 방법을 쓰고 있었으며 북송된 자는 탈북자의 백 분의 1도 안 된다. 중국에는 '인민 전쟁'이라는 개념이 있다. 군중의 최하층까지 무소부재해 있는 공산당, 공청단, 부녀회 및 민병 등 조직을 이용하여 광범위한 대중을 발동하여 '인민 전쟁'의 방법을 쓰면 탈북자 거의 100%를 쉽게 빨리 검거할 수 있다. 그러나 그렇게 하지 않는다.

북한 정부가 '탈북한 아무개가 지금 중국 어디의 몇 동, 몇 호실에 있는데 붙잡아 보내 달라. 그는 살인범이다.'라고 상세히 제시하면 마지못해 체포해 북송하여야 한다. 또한 치아 사이에 끼어 있던 밥알이 요지에 쑤셔 나오듯 재수 없이 붙잡히는 자도 있다. 붙잡힌 자도 특수 케이스로 풀려나올 수 있다. 즉 중국 정부의 탈북자 북송은 양국관계의 유지를 위한 최저 레드라인의 건성일 뿐이니 중국 정부가 인도주의와 인권문제 상의 기본 양심은 지켰다고 보아야 하겠다.

1997년 2월 황장엽이 망명하자 북한은 중국 정부에게 남조선인에게 납치된 황장엽을 빼앗아달라고 요구하였다. 이미 내막을 알고 있던 중국은 모르쇠를 하였다: '협정에 따르면 귀국 고위층 관료가 중국에 올 때 사전통보하고 중국 호텔에 묵어야 한다. 그러면 중국은 그의 인신 안전을 보호해줄 의무가 있다. 황장엽은 올 때 통보하지 않았고 귀 대사관에 묵었다. 그는 아직 귀국 안에 있으며 중국 경내에 들어오지 않은 셈이다. 중국과 무슨 상관이 있나?'

며칠 후 <노동신문>에 '변절자야, 가려면 가라'라는 문장을 싣고 다시 중국에 반역자 황장엽을 빼내달라고 요구했다. 중국은 국제 사회에서 중국에 인권이 없다는 비난을 너무 받으므로 황장엽을 북한에 줄 수는 없고 일단 제3국에 보낼 터이니 재주껏 빼앗아보라고 다독였다. 그리고는 무장경찰 1,000명과 장갑차를 동원하여 한국대사관과 영사관을 40여 일 보호하였다.

북한은 유학생·공작원·북한해외공민 수백 명을 동원하여 농성도 하고 빼앗는 시도도 하였지만 모두 수포로 돌아갔다. 나중에 필리핀의 미군 기지로 보냈으니 북한을 벙어리 냉가슴 앓게 만들었다. 아마 북한은 중국에 극도로 분노하였을 것이다.

탈북자 문제는 상상외로 복잡하다. 중-조 변경지역에서 이런 일이 종종 발생한다. 두만강을 건너온 북한 걸식자를 조선족 마을에서 잘 먹여주고 쌀도 푸짐히 지워 보냈더니 훗날 그자가 장정 여럿을 데리고 그 마을을 기습하고 양식과 기타 물품을 털어갔다. 중국 인신매매 자들이 탈북자 여성을 홀아비들에게 팔아넘기는 일도 비일비재하다.

탈북자 중에는 북한의 남파공작원(간첩)도 많이 섞여 있다고 한다. 이들이 한국에 가서 스파이 구실을 잘해도 되고, 검거 당해도 좋다. 검거 당하면 한국과 탈북자 간에 불신관계가 생기므로 역시 북한에 이롭다. 일석이조이니 많이 남파할 것은 당연하다. 많은 북한 간첩이 중국에서 떠도는 것을 중국도 달가워할 리 만무하다.

한국영사관 요원의 말을 들어보면 탈북 하여 중국에 온 후 한국에 가려고 빠득빠득 애쓰는 자 중 굶주림에 허덕이는 불쌍한 자는 별로 없고 한국의 인권·시민·종교 단체와 단합이 되어 호의호식하던 자가 많다. 예쁘장한 젊은 여자의 경우 돈 있는 한국 사장과 불륜관계를 맺고 흥청망청 지내던 자, 심지어 한국의 웬만한 귀부인도 못 입는 고급 밍크 옷을 입은 자도 있다. 그들이 한국에 가서 타는 지원금을 브로커와 반반씩 나누어 가진다고 한다. 그들은 중국에서 산전수전 다 겪고 '이젠 남조선에 가서 놀아볼까' 하며 한국영사관에 뛰어든다. 그들에게 동정심이 그리 안 간다고 한다. 중국 정부가 탈북자를 난민으로 볼 수 없다는 이야기도 아마 이런 사람과 남파간첩을 일컬을 수도 있겠다.

만약 중국 정부가 탈북자를 털끝 하나 다치지 않고 오는 족족 한국으로 보내주면 그 결과는 어떨까? 백만을 초월하는 탈북자가 한국으로 밀려올 수도 있고, 그중에는 간첩이 수십만 명일 수도 있다. 이 수십만 명은 유사시에 수십 개 사단으로 변할지도 모른다. 인신매매가 기승을 부리고, 사회 치안은 엉망이며 한국사회에도 골칫거리이며….

탈북자가 많을수록 북한 체제의 붕괴를 촉진할 수 있다. 또한 인도주의 차원에서 살길을 찾아 북한을 탈출한 동포를 마땅히 접수하고 도와야 한다. 그러나 어느 선에서 어느 정도로 도우며 중국 정부와 어떤 협력 관계를 맺는가를 세심하게 연구해볼 필요가 있다.

⑤
중국 1자녀 정책의 시말

중국은 1970년대 후반에 산아제한을 시작하여 1981년 말에는 1부부 한 자녀로 결정하였다. 1982년에는 국책으로 하고 헌법에 써넣었다. 지난 18기 5중 전회에서 1부부 2자녀 정책으로 개정하여 35년간 지속된 한 자녀 정책의 종말을 선언하였다.

중국의 탁월한 인구학자 마인초馬寅初 북경대학 총장은 1957년부터 주장하며 <신인구론>을 펴내어 계획경제 하에 인구도 계획적으로 통제해야 한다고 역설하였다. 산아제한을 최초로 주장한 사람이겠다. 모택동은 처음에는 그를 지지하는 척하다가 자산계급 인구론의 추종자, 우파분자로 매도하며 비판하였다.

영국학자 토마스 로버트 맬더스(Thomas Robert Malthus)는 1798년에 펴낸 책 <인구론>에서 인구는 기하급수로 번식하고 생필품은 산술급수로 증가하므로 인류는 영원히 빈궁에서 벗어날 수 없다는 이론을 내놓았다. 마인초는 마침내 맬더스의 추종자, 자산계급 학술 권위로 전락하여 '우파분자'라는 모자를 쓰고 북경대학 총장에서 해임되었다.

1958년 대약진 때 모택동은 '사람이 많으면 의론도 많고 열정도 높으며 힘도 크다'라는 말을 하였다. 그로 인하여 중국인은 더욱 아이를 기탄없이 낳았으며 인구가 급속도로 팽창하였다. 1953년부터 해마다 인구가 1,200만~1,300만 증가하였다. 1978년 개혁개방을 시작할 때에야 비로소 경제발전이 인구증가에 못 미침을 절감하고 산아제한을 시작하였다.

한 자녀 정책은 결정되자마자 반강제, 강제로 실행되었다. 심지어 낳을 아이도 규정된 시간에 낳아야 했다. 정부의 각급·단위·업체마다 산아제한 사무실을 설치하여 엄격히 감독, 실행하였다. 산아제한을 어기면 비판받고, 감봉·감등 당하며 인격상 수모를 겪으며 살아야 하였다.

도시의 콘돔사용과 달리 농촌에서는 수정관 절단 수술을 선호하였다. 수술 대상인 남자가 도망치면 마을의 민병이 그의 집을 감시하다가 그가 나타나면 마을의 위생소로 붙잡아다 장정 서넛이 깔아 눕히고 수술을 강행하는 사례도 간혹 있었다. 실로 돼지의 불알을 까는 것과 흡사하여 '불알 까다'로 속칭하기까지 하였다. '불알을 까인' 자의 수모는 더 말할 것도 없다.

산아제한을 한 결과 이내 효과를 보았다. 식량, 주택, 교육, 취업 등의 압력이 현저히 낮아졌다. 그러나 이로 인한 부작용도 나타나기 시작하였다. 집집마다 아이 하나만이므로 독남, 독녀들은 집안의 황제로 되었다. 그들은 자기밖에 모르고 극단적인 이기주의자이며 안하무인이다. 형제, 친척이 없는, 인정이 무엇인지 모르는 사회로 변하여 간다.

더욱 큰 문제가 생겼다. 한 쌍의 20대 젊은 부부는 40~50대 부모 4명, 70~80대 조부모 8명, 도합 12명을 모셔야 한다. 수명 100세 시대가 다가오며 앞으로 10~20년이 지나면 16명의 증조부 세대를 모셔야 할지도 모른다. 연령구조는 기하급수로 줄어든 거꾸로 세운 금자탑이다. 문제는 이것만이 아니다. 인구비례상 급속히 노령화 되어 젊은 노동력이 줄어든다. 부동산업의 침체는 매우 엄중하다. 지금 중국 전역에 팔리지 않고 입주할 사람이 없어 '귀성鬼城'이라 부르는 대형 주택 타운이 65개소나 되는데 한 자녀 정책도 주된 원인의 하나이다.

이 결정이 반포되자마자 세계 많은 선진국이 흥분하였으며 어린이 관계 업체—아동 의상, 분유, 완구 등의 주가가 급등하였다고 한다. 필자는 너무 낙관하지 말라 충고하고 싶다. 통계에 따르면 한 자녀이면서 생육능력이 있는 부부는 중국 전역에 9천만 쌍이지만 그중 3천여만 쌍만이 아이를 낳을 것으로 추정되며 그러면 2030년에 중국의 인구가 14.5억밖에 안 된다.

필자가 두 번째 아이를 가질 무렵 한 자녀 정책이 반포되었으나 변방 소수민족은 두 자녀를 허용하였으므로 필자는 두 번째 아이를 가졌다. 동료들은 모두 아이 하나이지만 팔자만이 아이 둘이므로 남보다 많은 고생을 하였으며 30년간 공휴일에 쉰 적이 없다. 두 번째 아이를 가진 것을 얼마나 후회한지 모른다. 지금 중국 도시 사람들은 대부분 필자와 같은 심정이며 농촌으로 확산되고 있다.

마인초는 20년간 칩거하다가 산아제한을 국책으로 수용함과 동시에 사면복권이 되었으며 몇 년 후인 1982년에 101세의 고령으로 사망하였다. 만약 그가 지금까지 살았더라면 더욱 감개무량하였을 것이다. 인간 세상의 무상無常함을 한층 더 보고 이 세상을 떠나갔을 것이니 말이다. 마인초가 산아제한을 제창하던 때(1957)부터 엄격히 실행할 때(1981)까지 25년이 걸렸다. 칩거 생활을 할 때 그는 다시 빛을 보리라는, 그의 주장이 실현되리라고는 꿈에도 생각하지 못했을 것이다. 산아제한을 너무 엄격히 하여도 부작용이 크며 부득불 제한을 느슨히 하여야 하는 시대가 오리라고는 더욱 상상하지 못하였을 것이다. 실로 시간만이 진리를 검증할 수 있는 것이 아닌가!

$$\boxed{6}$$

우리 겨레의 디아스포라

'디아스포라'는 한 민족 집단이 본토를 떠나 다른 나라에 흩어져 뿌리를 내리고 산다는 민족 이산의 뜻이다. 1세기 때 이스라엘이 망하면서 수많은 유대인이 세계로 흩어진 것이 방대한 디아스포라의 예이겠다.

2,000여 년간 우리 겨레의 디아스포라를 대충 짐작해 보면 아래와 같다.

a, 기원전 108년 한漢이 고조선을 멸망하였을 때 많은 우리 겨레가 중국 내륙으로 확산되었을 것이다. b, 660년 백제가 망할 때 많은 백제 유민이 일본으로 건너갔다. 일본의 상층귀족, 심지어 황족에 백제인의 피가 섞였다. c, 668년 고구려가 망할 때 20만 명의 고구려 유민이 중국 서부지역으로 끌려갔다. 나머지는 만주의 동북쪽에 모여 말갈족과 함께 발해국을 세웠다. d, 임진왜란(1592~) 때 많은 조선인이 일본으로 끌려갔다. e, 1619년 살이호薩爾湖전쟁 때 명군을 지원하러 가서 참전했다가 투항하고 포로가 된 조선군이 13,000명이다. f. 정묘호란(1627)과 병자호란(1636) 때 청국으로 잡혀간 우리 겨레가 60여 만이다. g, 한일병탄 이후 중국, 일본 등으로 확산된 우리 겨레가 거의 300만이 된다. h, 1960년대부터 한국인의 해외 이민이 활발해졌고, 1990년대 이후는 글로벌화 하며 많은 한국인이 해외로 진출하였으며, 그중 적지 않은 사람이 앞으로 진출국에 뿌리를 내리고 살 것으로 짐작된다.

2,000여 년간에 형성된 우리 겨레 디아스포라의 후손을 통계하면 2,000만 명도 넘을 것이다. 이들의 역사는 우리 겨레의 민족사(국사와는 구별됨)의 소홀히 할 수 없는 조성 부분이다. 그러나 지금 이에 대한 연구가 결여되어 있으며 앞으로 많은 연구가 필요하다. 다행히 일본과 중국에서 외교관 활동을 한 유주열柳洲烈(전 나고야 및 북경주재 한국 총영사) 선생이 진

지한 연구를 하고 있는데 재일본 조선인 후예 도자기 전문가 박무덕朴茂德이 그 중의 한 사람이다.

임진왜란 때 일본으로 납치되어 간 조선인 중 기술자들은 전쟁 후에도 송환되어오지 못했다. 특히 일본의 남쪽 가고시마(鹿兒島) 근처로 납치 이주된 전라도 남원 도공陶工들이 그의 예이다. 당시 가고시마 영주는 도공들이 조선의 백자를 만들 수 있도록 최대의 배려를 하였다. 조선의 이름, 집, 음식, 복식, 사당 등을 보존토록 하여 주었다. 기술 유출을 우려하여 외부와 격리, 고립시키고 마을 내 조선인끼리만 통혼토록 하였다. 수백 년간 철저히 관리한 결과 가고시마의 사츠마(薩摩) 도자기는 일본 국내뿐만 아니라 세계시장에서도 큰 인기를 얻었다.

명치유신이 지방 영주(大名)제를 폐지하고 중앙집권제를 실행하자 상기 조선인 도공촌이 해체되었다. 도공의 자녀들도 도공직을 세습하지 않고 능력에 따라 일본 사회에 진출하게 된다. 조선도공 박수성朴壽勝은 성을 일본성 도고(東鄕)라 고치고 5살(1887생) 난 아들 朴茂德을 東鄕茂德(도고시게노리)라 이름을 지어주었다.

도고시게노리는 東京帝國大學 독문과를 졸업하고 31살(1913)에 중국 奉天(沈陽) 총영사관의 영사관보에 취임한 것으로 시작하여 외교계서 많은 공헌을 하였다. 심지어 자기의 사위에게 도고라는 성을 부여하여 역시 외교계에서 많은 활약을 하였다.

박무덕 일가의 사적은 유주열(현재 한일 협력위원회 사무총장) 선생의 강연(10.26)을 요약한 것이다. 유주열 선생은 학자형 외교관으로서 그가 근무하고 활약하는 지역(일본, 중국 등)에서 우리 겨레를 잊지 않고 겨레의 역사와 문화에 관심을 기울이며 많은 글을 책으로도 발간하였다. 조선인 디아스포라의 성공사례이기도 한 박무덕의 사실을 소설화할 계획도 가지고 있다고 하며, 또한 해외에 정착했거나 진출 현지에서 성공한 우리 겨레 100명의 사적을 수집, 정리할 욕망도 있다고 한다. 정말 존경스럽다.

우리 겨레의 디아스포라 명인은 무궁무진하게 많으며 상기 박무덕 일가의 사적은 그중 창해일속에 불과할 것이다. 중국으로 확산된 디아스포라는 가장 유명한 사람이 고선지高仙芝와 이성량李成梁이다. 고선지는 고구려 유민으로 당나라 명장이 되어 서역 70여 개 소국을 탕평한 사람이다.[68] 이성량은 조선인으로서 명나라의 장군이 되었으며 천하를 진감한 명나라 요동좌도독이다.[69] 고선지와 이성량의 사적은 중국 24사와 인명대사전에도 게재돼 있다.[70] 고선지에 관해서는 김종호 선생이 쓰기 시작하여 그의 부인 김미옥 여사가 마감한 만화 <고선지>가 2015년에 출간되었다. 1900년대 초 중국 강소성 남통시에서 활약하다가 세상을 마감한 조선 문인 김택룡金澤龍에 관해서는 북경대학 조선어전공 박충록 교수의 연구 저서가 있다.

이 외에 중국에서 생활한 우리 겨레의 유명 디아스포라는 수십 명, 수백 명으로 헤아릴 정도로 많을 것이며 중국의 우리민족 지성인들이 펴낸 <중국조선족 발자취>에 기록되어 있다.

[7]

중국인은 1년에 얼마 쉬나?

이번 구정을 지내고 나서 한국인들은 중국 사람들이 너무나 오래 쉰다는 것을 실감했을 법하다. 사실 세상에 중국처럼 많이 쉬는 나라는 별로 없을 듯하다.

중국인들은 1주일에 이틀을 쉰다. 1년을 52주로 치면 104일이다. 명절

---

68) <구당서> 제104권, <신당서> 제135권 참조.

69) <명사> 제238권 참조.

70) <중국인명대사전> 제876 페이지, 제394페이지 참조.

및 기념일 공휴일은 신년원단에 하루, 구정에 사흘, 청명에 하루, 노동절(5월 1일)에 하루, 단오절에 하루, 중추절에 하루, 국경절(10월 1일)에 사흘 모두 11일이다. 명절 전날은 출근을 하는지 마는지, 적어도 점심이면 무조건 줄행랑이다. 그러므로 11일을 16일쯤으로 잡아야 맞다.

1년에 한 번씩 휴가를 얻는다. 근무 연한에 따라 7일(10년 이하), 10일(10~20년) 또는 15일(21년 이상) 등 3가지다. 평균 10일로 치자.

그 밖에 '몸이 불편해서', '아이가 아파서', '집에 딱한 일이 생겨서', '자식의 학부모 회의에 참석해서'라는 식으로 출근을 하지 않는 예가 한 달에 이틀쯤 된다. 대부분 중국인이 그러하므로 1년에 24일간이다.

8시간 근무제이며 출근 시간이 오전 8시부터 오후 5시까지(점심시간 1시간)지만 8시 30분에 출근, 오후 4시 30분에 퇴근해도 아무런 문제가 없다. 적지 않은 기관이나 업체들이 아예 출근시각을 8시 30분부터 오후 4시 30분까지로 정하고 있다. 그리고 금요일이면 오후 3시에 일을 끝마치는 것이 상례다. 8시간 미만 근무하는 시간의 일년 누계는 30일이 넘는다. 104+16+10+24+30=184일, 즉 일 년의 50%를 쉬는 셈이다. 물론 외자기업, 사영기업이나 판로가 좋은 제조업체는 위의 상황과 많이 다르다.

이렇듯 쉬는 날이 많으니 사회발전 속도가 느릴 게 뻔할 것 같지만 딱히 그렇지도 않다. 필자가 군에서 병사들에게 철봉 훈련을 시킬 때 하루에 4시간 훈련받은 자와 오전에 반 시간, 오후에 반 시간 훈련받은 자의 효과가 거의 같았었다. 일한 시간과 일한 효과가 사사건건 완전히 정비례 되는 것은 아니다. 일하는 템포가 빠를수록 상쇄相殺되는 일도 많아질 수 있다. 예를 들어 잔심부름으로 A, B 두 지점을 8번 왕복하는 데 8시간이 걸린다고 하자. 만약 템포를 좀 늦추어 4번의 왕복으로 끝낸다면 4시간밖에 안 걸릴 것이 아닌가?

2001년 3월 초에 김근태 새천년민주당 최고 대표가 4월 초 방중 때 청화대학에서 특강을 하겠다며 필자더러 알선해달라는 전화가 왔다. 나는 청화대학에 건성으로 전화 한 통만 해놓고 4월 초의 특강을 안배해 놓지 않았다. 3월 말에 4월 말로 미룬다는 전화, 4월 중순에 5월 초로 미룬다는 전화, 5월 중순에 6월 초로 미룬다는 전화가 왔다. 5월 말에는 6월 초에 러시아 출장이 잡혔다며 특강을 취소해달라는 전화가 왔다. 6월 말에 7월 9～11일에 오니 그때의 특강을 안배해 달라는 전화가 왔고 상세한 이력서도 보내왔다.

7월 4일이 되서야 나는 청화대학에 찾아가 학교 당국과 상세히 의논하며 김근태의 이력서도 바치고 특강도 안배하였다. 그런데 7월 7일 청화대학의 진흥 비서께서 7월 9～11일이면 청화대학이 여름방학을 하므로 김근태의 특강을 조직할 수 없다는 전화가 왔다.

왜 이렇게 처사하였는가? 한국인의 처사 습관을 너무 잘 알기 때문이다. 김근태 최고 대표가 3월 초에 '4월 초에 중국에 출장 갈까? 그때 청화대학에 가서 특강을 하면 좋겠는데, 정인갑 교수에게 부탁해봐.'라는 콧방귀를 한번 뀡겼는데 밑의 보좌관 등은 일사불란하게 움직여 나에게 전화를 걸었을 것이다. 그러므로 나는 당연 건성으로 전화 한 통만 해놓고 구체적인 안배는 하지 않았다.

그 후 몇 번도 첫 번째와 다를 바 없다고 생각되어 역시 건성으로 대답만 하였다. 만약 내가 4월 초의 특강을 안배해 놓았다가 무산되고, 4월 말, 5월 초, 6월 초의 특강 또 무산되고…이렇게 처사했으면 나의 집에서 청화대학까지 30킬로이므로 택시비도 두어 달 봉급은 날렸고 시간도 수없이 낭비했을 뿐만 아니라 청화대학 업무 담당자로부터 사기꾼이라는 욕을 먹게 된다. 내가 김근태 최고위원뿐만 아니라 모든 한국인의 부탁을 매사에 이렇게 하였으므로 적지 않은 교통비, 시간을 절약하였으며 더욱이 사기꾼이라는 욕을 먹지 않는다. 한국인은 성격도 급하고 실현 가능성이 있건 없건 일사불란하게 움직이므로 헛된 일, 상쇄되는 일을 수없이 한다.

중국인의 느린 처사는 심지어 더 빠르거나 더 좋은 효과가 나타나는 수도 있다. 냉전체제가 해소되고 동구권이 무너진 후 1989년부터 원 사회주의 나라들이 앞을 다투어 한국과 수교하였다. 그런데 중국은 동작이 굼뜨기 짝이 없었으며 1992년에야 수교했다. 한국은 말할 것도 없고 중국의 많은 사업가들이 한국과의 경제교류에 막대한 손해를 본다며 중국당국을 얼마나 나무랐는지 모른다. 그러나 중국은 3년 늦춘 관계로 세계 대국 중 유일하게 남북한과 다 친밀한 관계를 유지한 나라로 됐다. 이로 인하여 얻은 외교상의 우세와 정치상의 주도권은 3년간 본 손해보다 더 많은 이익을 챙긴 셈이다. 그러므로 중국의 '만만디(느리다)'는 철학적으로 느린 것이지 진짜 느린 것이 아니다. 적은 중에 많은 것이 있고 느린 중에 빠른 것이 잠재해 있다.

최근에 와서 국제, 국내 경제 환경의 제한을 받고 있긴 하지만 중국은 과거 개혁개방 20년간 두 자릿수의 경제성장을 이룩했으며 성장 속도가 한국의 60~80년대와 비슷하게 빨랐다. 한국처럼 죽을 둥 살 둥 일하지 않았는데도 그렇다면 중국인들이 1주일에 사흘 쉬어도 무방하지 않을까 하는 생각을 필자는 가끔 해보곤 한다. 하물며 연휴 때마다 국민들의 소비 고조가 생기곤 하여 침체된 경제를 자극하는 데 활용하고 있으니 말이다.

한국은 생활수준도 높고 의료사업도 잘 되어 있지만 중국보다 대머리도 많고 동맥경화와 심장질환 등의 환자도 많은 듯하다. 일을 너무 고되게 하고 생활의 템포도 너무 빨라 스트레스를 많이 받기 때문일 것이다. 지금 한국이 1주 2일 휴식 대안에 대해 몇 년간 논란을 벌이며 아직 결론을 내리지 못하고 있는데 중국의 경험을 참조했으면 한다.

다문화가족과 인종 개량

지금 적지 않은 외국 여인이 한국으로 시집오고, 또한 한국여인에게 장가오는 외국 남자도 늘어나고 있다. 말하자면 이른바 다문화가족이 많아지고 있다. 이 현상은 무엇을 의미하며 앞으로 한국에 끼칠 영향을 어떻게 볼 것인가?

러시아의 위대한 문호 투르게네프(Ivan Sergeyevitch Turgeniev 1818~1883)의 소설 <사냥꾼의 일기>에 이런 장면이 나온다. 어느 사람이 체첸 시골의 한 집에 들렀는데 그 집의 여인이 절세의 미녀였으므로 감탄해 마지않았다. 작가는 이 장면에 이어 체첸 여인은 보편적으로 예쁘며 혹시 세계에서 가장 예쁠지도 모른다고 하였다. 프랑스 과학 환상 소설가 쥘 베른(Jules&Verne, 1828−1905)의 소설 <해저 2만 리>(1869)에 말레이시아의 여인이 예쁘다는 이야기를 장황하게 늘어놓은 대목이 있다. 그러면서 당시 세계 노예시장에서 말레이시아 여인의 값이 가장 비싸다고 하였다.

50년 전 필자가 중학생 시절에 상기의 책들을 보았으며 그 당시는 이런 말들의 정수精髓를 느끼지 못하였다. 지금 와서 생각하면 다 과학적으로 도리에 맞는 말들이다. 유전학적으로 볼 때 인간은 혈연관계가 먼 사람 간, 좋기는 타민족과 결합할수록 그 후손이 건강하고 총명하며 인물도 예쁘다고 한다.

이번 보스턴 마라톤 폭탄테러의 흉수가 텔레비전에 공개되었을 때 우리에게 준 첫인상이 어쩌면 둘 다 그렇게도 잘 생겼나이다. 그들은 러시아 안에 있는 체첸공화국 사람이다. 체첸인은 이슬람교를 믿는 아랍계통의 나흐족으로서 주위의 다른 민족과 많이 혼혈된 민족이다.

필자는 서울 지하철 안에서 아주 예쁘게 생긴 이방 여인 대여섯이 한데 뭉쳐 다니는 것에 서너 번 부딪친 적이 있다. 호기심이 들어 어느 나라 사람인가 물어보았더니 말레이시아 사람이라고 하지 않겠는가. 키가 좀 작고 피부가 약간 검기는 하지만 정말 대단히 예뻤다. 말레이시아 사람은 북으로 몽골 인종, 남으로 남양군도 인종과 혼혈이 되었고, 게다가 서양 인종까지 합류하여 인종적으로 대단히 많이 혼혈된 민족이다.

중국은 북방 사람이 남방보다 예쁘고 동쪽 사람이 서쪽보다 예쁘다. 가장 못난 사람은 혼혈이 잘 이루어지지 않은 서남—운남, 귀주, 광서 등—사람들이다. 우리 한민족은 2천 년 전부터 영토가 점점 쪼들렸으므로 혼혈이 많이 되지 못한 민족이다. 그러므로 체질이나 지력이나 인물이 고작해야 보통 수준밖에 안 된다. 일본인보다 나을지 몰라도 중국인보다는 못하다.

20여 년간 한국 다문화가족에서 출산한 아이가 늘어나고 있으며 작금에는 이 때문에 한국인구의 축소를 모면했다는 통계도 나왔다. 앞으로 다문화가족이 계속 늘어나는 추세이다. 다문화가족에서 출산된 2세는 1/2이 외국혈통, 3세는 1/4이 외국혈통, 4세는 1/8이 외국혈통…이다.

2세, 3세, 4세…로 뻗어나가며 외국혈통의 인구가 기하급수로 늘어난다. 만약 외국인과 결혼한 자가 10만 명이고, 평균 한 가정에서 아이를 둘씩 낳으며, 평균 25년이 한 세대라고 할 때 약 200년 8세대가 지나면 외국혈통의 한국인이 1,280만 명, 한국인구의 1/4을 차지하게 된다.

2,000여 년 전 중국 연燕나라 장군 위만魏滿이 한반도에 쳐들어가 고조선 왕을 죽이고 자칭왕이 되었다 하지만 그가 거느리고 간 대오는 1천여 명밖에 안 된다. 나당연합군이 백제와 고구려를 멸망시키고 한반도에 남은 중국 과두寡頭 통치자가 고작해야 몇 백 명밖에 안되었을 것이다. 이 두 가지 사건이 가장 많은 외족이 한반도에 와 산 예이겠다. 10만 명의 외국인 결혼자, 이는 5천 년의 민족사에 전례 없던 기적이 아닌가 싶다. 한국의 국제적 이미지가 높아진 데서 일어나는 좋은 현상이겠다.

당장은 별로일지 몰라도 먼 앞날을 바라볼 때 민족·인종의 개량에 크게 기여될지도 모른다. 이런 차원에 입각하여 한국인과 외국인의 결혼을 권장하며 질이 높은 이방인과의 결혼은 더욱 장려하고 그들의 후손에 대한 교육에도 관심을 돌렸으면 한다.

정인갑

적관: 평북 철산군 여한면 가봉리.
    1918년에 중국으로 이민, 3세.
출생: 1947년 8월, 중국 요녕성 무순시.
학력: 북경대학 중문학과 고전문헌 전공 졸.

직장: 중화서국 편집부장, 1982.1~2008년 9월.
    청화대학 중문학과 객좌교수, 1993년 9월~2008년 9월.
학술 배경: 중국음운학音韻學연구회 6선 이사.
    중국 사서辭書학회 회원.
논문: 중국어 발달사에 관한 논문 십여 편, 중문/한글.
저서: 중국어 사전辭典, 자전字典 12종(독저獨著, 합저合著, 감수監修 포함),
    중국 중화서국, 중문.
    《고문관지古文觀止 역주》(합작), 중국 북경대학 출판사, 중문.
    《중국문화.COM》, 한국 다락원출판사, 한글.
    《정인갑 중국어 교과서》, 한국 옥스비 출판부, 한글.
    《경전석문經典釋文 색인》, 중국 중화서국, 중문.
    《영산신씨 서간문 선집》, 한국 황하문화원, 한글.
책임편집:
    速成古代漢語, 2004, 중화서국, 중문.
    古代漢語教程, 2002, 중화서국, 중문.
    現代漢語, 2005년, 중화서국, 중문.
    古代漢語, 2006년, 중화서국, 중문.
역작: 《백락천 논문집》 백낙천 저. 중국 작가출판사, 중문.
    《나의 부친 등소평》 등용 저. 한국 삼문출판사, 국문.
    《2천년 신한국》 김영삼 저. 중국 인민출판사, 중문.
    《일본에 말하다》 정몽준 저. 중국 북경대학 출판사, 중문 등
    500여 만 자.

중국의 문화와
중국인의 기질

초판인쇄   2022년 9월 26일
초판발행   2022년 9월 26일

지은이   정인갑
펴낸이   채종준
펴낸곳   한국학술정보㈜
주 소   경기도 파주시 회동길 230(문발동)
전 화   031) 908-3181(대표)
팩 스   031) 908-3189
홈페이지   http://ebook.kstudy.com
E-mail   출판사업부 publish@kstudy.com
등 록   제일산-115호(2000. 6. 19)

ISBN   979-11-6801-713-9 93300